Marianne Brentzel
Die Machtfrau – Hilde Benjamin

Marianne Brentzel

Die Machtfrau

Hilde Benjamin
1902–1989

Ch. Links Verlag, Berlin

Für Hugo

Die Deutsche Bibliothek – CIP-Einheitsaufnahme
Brentzel, Marianne:
Die Machtfrau : Hilde Benjamin 1902 – 1989 /
Marianne Brentzel. –
Berlin : Links, 1997
ISBN 3-86153-139-9

1. Auflage, September 1997
© Christoph Links Verlag – LinksDruck GmbH
Zehdenicker Straße 1, 10119 Berlin, Tel. (030) 449 00 21
Umschlaggestaltung: KahaneDesign, Berlin,
unter Verwendung eines Fotos aus dem Bundesarchiv Koblenz:
Hilde Benjamin als Richterin im Prozeß gegen den
»Untersuchungsausschuß freiheitlicher Juristen« im Juli 1952
Satz und Lithos: LVD GmbH, Berlin
Druck und Bindung: Westermann Druck Zwickau
ISBN 3-86153-139-9

Inhalt

Anhang

Vorwort

Starke Frauen in der Geschichte haben mich schon immer interessiert. Frauen, die die gesetzten Grenzen überschreiten, die in männliche Sphären eindringen und den Männern das Recht, die Geschicke der Menschheit zu bestimmen, streitig machen. Die Illusion, daß Frauen dabei die besseren Menschen wären, sanft und gut, mütterlich und solidarisch die Welt regierten, habe ich nicht. Aber daß Frauen anders Macht ausüben, anders stark sind als Männer, vermute ich immer noch.

Hilde Benjamin war eine Frau an der Macht. Dabei zog sie mehr Haß als Verehrung auf sich. Sie war eine Frau, die die Geschicke der DDR wesentlich prägte. Eine Zeitlang war sie oberste Richterin und die erste Justizministerin der Welt. Man nannte sie die »rote Hilde« wegen ihrer Gesinnung und ihrer Härte, die »blutige« Hilde, die »rote Guillotine« oder auch den »weiblichen Freisler«, weil sie Schauprozesse inszenierte und Todesurteile verkündete. Ihr Tun erschreckte und verstörte die Menschen gleichermaßen in Ost- und Westdeutschland.

Hätte ein Mann an ihrem Platz auch diese negative Berühmtheit erlangt? Hätte man ihn dann vielleicht den »roten Otto« oder den »blutigen Kurt« genannt? Wahrscheinlich nicht. Freisler, der Präsident des Volksgerichtshofs in der Nazi-Diktatur, fällte in zwei Jahren mehr als zweitausend Todesurteile, Hilde Benjamin in ihren vier Jahren Richterzeit zwei Todesurteile. Und doch haben die Menschen im geteilten Deutschland den Vergleich benutzt und das abschreckende Handeln beider mitunter gleichgesetzt. Der Bruch mit der Rolle, die das Geschlecht traditionell zuweist, wird offensichtlich besonders streng bestraft.

Ich habe mich mehrere Jahre lang intensiv mit Hilde Benjamin beschäftigt. Dabei war die genaue Ausprägung des Lebens einer Frau, die an vorderster Stelle politische Macht im Nachkriegsdeutschland ausübte, eine der wichtigen Fragen, die mich antrieben.

Hilde Benjamin, geboren 1902, gestorben 1989, lebte in den beiden prägenden Diktaturen unseres Jahrhunderts, der Nazi-Herrschaft und dem realen Sozialismus. Sie nahm dabei jeweils völlig entgegengesetzte Rollen ein. Während der Hitlerdiktatur war sie ihres Berufes beraubt, ihr Mann wurde ermordet, sie selber war verfolgt und bedroht. In der Zeit des DDR-Regimes wurde sie zur Symbolfigur stalinistischer Justiz.

Wer ihren Lebensweg nachzeichnet, erlebt entscheidende Stationen deutscher Geschichte und, davon geprägt, eine Frau mit kolossalen Widersprüchen, scheinbar unvereinbaren Eigenschaften. Liebe und Haß, Klugheit und Borniertheit, männliches und weibliches, monströses und menschliches Verhalten treffen in ihr zusammen.

Hilde Benjamin war Kommunistin und glaubte, im Kampf für eine bessere Welt wären (fast) alle Mittel recht. Daß ihr Modell von Weltverbesserung am Ende war, wußte sie bis zu ihrem Tod im April 1989 nicht. Das historische Scheitern des Sozialismus zu erleben ist Hilde Benjamin erspart geblieben.

Ich wurde 1943 geboren und bin im Westen Deutschlands aufgewachsen. Politisch prägend für mich war die Studentenbewegung, die ich auf der anderen Seite der Grenze, in Westberlin, miterlebte und -gestaltete. Da sympathisierte ich mit kommunistischen Ideen, wie sie in China propagiert wurden. Die DDR war mir von Besuchen und aus der Literatur vertraut. Ihre politische Praxis lehnte ich mit den Argumenten der Maoisten ab.

Erst als ich daranging, mir ein Bild von Hilde Benjamin zu machen, lernte ich die Nachkriegsgeschichte der DDR und die Bedingungen ihres Untergangs genauer kennen. Entscheidende Stationen der vierzigjährigen SED-Herrschaft wurden deutlich. Die ersten »stalinistischen« Jahre bis zum Volksaufstand von 1953, die Folgen des XX. Parteitags der KPdSU in der DDR, die Zeit des Mauerbaus und die widersprüchlichen Elemente der Stabilisierungsphase danach. Hilde Benjamin steht auch darin für scheinbar unvereinbare Gegensätze. Sie veranlaßt eine fortschrittliche Frauen- und Familiengesetzgebung, der berüchtigte Paragraph 175 wird unter ihrer Regie in der DDR wesentlich früher abgeschafft als in Westdeutschland. Gleichzeitig verschärft sie die politischen Strafgesetze immer weiter zu repressiven Instrumenten gegen jede oppositionelle Regung.

Um Hilde Benjamin in diesen Zusammenhängen zu begreifen, war es notwendig, den Blick nicht nur auf die unmittelbare Entwicklung der Justiz zu richten, sondern das gesamte Panorama der DDR-Geschichte vor Augen zu führen.

Noch lagert wichtiges Material im Privatarchiv ihres Sohnes, das ich nicht habe einsehen können. Zum vollen Verständnis der Entwicklung von Hilde Benjamin wären die unter Verschluß gehaltenen Unterlagen und Dokumente nützlich und wünschenswert gewesen. Trotz dieser Einschränkungen war es möglich, die persönliche und politische Geschichte dieser Frau in wichtigen Bereichen zu rekonstruieren. Einer Frau, von der die einen sagen, sie sei hochbegabt und außergewöhnlich, und die von den anderen als Furie, als die »First Lady des Justizterrors« bezeichnet wird. Es ist die widersprüchliche Geschichte einer Frau an der Macht.

Teil I
1902–1945

Kindheit im Kaiserreich –
Jugend in wirren Zeiten

Von Bernburg nach Berlin
1902–1921

Am 5. Februar 1902 hielt eine Pferdekutsche vor einem gepfleg-
ten Mehrfamilienhaus in der Altstadt von Bernburg. Der Kutscher läutete. Ein Herr, hochgewachsen, mit breiten Wangenknochen und dunklem Teint, faßte die Dame fürsorglich am Arm. Die
Geburt des ersten Kindes stand unmittelbar bevor. Der Weg zum
nahegelegenen Entbindungsheim führte am Fluß entlang, wo sich
die riesigen Anlagen der Solvay-Werke erstreckten. Von weitem
sah man das berühmte Schloß, überragt von dem gewaltigen Berg-
fried, dem Eulenspiegel- und dem Blauen Turm. Der Schloßgra-
ben, als Schutz gegen anrückende Feinde erbaut, war nur noch
teilweise erhalten. Einst stand dort ein Bärenzwinger mit einem
jungen Braunbären aus Rußland. Vielleicht hat die Stadt von dieser Marotte einer Fürstin ihren Namen und ihr Wappentier erhalten.

Bernburg, zwischen Halle und Magdeburg im heutigen Sachsen-Anhalt gelegen, erlebte Anfang des Jahrhunderts einen großen wirtschaftlichen Aufschwung. Durch den Reichtum an Kali-
und Steinsalz entstanden die Soda-Werke des Solvay-Unterneh-
mens. Die verträumte Residenzstadt wurde Schritt für Schritt In-
dustriestadt, gegen den Widerstand der alteingesessenen Offiziere,
Beamten, kleinen Gewerbetreibenden und Bauern.

Hier kam Helene Marie Hildegard Lange[1] am 5. Februar 1902
gegen 22.30 Uhr zur Welt. Der Vater von Hildegard, Walter Mo-
ritz Lange, arbeitete als kaufmännischer Angestellter bei den auf-
blühenden Rohag-Werken, die mit dem Solvay-Konzern verbunden waren. Er interessierte sich für die Wissenschaft und Kultur
seiner Zeit, sympathisierte mit den Ideen der Freimaurer. Tole-
ranz und Achtung der Menschenwürde prägten die Atmosphäre
im Hause Lange. Die Mutter mit den klangvollen Namen Adele

Elsbeth Minette Julie war eine geborene Böhme und stammte aus der Oberschicht des Städtchens. Sie war ein fröhlicher Mensch, humanistisch-liberal denkend wie Walter Lange, hilfsbereit, gesellig und musikalisch.[2]

Wie meist im Februar war die Saale zugefroren. Hochwasser und Eisgang im Frühjahr zerstörten immer wieder die im Sommer erbaute Brücke. Die Eisenbahnbrücke konnte erst 1935 wieder errichtet werden. Nicht selten war die Innenstadt überflutet.

Am 5. Februar 1902 war ruhiges, klares Winterwetter. In Berlin hieß das »Kaiserwetter«. In Bernburg freuten sich die Menschen ohne monarchistische Gefühle an der sonnigen Landschaft. In der Umgebung von Bernburg wurde hauptsächlich Ackerbau betrieben. Zuckerrüben, Getreide und Kartoffeln gediehen gut. Die kaiserliche Versuchsanstalt für Pflanzenzüchtung hatte hier ihren Sitz.

Bernburg – achtundvierzig Jahre später. Hilde Benjamin, geborene Lange, betritt den Saal. Sie führt den Vorsitz beim 1. Strafsenat des Obersten Gerichts der DDR. Es ist ein kalter Dezembertag des Jahres 1950. In weißem Herrenhemd, schwarzer Krawatte und schwarzem Jackett sitzt sie erhöht auf der Theaterbühne ihrer Geburtsstadt. Es ist der dritte Prozeß dieser Art innerhalb weniger Monate, bei dem sie den Vorsitz führt. Zehn leitende Angestellte der Solvay-Werke stehen vor Gericht. Nach zügiger Verhandlung verhängt Hilde Benjamin gegen die Angeklagten wegen »Schiebergeschäften« und »Wirtschaftssabotage« hohe Strafen. Unbewegt steht sie da. Über ihr ein Transparent mit der Aufschrift: »Die demokratische Gesetzlichkeit dient dem Fortschritt und dem Schutz der Werktätigen«. Klein, mit straff zurückgekämmtem Haar, der dünne Zopf über dem Kopf ist ordentlich festgeklemmt. Sie verliest das Urteil. Ihre Stimme klingt monoton und geschäftsmäßig: 19 Jahre, 15 Jahre, 2 Jahre Zuchthaus.[3]

Hat der Name der Firma Assoziationen in ihr freigesetzt? Stände auch der eigene Vater vor Gericht, wäre er in Bernburg geblieben? Unsinnige Gedanken! Das zählt nicht. Als Richterin des neuen Staates tut sie ihre Pflicht, einzig der demokratischen Gerichtsbarkeit verpflichtet.

Eine Frau – leitende Juristin? Deutschland – Anstifter zweier Weltkriege? Das Land geteilt und ein Teil sozialistisch? 1902, in Hilde Langes Geburtsjahr, wäre diese Szene undenkbar gewesen.

14

Walter Lange – 1874[4] in Wilhelmshaven als Sohn eines Stabs-
wachtmeisters der kaiserlichen Marine geboren – war kein Mensch
irrealer Zukunftsträume. Als Kaufmann hatte er handfeste Ziele.
Nach Berlin wollte er versetzt werden, seiner Familie eine sichere
Existenz aufbauen. Wahrscheinlich wünschte er sich einen Sohn
als »Stammhalter«. Auch der würde Kaufmann lernen und in
seine Fußstapfen treten.

Gegen Abend wurde die Geburt eines gesunden Mädchens gemeldet. Die Großmütter beider Seiten wollten bei der Namensgebung berücksichtigt werden: Helene und Marie. Als Neuerung
entschied das Ehepaar sich für Hildegard. Hilde würde man das
Kind rufen. Das war zeitgemäß und praktisch. Die Familien waren aus Tradition evangelisch. Keine Kirchgänger. Die Mutter
praktizierte ein tatkräftiges Christentum, gab regelmäßig Bettlern
ein warmes Essen und abgelegte Kleidung. Das Kind wurde am 6.
April getauft. Der »Taufschein des Evangelischen Pfarramtes der
Martinskirche«[5] zu Bernburg würde 1933 noch einmal gebraucht
werden, als die Deutschen nachweisen mußten, daß sie Christen,
also Arier und nicht Juden waren. Hilde Lange wird nie eine innere Beziehung zum Christentum entwickeln.

Das Kind wuchs heran, wie Kinder in geordneten Verhältnissen
heranwachsen, behütet und genährt, geliebt und gefördert. Es
hatte dunkle, fragende Augen, glatte, dunkle Haut und breite
Wangenknochen, vererbt von den Vorfahren. Slawisch nannten
eifrige Forscher diese Gesichtsform, und Rassenfanatiker sprachen
verächtlich vom »ostischen« Typ. Das Mädchen war klein und
zierlich. Als erwachsene Frau wird sie knapp ein Meter sechzig
sein, zierlich wird sie nicht bleiben.

1904 wurde Walter Lange seinem Wunsch entsprechend nach
Berlin versetzt. Er war Prokurist und später Direktor der Firma
Rohag, einer Tochter des Scheidemandel-Konzerns, der mit den
Solvay-Werken verbunden war. Die Rohag befaßte sich mit der
Erfassung und Verwertung von Knochen. Die Familie zog in die
Ahornstraße nach Steglitz, damals ein ruhiger Villenvorort, kaum
anders als die Bernburger Altstadt. Baumbestanden, mit ange-
nehmen Bürgerhäusern, kleinen Parks und Bänken zum Verwei-
len. Man richtete sich ein, 1905 wurde der Sohn Heinz, 1908 die
Tochter Ruth geboren.

Die Familie war nicht sehr wohlhabend und verfügte über nur

wenige Dienstkräfte im Haushalt. So mußte Hilde als Älteste früh Verantwortung übernehmen und die Mutter bei der Pflege und Aufsicht der kleinen Geschwister unterstützen. Wahrscheinlich half Hilde ihrer Mutter gern, bekam sie auf diese Weise doch den Dank und die Zuwendung der Eltern, die sonst vor allem den kleineren Geschwistern vorbehalten waren. Wie viele Älteste war auch Hilde in ihrer Familie die »Vernünftige« und mußte sich durch die Übernahme von Verantwortung ihren Anteil an der Elternliebe erst »verdienen«. So lernte das Mädchen früh, durch sein Verhalten das Lob der Erwachsenenwelt einzuheimsen und dadurch sein Selbstwertgefühl zu stärken.

1908 kam Hilde in die Schule. Nach Meinung der Eltern wurde es Zeit, daß die Älteste neue Anregungen bekam. Das Lesen hatte sie sich schon fast selbst beigebracht, sie malte gern, lernte Klavier spielen und liebte ernste Musik. »Mein kluges Mädchen«, sagte der Vater voll Stolz und erklärte ihr anhand von Bildern aus alten Folianten die Welt.

Die ersten Schuljahre wurden eine Enttäuschung für das intelligente Mädchen. Sie langweilte sich, mußte stillsitzen und Deckchen sticken, Buchstaben erkennen, die sie schon längst zu Worten und Sätzen formen konnte, mit den Fingern zählen, obwohl sie das Einmaleins spielend beherrschte.

Die Klassenkameradinnen hielten Abstand. Hilde war klug, wußte einfach alles, mochte die gängigen Mädchenspiele nicht. Die Sprüche im Poesiealbum brachten Hilde Lange nur zum Lachen und reizten ihren Spott. »Marmor, Stein, und Eisen ...«, »Sei wie das Veilchen im Moose, bescheiden, sittsam und rein, und nicht wie die stolze Rose ...« So ein Quatsch, mag sie verächtlich gesagt haben. Rosen sind doch viel schöner als Veilchen! Hilde lernte gern und schnell, nachmittags übte sie Klavier, malte oder las in den Büchern der Erwachsenen. Die Eltern machten ihr bei der Auswahl der Lektüre keine Vorschriften.

1912, als Hilde Lange zehn Jahre war, wäre sie gern, wie die Jungen aus der Nachbarschaft, auf das Steglitzer Gymnasium gegangen. Doch das war in Preußen nicht erlaubt. Gymnasialklassen für Mädchen gab es noch nicht. Erst seit wenigen Jahren konnten begabte Mädchen in besonderen Vorbereitungsklassen zum Abitur geführt werden. Noch trauten sich nicht viele diesen

Hilde, Heinz, Ruth, Mutter Lange (v.l.n.r)

Schritt in die Welt der männlichen Wissenschaften zu. Latein und Mathematik galten als unweiblich. Die Mädchen lernten auf dem Lyzeum nur, was man für angemessen und nützlich für die Gattinnen späterer Militärs, Beamter, Unternehmer und Professoren hielt: Handarbeit, Zeichnen, Religion, Gesellschaftstanz, Konversation in Deutsch, Englisch und Französisch. Die naturwissenschaftlichen Fächer und Mathematik spielten dagegen eine untergeordnete Rolle.

Hilde Lange wurde kein braves Mädchen, das mit Schleifchen im Haar an Mamas Hand durch die Schloßstraße flanierte und ehrfürchtig den Erwachsenen lauschte. Sie war auch kein ungebärdiger Wildfang, der gezähmt werden mußte, wie die Mädchenromane der Zeit es gern erzählten. Hilde Lange blickte mit ihren dunklen Augen kritisch in die Welt, machte treffende, ganz unmädchenhaft ironische Bemerkungen, stritt sich mit den Lehrern über Gott und die Welt. Scharfzüngig und klug war sie, wirkte sehr verständig für ihr Alter. Manche Tanten nannten das altklug. Die Eltern respektierten, daß Hilde ein einmal gesetzes Ziel vor Augen nie vergaß: Mal war es die Erlaubnis, mit den Wandervögeln am Wochenende auf Fahrt zu gehen, mal der Lateinunterricht und das Gymnasium, später würde es das Jura-Studium sein. Zielbewußt und fleißig, mit vor Zorn blitzenden Augen, wenn sie ihre Meinung durchsetzen wollte. Dann schleuderte sie ihre Worte in die Runde und war zu keinem Kompromiß bereit. Ihre eigenständige Meinung war ihr wichtiger als jede Familienharmonie.

Hilde Lange ging zehn Jahre auf das Mädchenlyzeum, lernte nachmittags Latein, während die Schulkameradinnen immer komplizertere Muster in ihre Deckchen stickten. In der Verwandtschaft munkelte man schon, daß das Mädchen ein Blaustrumpf und niemals eine gute Ehe- und Hausfrau werden würde. Kluge Frauen waren auf dem Heiratsmarkt nicht gefragt. Dem Vater war das sachliche und wissensdurstige Mädchen gerade recht. Mit ihr konnte er diskutieren und argumentieren. Ihre Logik war bestechend, und ihre Gefühle zeigte sie selten. Der Bruder Heinz interessierte sich vor allem für Technik. Er wurde später Ingenieur. Die jüngste Schwester Ruth, genannt Utti, war anders. Angepaßt war auch sie nicht. Sie war lebhaft und voller Bewegungsdrang, hübsch und modebewußt. Früh entdeckte sie ihre Neigung zum Sport. Ende der zwanziger Jahre wurde sie Deutsche Meisterin im Kugelstoßen, studierte an der Deutschen Hochschule für Leibesübungen und machte 1930 ihr Examen als Diplom-Turn- und -Sportlehrerin.

Wenn die Kinder sonntags mit dem Vater zu Wanderungen in die Umgebung Berlins aufbrachen, lernte Hilde vom Vater die lateinischen Namen der Pflanzen, interessierte sich für Tiere und Gesteinsarten, während Heinz und Utti auf Bäume kletterten und die Schwester zum Dauerlauf anfeuerten. Die Schwestern hatten wahrscheinlich während der Schulzeit von Hilde ein inniges Verhältnis zueinander, vertrauten sich ihre kleinen Geheimnisse an und stritten sich selten. Die Technikwelt ihres Bruders Heinz blieb Hilde immer fremd.

Die Familie Lange teilte das Lebensgefühl der bürgerlichen Schichten des Deutschen Reiches zu Beginn des Jahrhunderts. Man begeisterte sich für den technischen Fortschritt und hielt ihn für den Fortschritt der Menschheit, machte heimlich Witze über den stumpfsinnigen, aber mächtigen Adel und den großmäuligen Herrscher. Um Politik kümmerte man sich wenig. Allenfalls Zeitung lesend, schüttelten die Bürger den Kopf über die abenteuerlichen Unternehmungen des Kaisers im fernen Afrika und auf den

Weltmeeren. Warum sich aufregen? Einfluß konnten normale
Bürger nicht nehmen.

Schon als junges Mädchen sympathisierte Hilde mit den auf-
wieglerischen Wandervögeln.[6] In Steglitz war eine der ersten Gruppen der Wandervogelbewegung gegründet worden. Ausbrechen.
Anders leben. Protestieren gegen die strengen Regeln im Schulalltag und zu Hause. Unter sich sein, ohne Kontrolle der Erwachsenen, ganz aus der Natur leben und die verkrustete Zivilisation
abschütteln. Diese Vorstellungen prägten zu Beginn des Jahrhunderts die neue Jugendbewegung, den Wandervogel. In Steglitz
sammelte der Student Hermann Hoffmann Jungen des Gymnasi-
ums um sich und zog 1896 zum ersten Mal mit einer Gruppe in
die »freie Natur«. Sie übernachteten in Wäldern und Scheunen,
bereiteten das Essen auf Spirituskochern, fühlten sich wie die fahrenden Schüler des Mittelalters. Mit Schlapphut, Rucksack und
Gitarre probierten die Söhne des Bürgertums etwas Neues aus.
1901 gründete sich in Steglitz der »Ausschuß für Schülerfahrten«,
später wurde er »Wandervogel« genannt und verband sich mit
Gruppen gleicher Gesinnung.

Mädchen waren anfangs nicht zugelassen. Die Frage, ob sie
mitwandern durften, war lange Zeit ein wichtiger Punkt des Streits
und der Spaltung unter den Wandervögeln. Allmählich gab es
mehr mutige junge Frauen, die bei den Ausflügen dabei waren oder
sich an den »Nest«abenden im Winter beteiligten. Für Jungen
und Mädchen galt als oberstes Gebot, »kameradschaftlich« miteinander umzugehen, den »Sumpf des bürgerlichen Liebeslebens
strikt zu meiden«, eine Vorstellung, die Hilde Benjamin später
auch in ihrer Parteigruppe für sinnvoll hielt. Zur Jahrhundertfeier
der Leipziger Völkerschlacht trafen sich Hunderte Jugendliche
auf dem Hohen Meißner bei Kassel und schworen, ihren Grundsätzen immer treu zu bleiben. »Die freideutsche Jugend will aus
eigener Bestimmung vor eigener Verantwortung mit innerer Wahr-
haftigkeit ihr Leben gestalten. (...) Alle Veranstaltungen der frei-
deutschen Jugend sind alkohol- und nikotinfrei.«[7] Die berühmte
»Meißner-Formel« mußte jeder aktive Wandervogel auswendig
kennen. Auch Hilde Lange wird die Sätze gesprochen haben. Seit
etwa 1916 hatte sie Kontakt zur Steglitzer Gruppe der Wandervögel. In der Schule sprach sie besser nicht darüber. Die Frau
Direktor warnte die Eltern eindringlich vor den schädlichen Ein-

flüssen der aufrührerischen Bewegung auf die Töchter aus gutem Hause.

Als der Erste Weltkrieg begann und die allgemeine Euphorie des In-den-Krieg-Ziehens das Reich erfaßte, empfanden die Eltern Lange keine Kriegsbegeisterung. Walter Lange wurde eingezogen und war als Feldwebel fast ununterbrochen im Krieg. Feldwebel war ein unbedeutender militärischer Rang, kein Ausweis für eine militärische Karriere. Walter Lange kehrte unverletzt aus dem Krieg zurück.

Die meisten Lehrerinnen schwärmten in dieser Zeit vom Kaiser und seiner weisen Politik, organisierten in den Kriegsjahren Patenschaften für Flüchtlingskinder aus Ostpreußen, engagierten sich in der Kriegsfürsorge des Nationalen Frauendienstes, hielten die Mädchen zum Strümpfestricken für die Soldaten an.

Doch gab es auch wenige andere. Der Name Grete Thiem ist überliefert. Sie war eine von Hilde Langes verehrten Lehrerinnen, mit denen sie zeitlebens Kontakt hatte. Die Lehrerin wanderte mit den Mädchen, machte sie mit der fortschrittlichen Kleidung ohne einschnürende Korsagen, der »Reformkleidung«, vertraut, begeisterte sie für ein naturnahes Leben, imkerte selber. Durch sie kam Hilde auch zum ersten Mal auf die Insel Hiddensee, die sie seitdem sehr mochte.[8]

In ihren skeptischen Auffassungen über den Krieg wurde Hilde Lange von ihrer Mutter unterstützt. Wie diese hatte sie einen ausgeprägten Sinn für Gerechtigkeit und empörte sich über die Ungerechtigkeiten und Grausamkeiten des Krieges. Fünfzig Jahre später schrieb sie einer Pioniergruppe in Güstrow dazu: »Meine Eltern waren … liberale Bürger, die auch keinen Hurrapatriotismus während des ersten Weltkrieges kannten … Ich fing in diesen Jahren an, die politische Entwicklung bewußt mitzuerleben; die Novemberrevolution erlebte ich bereits bewußt und stand gefühlsmäßig auf der Seite der Arbeiter.«[9]

Je länger der Krieg dauerte, desto drückender wurde der Alltag. Im Hause Lange gab es keine akute Not, aber die Lebensmittelmarken, die Engpässe bei allen notwendigen Gütern, die Winter, in denen es nur noch Steckrüben zu essen gab, prägten auch bei den Langes das Alltagsleben. Andere Klassenkameradinnen litten in diesen Jahren ständig an Unterernährung und konnten oft den

Worten der Lehrer nicht folgen, weil ihnen schwindelig vor Hunger war.[10]

Das zehnklassige Auguste-Viktoria-Lyzeum beendete Hilde 1918, anschließend besuchte sie die realgymnasiale Studienanstalt bis zum Abitur. Sie wollte studieren, vielleicht Naturwissenschaften, vielleicht aber auch Jura, obwohl (oder weil?) dieses Fach immer noch eine Männerdomäne war. Zwar war in Berlin 1908 das allgemeine Immatrikulationsverbot für Frauen aufgehoben worden, aber, anders als bei Medizin und den philologischen Fächern, waren weibliche Studierende in der Jurisprudenz noch die absolute Ausnahme. Erst 1922 wurde Frauen der Zugang zum Referendariat und das zweite Staatsexamen durch Gesetz erlaubt.

Kriegsende in Berlin. Unruhen und Straßenkämpfe. In Steglitz war davon wenig zu spüren. Die Kämpfe fanden woanders statt – in Wedding, in Neukölln und in Berlin-Mitte. Hilde interessierte sich für das, was im Zentrum geschah. Die Wandervogelfreunde trafen sich wieder, diskutierten über die neue Lage und betrauerten die gefallenen Freunde. Doch es war nicht mehr wie früher. Die Jugendlichen suchten nach neuen Antworten auf die großen Fragen der Gegenwart.

Als im Januar 1919 Karl Liebknecht und Rosa Luxemburg in Berlin ermordet wurden, mischte sich auch bei vielen bürgerlichen Menschen Trauer mit Empörung. Die Töne der Bürgerstochter Hilde aus Steglitz, von den Klassenkameraden wegen des dunklen Teints »die Inderin aus der Düntherstraße« genannt, wurden radikaler. Jedenfalls sagen das die Berichte fünfzig Jahre später. Sie selbst schrieb:

»Von entscheidener Bedeutung wurde die Ermordung von Karl Liebknecht und Rosa Luxemburg, und meine Mutter und ich brachten in unserem Haus und ich in meiner reaktionären Schule unsere Empörung und Abscheu offen zum Ausdruck. Es kamen die Kämpfe und Streiks in Berlin, und ich begann, mich immer aktiver für die politische Entwicklung zu interessieren und Partei zu ergreifen. 1921 begann ich mit dem Studium der Rechtswissenschaften. Für meine Berufswahl war entscheidend, daß ich glaubte, als Rechtsanwalt allen, denen Unrecht geschah, helfen zu können, und das Vorbild Karl Liebknecht, dessen Tochter die gleiche Schule besuchte.«[11]

Zeugnis der Reife,

ausgestellt

von der realgymnasialen Studienanstalt

des

Kaiserin Auguste Viktoria-Lyzeums

zu Berlin-Steglitz,

Die unterzeichnete Prüfungskommission hat ihr demnach das Zeugnis

der Reife

zuerkannt unter Befreiung von der mündlichen Prüfung.

Berlin-Steglitz, den 22 ten Februar 1921.

~~Königliche~~ Prüfungskommission:

Prof. Stud. Dir. Dr. Stüver, Noch. Königlicher Kommissar i. V. Dina

Bürgermeister Schulze, Vertreter des Patronats.

Direktor.

Das Abiturzeugnis einer Mitschüerin von Hilde Lange

*Abiturientinnen des Jahrgangs 1921: Hilde Lange in der mittleren
Reihe die dritte von rechts*

Karl Liebknecht als Vorbild für die zukünftige Rechtsanwältin.
Das klingt gut. Vera Liebknecht, seine einzige Tochter, war 1906
geboren worden, also vier Jahre jünger als Hilde Lange. Ob sie
sich gekannt haben, die Abiturientin und das kleine Lyzeums-
mädchen? Der Sohn Michael Benjamin, befragt, ob seine Mutter
mit der Tochter Liebknechts als junges Mädchen in Verbindung
gestanden hätte, antwortete erstaunt, er habe nie etwas von dieser
Verbindung gehört, obwohl seine Mutter eine so starke »Affi-
nität« zu Karl Liebknecht gehabt hatte. Er war sicher, daß er, falls
es eine enge Verbindung gegeben hätte, bestimmt davon wüßte.[12]
War es Schönfärberei der eigenen Lebensgeschichte, wenn Hilde
Benjamin den jungen Lesern vermittelte, schon als junges Mädchen hätte sie engen Kontakt zu einem berühmten Sozialisten gehabt? Die angebliche Jugendbekanntschaft konnte vielleicht ein
positives Licht kämpferischer Prominenz auf die Schulzeit Hilde
Langes werfen. Hilde Benjamin sollte im Kreis der SED-Promi-
nenz wegen ihrer bürgerlichen Herkunft immer ein Fremdkörper
bleiben. Die meisten führenden SED-Kader kamen aus »proletarischen Elternhäusern«. Sie sagten gern und oft, schon als kleine
Jungen hätten sie gewußt, daß das Herz links schlägt und der Feind

rechts steht. Da wollte die Ministerin aus bürgerlichem Hause auch nicht zurückstehen. Auch sie hatte etwas vorzuweisen. Wenn auch nur den Namen Liebknecht auf der Schülerliste des gleichen Lyzeums.

1921 bestand Hilde Lange ihr Abitur. Das Zeugnis ist nicht mehr auffindbar. Aber das Exemplar einer Klassenkameradin liegt vor. Es zeigt, welche Fächer geprüft wurden und daß – wohl aus Sparsamkeit – die kaiserlichen Vordrucke weiter verwendet wurden und kurzerhand der Zusatz »Königliche« bei der Prüfungskommission gestrichen war. Ein Foto der Abiturklasse ist auch erhalten. 25 ernste junge Frauen blicken starr auf den Fotografen, sittsam aufgereiht, mit Knotenfrisuren, in langen, dunklen Kleidern. Hilde Lange steht ganz unauffällig in der mittleren Reihe. Sie war, wie die Nachkommen der Mitschülerinnen sagen, eine ganz normale Schülerin, hatte gute Zensuren, war aber nicht Klassenbeste. Zum Abitur machten die Schülerinnen, wie ihre männlichen Kollegen, eine »Bierzeitung«. Die Verse und Lieder auf die Lehrerinnen und Lehrer spiegeln die Harmlosigkeit und Naivität der jungen Frauen. Da reimt sich Herz auf Schmerz und Pause auf Sause, Sein auf Pein. Aus der Abiturklasse von Hilde Lange gingen Ärztinnen, Chemikerinnen, Studienrätinnen und Volkswirtschaftlerinnen hervor. Es waren hochintelligente Frauen, meist aus der Oberschicht, die Väter oft selbst Akademiker. Andere Familien hätten sich das teure Schulgeld auch gar nicht leisten können. Diese frühe Generation studierter Frauen in Deutschland war zäh und hart gegen sich selbst, entschlossen, ihren Weg in einer männlich dominierten Berufswelt zu gehen. Tugenden wie Pflichterfüllung und Genügsamkeit zeichneten diese Frauen aus. Von Spaß oder Genuß war selten die Rede.[13]

Die Bürgerstochter wird kommunistische Anwältin

Studium, Heirat, Kind und Beruf
1921–1933

Hilde Lange immatrikulierte sich als einzige ihrer Abiturklasse bei den Juristen. Vielleicht war es mehr ein Zufall und nicht, wie sie später gern erzählte, eine politisch bewußte Entscheidung, dem Vorbild Karl Liebknecht folgend. In einem Rundfunkinterview deutete sie diese Möglichkeit 1965 selbst an: »Und so gab es bei mir auch eine starke naturwissenschaftliche Neigung, und ich habe mich ... unmittelbar erst entschieden, als ich vor dem damaligen Rektor der Berliner Universität, Professor Deckel, stand und ihm die Hand zum Handschlag bei meiner Immatrikulation gab und die Entscheidung fiel: Rechtswissenschaft.«[14]

Hilde Lange studierte in Berlin, Heidelberg und Hamburg. Zügig absolvierte sie ihre Ausbildung. Fleißig und zielbewußt. Als Frau mußte sie manche Beleidigung einstecken. Die Professoren verhöhnten die wenigen Studentinnen durch Sonderbegrüßungen der »sehr verehrten, gnädigen Fräuleins«, die die Vorlesung mit ihrer Anwesenheit »beehrten«. Die meisten Universitätslehrer behaupteten frech, dem weiblichen Wesen widerspräche die klare Logik der Jurisprudenz, und die buntbemützten Herren Studenten trampelten begeistert ihre Zustimmung. Rita Sprengel, später Referendarin bei Hilde Benjamin, schrieb ausführlich über die unangenehme Sonderrolle, die Frauen im Jura-Studium erleiden mußten. »Den Herren Studenten und auch den meisten Professoren paßte es ganz und gar nicht, daß ich, ein Mädchen, Jura studierte. Das juristische Studium war doch das Vorrecht der Männer. Von der ersten Vorlesung an versuchten sie, mich zu vertreiben ... Ich heuchelte also Gleichmut. Vor allem aber, ich blieb nicht einer einzigen Vorlesung fern. (...) Inzwischen haben Professoren und Trampler bereits begriffen: Sie können mich nicht mehr vertreiben.«[15]

Doch Hilde Benjamin scheint sich nicht an solche Vorkomm-
nisse zu erinnern: »Als ich mit dem Sommersemester 1921 ... das
juristische Studium in Berlin begann, studierten mit mir etwa 6
bis 8 Frauen. Sie kamen überwiegend aus Juristen- und Beamten-
familien, meiner Erinnerung nach kluge und begabte junge Frauen.
In Hamburg und Heidelberg, wo ich das Studium fortsetzte, waren wir etwa 10 bis 15 Studentinnen. Während des Studiums er-
wuchsen uns aus der Tatsache, daß wir Frauen waren, keine
Schwierigkeiten, eine Erfahrung, die ich auch im juristischen Vorbereitungsdienst und als Rechtsanwalt machte. Auseinandersetzungen ergaben sich aus politischen Gründen, aber sie bestanden
unabhängig vom Geschlecht.«[16]

Hilde Benjamin wollte sich in der Rückschau auf das Studium
nur noch der politischen Differenzen erinnern. Anmache, blöde
Männerwitze und verletzende Bemerkungen sollen bei ihr nicht
vorgekommen sein. Es mag sein, daß sie es so empfunden hat, daß
sie schon damals alles, was außerhalb ihrer Vorstellungen lag,
verleugnet und verdrängt hat, daß sie nur »politische Differenzen« wahrnehmen wollte, weil nur diese ihr wirklich bedeutsam
erschienen.

Es gibt zahlreiche autobiographische Berichte von Studentinnen der zwanziger Jahre, die vom Hohn und der Verachtung der
männlichen Studenten und Professoren gegenüber den Studentinnen sprechen. Als »Blaustrümpfe« wären sie verlacht worden.
Verstand und Liebe galten als unvereinbar. Drohend wurde den
Frauen vorgehalten, sie müßten sich entscheiden: entweder Beruf
oder Ehe. Und der qualifizierte Beruf führte angeblich zwangsläufig zum lebenslänglichen Liebesverzicht.

Auch Hilde Lange wird die Beleidigungen gehört und sich durch
Eifer und Intelligenz scheinbar unangreifbar gemacht haben. Sie
blieb keiner Vorlesung fern, arbeitete konsequent auf ihr Ziel hin.
In Logik und Fachwissen stand sie den Herren in nichts nach.
Und allmählich begriffen die Studenten und Professoren, daß die
junge Frau mit dem aparten Gesicht und dem dunklen Teint nicht
einzuschüchtern war, hielten Abstand und ignorierten sie als weibliches Wesen, sahen in ihr allenfalls den »Kommilitonen«.

Schon früh entwickelte Hilde Lange durch diese Erfahrungen
Härte und Fleiß zu ihren hervorstechenden Eigenschaften. Härte
gegen die, die vermeintlich als politische Feinde anzusehen wa-

ren. Vielleicht war es ihr deshalb so wichtig, die Differenzen in den Studentenjahren ausschließlich auf politische Gegensätze zurückzuführen. Angegriffen und verachtet zu werden, weil sie als Frau nicht gut ankam, wäre schmerzhaft und kränkend gewesen, aber politisch als Sozialistin angegriffen zu werden, verbuchte sie als kämpferische und damit positive Sache.

Und fleißig war Hilde Benjamin ihr Leben lang. Immer diente dies der »guten Sache«, mal war es das schnelle Examen, später die gründlich vorbereitete Urteilsbegründung oder Gesetzesvorlage. Ihr Fleiß hat ihr möglicherweise auch manchmal als Vorwand gedient. Ein probates Mittel, die große Sehnsucht nach Liebe und Partnerschaft, die sich im harten Studienalltag nicht realisieren lassen wollte, erst gar nicht an die Oberfläche kommen zu lassen. Hilde Lange, später Benjamin, setzte schon als Studentin alles daran, ihre Gefühle immer »im Griff« zu haben. Sie durften nicht störend auf ihre Ausbildung, politische Laufbahn oder Karriere wirken. Diese Elemente ihres Lebens hatten für sie immer Vorrang. Daß sie dennoch der starke Wunsch nach einem männlichen Partner und einer glücklichen Beziehung umtrieb, sollte sich bald zeigen.

In den Semesterferien mußte Hilde Lange arbeiten gehen, um sich Geld für das Studium zu verdienen. Das väterliche Vermögen war durch die Inflation weitgehend aufgezehrt, und der Vater konnte sie nicht voll unterstützen. Sie berichtete von einem Metallbetrieb in Heidelberg, wo sie »lernte, an Maschinen zu stehen«, und auch »Freunde in Arbeiterfamilien« gewann.[17] Vieles mag sich in den Erinnerungen einer prominenten Vertreterin der »Partei der Arbeiterklasse« mischen. Zweifel, daß die junge Studentin aus Berlin so schnell »Freunde in Arbeiterfamilien« fand, sind angebracht. Als Ende der sechziger Jahre Studentinnen in die Fabriken gingen und dort am Band arbeiteten, um »die Arbeiterklasse« kennenzulernen, schlug ihnen das Mißtrauen der Kollegen entgegen. Eine tiefe Kluft trennte sie von den Arbeiterinnnen. Die Studierten waren Exoten, die bestaunt wurden, nicht Kolleginnen. Vielleicht waren damals in Heidelberg die Arbeiter beeindruckt von der lebenspraktischen und forschen Studentin. Aber daß es Hilde Lange gelang, in nur wenigen Arbeitswochen Freundschaften zu schließen, ist unwahrscheinlich.

Neben dem Hauptstudium lernte Hilde Lange am Orientalischen Institut der Berliner Universität die russische Sprache. Wollte sie schon damals Lenin im Original lesen? Dazu äußerte sie sich in den veröffentlichten Erinnerungen nicht. Auf jeden Fall war das Russischstudium eine vorausschauende Leistung. Die Sprachkenntnis sollte sie später gut gebrauchen können.

1924, nach nur drei Jahren Studium, bestand sie ihr Referendarexamen. Aus den Akten des Justizministeriums geht hervor, daß sie ihr erstes Staatsexamen am 6. November 1924 in Berlin mit der Note »ausreichend« ablegte.[18] Im Januar 1925 begann Hilde Lange den juristischen Vorbereitungsdienst – wie es üblich war – mit dem Eid auf die Weimarer Verfassung. Insgesamt drei Jahre durchlief sie die unterschiedlichsten Stationen der juristischen Laufbahn. Sie arbeitete bei der Staatsanwaltschaft, in den Amtsgerichten Berlin-Lichterfelde und Wedding, im Landgericht, bei einem Rechtsanwalt und beim Kammergericht. Die »Nachweisung der Beschäftigung der Referendarin Frau Benjamin, geb. Lange, vereidigt am 6. Januar 1925«[19] gibt auch Auskunft über die Krankenzeiten und ihren Urlaub. 1926 war Hilde Benjamin häufiger krankgeschrieben. Außerdem arbeitete sie freiwillig in Erziehungsheimen, auf dem Jugendamt und bei der Jugendgerichtshilfe sowie im Frauengefängnis Barnimstraße.[20] Ihr zweites Staatsexamen bestand sie im November 1928 mit der für Juristen hervorragenden Note »vollbefriedigend«.[21]

Während der Studentenjahre suchte Hilde Lange nach politischer Orientierung. Über die unpolitische Wandervogelbewegung war sie hinausgewachsen. Die aktuellen Probleme der neuen Republik waren nicht mit individueller Suche in der Natur zu beantworten. Sie trat dem Sozialistischen Studentenbund bei, wurde 1925 kurze Zeit Mitglied der SPD. In dieser Zeit lernte sie die fast gleichaltrige Dora Benjamin kennen. Hilde besuchte die wohlhabende jüdische Familie häufig in deren Villa im Grunewald, diskutierte mit den Brüdern Walter und Georg, mit den gastfreundlichen und gebildeten Eltern. Georg, der junge Arzt, lud die Freundin seiner Schwester dann einmal zu einer Wanderung des Arbeiter-Samariterbundes ins Havelland ein. Vielleicht war bereits dieser Ausflug für Hilde, die energische, fleißige Referendarin, der Beginn ihrer großen Liebe. Als sie 1977 ihren Mann mit einer Biographie ehrte, schimmerte dieses Gefühl trotz aller selbstverordneten Strenge und Sachlichkeit ab und zu durch. Über die Anfänge ihrer Beziehung schrieb sie: »Nach den jahrelangen Begegnungen in seinem Elternhaus, dem Sommerausflug 1924 kamen wir uns plötzlich Ende 1925 näher … Ich war sieben Jahre jünger als Georg Benjamin, hatte Ende 1924 meine erste juristische Staatsprüfung abgelegt und war nun fast ein Jahr Referendar im Bezirk des Kammergerichts … Auch ich hatte, wenn auch unter anderen Bedingungen als die Benjamins, Berührung mit der Jugendbewegung gehabt, … 1925 war ich Mitglied der SPD geworden, weil ich die Organisation in einer Arbeiterpartei für notwendig hielt und den direkten Weg zur KPD ebenfalls noch nicht fand. Allerdings«, so schrieb sie entschuldigend, »habe ich keinen der ›Zahlabende‹ meiner Gruppe besucht und trat nach der Verbindung mit Georg sofort aus.«[22]

Die Liebe zu Georg und die Kommunistische Partei scheinen sich in ihrem Leben unauflöslich verknüpft zu haben. Vielleicht hatte Hilde Lange – sie war damals Mitte Zwanzig – schon die Hoffnung auf eine große Liebe aufgegeben und strebte ein Leben als unverheiratete, berufstätige Rechtsanwältin an. Dafür spricht, daß sie in dieser Zeit an einer Dissertation arbeitete, die sie nach ihrer Heirat nicht mehr fortsetzte.[23] In den zwanziger Jahren machten unverheiratete Akademikerinnen häufig ihren Doktor, um auch in wissenschaftlicher Hinsicht zu beweisen, daß sie den männlichen Konkurrenten ebenbürtig waren und im Berufsleben »ihren Mann« standen.

Sachlich und knapp berichtete Hilde Benjamin weiter, daß sie nach einer Wanderung durch die Schorfheide Dora Benjamin besuchte und dabei auch Georg traf. Die Familienrunde unterhielt sich gerade über den »Zauberberg« von Thomas Mann. Sie selbst kannte den eben erschienenen Roman noch nicht, und Georg bot an, ihr das Buch zu leihen. Sie könne es in den nächsten Tagen bei ihm abholen.[24] Eine klassische Geschichte vom Sich-Näher-Kommen unter geschickt verpackten Vorwänden. Beide scheinen auf der Suche nach einer dauerhaften Bindung gewesen zu sein. Georg hatte gerade die Freundschaft mit einer Krankenschwester aus der Charité gelöst, und Hildes Freundschaften aus der Studenten- und Jungsozialistenzeit waren, wie sie später schrieb, »ausgeklungen«.[25] Hilde Lange holte das Buch – wahrscheinlich klopfenden Herzens – bei Dr. Benjamin in der Nazareth-Kirchstraße in Wedding ab. Es war ein Zimmer in einem typischen Altberliner Vorderhaus, der Raum schlicht möbliert, eher asketisch. An einen vollbepackten Schreibtisch und ein schmales Bett kann sie sich erinnern. Weitere Annehmlichkeiten gab es in dem Zimmer nicht. Georg Benjamin arbeitete zu dieser Zeit als Schularzt in Wedding. Er lud Hilde dann ein, an einer Feier zur Novemberrevolution teilzunehmen. Der Film »Lenin im Oktober« wurde gezeigt. Das weiß sie noch 50 Jahre später. Der Kontakt zwischen Georg und Hilde intensivierte sich. Irgendwann, sicher bald, brachte sie den »Zauberberg« zurück. Weitere Besuche folgten. Der Zauberberg hatte seine Wirkung getan.

Hilde Lange war fasziniert von dem älteren, politisch entschiedenen und kulturell interessierten Mann, der sie als Frau ernst nahm und behutsam mit ihren politischen Unsicherheiten umging. Auch wenn sie sich liebten, war er einfühlsam und rücksichtsvoll. Wahrscheinlich aus Sorge vor einer ungelegenen Schwangerschaft, wie sie die Frauen damals umtrieb, hatte sie körperliche Beziehungen bisher abgelehnt. Mit Georg lernte sie auch diese Seite des Lebens genießen.

Silvester 1925 machten Georg und Hilde zum ersten Mal gemeinsam Urlaub. Eine lange Wanderung durchs Havelland, Zeit zum Reden und Lieben. Völlig überraschend für Verwandte und Freunde verkündeten sie bei der Rückkehr ihren Entschluß, bald zu heiraten. Von Verlobungszeit war nicht die Rede. Es mag sein, daß die Eltern beider Seiten das lieber gesehen hätten. Aber weder die Benjamins noch die Langes hatten Einfluß auf die Entscheidungen ihrer erwachsenen Kinder. Ihnen blieb nur, sich mit dem jungen Glück zu freuen. Ob Dr. Georg Benjamin nach alter Sitte bei Walter Lange »um die Hand der Tochter« angehalten hat, ist nicht überliefert. Diese Konvention paßte nicht zu dem unkonventionell denkenden Paar.

Walter Benjamin, der berühmte Philosoph und ältere Bruder Georgs, schrieb am 14. Januar 1926 an einen Freund:

»Mein Bruder wird in einigen Tagen ein sympathisches, junges Mädchen heiraten, eine Freundin meiner Schwester, die er zur Kommunistin sich herangebildet hat. Es haben also seine christlichen Schwiegereltern in einen doppelt bitteren Apfel zu beißen.«[26]

Die Einschätzung von Walter Benjamin wird gern zitiert, ist aber in fast allen Punkten falsch. Hilde war kein »junges Mädchen« mehr. Sie war mit 24 Jahren eine erwachsene Frau mit sehr ausgeprägten, eigenen Positionen. Sie brauchte wohl nur einen letzten Anstoß, um 1927 zur radikaleren der beiden Arbeiterparteien zu finden. Mit der Sozialdemokratie war sie schon lange unzufrieden. Sie selbst schrieb: »Daß Georg mich zur Kommunistin herangebildet hätte – ich trat erst im November 1927 in die KPD ein –, wäre seinem Wesen so fremd wie irgend etwas gewesen und widersprach der Achtung, die er der Freiheit jedes Menschen entgegenbrachte.«[27]

Die andere Bemerkung Walter Benjamins betrifft die Eltern Lange. Er meinte wohl, daß die »christlichen« Eltern der jüdischen Tradition der Familie Benjamin ablehnend gegenüber stehen könnten. Doch die Eltern Lange waren anders. Walter Lange war seit 1921 in der Loge »Bruderbund am Fichtenberg« in Steglitz. 1924 erfolgte seine Erhebung auf die Meisterstufe. In einem Nachruf auf ihn hieß es später, daß Walter Lange in der Freimaurerei die höchste Lebenskunst sah, daß er nach der wahren, höchsten Freiheit strebte ebenso wie nach der Befreiung von Vorurteilen.[28] Und Hilde Benjamin über ihre Eltern: »Sie waren niemals Antisemiten gewesen und verkehrten seit langem auch mit jüdischen Familien ...« Diese Einschätzung hat sich hundertfach während der Nazi-Zeit bestätigt, als Walter und Adele Lange mutig für Tochter und Schwiegersohn eintraten. Die Ehe Hildes mit Georg Benjamin war für sie also kein »saurer Apfel«. Die Langes haben keinen Moment gezögert, Hilde und Georg tatkräftig zu unterstützen. Ihr Haus stand ihnen immer offen, auch als es schon lebensgefährlich war, mit Juden und Kommunisten Kontakt zu halten.

Die Eltern Benjamin kannten Hilde seit langem als Freundin von Dora. Es kam mit ihr keine Fremde ins Haus. Doch soll die Mutter ihren Sohn damals leise gewarnt haben, mit Hilde würde es »nicht ganz leicht« werden. Hildes »unweibliches« Interesse an Beruf und Politik kann nicht der Grund für die mütterliche Warnung gewesen sein. Auch Dora studierte ein unweibliches Fach: Volkswirtschaft. Emanzipierte und studierte Frauen waren in der Verwandtschaft der Benjamins nichts Außergewöhnliches. Vielleicht machte Frau Benjamin aber die Schärfe, mit der Hilde ihre Meinung vortrug, Angst. Georg war in diesem Punkt anders. Alle, die ihn kannten, schildern ihn als geduldig, tolerant und großherzig. Jedenfalls hat der Sohn sich nicht um die Warnung seiner Mutter geschert.

Am 26. Februar 1926 war Hochzeitstag. Sie heirateten laut Urkunde im Standesamt Steglitz. Trauzeugen waren zwei mit Namen Walter: Walter Lange und Walter Benjamin.[29] Eine kirchliche Trauung kam nicht in Frage. Hilde war schon länger aus der christlichen Kirche ausgetreten und Georg der Tradition nach jüdischen Glaubens. Die konfessionell unterschiedlichen Familientraditionen machten daher keine Probleme. Das junge Paar lud Familie und Freunde zu einem bescheidenen Fest. Von einer Hochzeitsreise ist nichts bekannt.

Hilde und Georg Benjamin fanden in Wedding am Schillerpark eine Neubauwohnung mit drei Zimmern. Die Siedlung grenzte an ein Kleingartengelände, wo immer mehr Arbeitslose ständig in ihren Lauben lebten, ähnlich wie es Hans Fallada in »Kleiner Mann, was nun?« beschreibt. Hilde Benjamin nahm später an politischen Kämpfen der KPD gegen Wohnungsnot in ihrer unmittelbaren Nachbarschaft teil.

Die Benjamins richteten sich im Stil der Zeit ein. Ein Zimmer in dunkelrot, ein blaues und für beide gemeinsam ein großes, grüngestrichenes Zimmer. An der Wand über dem Sofa hing eine Reproduktion der »Roten Pferde« von Franz Marc. Sie wird die Benjamins noch in viele Wohnungen begleiten. Das junge Paar hatte in den ersten Ehejahren eine relativ gesicherte Existenz. Dr. Benjamin war hauptamtlicher Schularzt im Bezirk Wedding, Hilde Referendarin beim Kammergericht. Sie bereitete sich auf das Assessor-Examen vor. Eine typische Intellektuellenehe in Berlin Ende der zwanziger Jahre.

Georg Benjamin, 1895 geboren, stammte aus einer wohlhabenden jüdischen Kaufmannsfamilie. Die Großmütter bildeten traditionell das matriarchale Zentrum. Walter Benjamin und seine Kusine Gertrud Kolmar[30] berichten beide von den prägenden Einflüssen der Großmütter auf ihre Kindheit. Es war eine religiös-liberale Sippe, die Eltern künstlerisch interessiert und politisch konservativ. Unter den zahlreichen Verwandten waren Ärzte, Juristen und Professoren, auch musikalische und dichterische Begabungen. Vor allem Gertrud, die älteste Tochter der Chodziesner, ist zu nennen. Sie wurde als Lyrikerin unter dem Pseudonym Gertrud Kolmar bekannt. Justizrat Chodziesner war ein Onkel der Geschwister Benjamin. Eine andere Kusine, Hilde Stern, heiratete den Arbeiterdichter Hans Marchwitza. Der drei Jahre ältere Bruder Walter spielte in Georgs Kindheit kaum eine Rolle. Die Schulzeit verbrachte Walter meist in Internaten. Zwischen den Brüdern entwickelte sich erst spät eine engere Beziehung.

In einem Essay »Kindheit um 1900« beschrieb Walter Benjamin sich als sensibles Einzelkind, das mit der ihn umgebenden Welt, seinen Krankheiten und der Liebe seiner Mutter ringt. Ein drei Jahre jüngerer Bruder kommt in dieser Kindheitsbetrachtung nicht vor. Die jüngste Schwester Dora wurde 1901 geboren. Georg machte auf dem Grunewald-Gymnasium 1912 sein Abitur und meldete sich bei Kriegsbeginn freiwillig zur Reichswehr, wie es viele jüdische Männer taten, um ihre Dazugehörigkeit zu beweisen. Während des Ersten Weltkriegs war er in West und Ost fast ununterbrochen an der Front.

Wie Hilde Lange war er beeinflußt von der Wandervogelbewegung, verstand sich als Mensch der »Tat« und als Asket. Er rührte weder Alkohol noch Zigaretten an. Den Krieg empfand er als unerträgliche Einschränkung seiner persönlichen Freiheit, seine Ablehnung war damals noch nicht politisch begründet.

1919 begann Georg Benjamin sein Medizin-Studium. In der Studienzeit in Marburg entwickelte er politisch linke Positionen, und als er 1920 nach Berlin zurückkam, zog er nicht mehr in die elterliche Villa im Grunewald, sondern nahm sich ein eigenes Zimmer in einem Arbeiterviertel und trat der USPD bei. 1921 zog er in ein Ledigenheim, schrieb eine Dissertation über die medizinische und soziale Lage der Menschen in diesen Heimen. Zunehmend interessierte er sich für die Sozialmedizin, wurde Mitglied im »Proletarischen Gesundheitsdienst«, einem Zusammenschluß sozialistischer Ärzte, und trat 1922 der KPD bei.

Viele Söhne und Töchter aus gutbürgerlichem Hause ergriffen in der Nachkriegszeit Partei für die sozialistischen und kommunistischen Positionen. Die Ereignisse des Ersten Weltkriegs hatten die alte Ordnung der Gesellschaft zerstört. Der technische Fortschritt, für die Elterngeneration noch die Hoffnung auf eine bessere Zukunft, hatte nur dazu gedient, die Kriegstechnik zu modernisieren. Auf beiden Seiten der Fronten waren Millionen Menschen mit modernsten Waffen getötet worden. Die einfachen Soldaten und Arbeiter, nicht die Intellektuellen, setzten schließlich mit ihrem Aufstand dem Krieg ein Ende. Die Jugend, die im Krieg das tägliche Morden erlebt hatte, suchte nach radikal neuer Orientierung. Von den Älteren waren keine Antworten auf die Fragen der Zeit zu erwarten. Die Jungen fragten und phantasierten, philosophierten und politisierten. An den Universitäten tauchten neben den buntbemützten Traditionsträgern und Nationalisten sozialistische Gruppen auf, die die Werke von Marx und Lenin propagierten, für die russische Revolution Partei ergriffen und Kontakt mit den Kommunisten aufnahmen. Nicht wenige führende Politiker der KPD stammten selbst aus bürgerlichen Elternhäusern, waren Künstler und Intellektuelle, Suchende wie die Studenten selbst. Die radikale Neuorientierung junger Intellektueller erfaßte nur eine Minderheit. Aber es war eine bedeutende Gruppe, intelligent, begabt, hervorragend ausgebildet, künstlerisch auf der Höhe der Zeit, und – wie die Namen Brecht, Weill, Feuchtwanger, Heinrich und Thomas Mann, Kurt Eisler und George Grosz belegen – auch erfolgreich.

Dr. Georg Benjamin fand in diesem Umkreis geistig eine neue Heimat, beruflich als Arzt und publizistisch als Verfasser zahlreicher Untersuchungen zum Gesundheitssystem. In dieser Orientierung traf er sich mit Hilde Lange, die auf der Suche nach einem beruflichen und politischen Platz in der Nachkriegsgesellschaft war. So war es nicht verwunderlich, daß Hilde Benjamin keine Hoffnungen mehr auf die Sozialdemokratie setzte. Bei den Kommunisten fand sie die Zukunftsvision von einer besseren Welt, die leidenschaftliche Parteinahme für die Unterdrückten, die radikale Theorie gegen die bürgerliche Justiz und ihren Staat. In der KPD war – gemeinsam mit Georg – eine ideale Verbindung von beruflichem und politischem Leben möglich geworden. Fünfzig Jahre später faßte sie ihre damalige Situation mit den Worten zusammen: »Unser Alltagsleben war politisches Leben.«

Als Hilde Benjamin in die KPD eintrat, waren ihr die Ideen der Kommunisten längst vertraut, sie hatte Marx, Engels und Lenin gelesen, kannte die Schriften von Karl Liebknecht und Rosa Luxemburg. Neu war ihr die strikte Unterwerfung unter die Disziplin einer Partei. Das war in der SPD anders gewesen. Doch kam gerade diese Seite der Parteiwirklichkeit ihrem Wesen entgegen.

Schon vorher hatte sie mit Selbstdisziplin und Entschlossenheit ihren Alltag gemeistert, ihre persönlichen Wünsche den Notwendigkeiten von Studium und Geldverdienen untergeordnet. Jetzt konnte sie diese Tugenden zugunsten ihrer politischen Überzeugung weiterentwickeln. Das bereitete ihr keinerlei Schwierigkeiten. In Genossenkreisen sollte man sie bald anerkennend »das Zellentier« nennen, eine Bezeichnung, die ihre Disziplin und ihren unermüdlichen Einsatz für die Partei charakterisierten.

Hilde Benjamin wurde im Dezember 1927 Mitglied der KPD-Straßenzelle Wedding. Mit »Straßenzelle« meinten die Kommunisten damals die Grundorganisation der Parteimitglieder, die in einem Straßenviertel wohnten. Die KPD organisierte ihre Partei in diesen Jahren konsequent nach sowjetischem Vorbild. Die Kommunisten nannten das die »Bolschewisierung« der Partei. Jeder Genosse sollte an seinem Arbeitsplatz organisiert sein. Da es aber zunehmend mehr Parteimitglieder gab, die nicht in einem Großbetrieb arbeiteten oder arbeitslos waren, mußte eine »bolschewistische« Lösung gefunden werden. Die Basisorganisation durfte nicht den verachteten »Zahlabenden« der Sozialdemokraten ähneln. Deshalb wurden Arbeitslose, Hausfrauen, Zeitarbeiter aus kleinen Betrieben, Rechtsanwälte und freiberufliche Intellektuelle in der Straßenzelle zusammengefaßt. »Die Straße als Kampfplatz«, lautete die Parole. Die Direktive[31] stammte von einem Mann, dessen Name später für die Politik eines ganzen Staates stehen würde: Walter Ulbricht. Er war schon damals ein bekannter Kommunist und Mitglied der Parteileitung. Auf diese Weise lernte Hilde Benjamin den Namen ihres späteren Regierungs- und Parteichefs frühzeitig als Autor wichtiger Parteidokumente kennen. Daß die beiden sich in dieser Zeit persönlich begegnet sind, ist unwahrscheinlich. Hilde Benjamin schrieb später viel Lobendes über Walter Ulbricht, von frühen Begegnungen war dabei nie die Rede.

Die Grundeinheit der Kommunisten, die Hilde Benjamin als junge Parteigenossin erlebte, war bis ins kleinste hierarchisch strukturiert. Es gab einen ersten Sekretär, den Organisationsleiter, einen zweiten Sekretär, den Agit-Prop-Leiter (d. h. Öffentlichkeitsarbeit und politische Schulung), für jeden Genossen gab es ein festes Amt. Hilde Benjamin schrieb später, daß sie niemals die Aufgaben der Straßenzelle in Wedding vergaß. Weitere Hinweise auf den rastlosen, die persönlichen Wünsche und Bedürfnisse nicht achtenden Einsatz sind in ihren Erinnerungen zahlreich zu finden. Sie schreibt: »Eine Urlaubsreise wurde verschoben, wenn es galt, dabei zu sein.« Die Parteigenossen verkauften die Zeitungen auf der Straße, organisierten Demonstrationen und Kundgebungen, öffentliche Treffen und Vorträge, machten Hausbesuche zur Gewinnung neuer Mitglieder, Aktionen gegen Zwangsräumungen. Die zehn oder fünfzehn Genossen der Zelle trafen sich wöchentlich in ihrem Parteilokal. Sie lasen die Anweisungen des Zentralkomitees und die *Internationale Presse-Korrespondenz*, die deutschsprachige Zeitung der Kommunistischen Internationale, berieten die nächsten Kampfaktionen. Eine Fülle von Terminen ergaben sich aus den Beschlüssen. Eine kleine Aufzählung von Hilde Benjamin selbst: »Wir waren manchen Sonntag unterwegs zur Haus- und Hofpropaganda, verkauften die *Rote Fahne* und Broschüren. Wir halfen, die Mai-Demonstrationen vorzubereiten, organisierten zu den Wahlen besondere Veranstaltungen, das Auftreten von Agit-Prop-Truppen und Film-Matineen in einem in der Nähe gelegenen kleinen Kino. Wir halfen beim Herstellen von Straßenzellen- und Betriebszeitungen, die wir in unserer Wohnung und später auch bisweilen in meinem Anwaltsbüro auf Platten schrieben und abzogen, und malten zu den verschiedensten Anlässen Plakate und Transparente. Bei großen Veranstaltungen der Arbeiterklasse, die in Berlin durchgeführt wurden, war unsere Wohnung selbstverständlich offen für viele Quartiergäste …« Ein harter Einsatz, der zusätzlich zur normalen Berufstätigkeit geleistet wurde.

Anfang April 1929 beantragte Hilde Benjamin ihre Zulassung als »Rechtsanwalt«. Der Begriff Rechtsanwältin war damals noch nicht offiziell anerkannt. Hilde Benjamin hat ihn auch nicht gemocht. Als sie nach Kriegsende bestimmen konnte, welche Berufsbegriffe für Frauen verwendet werden, entschied sie sich für die männliche Variante. Frau Rechtsanwalt oder Frau Richter hieß es in der späteren DDR.[32]

In zwei möblierten Zimmern neben dem Rathaus Wedding eröffnete Hilde Benjamin im April 1929 ihre erste Kanzlei. Der Zeitpunkt war – eher zufällig – günstig gewählt. Schon am 1. Mai 1929 gab es viel für sie zu tun. Der Polizeipräsident Zörgiebel hatte die Demonstration der KPD verboten. Die trotzige Antwort in der

*Hilde Benjamin als junge Anwältin: Am Schreibtisch in Berlin-
Wedding, um 1929*

Roten Fahne lautete: »Trotz Verbot – der 1. Mai bleibt rot!« Polizei und kommunistische Kämpfer lieferten sich am 1. Mai in
Wedding, unmittelbar in der Nähe ihres Anwaltsbüros, eine
Schlacht mit vielen Verletzten und zahlreichen Verhaftungen. Hilde
Benjamin saß bis spät in die Nacht hinein am Telefon, fragte im
Auftrag der Verwandten im Polizeipräsidium oder in den Kran-
kenhäusern nach den Verschwundenen, übernahm die Verteidigung der Angeklagten wegen Landfriedensbruch oder Widerstand
gegen die Staatsgewalt. Ihr alter Traum von politischer Strafver-
teidigung im Geiste Karl Liebknechts begann sich bereits in diesen ersten Wochen im neuen Anwaltsbüro zu verwirklichen.

Die politischen Auseinandersetzungen zwischen den gegneri-
schen Parteien wurden von Monat zu Monat heftiger, und die
»Rote Hilfe«, eine kommunistische Hilfsorganisation, beauftragte
die Genossin Benjamin gern mit der Vertretung angeklagter Genossen, später wurde sie in den Zentralvorstand der Organisation
gewählt. Ihre Plädoyers fielen auf, ihre juristische Kompetenz
war gefragt. Aus der Laufpraxis für Ehescheidungen, Zivilstrei-
tigkeiten und kleine Strafdelikte wurde in kurzer Zeit eine wichtige Adresse für kämpferische Plädoyers in politischen Prozessen.

September 1930. Für das Landgericht Berlin-Moabit ein großer Tag. Seit den frühen Morgenstunden umlagerten Hunderte das Gerichtsgebäude. Starke Polizeieinheiten bewachten die Eingänge. Als der Zuhörerraum für das Publikum freigegeben wurde, setzte ein Sturm von vier- bis fünfhundert Menschen auf die Plätze ein. Der Tumult war so groß, daß die Polizei die Menge mit Gummiknüppeln aus dem Saal trieb. Nur wer eine Eintrittskarte ergattert hatte, durfte im Zuhörerraum Platz nehmen. Der Rummel vor dem Gericht galt einer spektakulären Angelegenheit. Die Schlagzeilen des Tages geben Auskunft: »Prozeß gegen die Mörder von Horst Wessel«, »Der Tod des Nazidichters Wessel – Ali und Genossen vor Gericht«, »Wird es ein politischer Prozeß?«[33]

Zu verantworten hatten sich 18 Personen, darunter drei Frauen. Im Gerichtssaal saß noch eine weitere Frau. Jung, mit modisch kurzem Haarschnitt, die zweite von links auf der Verteidigerbank. Rechtsanwältin Benjamin. »Bemerkenswert war das Auftreten eines weiblichen Verteidigers, nämlich Frl. Dr. Benjamin (weder Fräulein noch Doktortitel war richtig – M.B.), in diesem Prozeß. In interessanter Beweisführung plädierte sie für ihre Klienten auf Freisprechung.«[34]

Die Vorgeschichte zu diesem Prozeß begann am 14. Januar 1930. An diesem Tag beklagte sich die Zimmerwirtin des Werkstudenten Horst Wessel bei den Genossen über ihren Untermieter. Einen Rest Miete sollte er schuldig sein, nachts mit seinen Kumpanen laut im Zimmer krakeelen, unrechtmäßig die Verlobte im Zimmer bei sich wohnen lassen. »Horst Wessel, den kennen wir!« sagten die Rotfrontkämpfer und witterten eine unerwartete Gelegenheit, mit dem SA-Mann abzurechnen. Er war ihnen durch seine geschickten Reden verhaßt, schnappte ihnen die besten Leute weg und köderte sie für seinen SA-Sturm. Sogar eine Schalmeienkapelle hatte er aufgemacht, wie sie bisher nur die KPD gehabt hatte. Es gab einen handgemachten Steckbrief. Horst Wessel im Sturmanzug der SA, bewaffnet mit Messer und Pistole, breitbeinig über einer Leiche stehend. »Wie lange noch?« heißt es darunter. »Roter Arbeiter, merk dir das Gesicht! Horst Wessel – Sturmführer – Arbeitermörder.« Als nun die junge Witwe eines Genossen im Vereinslokal um Hilfe bat, waren die Kämpfer sofort bereit, pistolenbewaffnete Verstärkung zu holen und bei Horst Wessel vorzusprechen. »Eine proletarische Abreibung«, sagten sie später vor Gericht, wollten sie dem Nazi verpassen. Es endet mit einem Schuß.

Am nächsten Morgen war der Anschlag auf den SA-Mann Schlagzeile Nummer eins. Alle Berliner Zeitungen vermuteten einen politisch motivierten Mord. Einzig die *Rote Fahne*, das Zentralorgan der KPD, meldete: »SA-Führer aus Eifersucht umgelegt« und verdächtigte die Polizei, leichtfertig von politisch begründeter Tat zu reden. Die KPD-Zentrale wollte offensichtlich Distanz zu den Tätern gewinnen, ihre Politik nicht durch das Attentat auf Wessel kompromittieren. Per Postkarte bestellte sie die Zimmerwirtin Elisabeth Salm ins Liebknecht-Haus und ermahnte sie, bei der Polizei die Tat als Eifersuchtsakt zweier Zuhälter darzustellen. Ali Höhler, der Pistolenschütze, war Mitglied der KPD und des Rotfrontkämpferbundes. Auch die anderen Mittäter standen der KPD nahe. Sie alle waren keine Zierde für die Kommunisten. Höhler war sechzehnmal vorbestraft, darunter einmal zu zweieinhalb Jahren Zuchthaus wegen schwerer Kuppelei, er war aus dem Zuchthaus ausgebrochen und zur Tatzeit im Bezirk Mitte Fahnenträger des Rotfrontkämpferbundes. Sein Körper war über und über mit anzüglichen Tätowierungen geschmückt. Sein Kumpane Rückert verbrachte mehr Jahre seines Erwachsenenlebens im Knast als außerhalb. Ähnliche Karrieren in der Halbwelt von Berlin hatten auch die anderen Mitangeklagten aufzuweisen. Das waren nicht die Proletarier, die die KPD für ihre Politik vorzeigen wollte.

Doch das Manöver, den Fall Wessel als unpolitisches Eifersuchtsdrama unter Zuhältern darzustellen, mißlang. Die Zentrale der KPD schwenkte schließlich um, bestellte den Angeklagten die besten Verteidiger, versuchte zu retten, was in diesem Fall noch für ihr Ansehen zu retten war. Für Ali Höhler engagierte sie den Staranwalt Dr. Apfel. Neben ihm verteidigten der Reichtagsabgeordnete der KPD, Dr. Löwenthal, außerdem Dr. Fuchs, Justizrat Broh und Frau Benjamin, Mitglied der KPD.

Seit dem Schuß im Januar 1930 hatte Horst Wessel im Krankenhaus gelegen. Er starb am 23. Februar. Erschreckend an der Geschichte war noch, daß Horst Wessel, bereits verwundet und blutend, sich strikt geweigert hatte, von einem jüdischen Arzt aus der Nachbarschaft behandelt zu werden. Der »arische« Arzt traf erst Stunden später ein. Vielleicht mußte Wessel sterben, weil er aus rassistischem Trotz zu spät ärztlich versorgt worden war.

Die Beerdigung am 1. März 1930 wurde der Beginn eines großen Heldenmythos der NSDAP. Die Nazi-Partei hatte ihren Märtyrer und ihr Marschlied dazu. Horst Wessel hatte das Lied gedichtet, das bald zur zweiten Nationalhymne werden sollte: »Die Fahne hoch, die Reihen fest geschlossen ...« Drei Jahre später, schon in der Hitler-Diktatur, wurde ein Ehepaar zu mehreren Jahren Zuchthaus verurteilt, weil es auf die Melodie des Horst-Wessel-Liedes einen Schieber getanzt hatte. Aber soweit war es noch nicht. Der Kampf um den Aufstieg der Hitler-Anhänger trat 1930 in sein erbittertes, letztes Stadium.

Josef Goebbels, Gauleiter der NSDAP in Berlin, hielt auf dem Nicolai-Friedhof die Trauerrede, der spätere Reichsmarschall Göring warf die SA-Mütze ins offene Grab, tausende SA-Leute begleiteten, von der Polizei eskortiert, den Sarg. Für die Kommunisten war ebenfalls Großkampftag. An die Friedhofsmauer hatten sie geschrieben: »Dem Zuhälter Horst Wessel ein letztes Heil Hitler!« Steinhagel und Sprechchöre wie »Nazi verrecke!«, »Schlagt die Faschisten, wo ihr sie trefft!« begleiteten den Zug zum Friedhof. Die ganze Nacht über tobte um den Alexanderplatz die Schlacht zwischen Rot Front und SA.

Hilde Benjamin, die beachtete junge Verteidigerin, war an diesem Tag wahrscheinlich nicht unter den Demonstranten. Aber sie wußte von den Hintergründen und Problemen des Wessel-Prozesses aus erster Hand. 1930 reichte schon die tägliche Lektüre des Zentralorgans *Rote Fahne*, um die Peinlichkeiten, in die sich die Kommunistische Partei verstrickt hatte, zu begreifen. Zuerst leugnete die Zeitung jeden politischen Hintergrund des Anschlags auf Horst Wessel, dann erklärte sie den Hauptangeklagten zum Polizeispitzel, und schließlich, Höhler war auf Geheiß der KPD außer Landes, hieß es, er sei wirklich der »Mörder des nationalsozialistischen Zuhälters Wessel«.

Doch das Landgericht folgte nicht der kommunistischen Propaganda. Hilde Benjamin hatte im Prozeß, gemeinsam mit den anderen Verteidigern, die verzwickte Aufgabe, die Angeklagten bestens zu vertreten und gleichzeitig ihre Parteinähe so gut es ging zu leugnen. Die *Vossische Zeitung* schrieb dazu, die Verteidiger hätten mehr auf »die Reinwaschung der KPD« als auf den Schutz der Angeklagten geachtet.[35] Es gelang den Verteidigern aber, den Überfall auf Wessel als spontane Ausschreitung der politischen

Rechtsanwältin Benjamin im Horst-Wessel-Prozeß: Landgericht Berlin-Moabit, Zeitungsausschnitt vom 22. 9. 1930

Bewegungen darzustellen, bei der leider auf beiden Seiten das Recht der Faust und des Revolvers regierte. Hilde Benjamin wies, mit Lob der Kollegen und der Presse reichlich bedacht, für Elisabeth Salm, die Zimmerwirtin, nach, daß sie das Ausmaß der Tat nicht kennen konnte, nicht wußte, was oben im Zimmer passierte, und plädierte auf Freispruch. Mit dieser Verteidigung war Hilde Benjamin den Nazis bekannt geworden. Ein SA-Mann beschimpfte sie vor Gericht sogar als »rote Sau« und mußte daraufhin den Gerichtssaal verlassen.[36]

Die beiden Hauptangeklagten bekamen sechs Jahre Zuchthaus wegen vorsätzlicher Tötung, die anderen Beteiligten in Abstufung bis zu vier Monate Gefängnis. Das Schwurgericht befand, daß »alle Angeklagten damit rechneten, daß Wessel als Leiche zurückbleibt«.[37] Die Verteidiger konnten eigentlich zufrieden sein. Mehr war nicht herauszuholen gewesen. Doch die *Rote Fahne* war am nächsten Morgen ganz anderer Meinung: »Brutale Zuchthaus-Urteile im Wessel-Prozeß!« Und die Zeitung drohte: »Die Arbeiterschaft wird sich die Justiz dieser Art nicht gefallen lassen. Sie wird sich die Richter, die nicht nach rechtlichem Empfinden, sondern nach dem Diktat der bürgerlichen Klasse entscheiden, fest ins Gesicht prägen.« Der *Völkische Beobachter* der Nazis war selbstverständlich auch nicht zufrieden. Er beklagte das »ungeheuerlich milde Urteil ... Der niedrigste Meuchelmord, verbunden mit einer Feigheit sondergleichen, wird derartig milde bestraft, daß diese Sühne das Untermenschentum zu weiteren Verbrechen geradezu herausfordern muß!«[38] Die Drohung des Blattes zielte auch auf Hilde Benjamin: »Einst werden sich die Verteidiger dieses Schandprozesses zu verteidigen haben vor den Opfern der Bewegung. Unsere Rache wird sie treffen, und Horst Wessel marschiert im Geist in unseren Reihen mit ...«

Seit diesem Prozeß mußte Hilde Benjamin fürchten, ganz oben auf der Liste der »Gegner« zu stehen, an denen die Nazis bei der Machtübernahme Rache üben würden.

Aus dem Fall Horst Wessel zog die KPD keine Konsequenzen, hielt unbeirrt an der Parole: »Schlagt die Faschisten, wo ihr sie trefft!« fest. Die Praxis des täglichen Schlagabtauschs der politischen Gegner ging weiter, bis nach der Machtergreifung Hitlers nur noch die Nationalsozialisten zuschlagen durften.

Die Geschichtsschreibung der späteren DDR hat daraus abgeleitet, schon vor 1933 seien die Kommunisten die gerechten Proletarier und nur die Nazis brutale Schläger und Mörder gewesen. Hier der Nazi-Provokateur, dort der Arbeiter. Braun gegen rot. Böse gegen gut.

Was Hilde Benjamin 1930 unter dem Eindruck des Prozesses dachte, ob sie mit Georg Benjamin die komplizierte Lage diskutiert hat, ist nicht bekannt. Doch ist leicht vorstellbar, daß die reißerischen Artikel im Zentralorgan und die widersprüchliche Politik der Partei während des Wessel-Prozesses nicht die Zustimmung der Benjamins fanden. Doch auch wenn sie an diesem Punkt im Gegensatz zur Parteipolitik gestanden hätten, wäre die Parteidisziplin oberstes Gebot geblieben. Noch Jahrzehnte später wußte Hilde Benjamin jede Kritik an der Partei zu vermeiden. Lakonisch schrieb sie 1976: »An Strafprozessen war der politisch bedeutendste, an dem ich beteiligt war, der gegen den für den Tod des Nazi-Provokateurs Horst Wessel verantwortlich gemachten Arbeiter im September 1930.«[39] Umständlich formuliert und inhaltlich glattgebürstet, erfahren die Leser der Georg-Benjamin-Biographie die Vergangenheit nur im Lichte der SED-Geschichtsschreibung.

Im September 1930 wurde wieder einmal ein neuer Reichstag gewählt. Die sechste Wahl in elf Jahren. Hilde Benjamin, nunmehr eine prominente Frau, wurde von Künstlern und Wissenschaftlern, die der KPD nahestanden, gebeten, einen Aufruf für die KPD zur Reichstagswahl zu unterzeichnen. Mitunterzeichner waren unter anderem Clara Zetkin, Friedrich Wolf und Erwin Piscator mit seinem Ensemble.[40]

Die Rechtsanwaltspraxis wuchs und mußte vergrößert werden. Die Benjamins zogen 1931 in eine Sechszimmerwohnung in der Badstraße. Drei Zimmer nutzten sie als Wohnung, den Rest als Anwaltskanzlei. Sozius wurde Dr. Götz Berger. Noch im hohen Alter von neunzig Jahren erzählte er begeistert von der frühen Zeit der gemeinsamen Arbeit mit Hilde Benjamin, sprach mit Wärme von »Hilde in der Badstraße«, nannte die Atmosphäre freundschaftlich und solidarisch, sprach mit großem Respekt von ihrem Mut und ihrer Entschlossenheit, lobte ihren Charme und ihre menschliche Herzlichkeit. Auch die ungetrübte Beziehung zwischen den Eheleuten Benjamin hob Berger hervor. Georg wäre mit seiner geduldigen und freundlichen Art die ideale Ergänzung zu Hilde gewesen.[41]

Als Sekretärin in der neuen Kanzlei stellte Hilde Benjamin eine junge Genossin mit Namen Gittel Weiß ein. Frau Weiß wird Hilde Benjamins Berufsweg bis ins Justizministerium und darüber hinaus begleiten. Sie schrieb 1982 auf Anregung von Hilde Benjamin ihren Lebensbericht.[42] Gittel Weiß war eher ein schüchterner Mensch und hatte manchmal Schwierigkeiten mit der forschen Chefin. »Hilde Benjamin als Chef war stets freundlich und kameradschaftlich, eben eine Genossin. Nur wenn es mit der Arbeit mitunter nicht klappte, wenn etwas nicht erledigt war, was bereits erledigt sein sollte, war mit ihr nicht gut Kirschen essen – und ich will nicht verschweigen, daß sie diese Eigenschaft bis heute beibehalten hat. Sie war sehr fleißig, und natürlich verlangte sie diesen Fleiß auch von ihren Mitarbeitern. Oft lag morgens ein dicker Aktenstapel auf meinem Platz, Akten, die sie nur bis in den späten Abend hinein bearbeitet haben konnte, denn vormittags war sie auf den Gerichten, und nachmittags war Sprechstunde. Viele Schriftsätze schrieb sie in Stenographie vor. Sie schrieb so exakt, daß ich mühelos alles entziffern konnte.«[43] Es war »nicht gut Kirschen essen« mit ihr. Auf diese Formel hat Gittel Weiß ihre Kritik an der oft harsch und unnachsichtig kritisierenden Chefin gebracht. Auch 1982 traute sich Frau Weiß über die Arbeit mit Hilde Benjamin nicht mehr zu enthüllen. Die Chefin blieb für eine genauere Beschreibung und Kritik tabu.

Die Anwaltskanzlei in der Badstraße wuchs 1931 auch wegen der Verschärfung der Wirtschaftskrise. Der Kreis der Mandanten erweiterte sich vor allem um arbeitslos gewordene und aus politischen Gründen entlassene Betriebsräte der Roten Gewerkschaftsopposition (RGO). Wie die Gestapo später in einem Bericht schrieb, gab es in der Badstraße äußerst regen Publikumsverkehr. Die Nachbarn sprachen von 100 bis 150 Personen, die das Büro täglich aufgesucht haben sollen.[44]

Die Anwälte brauchten deshalb dringend zusätzliche Hilfe. Hilde Benjamin fand bald eine Referendarin, Rita Sprengel, die verzweifelt eine Verdienstmöglichkeit suchte. Daß sie eine weibliche Kraft nahm, ist sicher kein Zufall. Immerhin gab es um 1930 in Berlin unter 12 000 Juristen nur 35 Juristinnen.[45] Hilde Benjamin hat immer, wenn es möglich war, bevorzugt Frauen eingestellt. Ihr war es wichtig, Frauen zu fördern und die Gleichberechtigung im Berufsleben, soweit es in ihren Kräften lag, zu unterstützen.

Rita Sprengel blieb von 1931 an bis zum Ende der Kanzlei 1933. In ihren Erinnerungen schrieb sie: »Hilde, ihr Mann, sogar ihre Wohnung, alles machte starken Eindruck auf mich, bis hin zu den ›Roten Pferden‹, die über der Couch hingen, auf der Hilde während unseres Gesprächs behaglich kauerte. Einige Male schnipste ihr Mann mit den Fingern gegen die Sohlen ihrer Hausschuhe. Ich empfand es als heiter-scherzhaftes Zeichen ihrer Verbundenheit.«[46] Frau Sprengel übernahm anfangs eine Urlaubsvertretung und arbeitete dann ständig in der Kanzlei. »Ab Ende 1931 sprang ich für Hilde als ihre amtlich bestellte Stellvertreterin ein, während sie durch Urlaub, Schwangerschaft und Entbindung an der Wahrnehmung ihrer Anwaltspflichten gehindert war.« Es gab viele Gemeinsamkeiten zwischen den Frauen. Beide hatten Jura studiert und sich politisch für die Kommunistische Partei entschieden. Sie waren einander eine Zeitlang sehr zugetan. 1933 trennten sich dann zwangsweise ihre Lebenswege. Rita Sprengel arbeitete nach der Schließung der Kanzlei im illegalen Widerstand, wurde 1942 ins Konzentrationslager Ravensbrück verschleppt und war dort bis zur Befreiung inhaftiert.

Die Sekretärin, die Hilde Benjamin ein ganzes Arbeitsleben begleitete:
Gittel Weiß, 1932

Sie beschrieb Hilde Benjamin mit großer Sympathie. In ihrem Bericht ersteht eine andere Frau als das bereits bekannte »Zellentier«. Liebevolle Gesten zwischen den Eheleuten, eine geschmackvoll eingerichtete Wohnung, Schwangerschaft, Freundschaft und Zuneigung. In den Anfängen der beruflichen Arbeit wirkte Hilde Benjamins Engagement für die Verfolgten und Unterdrückten der Gesellschaft noch als Ausdruck ihrer reichen und vielfältigen Persönlichkeit. Auch Götz Berger berichtete, daß Hilde Benjamin eine Kollegin voller Charme und herzlicher Freundschaft gewesen wäre und sie beide die tiefe Überzeugung verband, für eine bessere Gesellschaft einzutreten. Erst nach dem Tod ihrer Mannes, so Berger, hätte sich das herrische und harte Wesen Hilde Benjamins herausgebildet und verfestigt. Es gab diese Züge auch vorher, in Ansätzen, aber sie waren niemals bestimmend.[47] Hilde Benjamin deutete den Unterschied zu Georgs Charakter einmal selbst an, als sie schrieb: »Wenn meine Schwiegermutter auch sicher nicht zu Unrecht darauf hingewiesen hatte, daß es nicht leicht mit mir sei, so wurde das doch in vielfachem ausgeglichen durch die Ruhe, Güte und Verständnisbereitschaft meines Mannes.«[48] Er war in ihrem Leben der andere, das Vorbild, der große Georg, der politisch und menschlich den Kurs bestimmte.

In den kurzen Jahren ihrer Ehe stand Georg dafür, ihrem »Leben auch allen menschlichen Gehalt zu geben«.[49] Ihr Alltag war, trotz der enormen Arbeitsbelastung, erfüllt von dem gemeinsamen Interesse an Kunst und Kultur, Reisen und Freundschaften. Das Ehepaar begeisterte sich für sowjetische Filme und Literatur, sah den berühmten Stummfilm »Panzerkreuzer Potemkin« von Eisenstein, las die Bücher der Arbeiterschriftsteller, beschränkte sich nicht auf die Parteiliteratur. Sie lasen Barbusse und Renn, Arnold Zweigs »Sergeanten Grischa«, die ersten Bücher von Anna Seghers. Sie nahmen sich Zeit für Theaterbesuche, sahen Brechts »Dreigroschenoper« und »Mahagonny«, Friedrich Wolfs »Cyankali«, Aufführungen von Erwin Piscator, Werke der Klassik und Moderne.

Ein kritischer Punkt war Hildes Vorliebe für klassische Musik. Auf diesem Gebiet gab es wenig Gemeinsamkeit. Sie schätzte besonders die Kammermusik und besuchte – meist allein – die bedeutenden Konzerte jener Jahre. Nach ihrem Eintritt in die Kommunistische Partei zweifelte sie plötzlich an der politischen Korrektheit ihrer Begeisterung und fragte sich: »Ist diese Musik, sind diese Quartette und Sonaten von Mozart und Beethoven und Schubert eigentlich mit dem Kommunismus zu vereinen? Ist das nicht eine elitäre, dem Proletariat fremde Musik?«[50] Georg Benjamin, selbst kein großer Musikliebhaber, löste, wie sie schrieb, das ideologische Problem auf charmante Weise. Er schenkte ihr zum Geburtstag »einen Elektrola-Plattenspieler und als Grundlage unserer Plattensammlung Werke von Mozart, Beethoven, Schubert, dessen ›Unvollendete‹ uns immer geheimnis- und bedeutungsvoll verband«.[51] Georgs Geschenk machte Hilde deutlich, daß die proletarische Weltanschauung nicht so eng war, wie sie befürchtet hatte. Die Plattensammlung mit Tausenden von hochkarätigen Aufnahmen ist noch heute in ihrer Bibliothek in Berlin-Pankow vorhanden.

Georg Benjamin soll charakterlich ganz anders als Hilde gewesen sein. Dogmatische Einengungen waren ihm zuwider. Er lehnte es auch ab, künstlich in eine proletarische Haut zu kriechen und »Solidaritätsaskese« zu praktizieren. Damit meinte er die unter Intellektuellen in der Kommunistischen Partei verbreitete Ansicht, ihre Herkunft aus der bürgerlichen Klasse als »Geburtsfehler« anzusehen, den man nur sühnen könnte, wenn man wenigstens materiell wie ein Arbeiter lebte. Hilde war für solche Ansichten eher empfänglich und wird auch in der späteren DDR ihren »Geburtsfehler«, eine Bürgerliche zu sein, durch allerlei »Korrekturen« im Lebenslauf zu beschönigen suchen.

In den späten zwanziger Jahren konnten die Benjamins es sich noch leisten, häufiger zu verreisen. Sie machten gern lange Wanderungen, die Georg ausgiebig vorbereitete. Er arbeitete die Routen sorgfältig aus, besorgte Literatur über die Reiseziele. Unterwegs malten und fotografierten sie, studierten die Geologie, die Pflanzen und Tiere der Umgebung. Hilde fuhr am liebsten ans Meer, Georg lieber ins Gebirge. Sie mochte vor allem die »Weite des Meeres«[52] und schwamm gern. Solange es möglich war, fanden sie den Kompromiß, im Sommer ans Meer und im Winter zum Skilaufen ins Hochgebirge zu fahren. Sie fuhren los, wann immer sie Zeit hatten. Beide kamen aus der Wandervogelbewegung, liebten Ausflüge mit Zelt und Blechgeschirr, lebten unterwegs äußerst bescheiden.

Über eine Reise an den Luganer See kam Hilde Benjamin noch

fünfzig Jahre später ins Schwärmen. »Wir wanderten über die umliegenden Hügel, durch Haine von Edelkastanien und auf schmalen Steigen zwischen Weingärten, an deren Reben Trauben reiften; wir schwammen, genossen stille Bootsfahrten und Abende am See.«[53] Hier erwähnte Hilde Benjamin auch wieder ihre Leidenschaft für das Schwimmen. Selbst als Ministerin wird sie fast täglich einige Bahnen ziehen und sich vom kühlen Wasser eines Freiluftpools im Frühjahr nicht abschrecken lassen.

Manchmal verdarb Anfang der dreißiger Jahre die Politik die unbeschwerte Freude an Landschaft und Zusammensein. Besonders an der deutschen Ostseeküste tauchten um diese Zeit immer mehr schwarz-weiß-rote Fahnen an den Strandkörben auf. Auf Rügen leisteten sie sich einmal ein kleines Abenteuer, sammelten nachts vom Strand die kaiserlich-nationalistischen Fähnchen ein und vernichteten sie. Die Aktion hatte ihnen Spaß gemacht. »Lachend stellten wir uns die dummen Gesichter der Fahnenbesitzer am nächsten Morgen vor.« Lieber fuhren sie nach Hiddensee. Die kleine Nachbarinsel von Rügen kannte Hilde schon aus ihrer Jungmädchenzeit. Dort waren die nationalistischen Urlaubsbekenntnisse noch nicht üblich.

Einmal stand die junge Frau an der Dampferanlegestelle auf der kleinen, schwedischen Insel Styrsö und wartete auf ihren Mann, der die Tickets besorgte. Ihr dunkler Teint war durch die Urlaubsbräune noch ein wenig dunkler geworden. Nebenan eine Gruppe deutscher Touristen. Plötzlich begannen die jungen Männer sie anzupöbeln, kamen bedrohlich näher, umzingelten sie. Rassistische Schimpfworte. Judensau! Judenhure! Georg kam zurück, und die Typen ließen von ihr ab. Er legte schützend den Arm um ihre Schulter. Das Paar zog sich zurück. Die antisemitischen Beschimpfungen und Rempeleien waren »etwas Ekelhaftes, das uns angeiferte, das Meer, Felsen und Himmel seinen Glanz nahm und noch heute ungelöscht an mir haftet«, schrieb sie viele Jahre später.[54]

Der menschliche Gehalt des Lebens, den Georg so gern zu bewahren wünschte, war in politisch harten Zeiten schwer zu erhalten. Wie ganz normale Ehepaare wünschten sich die Benjamins auch Kinder. Georg hätte am liebsten vier Kinder gehabt. »Dem Reichtum des Zusammenlebens dieser Jahre fehlten nur Kinder«, hieß es später bei ihr. 1931, als sie am Gotthard einen Spätsommerurlaub verbrachten, war Hilde Benjamin schwanger. Beide freuten sich auf das Kind. Doch Ende des Jahres, wenige Tage nach der Geburt, starb der erste Sohn. »Ihr lange und sehnsüchtig erwartetes Kind«, schrieb Rita Sprengel voller Mitgefühl. Hilde Benjamin zog sich todunglücklich von der Arbeit zurück, erholte sich nur langsam und überließ der Referendarin mehrere Wochen die Arbeit, bis Rita Sprengel zugab, die Sachen nicht mehr alleine schaffen zu können. »Hildes Büroräume lagen in ihrer Wohnung. Einmal, spät in der Nacht, kam Hilde zu mir. Ob ich schon vorher geweint hatte oder ob mir die Tränen erst kamen, als sie die Tür öffnete, weiß ich nicht mehr. Jedenfalls mußte sie mich nun, ihre haltlos schluchzende Vertreterin, beruhigen.«

Der Kindstod hatte Hilde Benjamin für kurze Zeit in die Privatheit zurückgeworfen. Der übliche Lebensrhythmus von politischen und Berufsverpflichtungen war durch die Trauer zum Stillstand gekommen. Tieftraurig, daß die ersehnte Entwicklung zu einer vollständigen Familie erst einmal vernichtet war, hatte sie sich zurückgezogen. Als aber klar war, wie sehr sie gebraucht wurde, beendete Hilde Benjamin ihren Rückzug. »Sie brach ihren Schwangerschaftsurlaub sofort ab«, heißt es bei Rita Sprengel. In Erinnerung blieb Frau Sprengel zeitlebens »die angenehme Atmosphäre in Hildes Büro und meine Freundschaft mit ihr«.[55]

Bis zur Geburt des zweiten Kindes stand Hilde Benjamin wieder voll im Partei- und Berufsleben. Sie verteidigte entlassene Kommunisten und schrieb mehrfach für die Zeitschrift der Gewerkschaftsopposition *Der Rote Betriebsrat*, schilderte dort ihre Erfahrungen mit der »bürgerlichen Klassenjustiz« und den »verbonzten Funktionären«[56] des sozialdemokratischen Gewerkschaftsverbandes (ADGB), sprach auf öffentlichen Versammlungen zu Fragen des Arbeitsrechts, des Strafvollzuges und des § 218. Damals wurde der Abtreibungsparagraph noch in seiner ganzen Härte gegen die Ärzte und die betroffenen Frauen angewandt. Die KPD nahm als einzige Partei gegen den § 218 Stellung und forderte seine Abschaffung. Auch Dr. Benjamin trat gegen den Paragraphen auf und führte in der kurzen Zeit seiner Tätigkeit als praktischer Arzt mehrere Abtreibungen durch. Hilde Benjamin schrieb dazu: »Er hat sich sorgfältig bei erfahrenen Ärztegenossen die notwendigen Kenntnisse angeeignet, und mit einer Assistenz für die Narkosen nahm er diese Eingriffe vor – unentgeltlich, beschränkt auf die Erstattung der eigenen Aufwendungen. In den Karteikarten befinden sich 46 gynäkologische Diagnosen, vorwiegend von Frauen mit einer bestehenden Frühschwangerschaft. (...) Aus den äußerst vorsichtigen Formulierungen der Diagnose können wir entnehmen, wie viele Frauen er vor einem unerwünschten Kind bewahrt hat – ausnahmslos Arbeiterfrauen in schlechten sozialen Verhältnissen.«[57] Georg Benjamin muß ein mutiger Mensch gewesen sein, denn die Strafverfolgung hätte ihn dafür schon vor 1933 mehrere Jahre ins Zuchthaus gebracht.

Hilde Benjamin arbeitete in dieser Zeit auch als Dozentin an der »Marxistischen Arbeiterschule«, hielt dort kostenlos Vorträge für Parteigenossen und befaßte sich mit den Problemen des Strafvollzugs. Sie hatte bereits vor ihrer Ehe bei einem Hamburger Strafrechtler zu dieser Frage eine Dissertation begonnen.

Für die Benjamins ging Anfang der dreißiger Jahre die kurze Phase einer relativ gesicherten Existenz zu Ende. Dr. Benjamin verlor 1930 wegen »Beleidigung des Bezirksbürgermeisters«[58] seinen Schularztposten. In Wedding trafen die beiden verfeindeten Arbeiterparteien SPD und KPD schroff aufeinander. Die Kommunisten folgten der Parteilinie der KPdSU und griffen die Sozialdemokraten als »Sozialfaschisten« an, erklärten sie zum »Hauptfeind« der Arbeiterklasse. Oft bekämpften sie die SPD entschiedener als die Nationalsozialisten. In Wedding war der Bezirksbürgermeister traditionell Sozialdemokrat. Da Dr. Benjamin als Vertreter für die KPD in der Bezirksvertretung saß, war er politisch starken Anfeindungen ausgesetzt. Wahrscheinlich führten diese politischen Differenzen schließlich zu seiner Entlassung. Die fachliche Eignung von Dr. Benjamin stand auch für politisch Andersdenkende außer Frage. Die Mitarbeiter von Dr. Benjamin erinnerten sich, daß er von seinen zahlreichen Verehrern gern der »heilige Georg«[59] genannt wurde. Arbeitslos geworden, übernahm Dr. Benjamin verschiedene ärztliche Aufgaben, unter anderem die Betreuung von Ferienlagern für Arbeiterkinder. Er veröffentlichte Aufsätze über die Gesundheitsversorgung der arbeitenden Bevölkerung und seine Erfahrungen als Schularzt. Viel Geld konnte er damit nicht verdienen.

So war Hilde Benjamin seit der Entlassung ihres Mannes die Hauptverdienerin der Familie. Die Anwaltspraxis war überlaufen – das kleine Wartezimmer in der Badstraße galt als beliebter

Treffpunkt für Entlassene –, aber das brachte noch keine Einkünfte. Vor den Arbeitsgerichten vertrat Hilde Benjamin die politisch gemaßregelten Arbeiter meist umsonst. Von den Genossen selbst nahm sie keine Honorare, und die »Rote Hilfe« hatte nur selten Geld für Anwaltskosten. Zum Glück für die Kanzlei mußten die Unternehmer für bestimmte Klagen vor dem Arbeitsgericht die Anwaltskosten übernehmen.[60] Eine andere Einkommensquelle waren die Mandanten mit »Armenrecht«. In diesen Fällen zahlte die Staatskasse wenigstens die Mindestgebühr.

Die materiellen Bedingungen der Benjamins hatten sich Anfang der dreißiger Jahre massiv verschlechtert, wie auch allgemein die Lage der Gesellschaft in der Weltwirtschaftskrise katastrophal war. Auch viele Akademiker und Angestellte mittlerer Berufe wurden arbeitslos. Bei den Benjamins war die Verarmung jedoch zusätzlich Ergebnis ihrer politischen Orientierung, eine bewußte politische Entscheidung, die das Ehepaar um der kommunistischen Ideale willen gemeinsam auf sich nahm. Georg Benjamin hätte vielleicht beim Bürgermeister zu Kreuze kriechen können, um seinen Schularztposten wiederzubekommen. Aber das war für ihn undenkbar. Die Benjamins folgten in ihrem Verhalten der grundlegenden Forderung ihrer Partei, das persönliche Leben gänzlich in den Dienst der politischen Notwendigkeiten zu stellen und sich den Befehlen der Partei vollständig unterzuordnen. In der KPD hieß dieser Grundsatz: »Das Primat der Politik«.

Der Zwang zur freiwilligen Unterordnung erinnert an religiöse Gemeinschaften, die, durch Glauben und Gehorsam verbunden, irgendein Heil erwarten und deshalb ihr Leben unter gemeinsame Grundsätze stellen, es Gott »weihen«, wie sie sagen. Es erstaunt Außenstehende, bei den atheistischen Kommunisten solche Ähnlichkeiten anzutreffen. Bekanntlich lehnten sie jede religiöse Betätigung ab und nannten die Religion in Anlehnung an Marx »Opium (also Verdummung) des Volkes«. Doch daß auch die Unterwerfung unter die Befehle der Partei quasireligiösen Charakter hatte und nicht mit rationalen Kritierien zu erfassen war, würden die Benjamins, genau wie alle kommunistisch Organisierten, immer geleugnet haben.

Hilde und Georg Benjamin scheinen die Unterordnung des persönlichen Lebens unter die Anforderungen der kommunistischen Partei damals in hohem Maße verwirklicht zu haben. Vom

»menschlichen Gehalt des Lebens« konnte unter diesen Bedingungen in politisch zugespitzter Lage nicht viel bleiben.

Georg Benjamin betreute nach seiner Entlassung Kinder der Mitarbeiter der sowjetischen Botschaft und lernte nebenbei Russisch. Vielleicht wollte er es seiner Frau gleichtun. Sie konnte schon lange die Texte der Führer der Sowjetunion im Original lesen. Gern wären beide selbst einmal in das gelobte Land gefahren. »Und wir blickten mit Stolz und Zuversicht auf die Sowjetunion, die unserem ganzen Leben Richtung und Vertrauen gab«,[61] hieß es bei Hilde Benjamin über diese Zeit.

»Manchmal kamen auch Walter Benjamin, der im Winter 1926/27 im Zusammenhang mit seiner Arbeit an der Sowjet-Enzyklopädie in die Sowjetunion gereist war, und Dora Benjamin und einige Genossen oder Sympathisierende aus unserem Wohngebiet, und wir verlebten angeregte, heitere, freundschaftliche Abende.«[62]

Walter Benjamin schrieb während seiner Reise ein Tagebuch, das als »Moskauer Tagebuch« bekannt geworden ist. Wer den Text liest, versteht, warum Hilde Benjamin über die Moskaureise des Schwagers eher beiläufig berichtete. Im Vordergrund steht für Walter Benjamin die problematische Liebesbeziehung zu einer jungen Kommunistin, die aus revolutionärer Begeisterung nach Moskau ging und dort schwer erkrankte. Wir lesen vom Auf und Ab des Werbens um die Geliebte, von den Mühen des Alltags im Moskauer Winter, von Bettlern und alten Frauen, die das Essen aus den Mülltonnen klauben. Der Text spiegelt wenig von der in Deutschland unter Kommunisten üblichen Begeisterung für die Sowjetunion wider. Ausführlich notierte Walter Benjamin auch seine Erwägungen über Sinn und Unsinn eines Eintritts in die kommunistische Partei. Es sind überraschend pragmatische Überlegungen, die der Philosoph und Kulturwissenschaftler Benjamin zu diesem Thema anstellt. »Was mich«, schreibt er Anfang Januar 1927, »vom Eintritt in die K.P.D. zurückhält, sind ausschließlich äußere Bedenken. Es wäre jetzt der richtige Zeitpunkt, den zu verpassen vielleicht gefährlich ist. (...) Weitere Erwägung: in die Partei gehen? Entscheidende Vorzüge: feste Position, ein, wenn auch nur virtuelles Mandat. Organisierter, garantierter Kontakt mit Menschen. Dagegen steht: Kommunist in einem Staate zu sein, wo das Proletariat herrscht, bedeutet die völlige Preisgabe der privaten Unabhängigkeit. Man tritt die Aufgabe, das eigene Leben zu organisieren, sozusagen an die Partei ab. Wo aber das Proletariat unterdrückt wird, heißt es, zur unterdrückten Klasse sich schlagen mit allen Konsequenzen, die das früher oder später haben kann. (...) In der Partei: der gewaltige Vorzug, die eigenen Gedanken gleichsam in ein vorgegebenes Kraftfeld projizieren zu können.«[63] Walter Benjamin, der nirgends heimisch wurde, sah einen Moment lang fasziniert auf die Möglichkeit, in der KPD ein Kraftfeld zu finden, in dem seine Gedanken wirken könnten. Was nutzt, was schadet seiner Arbeit? Wo ist sie am wirksamsten? Das ist für ihn ein entscheidendes Kriterium für den Eintritt oder Nichteintritt in die KPD.

Erstaunlicherweise schrieb keiner der Benjamins von gemeinsamen Debatten über das Für und Wider eines Parteibeitritts. Da Georg und Hilde Benjamin fest in der KPD organisiert waren, verwundert diese Tatsache zunächst, hätte Walter bei den Verwandten doch kompetenten Rat erhalten können. Aber er erwähnte nicht einmal, daß Bruder und Schwägerin kommunistisch organisiert waren.

Walter Benjamin ist niemals in die KPD eingetreten. In seinen letzten Jahren in Paris wandte er sich zunehmend schärfer gegen den Anspruch der Marxisten, im Besitz der einzigen, wissenschaftlichen Erkenntnis über den Verlauf der Geschichte zu sein. Walter Benjamin kannte die Kultur- und Geistesgüter seiner Klasse wie kaum ein zweiter. Sie waren der Stoff seiner Forschung, seiner Essays, und er »würzte die Mythen der Bourgeoisie mit dem Salz der materialistischen Erkenntnis«,[64] wie Werner Fuld sagte. Kurz vor seinem Tod warf Walter Benjamin den Kommunisten vor, nicht materialistisch, sondern »theologisch« zu argumentieren, und verweigerte sich immer entschiedener den ideologischen Ansprüchen der Kommunisten in Paris.[65]

Hilde Benjamin schrieb dagegen 1976 auf eine Anfrage von Werner Fuld, einem Biographen Walter Benjamins: »Meine Einschätzung der Entwicklung Walter Benjamins ist die, daß er mit vielen Umwegen und Irrwegen auf dem Weg zum Marxismus und Sozialismus war, ein Weg, der von der westdeutschen Walter-Benjamin-Literatur weitgehend – mit wenigen Ausnahmen – bewußt verwirrt wird.«[66] Fuld bemerkt dazu: »Diese Beurteilung Benjamins ist falsch, aber sie muß falsch sein, sonst setzte sie die Realität jener KPD-Parolen aufs Spiel, deren Wahrheitsgehalt anzuerkennen Benjamin sich nachdrücklich weigerte.«[67]

Was Georg und Hilde Benjamin damals von Walter über das Land ihrer Sehnsucht, die Sowjetunion, im einzelnen erfahren haben, ist nicht überliefert. Kritik an der Sowjetunion war für Hilde Benjamin zeitlebens tabu. »Stolz und Zuversicht« erfüllte sie nach ihren eigenen Worten, wenn sie an die Sowjetunion dachte. Die terroristische Unterdrückung der Völker der Sowjetunion unter Stalin ebenso wie die großen Schauprozesse der dreißiger Jahre wurden auch später mit Schweigen übergangen.

Das »Moskauer Tagebuch« ist, wie die meisten anderen Werke Walter Benjamins, in der späteren DDR nie erschienen.[68]

Zeitgenossen wie der Schriftsteller Günther Anders schildern Hilde Benjamin Anfang der dreißiger Jahre als außerordentlich charmante und liebenswerte Frau, die jedoch keinen besonderen Wert auf Kleidung und Erscheinung legte.[69] Ganz anders trat Hildes sechs Jahre jüngere Schwester Ruth auf. Die Leistungssportlerin Ruth Lange und die kommunistische Anwältin Hilde Benjamin waren einander fremd geworden, führten gänzlich unterschiedliche Leben und sahen sich nur selten. Ruth Lange hatte eine kurze, steile Karriere im Kugelstoßen. 1927 trat sie bei den deutschen Leichtathletikmeisterschaften in Breslau an und wurde überraschend Deutsche Meisterin. An diesem 6. August 1927 gehörten ihr die Schlagzeilen der Sportpresse. Sie erkämpfte mit 11,32 Metern nicht nur den Meistertitel, sondern erreichte auch den Weltrekord. Einen Monat später konnte die Schwester sie in Berlin bei den Meisterschaften bewundern. Ruth Lange warf 11,37 Meter, die Konkurrentin war einige Zentimeter besser. So mußte sie den Titel Deutsche Meisterin im Kugelstoßen wieder abgeben und erwarb ihn auch im folgenden Jahr nicht mehr. Zwanzigjährig beendete sie ihre Karriere als Spitzensportlerin.[70] Ruth Lange war eine selbstbewußte junge Frau, kleidete sich gern extravagant, bevorzugte originelle Hüte und Frisuren, war keine, die heiraten und eine Familie gründen wollte, lebte in den Kreisen der Berliner Boheme, liebte die langen Nächte in Cabarets und Clubs. 1931 lernte sie den charmanten Österreicher Paul Rosbaud kennen. Diese Beziehung kann zusätzlich ein Grund da-

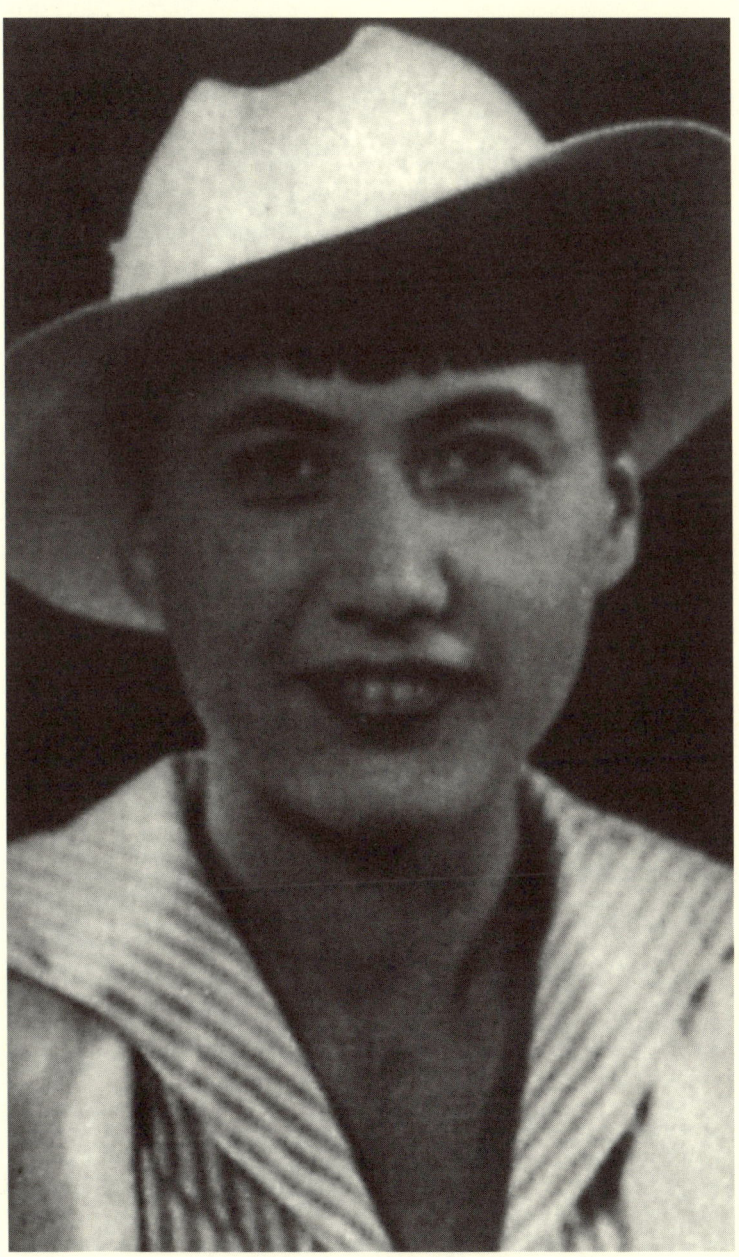

Hilde Benjamins jüngere Schwester: Ruth Lange machte als Spitzensportlerin Karriere, um 1927

für gewesen sein, dem Sport endgültig den Rücken zuzukehren. Jedenfalls zog sie, unverheiratet, in Rosbauds ansehnliche Villa nach Zehlendorf, gab Gymnastikkurse, an denen unter anderen auch die Physikerin Lise Meitner teilnahm. Paul Rosbaud, der zehn Jahre ältere Liebhaber, war ein Mann von Welt. Er reiste für den Wissenschaftsverlag Springer durch Europa, war ein hervorragender Kenner der naturwissenschaftlichen Forschungen und der Wissenschaftlerelite Europas. Seine Kenntnisse nutzte er später, um England über die Atompläne Nazi-Deutschlands zu informieren und den Bau einer deutschen Atombombe zu verhindern. Er war befreundet mit Otto Hahn und Lise Meitner, ein gern gesehener Gast in den Laboratorien von Norwegen, England und der Sowjetunion.

Paul Rosbaud äußerte später seine Sympathie für den Arzt Dr. Georg Benjamin und seinen Respekt für die kämpferische Anwältin. Die Gegnerschaft gegen die Nationalsozialisten verband die Schwestern nach 1933 aufs neue, und es kamen Situationen, in denen gegenseitige Hilfe selbstverständlich war, über alle Unterschiede in Lebensstil und Weltanschauung hinweg.[71]

Wenn Hilde Benjamin ihre Schwester erlebte und dann an ihren schlichten Reformkleidern hinuntersah und ihre flachen, praktischen Straßenschuhe mit Uttis Garderobe verglich, gab es ihr jedes Mal einen kleinen Stich. Eine Spur Neid kam in ihr hoch. Manches Mal wäre auch sie gern schicker angezogen, trüge Hüte und geschlitzte Röcke, träte als Dame von Welt auf. Doch diese Vorlieben gehörten einer anderen Zeit an, waren für eine kommunistische Anwältin einfach überholt und unpassend. Selbst als junges Mädchen hatte Hilde diese Seite ihres Wesens nie wirklich ausgelebt. Schon im Wandervogel achteten die Mädchen eher auf die praktische Seite der Kleidung. Nur wenn sie als Kinder Verkleiden gespielt hatten, war Hilde mit Eifer dabeigewesen, ihre kleine Schwester kunstvoll zu frisieren und mit Hüten und Schals der Mutter in eine junge Lady zu verwandeln. Als Anwältin war der Kurzhaarschnitt Hildes einziges Zugeständnis an die Mode der Zeit.

1932 eröffnete Georg Benjamin eine eigene Arztpraxis in Wedding. Vom Juli 1932 bis zu seiner Verhaftung im April 1933 praktizierte er in der Badstraße. Nebenbei besserte er mit Vertretungen und einer nebenamtlichen Arbeit in der Säuglingsfürsorgestelle Neukölln das Familienbudget auf.

Michael Benjamin hat 1994 in einer Broschüre »Juden im Wedding« aufgeschrieben, was sein Vater 1932/33 in dem »Kassa-Buch« für die Steuer an Ein- und Ausgaben vermerkt hat: »Einnahmen von 3 810,77 RM stehen Ausgaben von 4 753,28 RM gegenüber ... Ende 1932/Anfang 1933 begann die Praxis gerade, Einkünfte zu erbringen, als die politischen Verfolgungen und das Berufsverbot einsetzten.« [72]

Der Sohn Michael, genannt Mischa, wurde am 27. Dezember 1932 geboren. Die Benjamins waren glücklich. Der zweite Sohn wuchs gesund heran. Sein Geburtsdatum zwischen Weihnachten und Neujahr hatte schon in der Familie seiner Urgroßmutter Schönflies Tradition. Gertrud Kolmar erinnerte bei der Gratulation an die Geburtstagshäufungen Ende Dezember in der Familie und wünschte dem Ehepaar viel Glück. [73]

In Hilde Benjamins Erinnerungen heißt es: »In dieser kurzen, glücklichen Zeit nach der Geburt von Mischa tauchte ... schattenhaft der Wunsch auf: vier Kinder. Einen Monat später marschierten die SA-Horden im Fackelzug durch das Brandenburger Tor; zwei Monate später brannte der Reichstag, und zu unseren ersten Überlegungen gehörte, das Kind in Sicherheit zu bringen.« [74]

Unter dem Terror der Nationalsozialisten

Berufsverbot für die Anwältin und Haft für den Ehemann
1933–1936

Für die Benjamins bedeutete die Ernennung Hitlers zum Reichskanzler eine direkte Bedrohung. Georg Benjamin, nach den Rassengesetzen Jude, war ein bekannter Kommunist in Wedding. Hilde Benjamin, als kommunistische Anwältin bekannt, hatte den Haß der Nazis wegen ihrer Verteidigung im Horst-Wessel-Prozeß auf sich gezogen. Dr. Benjamin wurde im März 1933 sogar noch als Bezirksverordneter für die KPD in Wedding wiedergewählt. Doch dieser Status bedeutete keinen Schutz mehr. Im Gegenteil. Wenige Tage später kündigte ihm die Bezirksverwaltung Neukölln die Stelle in der Säuglingsfürsorge.

Schlag auf Schlag wurde die Existenzgrundlage der Benjamins zerstört. Hilde Benjamin stellte im nachhinein fest, »... daß wir uns niemals in Vorstellungen persönlicher Sicherheit gewiegt haben ...« Das mag so sein.

Aber die Partei, der sie angehörten, war nicht auf das Ausmaß der Verfolgungen vorbereitet. Die Erklärungen der KPD aus diesen Tagen zeigen, daß die Partei die Machtergreifung Hitlers nur für eine Episode auf dem Weg zur sozialistischen Republik hielt. »Nach Hitler kommen wir«,[75] hofften führende Kader in Verkennung der wirklichen Lage. Die KPD rief am 30. Januar die SPD und die Gewerkschaften halbherzig zum Generalstreik auf. Doch nicht einmal die eigenen Genossen folgten mehrheitlich dem Aufruf. Götz Berger, der Sozius Hilde Benjamins zu dieser Zeit, sprach von einem Überraschungscoup Hitlers, dem die Kommunisten nichts entgegenzusetzen hatten. Dr. Berger war noch sechzig Jahre später empört über die Kopflosigkeit und Naivität seiner Partei.[76]

Bis zum 28. Februar 1933 konnten sich viele Menschen noch damit beruhigen, Hitler wäre nur der »Kopf einer Koalitionsregierung«. Doch der Reichstagsbrand veränderte die Lage grundlegend. Der offene Terror marschierte, und die Kommunisten waren seine bevorzugten Opfer.

Am Abend des 27. Februar fuhr Georg Benjamin zur Sitzung des Vereins sozialistischer Ärzte am Wittenbergplatz. Es war die letzte, an der er teilnehmen sollte. Der Säugling Mischa lag zu Hause in seiner Wiege, Hilde saß am Schreibtisch. Sie arbeitete gern bis in die Nacht hinein. Die Elf-Uhr-Nachrichten brachten die Meldung vom brennenden Reichtag. Mit geifernder Stimme beschuldigte Goebbels die »kommunistischen Verbrecher«, den Reichstag in Brand gesetzt zu haben. Sie würden ihrer gerechten Strafe nicht entgehen.

In Hilde kroch die Angst hoch. Würden die SA-Horden Georg auf der Straße zusammenschlagen, ihn in einen ihrer Folterkeller verschleppen? Immer wieder lief sie zum Fenster, schaute die Badstraße hinunter, horchte auf die Schritte im Treppenhaus. Spät kam Georg heim. Er war unverletzt. Was er von unterwegs berichtete, übertraf ihre Befürchtungen. SA-Horden, die die Straßen nach vermeintlichen Kommunisten durchkämmten, wahllos auf Passanten einprügelten, jüdisch aussehende Menschen bespuckten, schlugen, sie wegschleiften. Ohnmächtig mußte Georg die Szenen ansehen, sich in Nebenstraßen retten. Er war noch einmal unbehelligt heimgekommen. Wie lange würde er in Freiheit sein?

Noch in der Nacht erfuhren sie telefonisch von Verhaftungen und Hausdurchsuchungen bei befreundeten Genossen. Auch vor den Reichstagsabgeordneten der KPD machte die Polizei nicht halt. Die Benjamins organisierten sich ein Notquartier bei einem sozialdemokratischen Rechtsanwalt, brachten Mischa zu Hildes Eltern und gingen, scheinbar normal, weiter ihrer Arbeit nach.

SA-Trupps kontrollierten die Straßen. Im traditionell »roten« Wedding mit besonderer Brutalität. Aus der Praxis von Dr. Benjamin hing in Erwartung der Reichstagswahl immer noch die KPD-Fahne. Wie viele andere hatten auch die Benjamins gehofft, daß ein Mißerfolg bei der Reichstagswahl die Nazis zu gemäßigterem Verhalten veranlassen würde. SA-Trupps patrouillierten durch die Straße, rissen die Fahne herab, nahmen sie als Trophäe mit. Zum Glück war Dr. Benjamin nicht in der Praxis. Es hätte schlimm für ihn ausgehen können. Ob Hilde und Georg Benjamin angesichts dieser Bedrohung über ein Exil nachgedacht haben? Noch hatten sie die Möglichkeit, unbehelligt ins Ausland zu gehen. Georgs Bruder Walter war schon in Paris, Götz Berger war sofort nach Frankreich gegangen, als die Nazi-Horden durchs Brandenburger Tor marschierten. Von Hilde Benjamin wird diese Möglichkeit später nie erwähnt. Hatten sie – wie ihre Partei – Illusionen über die Labilität der Nazi-Herrschaft, oder folgten sie einer Anordnung der Parteispitze? Jedenfalls blieben sie in Berlin, und Hilde Benjamin mußte erst einmal einen neuen Berufsausweis zum Betreten der Gerichte beantragen. Alle Rechtsanwälte hatten damals ihre arische Abstammung nachzuweisen. »Wir standen entwürdigend stundenlang im Regen auf der Straße«,[77] berichtete sie. Ihre Furcht war, keinen Ausweis zu bekommen. Doch gestützt auf die Unterlagen über ihre »arische Abstammung«, erhielt sie erst einmal das begehrte Dokument. Die Anwaltskollegen staunten bei Gericht über den Mut der jungen Kollegin, trotz ihrer offenen Gegnerschaft zu den Nazis weiter aufzutreten.

In einem ihrer letzten Prozesse geriet sie in einer Ehesache mit einem führenden Nazi-Anwalt heftig aneinander. Der NS-Parteimann verteidigte das »Herrenrecht« eines SA-Mannes, seine Frau nach Belieben zu mißhandeln. Hilde Benjamin schrieb: »Als ich nach der Verhandlung in das Anwaltszimmer kam, bestürmten mich jüdische Kollegen: ›Wie konnten Sie sich mit dem einlassen?‹ Vor allem aber führte ich, nicht ohne Erfolg, noch eine Reihe von Prozessen zum Schutze der Rechte von Arbeitern der Berliner Verkehrsgesellschaft, die nach dem großen BVG-Streik gemaßregelt worden waren. Meine Mitarbeiter bemühten sich um verhaftete Genossen bei Gestapo und Staatsanwaltschaft.«[78]

Das Glück währte nur wenige Tage. Der Fachgruppenleiter (Fachschaft Justiz) beim Arbeitsgericht wurde aktiv und schrieb an den »Sehr geehrten Herr Pg. Dr. Freisler!«, daß »Frau Dr. Hilde Benjamin« den Ausweis zu Unrecht erhalten hätte. »Ich halte es aber für meine Pflicht, Sie darauf aufmerksam zu machen, daß der Ehemann Arzt, Redakteur und Kommunist ist. Frau Dr. Benjamin vertritt in der Hauptsache Leute, die der RGO angehören.«[79] Der Fachgruppenleiter petzte erfolgreich. Der Ausweis wurde umgehend wieder eingezogen, weil er »in Unkenntnis Ihrer näheren, persönlichen Verhältnisse« ausgestellt worden war. Am 9. April 1933 wurde ihr aufgrund der Verordnung »gegen Personen, die sich kommunistisch betätigt haben und für Juden aussprachen«, das sofortige »Vertretungsverbot« mitgeteilt. »Sie werden beschuldigt, sich in kommunistischem Sinne … betätigt zu haben …, es wird Ihnen hiermit Gelegenheit zur Äußerung und etwaigen Beibringung von entkräftenden Beweisen binnen einer Frist von einer Woche seit Zustellung dieser Verfügung gegeben.«[80]

Hilde Benjamin nahm Stellung, obwohl sie wußte, daß ihre Chancen gering waren. Noch wollte sie alle juristischen Möglichkeiten ausnutzen, um sich gegen das drohende Berufsverbot zur Wehr zu setzen. Mit Einschreiben vom 29. April 1933 richtete sie das »Gesuch um weitere Zulassung zur Rechtsanwaltschaft« an das preußische Justizministerium.[81] Darin führte sie aus, daß sie deutscher Abstammung und christlich getauft wäre und keine jüdischen Vorfahren hätte. Über Georg Benjamin schrieb sie: »Mein Mann ist Kriegsteilnehmer, und zwar ist er als Kriegsfreiwilliger am 10. August 1914 bis zur Beendigung des Krieges im Feld gewesen. Er war zweimal verwundet, ist Inhaber des Eisernen Kreuzes und des schwarzen Verwundetenabzeichens. Wegen Tapferkeit vor dem Feinde ist er 1917 zum Vizefeldwebel befördert und 1918 zum Offiziers-Aspiranten ernannt« worden. Sie fügte dem Schreiben den eigenen und die Taufscheine ihrer Eltern, die Heiratsurkunde und den Stammrollenauszug von Dr. Georg Benjamin über die Kriegsteilnahme bei.[82]

Das preußische Justizministerium ließ inzwischen bei der Geheimen Staatspolizei nachfragen, was über Georg und Hilde Benjamin bekannt war. Im Bericht der Gestapo vom 4. Mai 1933 hieß es, daß die Benjamins »als ganz extreme Kommunisten in ihrer Wohngegend bekannt sind. Ihre kommunistische Gesinnung haben sie bei jeder Gelegenheit durch Aushängen von roten Fahnen kundgetan. Die Klienten waren, nach Auskunft von Hausbewohnern, fast ausnahmslos Angehörige der KPD. Es herrschte bei ihr ein äußerst reger Verkehr. (…) Auch soll Frau Benjamin in einem größeren Prozeß … als Verteidiger der ›Roten Hilfe‹ aufgetreten sein.« Besonders wird noch angemerkt: »Sprach am 19. Oktober 1929 bei der Reichskonferenz der ›Roten Hilfe Deutschlands‹ über den Abtreibungsparagraphen zum neuen Strafgesetz …«[83] Das machte sie bei den Nazis besonders verdächtig. Auch hatte die »Rote Hilfe« fein säuberlich über alle Zahlungen an die befreundeten Anwälte Buch geführt. Diese Listen fielen den Nazis in die Hände und konnten nun als zusätzliche Unterlagen für das Berufsverbot genutzt werden.

Am 6. Mai war alles entschieden. Hilde Benjamin hielt das Schreiben mit ihrem endgültigen »Vertretungsverbot« in Händen. Bittere Ironie der Geschichte: Es war von Dr. Freisler unterzeichnet, damals Preußischer Justizminister, dann der berüchtigte Präsident des Volksgerichtshofs, mit dem Hilde Benjamin später als Richterin manchmal verglichen wurde.[84]

Auch Rita Sprengel erhielt Berufsverbot, und die Frauen lösten die Kanzlei auf. Gittel Weiß konnte noch ein unverfängliches Zeugnis bekommen, das von Dr. Berger unterzeichnet war. Zwangsweise zerstreuten sich die anderen Mitarbeiter, vernichteten vorher belastende Akten, die den Nazis nicht in die Hände fallen sollten. Es blieb nur noch das Aufräumen, bevor die Gestapo kam.

Am 12. April wurde Georg Benjamin in der Wohnung verhaftet. »In Schutzhaft genommen«, wie die Nazis das in ihrer Bürokratensprache nannten. »Im Interesse der öffentlichen Sicherheit«.[85] Dr. Benjamin wurde in das Polizeipräsidium gebracht. Der Vordruck des Schutzhaftbefehls trug noch die Monatsangabe »März« und wurde eilig auf den 12. April umgeschrieben. Es hätte also schon früher passieren können. Die uniformierten Polizeibeamten verhielten sich bei der Verhaftung äußerlich korrekt.[86] Hilde war trotz des Schreckens beruhigt, daß Georg nicht, wie so viele andere, von der SA abgeholt und in einen ihrer Keller verschleppt worden war. Nacht für Nacht wurden dort Kommunisten und Oppositionelle zu Tode geprügelt, andere nach Tagen der Demütigung und Schläge mit schweren Verletzungen auf die Straße geworfen.

Walter Benjamin schrieb am 16. Juni 1933 voller Sorge aus der Schweiz an einen Freund: »Mein Bruder ist in einem KZ-Lager. Gott mag wissen, was er da durchgemacht hat. Aber die Gerüchte über seine Verwundungen sind jedenfalls in einem Punkt übertrieben gewesen. Er hat kein Auge verloren.«[87] Die aus Deutschland ins Exil Vertriebenen versuchten, über Verwandte und Entlassene so ausführlich wie möglich über die Untaten der Nazis aufzuklären. Auf diesem Wege wird auch der Bericht über ein ausgeschlagenes Auge – der in vielen anderen Fällen zutraf – entstanden sein. Die genaue Recherche über das

Der Preußische Justizminister
II h R 17 A, 3.

Berlin W 8, den 6. Mai 1933.
Wilhelmstraße 65
Fernsprecher: A 1 Jäger Nr. 0044.

Vertretungsverbot.

Es wird hiermit auf Grund des § 5 Abs. 1 der Allgemeinen Verfügung vom 25. April 1933 — Just.Min.Blatt Seite 127 — ein Vertretungs- verbot gemäß § 91 b Abs. 2 bis 4 der Rechtsanwaltsordnung (Reichs- gesetzblatt 1933 Teil I Seite 120) für Sie erlassen.

Im Auftrage.

gez. Dr. Freisler.

An
die
Herrn Rechtsanwältin
Frau Hildegard Benjamin, geb. Lange,

in

Berlin N 65

Müllerstraße 145 a.

Berufsverbot für Hilde Benjamin: Am 6. Mai 1933 unterzeichnete der spätere Präsident des Volksgerichtshofs Dr. Freisler das Vertretungs- verbot

Ausmaß des Terrors in Deutschland gehörte in dieser Phase zu den wichtigsten Kampfmitteln der Opposition gegen die auf in- ternationales Ansehen erpichte Nazi-Regierung.

Hilde Benjamin war selbst gefährdet. Sie hätte jeden Moment verhaftet werden können. Deshalb konnte sie nach der Verhaftung ihres Mannes auch nicht den Kontakt zu den Polizeidienststellen aufnehmen oder nach seinem Verbleib fragen. Sie tauchte erst einmal unter. Es gab verschiedene Hinweise, daß man auch sie suchte.

So übernahm Hilde Benjamins Mutter, Adele Lange, mit großer Selbstverständlichkeit die ersten Wege nach der Verhaftung ihres Schwiegersohnes. Sie fragte bei der Gestapo nach Georgs Aufenthaltsort, brachte Wäsche ins Polizeipräsidium. Sie bewährte sich auch in der Folgezeit als solidarische und mutige Helferin.

Adele Lange war der Typ der energischen, selbstbewußten Hausfrau und Mutter. Wenn sie helfen konnte, half sie. Regelmäßig kehrten Bettler bei den Langes ein und wurden mit warmem Essen versorgt. Mit den kommunistischen Ideen ihrer Tochter verband sie wenig. Doch das hinderte sie nicht, ihre Verwandten vor den Nazis zu schützen. Sie handelte ohne Parteidirektive, ohne Organisation, eine Haltung der Menschlichkeit, unabhängig von Ideologie und Parteizugehörigkeit.

Wohnung und Anwaltsbüro der Benjamins wurden Mitte Mai durchsucht. Nur eine Quittung über 75 Pfund Bücher und 11 Aktendeckel mit Inhalt ließen die Fahnder zurück.[88]

Vom Polizeipräsidium aus kam Dr. Benjamin nach Plötzensee, damals ein Untersuchungsgefängnis. Zwischen Gestapo, normaler Polizei und SA gab es in dieser ersten Phase der Machtübernahme wenig Koordination. Es herrschte ein unorganisiertes Neben- und Durcheinander, das sich manchmal zugunsten der Opfer auswirkte. So auch bei Hilde Benjamin, die zur gleichen Zeit von der Gestapo eine Sprecherlaubnis bei ihrem Mann erhielt, während in einem anderen Stadtbezirk nach ihr gefahndet wurde.

Mehrere Male konnte sie ihren Mann unbehelligt in Plötzensee sprechen. Für die Erlaubnis mußten in einem Formular spezielle Gründe angegeben werden. Die gab es reichlich. Viele geschäftliche Angelegenheiten und ein Ehrengerichtsverfahren bei der Ärztekammer mit zahllosen Unterlagen bildeten den Vorwand für die Besuche.

Von Plötzensee aus wurde Georg Benjamin Anfang September in das ehemalige Zuchthaus Sonnenburg verlegt. Verlegt. Das klingt wie ein friedlich-bürokratischer Vorgang und war doch etwas ganz anderes. Georg Benjamin war für die Angehörigen verschwunden.

Hilde schrieb, beantragte Besuchserlaubnis, schrieb wieder. Ohne Ergebnis. Über Wochen bekam sie keine Antwort. Sie fragte nach, erhielt nur ein Achselzucken. Oft aber auch zynische Bemerkungen und freche Reden, was sie mit dem Juden noch zu tun haben wollte. Georg Benjamin blieb verschollen. Die Ehefrau bekam keine Auskunft. Auch die Schwiegermutter nicht. Frau Lange bemühte sich, ließ sich mutig mit einem höheren Gestapo-Chargen verbinden. Auch sie hatte keinen Erfolg. Endlich erfuhr die Familie: Georg Benjamin war nach Sonnenburg verbracht worden. Ob er lebte, wußte niemand.

Vieles mußte in diesen Wochen von Hilde Benjamin erledigt werden. Die Auflösung der Arztpraxis und der Kanzlei, die Unterstützung verfolgter Genossen. Jeder Tag begann und endete mit der Erwartung eines Lebenszeichens von Georg. Wochenlang kam nichts. Mit ihren Phantasien vom gequälten Georg war Hilde allein, hörte über Genossen und Freunde immer neue, grauenhafte Details aus dem Lager Sonnenburg.

Schon Max Hölz, der anarchistische Kämpfer, hatte in Sonnenburg eingesessen. Das Trinkwasser war verseucht, Ratten und Ungeziefer in den feuchten Kellern machten den Gefangenen das Leben zur Qual. Als Zuchthaus war Sonnenburg 1930 aus hygienischen Gründen geschlossen worden. Jetzt wütete die SA als Hilfspolizei unter den Schutzhäftlingen. Carl von Ossietzky und Erich Mühsam waren unter den ersten Gefangenen. Einige Frauen von Inhaftierten kümmerten sich um Entlassene, erfuhren von bestialischen Quälereien, militärischem Exerzieren bis zur totalen körperlichen Erschöpfung, Hunger und Todesdrohungen. Die internationale Presse berichtete in den nächsten Wochen ausführlich darüber.

Was Hilde Benjamin auch hörte, alles bestätigte ihr: Das Leben ihres Mannes war in Gefahr. Er wurde gequält und mißhandelt, und sie konnte ihm nicht helfen. Sie selbst lebte mit Mischa zusammen in relativer Sicherheit, wohnte in Steglitz bei ihren Eltern, wurde finanziell vom Vater unterstützt. Bis auf wenige, nachträglich fließende Einnahmen aus Georgs und der eigenen Praxis hatte sie kein eigenes Einkommen mehr. Walter Lange, Direktor der Rohag-Werke, war ein anerkannter Geschäftsmann und wurde von den Nazis respektiert. Eine Hausdurchsuchung kurz nach der Verhaftung des Schwiegersohns verlief harmlos. Danach ließ man die Wohnung Lange in der Düntherstraße 7 in Ruhe. Walter Lange fürchtete die Angriffe der Nazis nicht, seine Zugehörigkeit zu den Freimaurern scheint keinen Anstoß erregt zu haben. Bis zum Ende der Naziherrschaft werden die Eltern Lange die Familie der Tochter unterstützen.

Georg Benjamin war im September mit einem der Massentransporte aus den überfüllten Berliner Gefängnissen in Sonnenburg angekommen. Inzwischen hatte die SS von der SA das Lager übernommen und baute es systematisch zu einem Prototyp der großen Konzentrationslager aus.

Der September verging, der Oktober, der November. Hilde Benjamin schrieb Briefe nach Sonnenburg, packte Lebensmittelpakete mit Fleisch, Kuchen und anderen nahrhaften Dingen, ohne zu wissen, ob diese Pakete je in Georgs Hände gelangen würden. Mutter Lange rief weiter bei der Gestapo an, fragte nach, was mit Dr. Georg Benjamin wäre. Auf geheimen Wegen hatte Hilde Benjamin ausländische Zeitungen mit Berichten über die Quälerei des berühmten *Weltbühne*-Autors Carl von Ossietzky erhalten. Der war inzwischen ins Lager Esterwege verlegt worden.

Dann endlich an einem Dezembertag. Ein Brief. Ein Brief von Georg. Die vertraute Schrift. Steif und überdeutlich. Wie Schönschrift aus der Schule. Der Ton ruhig und scheinbar gelassen. Sie ließ sich auf den Text ein, wollte die Gelassenheit glauben und wußte doch genau, daß Georg in Sklavensprache schreiben mußte, die die Wirklichkeit des KZ-Alltags nicht offenlegte.

Er schrieb: »Mir geht es unverändert einwandfrei. Meine Arbeit ist tagaus, tagein dieselbe; ab und zu – wie auch heute – natürlich halbe oder auch ganze freie Tage.«[89] Regelmäßige Arbeit, ab und zu frei. Das klingt gut. – Tarnsprache.

Jahre später ließ Hilde Benjamin sich den Brief Satz für Satz von einem ehemaligen Häftling übersetzen. »Arbeit« im traditionellen Sinne gab es in dieser Zeit in Sonnenburg praktisch nicht. Einige Häftlinge machten Verwaltungsaufgaben. Arbeit war meist Synonym für Exerzieren, Sport, Drill. Und für das »Kübeln«. Die Wärter machten sich einen Spaß daraus, die Gefangenen zu zwingen, mit dem übervollen Scheißkübel am ausgestreckten Arm die

Treppen vom dritten Stockwerk an hinunterzulaufen und sie quer über den Hof zu dem Kübelwagen zu tragen. Dazu paßt der nächste Satz: »Ins Freie gehe ich jetzt gewöhnlich morgens, vor Arbeitsbeginn, zwischen $^1/_2$8 und 8, manchmal, wenn Zeit ist, noch nachmittags.« Es ist aber auch möglich, daß Georg zeitweilig in der Schneiderwerkstatt Arbeit hatte. Weiter heißt es im Brief: »Mit dem amerikanischen Roman bin ich noch nicht fertig; es ist ein Frauenroman, der Dich sicherlich auch interessieren wird.« Hilde konnte den Hinweis: amerikanischer Roman nicht genau entschlüsseln und mutmaßte in der Biographie, es wäre »Eine Frau allein« von Agnes Smedley gemeint.[90]

Die Überlebenden berichteten, daß es in Sonnenburg nur selten etwas zu lesen gab und die aktuellen Informationen aus zerschnittenen Toilettenblättern erschlossen und von Hand zu Hand weitergegeben wurden. Viele der Gefangenen in Sonnenburg waren Kommunisten. Sie unterstützten und halfen einander. In den Erinnerungen wird sogar von einer illegalen Organisation gesprochen, die sich mit der Zeit einen gewissen Einfluß auf die Verwaltungsaufgaben sicherte, da die SA-Leute zu dumm gewesen wären, die Gefängnisverwaltung in den Griff zu bekommen. Diese illegalen Formen der Organisation über Posten in der Schreibstube sind aus den großen KZ-Lagern Buchenwald und Oranienburg bekannt.

Jedenfalls »lag« Georg auf einer Gemeinschaftszelle. Das Wort »liegen« ist üblich im Sprachgebrauch der Gefängnisse, aber irreführend. Die Gefangenen durften nur zu streng festgelegten Zeiten liegen. In Sonnenburg nur für wenige Nachtstunden, falls sie nicht gerade zum Verhör geholt wurden. Weiter heißt es in dem Brief: »Von der Entlassung der Fünftausend wird natürlich viel gesprochen. Ich schrieb Dir ja schon« – hier wird Hilde erstmals klar, daß es schon frühere Briefe gegeben hat, die sie nicht erreicht haben –, »daß ich mir keine besonderen Aussichten verspreche; hoffentlich bist Du auch frei von Illusionen. Wenn es anders kommen sollte, dann um so besser. Wie es in 14 Tagen zu Weihnachten mit dem Schreiben wird, weiß ich noch nicht. Ob ich also noch rechtzeitig zu des Jungen Geburtstag schreiben kann, ist ungewiß. Als Geschenk anbei zwei verschiedene Scherenschnitte vom Jungen. Wie Du Dich erinnern wirst, nach der Profilaufnahme vom Juli geschnitten. Hoffentlich sind sie gut gelungen. Sonst kann ich zum Geburtstag ja nichts weiter liefern als gute Wünsche.«

Mehrere Scherenschnitte aus dem Gefängnis sind erhalten. Georg fertigte von allen Stubenbewohnern Porträts an und kennzeichnete sie mit Namen. Das war nicht nur Beschäftigungstherapie. Die Bilder sollten auch dokumentieren, wer mit ihm im Dezember 1933 in Sonnenburg inhaftiert war. Weiter hieß es im Brief: »Die Broschüren des Reichsausschusses für Volksges.(undheits)-Dienst Nr. 4–6 kannst Du mir gelegentlich schicken. Mit Lebensmitteln versorgst Du mich ja reichlich; das Fleisch und der Kuchen ist natürlich immer für die ganze Stube, wie das auch die anderen Kameraden, soweit sie etwas geschickt bekommen, machen. Am meisten wünscht man sich als Nichtraucher natürlich eine gute Tasse Kaffee. Die Kälte hat jetzt nachgelassen. An den kältesten Tagen mögen hier etwa 12–15 Grad gewesen sein. Mit dem Sweater ist es gerade angenehm in der Stube wie im Arbeitsraum.« Der Hinweis Arbeitsraum spricht noch mal für die Schneiderwerkstatt oder einen ähnlichen Einsatz. »Auf Eure Anfrage bei der Gestapo habt Ihr wohl keine Antwort erhalten? Weiteres wird sich ja wohl auch jetzt erübrigen. Ich lese übrigens auch zuweilen die Wochenzeitschrift *Blick in die Zeit*, die nur Zeitungsstimmen bringt. Ich würde sie auch Euch gelegentlich empfehlen. Wenn in der *Frankf. Zeitung* mal etwas besonders Interessantes steht, schicke sie mir bitte.«[91]

Soweit der erste Brief, der Hilde Benjamin erreichte. Im Dezember 1933 wird sie ihn vor- und zurückgelesen, jede Zeile auf Hinweise, wie es Georg wirklich ging, abgeklopft haben. Noch ein weiterer Brief, wahrscheinlich aus dem Gefängnis geschmuggelt, mit fachlichen Hinweisen zur Impfung des kleinen Mischa, erreichte Hilde. Die Zukunft war weiter völlig ungewiß.

Sie lebte bei ihren Eltern und versorgte ihren Sohn. Arbeit hatte sie in dieser Zeit nicht. Das Berufsverbot zwang zum Nichtstun. Im Elternhaus rückten sie enger zusammen. Zeitweilig wohnte auch Ruth Lange dort, wenn sie nicht gerade mit Paul Rosbaud unterwegs war. Die Sportbegeisterung der Nazis war nicht Ruths Sache. Sie lehnte die Militarisierung des Sports ab und erklärte ihre Laufbahn als Diplom-Sportlehrerin für beendet.

Paul Rosbaud, ihr Liebhaber, war mit einer deutschen Jüdin verheiratet und hatte mit ihr eine Tochter. Er wußte um die Gefährdung seiner Familie und brachte seine Frau im Herbst 1933 nach England. Wenig später folgte die Tochter. Der Biograph Rosbauds vermutet, daß das Mädchen so rasch aus Deutschland wegging, weil Ruth Lange inzwischen beim Vater in der Waltraudstraße in Zehlendorf eingezogen war. Ruth Lange lebte meist bei ihrem Geliebten und war über seine illegalen Aktivitäten von Anfang an informiert.[92]

Was dachten die Eltern, was dachte die ältere Schwester über das lockere Leben der Jüngsten? Gab es Vorwürfe? Moralische Vorhaltungen? Michael Benjamin meinte ganz entschieden, in der Familie Lange wäre nicht »moralisiert« worden und seine Mutter hätte dem lockeren Lebensstil ihrer Schwester keine Bedeutung beigemessen.

Weihnachten 1933. Hilde Benjamin, obwohl aus der Kirche ausgetreten, mochte das Weihnachtsfest mit seinen Traditionen. Am Weihnachtsabend wollten die Langes sich mit den erwachsenen Kindern zum traditionellen Festmahl treffen. Und dann klingelte am frühen Nachmittag des 24. Dezember das Telefon, mitten in die letzten Vorbereitungen hinein. Georgs Stimme: »Ich bin am Bahnhof Zoologischer Garten und komme mit der Straßenbahn zu Euch.«

Hilde Benjamin wird ihren Sohn genommen haben und mit ihm auf dem Arm zur Straßenbahnhaltestelle gehastet sein. Die Bahn brauchte circa 20 Minuten vom Zoo nach Steglitz. Sie mag sich gefragt haben, ob sie ihn denn erkennen wird. Ob er krank ist, abgemagert? Strahlen seine Augen noch so spöttisch und liebevoll wie früher? Kann er noch so herzlich lachen?

Die Straßen waren an diesem Abend menschenleer, es wurde schon dunkel, nur hinter den Gardinen vereinzelt ein Lichtschein. Heiligabend wirkt alles so feierlich in den Städten. Vielleicht war sie plötzlich voller Angst und Zweifel, daß alles gar nicht stimmte, daß der Anruf eine Finte der Gestapo war, ein Irrwitz, ein schlechter Scherz, um sie zu quälen. Dann kam die Bahn. Georg stieg aus, »und sein Junge lief ihm mit den ersten selbständigen Schritten entgegen«.[93]

Über diesen Weihnachtsabend schrieb Hilde Benjamin 1977 lakonisch: »Die Freilassung Georg Benjamins war ein Geschenk für uns und vor allem der Partei gegenüber eine Verpflichtung, die es zu nutzen und zu erfüllen galt ... Selbstverständlich«, hieß es weiter, »konnten die Erlebnisse von KZ und Zuchthaus keinen Kommunisten von weiterer illegaler Arbeit abschrecken.«[94]

Es ist schwer vorstellbar, daß Hilde und Georg Benjamin Weihnachten 1933 nach allem, was passiert war, nur daran gedacht haben sollen, wie Georg am besten seine »Verpflichtungen« gegenüber der Partei verwirklichen könnte. Vielleicht haben sie sich einfach in den Armen gelegen, waren zärtlich zueinander, haben geschwiegen oder geweint über das unerwartete und lang ersehnte Glück. Sie haben sich mit den Eltern und Geschwistern zu Tisch gesetzt, waren hilflos, zerrissen vom Übermaß der Gefühle. Was fragt die Familie einen, der aus der Hölle von Sonnenburg kommt, am Weihnachtsabend? Der monatelange Hunger und die Peinigungen haben Georg gezeichnet. Jeder im Familienkreis denkt darüber nach, wie man diesen Mann in Zukunft schützen, vor weiterer Haft und Folter bewahren, vor den Nazis in Sicherheit bringen kann. Oder ließen die Benjamins solche »normalen« Gedanken gar nicht mehr zu, verboten sich Überlegungen zu Flucht und einem gemeinsamen, glücklicheren Leben im Ausland?

»Verpflichtungen der Partei gegenüber«. Welcher Partei gegenüber galt eigentlich die Verpflichtung zum illegalen Kampf, von der Hilde Benjamin sprach? Die Kommunistische Partei war verboten, verfolgt, viele Funktionäre in Haft, mancher ermordet. Ernst Thälmann saß in Buchenwald in Einzelhaft. Einigen Funktionären war es gelungen, nach Moskau zu fliehen, andere saßen in Prag oder Paris im Exil. Das Rumpf-Zentralkomitee tagte irgendwo. Auch wohlwollende Historiker gehen davon aus, daß die Parteistruktur der Kommunisten im Inland Ende 1933 zerschlagen war. Nur einzelne, illegale Gruppen organisierten Widerstandsaktionen und versuchten, mit Funktionären im Ausland Kontakt aufzunehmen. Manche Untergruppierungen der KPD, insbesondere aus dem Rotfrontkämpferbund, waren zu den Nazis übergelaufen. Das Bespitzelungs- und Denunziantensystem der Gestapo funktionierte auf grauenhafte Weise perfekt.

Für einen Schutzhaftentlassenen wie Georg Benjamin war es deshalb äußerst schwer, Kontakt zu illegalen Gruppen aufzunehmen. Jeder ehemalige Häftling mußte sich bei der Freilassung schriftlich verpflichten, kommunistische Betätigung zu unterlassen. Georg Benjamin mußte damit rechnen, daß seine Familie unter genauer Beobachtung der Gestapo stand.

Beim Schreiben der Biographie über ihren Mann benutzte Hilde Benjamin 1977 den bewährten Jargon zur Ehrung der Opfer des Faschismus. Er war seit Jahrzehnten von der SED-Geschichtsschreibung festgeklopft und wurde von Hilde Benjamin nicht in Frage gestellt. Danach waren die Kommunisten – bis auf einige wenige, später entlarvte Verräter – allesamt untadelige Kämpfer, zweifelten niemals und nahmen tapfer alle Torturen auf sich. Andere Opfer, zum Beispiel die christlichen oder sozialdemokratischen Kämpfer, hatten in diesen Darstellungen keinen Platz. Und wenn Kommunisten ins Exil gingen, dann folgten sie dem Befehl der Partei und flüchteten nicht aus persönlichem Sicherheitsbedürfnis. So lautete die Legende, und Hilde Benjamin strickte ihr noch ein weiteres Kapitel hinzu.

Zurück zum Dezember 1933.

Dr. Benjamin wollte seinem Leben auch nach der Haft wieder einen menschlichen Gehalt geben, seine Vaterrolle und seine Freiheit genießen. So fuhr er im Frühjahr 1934 an die oberitalienischen Seen und erholte sich bei Wanderungen in der Schweiz.

Hilde war mit Mischa bei den Eltern in Steglitz gemeldet. Um keinen Verdacht zu erregen, blieb sie offiziell in der Düntherstraße wohnen. Georg Benjamin suchte sich ein möbliertes Zimmer bei einer jüdischen Familie in Schöneberg. Durch die Vermittlung eines Anwalts bekam Hilde Benjamin dann eine Arbeit in der Rechtsabteilung der sowjetischen Handelsvertretung. Mit dem Gehalt konnten sie auskommen und waren finanziell nicht mehr von den Eltern Lange abhängig.

Die sowjetische Handelsvertretung hatte ihr Büro in der Lietzenburger Straße 11, dicht beim Kurfürstendamm. Legal wurden von hier aus Industrieanlagen für den Sowjetstaat gekauft. Vor der Machtergreifung Hitlers hatte Deutschland noch andere, geheime Geschäfte über die Handelsvertretung abgewickelt. Unter Umgehung der Bestimmungen des Versailler Vertrages wurden hier verbotenerweise Flugzeug- und Rüstungsgüteranschaffungen geregelt. Wahrscheinlich baute die Sowjetunion nach 1933 die illegale Seite der Militär- und Industriespionage weiter aus. Jedenfalls arbeitete Hilde Benjamin hier faktisch als Prokuristin, wenn das auch offiziell nicht so genannt werden durfte. Sie war für Verträge in Millionenhöhe zuständig, nutzte ihre Sprachkenntnisse, verbesserte und vertiefte sie. Kontakte entstanden, die Jahre später äußerst nützlich für sie sein sollten.

Ihren Sohn brachten die Benjamins während der Woche in ein privates Kinderheim. Das Heim gehörte Edith Fürst.

Sie entstammte einer jüdischen Kaufmannsfamilie aus Königsberg und war, zusammen mit ihren Geschwistern, schon früh mit der jüdischen Jugendbewegung in Berührung gekommen. Die zionistische Bewegung erschien ihr zu nationalistisch. Eher sympathisierte sie mit kommunistischen Ideen, seit sie in Berlin heimisch geworden war. Eine Zeitlang arbeitete sie als Säuglingsschwester in einem jüdischen Heim, pflegte Kinder in Privathaushalten. Ihr Traum war ein eigenes Kinderheim, wo Kinder frei von Religion und Zwang in Kameradschaft miteinander aufwachsen konnten. Das zu verwirklichen gelang ihr erst 1933, als es schon fast zu spät war. Edith Fürst mietete in Niederschönhausen ein Siedlungshaus, richtete es als Kinderheim ein. Mutter und Schwester halfen bei der Betreuung der Kinder. Hierher brachten die Benjamins ihren Michael. Nur an den Wochenenden und zum Urlaub holten die Eltern ihn ab.

Regina Scheer, Historikerin, schrieb 1992 in ihrem Buch »Ahawah. Das vergessene Haus«[95] nach Berichten von Edith Fürst: »Das Heim war in dieser Zeit der Verhaftungen, der Not und der Angst ein Ort der Geborgenheit für die Kinder.« Kinder von illegal Kämpfenden, von Verhafteten und in Not geratenen Familien, teilweise auch durch Vermittlung der Fürsorgestelle der Jüdischen Gemeinde, wurden hier betreut. Mehrere Male fuhren die Betreuer mit den Kindern an die Ostsee. In Neuhof bei Heringsdorf verlebten sie herrliche Tage. Auch Hilde Benjamin verbrachte später mit Mischa dort mehrere Urlaube.

Der alte Freundeskreis der Benjamins hatte sich aufgrund der Verfolgungen auflösen müssen. Alte Kontakte waren gefährlich geworden. So wurde, wie Hilde Benjamin schrieb, das Kinderheim für die Eltern ein wichtiger Treffpunkt für Gespräche und neue Freundschaften, gegenseitige Hilfe und Unterstützung. Sonntagabends, wenn die Eltern die Kinder ins Heim zurückbrachten, sprachen sie oft noch lange miteinander.

Ob Mischa gern im Kinderheim lebte, ob er beim Abschied weinte und unter der Trennung litt oder den Eltern der Abschied von Mischa manchmal bitter wurde, kam in Hilde Benjamins Rückblick nicht vor.

Edith Fürst und ihre Schwester Rosa erinnerten sich an die erste Begegnung: »Wir lernten Georg Benjamin im Januar 1934 kennen, als er mit seiner Frau Mischa im Kinderheim anmeldete. Als Mischa bei uns war, kamen die Eltern ihn regelmäßig an den Wochenenden abholen, und wir bekamen näheren Kontakt. Im Dezember 1934, kurz bevor Rosas Kind Bärbel geboren wurde, brach im Kinderheim Keuchhusten aus.« Rosa war hochschwanger, Edith verzweifelt, weil sie auf die Hilfe ihrer Schwester angewiesen war. In dieser Notsituation half Georg Benjamin. Er besorgte Rosa ein Zimmer, beschaffte Babywanne und Kinderbett. Auch im Heim packte Georg Benjamin zu, übernahm Nachtwachen bei den kranken Kindern.

Später mußte Edith Fürst das Siedlungshäuschen räumen. Sie war jüdische Mieterin und rechtlos gegenüber Kündigungen. Noch einmal fand sie in Kaulsdorf für kurze Zeit eine Wohnung mit einem schönen Garten für das Heim. Rosa und Siegfried Adler verließen 1939 mit ihrem Kind Deutschland und gingen nach La Paz. Sie kamen später in die DDR zurück.

Georg Benjamin übernahm nun ständig die ärztliche Betreuung der Kinder, diskutierte mit den Eltern und Erziehern pädagogische Fragen, und oft wurde, so erinnerte sich Hilde Benjamin, auch politisch diskutiert. Wenn sich die Runde gar nicht trennen konnte, stellte Georg Stühle in den Flur. »Das war dann Signal für den Aufbruch. Georg hatte trotz der ernsten Zeit nie seinen Humor verloren. Manches Mal war er auch ein bißchen ironisch.«[96]

Nach der Entlassung aus der Haft durfte Dr. Benjamin nicht mehr legal ärztlich tätig sein. So war die Arbeit im Kinderheim nur unter der Hand möglich. Schon im Juni 1933 hatte man ihn aus dem Großberliner Ärztebund und der Kassenärztlichen Vereinigung ausgeschlossen. Als Begründung wurde die aktive Arbeit und Zugehörigkeit zur kommunistischen Partei angegeben.

Die Benjamins suchten in diesen Monaten dringend eine gemeinsame Wohnung. Noch immer wohnten sie in weit voneinander entfernten Stadtteilen. Durch Vermittlung einer Frau aus dem Kinderheim fanden sie schließlich im Sommer 1935 in der Binzstraße in Pankow ein großes Zimmer. Mit Schreibtisch, Plattenspieler, Schreibmaschine und ihrem Farbdruck der »Roten Pferde« zogen sie ein. Endlich hatten sie wieder eine gemeinsame Bleibe.

Alltag in Nazi-Deutschland, Sommer 1934. Ein entlassener Schutzhäfling, eine Rechtsanwältin mit Berufsverbot und ein einjähriger Junge, der nach den Rassengesetzen als »Halbjude« galt. Es war ein Alltag in Feindesland. Nur wenige Oasen der Freundschaft und Kollegialität blieben den Benjamins: die Arbeit von Hilde in der Handelsvertretung, das Kinderheim und der Freundeskreis der Verfolgten und Bespitzelten, das Elternhaus Lange in Steglitz, die Schwester mit ihrem Liebhaber, die ihnen, so gut sie konnten, zur Seite standen.

Welche Anstrengungen Georg in dieser Zeit unternahm, mit den illegal arbeitenden Genossen Kontakt aufzunehmen, ist aus den vorhandenen Unterlagen nicht zu entnehmen. Hilde Benjamin soll – entsprechend den Regeln der konspirativen Arbeit – so wenig wie möglich von Georgs Kontakten und seiner konkreten Arbeit gewußt haben. Das Urteil des Kammergerichts gegen Georg Benjamin ging später davon aus, daß er seit Frühjahr 1935 illegal arbeitete. Hilde Benjamin schrieb dazu: »Ich vermute, daß der Anfang früher liegt.«[97] Ob sie ihn gebeten hat, äußerst vorsichtig zu sein, an sich, an seine Familie und ihre gemeinsame Zukunft zu denken? Ob die Benjamins über ihre Angst gesprochen haben, über die ständige Sorge, daß Georg täglich Freiheit und Leben aufs Spiel setzte? Oder hatten sie ihre Gefühle und Wünsche schon in der Phase der unaufhörlichen Überforderung durch die Partei- und Berufsarbeit so zurechtgebogen, daß nur noch reduziertes Empfinden übrig war?

Die Kommunisten träumten gern von der »allseitig entwickelten Persönlichkeit«, die kämpfen und lieben, eigene Wünsche und revolutionäres Bewußtsein, Empfindsamkeit und Mut in sich vereinen könnte. Hilde Benjamins spätere Darstellung läßt diesen Traum nicht einmal mehr ahnen. Da zählte nur noch die strikte »Verpflichtung der Partei gegenüber«.[98]

Georg Benjamin organisierte sein Leben, die öffentliche und die illegale Seite. Er lernte Russisch, Autofahren, nahm an Fortbildungskursen für jüdische Ärzte teil und las die Romane der Weltliteratur. »Man wird einmal alles können müssen«,[99] begründete er seine vielfältigen Aktivitäten.

1935 fuhr die Familie zusammen an die Ostsee. Es war ihr letzter, gemeinsamer Urlaub. Davon existiert ein Foto. Georg und Hilde sitzen am Strand, zwischen ihnen Mischa. Georg, mit langer Hose und kurzärmligem Hemd, beobachtet konzentriert den Jungen, Mischa guckt, als hätte gerade jemand gerufen: Guck mal, das Vögelchen!, wie man es früher bei Familienaufnahmen tat. Hilde, braungebrannt, die Haare streng nach hinten gekämmt, in

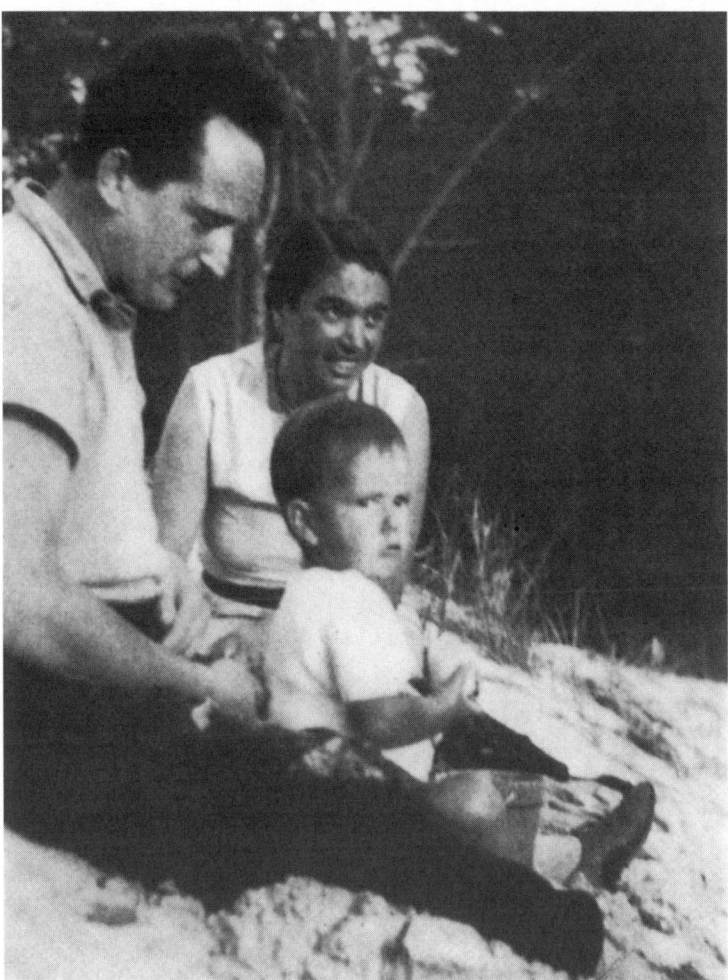

Familie Benjamin im letzten gemeinsamen Urlaub, Neuendorf an der Ostsee, Sommer 1935

einem Sommerkleid, blickt in die Ferne. Vielleicht hatte Dora Benjamin, die sie auf Wollin besuchte, das Familienfoto geschossen.

Dora, die jüngere Schwester Georgs, bereitete sich gerade auf ihre endgültige Emigration vor. Ob Dora den Bruder und die Schwägerin und Freundin aufgefordet hat, mit nach Paris zu kommen, endlich Konsequenzen aus der Bedrohung zu ziehen? Darüber gibt es keine Auskünfte. Dora Benjamin hatte Nationalökonomie studiert, arbeitete wissenschaftlich auf verschiedensten Gebieten der Sozialfürsorge und Kinderpsychologie. Sie lebte mehrere Jahre in Paris, wurde nach dem Überfall der Nazis interniert und starb 1946 in Zürich, wahrscheinlich an den Folgen der Internierungshaft. Walter, der älteste Bruder, lebte damals schon in Paris, manchmal auch in der Schweiz. Die Verwandten korrespondierten miteinander, wußten voneinander. Gesehen haben sie sich nie wieder.

Bis zum 14. Mai 1936 hatten die Benjamins noch Zeit für ein gemeinsames Leben. Sie standen unter Beobachtung, waren ständig in Angst, verhaftet zu werden. Das wird aus einem Brief Georgs aus der Haft im Zuchthaus Brandenburg deutlich. Er schrieb, daß er sich schon im Urlaub auf Wollin beobachtet gefühlt und deshalb auf schnelle Abreise nach Berlin gedrängt hätte. Und Hilde ergänzte: »Ich hatte das, wie man so sagt, im Gefühl – und so waren wir jeder voll innerer Unruhe, ohne uns das zu sagen –, und ich sah jedes Mal gleichsam um die Ecke, ehe wir uns vom Strand, aus dem Wald kommend, dem kleinen Haus eines Forstarbeiters, wo wir wohnten, näherten. Und doch genossen wir den einsamen Strand, den Wald und unser Zusammensein.«[100] Dieses »und doch« macht stutzig. Warum ertrugen die Benjamins 1936 die ständige Angst um Leben und Freiheit? Wäre es nicht sinnvoll gewesen, sofort ins Exil zu gehen? Geld genug hätten sie auftreiben können, qualifizierte Berufe hatten beide Ehepartner. Das Kind war nach den Rassengesetzen ein »Mischling ersten Grades«, also zukünftig bedroht. Warum blieben die Benjamins in Deutschland? Andere gefährdete Menschen, auch Genossen, hatten das Land schon lange verlassen, waren in Frankreich, der Schweiz, den USA oder der Sowjetunion erst einmal in Sicherheit.

Hilde Benjamin stellte sich die Frage der Emigration – folgt man ihren Erinnerungen – erst, als der richtige Zeitpunkt lange verpaßt war. Als Georg Benjamin schon mehrere Jahre im Zuchthaus saß, schrieb sie von möglichen Emigrationsplänen nach der Entlassung. Zufall oder Absicht? Vielleicht wollte sie sich nicht mehr so genau an diese naheliegenden Möglichkeiten erinnern, die Georg das Leben gerettet hätten, vielleicht benutzte sie die Begriffe von der Parteiverpflichtung, um den Schmerz über die verpaßten Chancen nicht zuzulassen.

Die kurze Zeit bis zu Georgs Verhaftung war ausgefüllt mit Hildes Arbeit, seiner ärztlichen Tätigkeit im Kinderheim, mit Ausflügen und Spaziergängen und der illegalen Tätigkeit, über die sie stillschwiegen. Keiner wollte den anderen mit der eigenen Angst belasten, keiner wollte seine wirklichen Gefühle zeigen. Vielleicht hatten sie auch schon die Fähigkeit verloren, dies zu tun.

Und immer wieder brach die Nazi-Wirklichkeit in ihr tägliches Leben ein. Im Herbst 1935 trafen sie bei einem Sonntagsspaziergang mit Mischa auf einen Festumzug zum Erntedankfest. Braununiformierte, Hakenkreuzfahnen, Nazi-Musik. Dem Zug folgten heitere Männer, Frauen und Kinder. Hilde starrte auf den Zug, schüttelte angewidert den Kopf, biß sich auf die Lippen, um die Tränen der Empörung zu verbergen, nahm Mischa an die Hand. Hilde und Georg Benjamin sprachen auch hinterher nicht über ihren Ekel, ihren Zorn über diese ahnungslosen Menschen, die mit ihrer Heiterkeit das Handeln der Nazis rechtfertigten und den Benjamins wieder einmal bewiesen, wie unerträglich ihre Lage war.

Aus der Untersuchungshaft kam Georg ein Jahr später auf diesen Vorfall zurück und schrieb: »Am vergangenen Sonntag (Erntedankfest) habe ich besonders an Dich gedacht. Erinnerst Du Dich an unseren Spaziergang an diesem Tag, als wir in der Berliner Straße den Festzug trafen? Du hast mich damals tief berührt, wenn ich es auch vielleicht nicht zum Ausdruck gebracht habe; dieses Aufflackern leidenschaftlicher Verbundenheit.«[101] In dem Brief gesteht Georg seine Traurigkeit ein, daß er seiner Frau nicht gezeigt hatte, wie es in seinem Inneren wirklich aussah. Das war ein seltener Ton zwischen den Eheleuten. Vielleicht ahnte Georg erst in der Haft, daß sie beide etwas versäumt hatten, was sie wahrscheinlich nie mehr nachholen konnten: ein gemeinsames, individuelles Glück.

1936 wußten die Benjamins, daß sie täglich mit der Verhaftung durch die Gestapo rechnen mußten. Sie verabredeten als Signal für akute Gefahr, ein Staubtuch aus dem Fenster des Parterrezimmers zu hängen, bei einer Verhaftung sofort eine Ärztin am Wittenbergplatz zu informieren. Unterlagen und verdächtiges Material durften niemals in der Wohnung lagern. Zur U-Bahn ging Georg nicht die Hauptstraße entlang, sondern nahm den Pfad durch eine unbelebte Laubenkolonie, um etwaige Beobachtungen sofort zu bemerken.[102]

Georgs Aufgabe in der Bezirksleitung der KPD war unter anderem die Übersetzung von Texten aus sowjetischen Zeitungen. Dies erledigte er aus Sicherheitsgründen in einem Schreibbüro, benutzte nicht die eigene Maschine, schaffte sich vielfältige legale Vorwände, außer Haus zu sein: Vorlesungen bei der jüdischen Ärztevereinigung, Mitarbeit im Kinderheim, Studium in einer öffentlichen Bibliothek. Er war umsichtig und verschwiegen, beachtete sorgfältig alle Regeln der Konspiration.[103]

Ein unauffälliges Ehepaar, die Frau Anfang dreißig, der Mann etwas älter, schlenderten am Abend des 13. Mai durch die Kleingärten in Berlin-Pankow. Die Obstbäume begannen zu blühen. »Es war ein herber Frühlingsabend. (...) Als ich am nächsten Tag von der Arbeit in der Handelsvertretung nach Hause kam, spürte ich, daß etwas anders war.«[104] Die alte Hausgenossin, Frau Grünwald, kam die Treppe herunter, öffnete die Haustür. Hilde las es in ihren Augen. Georg war verhaftet. Frau Grünwald mußte nicht viele Worte machen. Am Vormittag waren mehrere Gestapo-Leute mit ihm zusammen ins Haus gekommen, hatten die Wohnung durchsucht. Nichts war zerstört, die Schreibmaschine nicht beschlagnahmt, äußerlich war alles korrekt zugegangen.

Offensichtlich hatte die Gestapo Dr. Benjamin am U-Bahnhof Vinetastraße »erwartet«. Ein gegenüber wohnender Schuhmacher hatte den Auftrag gehabt, der Gestapo regelmäßig zu melden, wann Dr. Benjamin das Haus verließ. Aber das wußte Hilde Benjamin an diesem Abend noch nicht.

Sie telefonierte mit ihren Eltern, mit Edith Fürst im Kinderheim, sah die eigenen Papiere durch. Auch sie war gefährdet, konnte jeden Moment selbst verhaftet werden. Von jetzt an mußte sie auf alles vorbereitet sein. Zum Schutz des Kindes und zur eigenen Sicherheit verließ sie die Wohnung, zog wieder zu den Eltern nach

Steglitz. Direktor Lange war ein unverdächtiger Bürger. Sein Haus wurde von der Gestapo respektiert.

Wie gefährlich die Lage für Hilde Benjamin wirklich war, läßt sich daran ablesen, daß der die Untersuchung führende Generalstaatsanwalt beim Landgericht Berlin anfangs behauptete, Frau Benjamin wäre unmittelbar an der illegalen Arbeit ihres Mannes beteiligt gewesen. Im Bericht vom 3. Juni 1936 an den Reichsanwalt beim Volksgerichtshof heißt es: »Die Ehefrau des beschuldigten Dr. Benjamin, die als Mittäterin in Betracht kommt, ist flüchtig.« Die Anklageschrift kam auf diese Behauptung nicht zurück.

Georg Benjamin wurde in das berüchtigte Columbia-Haus gebracht. Es galt als Folterkammer der Gestapo. Von dort erhielt Hilde den ersten Brief, am 16. Mai geschrieben. »Meine sehr liebe Frau! Das war nun eine böse Überraschung für Dich! Ja, Liebste, Du hast ein schweres Leben mit mir.« Weiter schrieb er, daß Hilde sich auf eine lange Phase der selbständigen Existenz einstellen und alle Entscheidungen zu ihrem und des Jungen Leben in Zukunft allein fällen müßte. Er schlug ihr vor, Mischa vielleicht vom »verreisten Georg« zu erzählen oder den Jungen auf die Dauer dazu zu bringen, den Vater möglichst ganz zu vergessen. Die Entscheidung überließe er allein ihr.

Ihre Entscheidung war sofort klar: Alles würde sie tun, den Vater in Mischas Gedächtnis lebendig zu bewahren und ihm vorläufig vom »verreisten« Georg zu erzählen, bis er groß genug wäre, die volle Wahrheit zu verstehen. Georg sollte dem Jungen alles, was ihm möglich wäre, aus dem Gefängnis schicken.

In den folgenden Jahren entwickelte sich zwischen Vater und Sohn durch Briefe, Zahlenrätsel, Schachaufgaben und Bilderbuchreime eine enge Verbundenheit. Manchmal mußte Georg seine Frau ermahnen, nicht alles Gute im Leben des Kindes als Geschenk vom fernen Vater erscheinen zu lassen, seiner Person nicht überdimensionale Züge zu geben.

Mischa war dreieinhalb Jahre alt, als sein Vater verhaftet wurde. Georg hatte in den Monaten vor seiner Festnahme fast täglich im Kinderheim gearbeitet und war wahrscheinlich die wichtigste Bezugsperson für das Kind geworden. Der Junge fragte häufig nach seinem Vater, war traurig, daß er ihn nicht sprechen konnte. »Wo ist mein Georg? – Weit verreist. – Aber er kann doch mal telefonieren, ich möchte ihn nur mal lachen hören.« Diesen Dialog hatte Hilde Benjamin in ihrem Tagebuch notiert.[105] Sie nutzte dieses Buch in den nächsten Jahren als Gedächtnisstütze, um Georg genau über die Entwicklung des Jungen berichten zu können. Später tippte sie für ihren Sohn die Briefe des Vaters ab und versah sie mit Anmerkungen aus dem Tagebuch. Diesen Briefen und Aufzeichnungen sind im folgenden zahlreiche Zitate entnommen. Georg hatte offensichtlich große Sehnsucht nach seinem Sohn. Schon im ersten Brief bat er sie, bei jedem Besuch unbedingt ein Bild vom Jungen mitzubringen.

Nachdem ein regulärer richtlicher Haftbefehl erlassen war, wurde Georg Benjamin in die Untersuchungshaft in Moabit überführt. Ab jetzt durfte Hilde Benjamin ihren Mann besuchen und saubere Wäsche bringen, mußte Geld für den Bezug des *Völkischen Beobachters* einzahlen. Das Abonnement war für jeden Häftling Pflicht.

Am 10. September wurde Georg 41 Jahre. Niemand durfte ihn besuchen oder ihm etwas zum Geburtstag schicken. Ein trauriger Tag. Für Hilde wurde er etwas aufgehellt durch ein Päckchen, das Walter Benjamin aus der Schweiz sandte. Er hatte das Datum nicht vergessen und schenkte seiner Schwägerin ein Buch mit dem Titel »Briefe Deutscher Menschen« und dem Untertitel »Von Ehre ohne Ruhm – von Größe ohne Glanz – von Würde ohne Sold«. Walter Benjamin hatte das Buch in der Schweiz unter dem Pseudonym Detlef Holtz veröffentlicht. So kam es sicher durch die Postzensur. Hilde Benjamin schrieb später, daß auch für Georgs Briefe aus dem Zuchthaus der Untertitel gut passen würde und Georg das Motto selbst sehr schön gefunden hätte.[106]

In der Zeit der Untersuchungshaft ihres Mannes versuchte Hilde Benjamin, das normale Leben einer alleinstehenden, berufstätigen Mutter zu führen. Im August war sie – dem Rat Georgs folgend – mit Mischa an die Ostsee gefahren. Mutter Lange telegraphierte hinter ihr her. Die Besuchserlaubnis war überraschend gekommen. Sofort packte sie ihre Sachen und fuhr nach Berlin zurück. Ein Wiedersehen mit Georg nach drei Monaten Trennung.

Ab da konnten sie vierzehntägig Briefe wechseln und sich ab und zu im Besucherraum sehen. Alle Bemühungen, einen guten Verteidiger für Georg zu finden, waren nutzlos. Die nationalsozialistische Justiz ließ bei Prozessen wegen Hochverrat eine Verteidigung durch befreundete Anwälte nicht zu. Es wurde ein Pflicht-verteidiger, selbstverständlich ein Nationalsozialist, zugewiesen. Am Tag vor der Hauptverhandlung kam der einmal in Georgs Zelle und war am Verhandlungstag anwesend. Mehr konnte sein Mandant nicht von ihm erwarten.

14. Oktober 1936. Hauptverhandlung vor dem Kammergericht Berlin-Moabit. Fünf Angeklagte wurden in einen kleinen Ver-handlungssaal im Erdgeschoß gebracht. Hilde Benjamin war mit einer Freundin gekommen. Frau Wüste. Auch deren Mann, der Genosse Ernst Wüste, war seit Monaten in Untersuchungshaft. Zu Anfang durften die Frauen im engen Zuschauerraum Platz nehmen. Doch sofort nach dem Aufruf der Sache Benjamin und Genossen wurde die Öffentlichkeit »wegen Gefährdung der Staats-sicherheit« ausgeschlossen. Hilde Benjamin und Frau Wüste war-teten den ganzen Tag im schmalen, zugigen Treppenhaus vor der Tür zum Zuschauerraum. Erst zur Verkündigung des Urteils konn-ten sie wieder eintreten. In dieser kleinen Formalie hielten sich die Richter noch an die alte Strafprozeßordnung.

Das Hohe Gericht erscheint. Die Anwesenden stehen auf. »Im Namen des Volkes!« Für den Angeklagten Dr. Georg Benjamin: sechs Jahre Zuchthaus. Unter Anrechnung der fünf Monate Un-tersuchungshaft. Aberkennung der bürgerlichen Ehrenrechte für die Dauer von fünf Jahren.

Die Anwesenden nehmen Platz, hören die Urteilsbegründung. Die Verhandlung ist geschlossen. Einen Moment ist die Barriere zwischen Gericht und Zuschauerraum offen. Hilde schlüpft durch, steht vor Georg. Sie umarmen sich. Hinter ihr fragt der Vorsit-zende, Senatspräsident Dr. Klee: »Wer ist das?« – »Die Frau des Angeklagten ...«, sagt der Wachtmeister. Dr. Klee ist der Kam-mergerichtspräsident, bei dem Hilde Benjamin als Referandarin gearbeitet hatte. Niemand hindert die beiden in diesem Moment, voneinander Abschied zu nehmen. Unklar, ob der hohe Herr sich an die Referendarin und aufmüpfige Rechtsanwältin erinnert hat.[107]

Aus dem Urteil gegen Georg Benjamin: »Der Angeklagte hat fortlaufend Artikel aus den ausländischen – englischen, französi-schen und russischen – Zeitungen, die Deutschland und die deut-schen Verhältnisse betrafen, jedoch auch Artikel über die politische Entwicklung Spaniens und Frankreichs übersetzt, um ihre Verbreitung in kommunistischen Kreisen bzw. zu Propaganda-zwecken zu ermöglichen. (...) Die Übersetzung eines umfangreichen von Dimitroff verfaßten Artikels der *Prawda* hatte er der Mitangeklagten Stern ausgehändigt, damit diese ihn mit der Maschine abschriebe. Bei letzterer wurde er beschlagnahmt. – Neben seiner Übersetzertätigkeit unterhielt der Angeklagte Verbindung zu einigen Männern, die ihm Berichte über ihre Arbeitsverhältnisse, über Lohnfragen, über die Stimmung bei den Erwerbslosen usw. gaben. Es handelte sich hierbei um zwei Arbeitnehmer, die in der AEG beschäftigt waren, und einen Erwerbslosen, den Mitangeklagten Perleberg. Diese Informationen gab der Angeklagte der erwähnten Funktionärin weiter.«[108] Georg Benjamin war verhaftet worden, als er mit einem aus dem Ausland kommenden Instrukteur zusammentreffen wollte. Dieser sollte ihm Informationen über den VII. Weltkongreß der Kommunistischen Internationale geben.

Gründe für die Bemessung der Strafe: »Der Angeklagte, der Rasse nach Jude, steht seit langem in der kommunistischen Bewegung. Er war früher Bezirksverordneter der KPD im Bezirk Wedding und bis 1931 beamteter Schularzt der Stadt Berlin. Er befand sich von April bis September (in Wahrheit Dezember – M.B.) 1933 in Schutzhaft. Bei seiner Entlassung unterschrieb er einen Revers, durch den er sich verpflichtete, sich nicht mehr staatsfeindlich zu betätigen. Trotzdem hat der Angeklagte, der seit 1933 erwerbslos ist, seit Frühjahr 1935 für die KPD gearbeitet.« Die Übersetzungen, führte das Gericht weiter aus, hätten entweder unmittelbar den revolutionären Zielen der KPD gedient oder seien zumindest geeignet gewesen, mittelbar durch Schaffung von Unzufriedenheit und Mißstimmung den Boden für den späteren Umsturz vorzubereiten. Derartige in fremdsprachigen Zeitungen enthaltene Artikel seien zunächst für die breite Masse des Volkes unverständlich, erst ihre Übersetzung in die deutsche Sprache mache sie der Masse zugänglich und damit zu einem Umsturz vorbereitenden Propagandamaterial. Deshalb sei davon auszugehen, »daß den Angeklagten Benjamin im Hinblick auf seine Persönlichkeit und den Umfang seiner Tätigkeit die bei weitem schwerste Strafe treffen muß. Erschwerend fällt bei ihm ins Gewicht, daß er sein nach der Entlassung aus der Schutzhaft gegebenes Versprechen, sich nicht mehr staatsfeindlich zu betätigen, nicht gehalten hat. Es zeugt von der Hartnäckigkeit seines rechtsbrecherischen Willens, wenn er trotzdem bald danach seine hochverräterische Tätigkeit in so weitem Umfang aufgenommen hat. Auch ist seine Tätigkeit als besonders gefährlich zu bezeichnen. Er gehört zu der Klasse der jüdischen Intelligenz, die mit allen Mitteln bestrebt ist, durch die Verhetzung der Deutschen Arbeiterschaft dem Kommunismus zum Siege zu verhelfen. Zu seinen Gunsten war lediglich in Betracht zu ziehen, daß er, was seine Person betrifft, im wesentlichen ein Geständnis abgelegt hat und im Weltkrieg als Soldat mitgekämpft hat. Eine Strafe von sechs Jahren Zuchthaus erschien unter diesen Umständen notwendig, aber auch ausreichend.« [109]

Sechs Jahre Zuchthaus wegen der Übersetzung ausländischer Zeitungen. Das widersprach jedem Maß und jeder traditionellen Rechtsauffassung. Mit dem Strafgesetzbuch war das Urteil nicht zu begründen. Ein fachlich schludriges, juristisch unhaltbares Dokument. So urteilte Hilde Benjamin. Doch ihre Rechtsauffassung war nicht gefragt. Ab jetzt war sie die Frau eines jüdischen Zuchthäuslers und mußte versuchen, sich und ihren Sohn allein durch die schwierigen Zeiten zu bringen.

Frau eines Zuchthäuslers –
Mutter eines »Halbjuden«

Hilfe für Verfolgte und Kriegsalltag
1936–1945

Sechsmal 365 Tage. Fünf Monate Untersuchungshaft abgezogen. Das waren mehr als 2 000 Tage. Am 14. Mai 1942 würde der Entlassungstag sein. Mischa wäre dann neuneinhalb Jahre, und die Herrschaft der Nazis, das Tausendjährige Reich, hätte über neun Jahre gedauert.

Hilde Benjamin wird sich gefragt haben, wann sie je wieder mit ihrem Mann zusammenleben könnte. Gab es für einen kommunistischen Juden eine reale Chance, die Nazi-Herrschaft zu überleben? Die Vorstellung, daß sie Georg sechs Jahre nur unter den Bewacheraugen alle drei Monate eine viertel Stunde, das machte eine Stunde im Jahr, würde sehen können, war fast unerträglich. Gezählte Tage und Stunden wie Gesteinsbrocken, die jede Lebenskraft zu erdrücken drohten. Sie brauchte ihre Kraft für den komplizierten Alltag, für die allernächsten Aufgaben, zur disziplinierten Einteilung ihrer Zeit.

Der Traum von einem anderen Deutschland, einem sozialistischen, war ihr Utopia. Der Nirgendwo-Ort. In unerreichbare Ferne gerückt, aber nicht vergessen. Um dieser Zukunft willen wollte und mußte sie leben, überleben. Darauf richtete sie sich ein, taktisch klug und umsichtig, voller Fürsorge für die, die sie liebte, die mit ihr litten. Voller Haß gegen die, die ihr Leben zu zerstören drohten.

Mischa war knapp vier Jahre alt und nach den Rassengesetzen »Mischling ersten Grades«. Wie stark war er gefährdet? Die sogenannten Nürnberger Gesetze »Zum Schutz des deutschen Blutes und der deutschen Ehre« bestimmten verschiedene Kategorien von »Juden«: »Volljuden«, »Mischlinge ersten Grades, gleichgestellt mit deutschblütigen Personen, die der jüdischen Religion angehören, Mischlinge zweiten Grades …«[110] Auch für juristisch geschulte Menschen war aus diesen Gesetzen nicht eindeutig herauszufinden, was Mischlinge ersten Grades – in der rassistisch eingefärbten Umgangssprache auch »Halbjuden« genannt – an Einschränkung zu erwarten hatten. Die ersten Bestimmungen richteten sich gegen Eheschließungen mit »deutschem oder artverwandtem Blut«. Diese Ehen bedurften der Genehmigung des Innenministers. Für den vierjährigen Mischa war das kein akutes Problem. 1934 wurde der Besuch der höheren Schule für jüdische Kinder eingeschränkt. Nach dem »Gesetz gegen Überfüllung deutscher Schulen« mußten arische Kinder in jedem Fall bevorzugt werden. Dies galt vorläufig noch nicht für »Halbjuden«. Mischas Einschulung würde 1939 sein. Da gab es hoffentlich keine Probleme. Und die Hitlerjugend? Halbjüdische Kinder »durften« noch Mitglied der HJ werden. Erst 1941 wurde diese Bestimmung ersatzlos gestrichen. Da hieß es dann: »Jüdische Mischlinge können keinesfalls in die Stamm-Hitler-Jugend aufgenommen werden.« Und für das Schuljahr 1942/43 wurde verordnet: »Mischlinge ersten Grades sind nicht mehr in Hochschulen, Mittelschulen und höhere Schulen aufzunehmen.« Die Rassenpolitik gegenüber »Mischlingen« blieb bis zum Ende der Nazi-Diktatur uneinheitlich und widersprüchlich. Bei der geheimen Wannsee-Konferenz zur »Endlösung der Judenfrage«[111] im Januar 1942 wurde keine eindeutige Regelung beschlossen. Doch richteten sich in der Endphase des Krieges immer mehr Verordnungen gegen »jüdische Mischlinge«. Jugendliche wurden zum Arbeitseinsatz bei der »Organisation Todt« (militärisch organisierte Baueinheiten, die in Zwangsarbeit Bunker- und Straßenbauarbeiten verrichteten) zwangsverpflichtet, der Zwangssterilisation unterworfen oder in Todeskommandos befohlen.

Hilde Benjamin setzte alles daran, dem Jungen mit Unterstützung ihrer Eltern und der verbliebenen Freunde eine relativ behütete Kindheit zu ermöglichen. Wichtige Fragen der Erziehung beriet sie weiter mit Georg, in Briefen oder bei den Besuchen. Georg war ein erfahrener und verläßlicher Ratgeber. Als Schul- und Heimarzt hatten ihn Patienten und Kollegen als einfühlsamen Pädagogen geachtet. Noch 1990 erinnerten sich alte Frauen schwärmerisch an den Arzt ihrer Kinderferienlager, an seine Kameradschaftlichkeit und Freundlichkeit.[112] Entschieden lehnte Dr. Benjamin die zeitgemäße Prügelpädagogik ab, setzte sich für die Rechte und Interessen der Kinder ein, beobachtete aufmerksam ihre individuelle Entwicklung. Erziehung verstand er als Hilfestellung des Erwachsenen für den jüngeren Menschen. Einmal zitierte er einen Ausspruch Gneisenaus: »Ich will lieber, daß ein Kind eigenwillig mit Gründen als nachgiebig aus Abgeschliffenheit sei.«

In den Zuchthausbriefen der Eheleute spielte die Entwicklung des Kindes eine zentrale Rolle. Mit Staunen und Freude erfuhr der Vater, wie früh Mischa abstrakt zu denken lernte, schon mit vier Jahren zweistellige Zahlen benutzte, lange vor dem Schuleintritt selbständig lesen konnte und auf der Schreibmaschine erste Sätze schrieb. Der Vater verfolgte die Entwicklung des Jungen aufmerksam und förderte sie nach seinen Möglichkeiten. Schon in der Untersuchungshaft begann er, Texte für seinen Sohn zu schreiben, sich mit Phantasie und Einfühlungsvermögen an ihn zu wenden. Die ersten Verse sollten der Grundstock für ein Bilderbuch »Wir gehen in den Zoo« werden. Es sind Beschreibungen der Eigenarten von Tieren in Reimform, manchmal als Rätsel. Georg liebte Rätsel in Sprache und Zahlen und erfand immer neue für seinen kleinen, klugen Sohn. Hilde sollte die Bilder zum Buch malen bzw. Tierbilder aus Zigarettenpäckchen dazukleben. Sie stellte mit großer Sorgfalt das Buch für ihren Sohn zusammen. Die Reime wurden noch in der U-Haft fertig und sind erhalten geblieben. Das Bilderbuch, viel gelesen und geliebt, ist im Krieg verlorengegangen.

Der erste Brief aus dem Zuchthaus, der ausdrücklich »für Mischa« beigelegt war, kam Ende Oktober 1936. Georg schrieb, Hilde brauchte den Brief nicht vorzulesen, wenn sie es nicht für richtig hielte, den Jungen damit zu konfrontieren. »Es kommt doch schließlich auf die Zweckmäßigkeit an.«

Es war ein Sonnabend. Mutter und Sohn hatten zusammen gespielt, waren spazierengegangen. Hilde Benjamin notierte im Tagebuch, sie hätte Mischa gebadet, ihm Brote gemacht. Als er im Bett lag und die gewohnte Gutenachtgeschichte erwartete, hätte sie dann den Brief von Georg vorgelesen. Mischa hätte schweigend zugehört, ihre Hand festgehalten.

»Mein lieber Mischa-Meister, die Hilde hat Dir ja schon erzählt, daß Dein Georg noch lange nicht zu Dir kommen kann! Erst wenn Du schon ein großer Schuljunge bist. Aber Hilde schreibt

Deinem Georg viel von Dir, und da freue ich mich immer sehr und lache manchmal ganz laut. (...) Und jetzt mache ich so – als ob ich Deinen Kopf streichle, und jetzt so – als ob ich Dich puschle und küsse, und dann sage ich auf Wiedersehen! Und grüße die Edith ... und alle anderen Kinder von Deinem Georg.«[113]

Mit dem Brief in der Hand schlief der Junge ein, wachte mehrmals in der Nacht auf, verlangte nach dem Brief, hielt ihn behutsam fest. Der Brief durfte nicht kaputtgehen. Der Junge hatte endlich ein Lebenszeichen von seinem Vater. Er wollte es die ganze Nacht nicht loslassen.

Und doch blieben Fragen.

Warum benutzte Georg nicht die Anrede aus dem Kinderheim? Dort war er der »Babypapa« gewesen. Das war dem Jungen vertraut. Georg war die Erwachsenenanrede, die reformpädagogische Variante der Elternbezeichnung. Schon im ersten Brief wollte Georg Benjamin wohl deutlich machen, daß er nicht mehr ausschließlich der Vater, der Papa war, der sich an den traurigen Jungen wandte. Der Gruß enthielt die stillschweigende Aufforderung, tapfer und vernünftig zu sein, der schwierigen Erwachsenenwelt gerecht zu werden.

Wie hat der Junge das empfunden, hat er geweint, getobt? Hat er endlich einmal »warum« gefragt: Warum ist Georg weg? Warum kann er nicht zu mir kommen? Warum ist er weggefahren, ohne Auf Wiedersehen zu sagen? Ein so kluger Junge von vier Jahren, und er sollte nie »warum« gefragt haben? Das ist nicht vorstellbar. Doch in Hilde Benjamins Aufzeichnungen kommen »Warum«-Fragen von Mischa einfach nicht vor. Schon der Vierjährige verhält sich politisch korrekt und macht keine unnützen Scherereien. Vielleicht ist das die Botschaft, die Hilde Benjamin sich und den späteren Lesern vermitteln will.

Ab jetzt bekam Mischa alle zwei Monate Post von seinem Vater. Als er selbst lesen konnte, schrieb die Mutter die Briefe in lateinischen Druckbuchstaben oder auf der Schreibmaschine ab, bis sie ihm endlich erklären konnte, wo der Vater war. »Aufklärung« in düsteren Zeiten. Immer wieder kreisten die Briefe der Ehepartner um zwei Themen, den Religionsunterricht in der Schule und den richtigen Zeitpunkt der Aufklärung über die Situation des Vaters.

Zum Religionsunterricht schrieb Georg: »Kläre bitte, ob diese

Frage im 1. Schuljahr überhaupt schon aktuell ist, ob es da nicht, wie m.E. früher, in der Hauptsache nur Gesamtunterricht – jedenfalls aber <u>keinen</u> Religionsunterricht gibt?« Und im Februar 1939: »Die Frage des Religionsunterrichtes ist mir noch viel im Kopf herumgegangen. Meine Bedenken sind nicht geringer geworden; u.zw. nicht etwa nur aus dogmatischen Gründen, sondern vor allem auch wegen der erzieherischen Schwierigkeiten, die für Dich sicherlich daraus erwachsen würden.«[114] Er meinte den Widerspruch zwischen den Auffassungen der Mutter und der Schule. Georg hatte Bedenken, Mischa vom obligatorischen Religionsunterricht abzumelden, und auch Hilde fürchtete, daß Mischa durch eine elterliche Abmeldung besonders neugierig auf dieses Fach werden könnte. Sie nannte das den »Reiz des Vorenthaltenen«.[115]

Als Mischa eingeschult wurde, hatte er in der Volksschule Steglitz Glück. Seine Lehrerin war eine verständnisvolle, mütterliche Frau, die den »Mischling ersten Grades« nicht ausgrenzte und quälte, wie das in anderen Schulen häufig der Fall war. Auch das Abmelden vom Religionsunterricht bereitete keine Schwierigkeiten. Im »Tagebuch« notierte die Mutter: »Mit den ›Problemen‹ … wurden wir ziemlich leicht fertig.« Doch der Junge spürte, daß er in der Klasse eine Sonderrolle einzunehmen begann. Wenige Wochen nach Schulbeginn fragte er: »Soll ich denn nicht einfach so tun, als ob ich glaube?« Und etwas später heißt es im Tagebuch: »Er ist heute zum ersten Mal von dem Religionsunterricht nach Hause gekommen. Er wollte erst nicht recht, daß die Lehrerin ihn nun eher nach Hause schickt. ›Ich kann mir doch die Geschichten vom lieben Gott auch mit anhören, … aber das willst Du nicht, nicht wahr?‹ – ›Gibt es mehr Leute, die nicht an den lieben Gott glauben, oder mehr, die daran glauben?‹ Ich habe geantwortet, es gibt mehr, die nicht glauben, aber viele Menschen seien zu feige, das offen zu sagen. ›Bist Du auch feige? … nein, Du hast es ja Fräulein S. gesagt.‹ – Und ein anderes Mal: ›Was soll ich den Kindern sagen, wenn sie mich fragen, warum ich nach Hause gehe?‹ – Sag, Deine Mutter will es.«[116]

Ihre erste Einschätzung: »Mit den Problemen … wurden wir ziemlich leicht fertig …«, traf doch nicht ganz zu. Mischa machte sich viele Gedanken um den Religionsunterricht und hatte Probleme mit seiner Außenseiterrolle. Mitte Juni hatte er dann eine

Lösung gefunden: »Jetzt fragen die Kinder gar nicht mehr. Ich habe ihnen immer gesagt, sie sollen Fräulein S. fragen.« »Das Thema Lieber Gott tauchte noch öfters auf«, schrieb Hilde Benjamin und notierte folgenden Dialog: »Hilde ... ? – Ach, schon gut.« – »Was wolltest Du denn?« – »Ach, es war eine dumme Frage.« Nach längerem Zögern: »Ich wollte fragen, warum ich keine Religion mit habe.« Und ein anderes Mal: »Ich habe was aus der Religionsstunde geknetet: ein Engelchen. (...) Bist Du darum böse?«[117] Hilde Benjamin hatte wohl recht mit dem »Reiz des Vorenthaltenen«. Eifrig las er später auch in der Bibel und sprach darüber.

Georg Benjamin mischte sich mit den Briefen nicht in aktuelle Erziehungsfragen ein, vertraute Hildes Entscheidungen. Seine Briefe an den Sohn waren im traditionellen Sinne keine »Vaterbriefe«. Georg schrieb immer an seinen »lieben Mischa-Meister« oder »mein lieber Schuljunge« und endete mit »einem Puschelkuß von Deinem Georg«. Der Ton war kameradschaftlich, stellte das gemeinsame Interesse an Geographie, Zahlen, Rätseln und Schachaufgaben in den Vordergrund. Manchmal gab er behutsam Anregungen, lobte und ermutigte. Es waren eher indirekte Appelle an Mischas Vernunft und Verantwortungsbewußtsein. Einmal schrieb er: »... daß Du Dich noch manchmal hinschmeißt, gefällt mir gar nicht: so große Jungen machen das sonst nie mehr. Nun wird es wohl bei Dir auch nicht mehr vorkommen?«[118] Und zum Trost gab er dem Sechsjährigen die Aufgabe, auf dem Globus eine Reise von Hamburg nach Shanghai zu planen und ihm genau von seinen Ergebnissen zu berichten. Den Globus hatte Mischa ausdrücklich »von Georg« zum Geburtstag bekommen. Ausführlich hatten die Ehepartner per Post über das passende Geschenk für den Jungen beraten.

1936/37 hatte sich das Hitler-Regime innenpolitisch stabilisiert. Die interne Opposition des SA-Chefs Röhm war blutig beseitigt worden, die Wirtschaft erholte sich durch Aufrüstungs- und Beschäftigungsmaßnahmen, die Olympiade zeigte aller Welt ein scheinbar friedliches, leistungsstarkes Land. Außenpolitisch begann die Zeit der Expansionen: das militärische Eingreifen im spanischen Bürgerkrieg, das faschistische Bündnis mit Japan und Italien, die Annexion Österreichs, später das Münchner Abkommen und die Zerschlagung der Tschechoslowakei bis zur direkten Anzettelung des Zweiten Weltkriegs.

Alle Hoffnungen der oppositionellen Kräfte auf ein schnelles Ende der Nazi-Diktatur waren zerstört. Die Regimegegner mußten sich auf einen lang andauernden Widerstandskampf in der Illegalität einstellen. In der Parteisprache der Kommunistischen Internationale hieß das, »den Kampf für die Einheit der Arbeiterklasse gegen den Faschismus« zu organisieren, eine Einheitsfront mit allen Gegnern des Nazi-Regimes anzustreben. Vor 1933 hatten die nichtkommunistischen Gegner der Nazis auf diesen Kurs gehofft. 1935/36 kam er zu spät, blieb angesichts der brutalen Unterdrückung abstrakt. Die Parteien, die ihn hätten verwirklichen können, waren in die Illegalität gedrängt. Ihre Anhänger trafen sich nun in den Gefängnissen und Konzentrationslagern der Nazis wieder.

Hilde Benjamin, die parteitreue Kommunistin, erfuhr davon lediglich durch Gespräche. Nur mit Mühe und unter großer Gefahr hätte sie sich offizielles Material der Kommunistischen Internationale besorgen können. Schon die pure Übermittlung von Informationen war Hochverrat. Der Prozeß gegen Georg Benjamin und Genossen hatte das deutlich gemacht.

Ab September 1936 war Hilde Benjamin arbeitslos. Ihre Tätigkeit bei der sowjetischen Handelsvertretung war zum 30.9.1936 »zu Ende gegangen«. In einem Lebenslauf für die SED schrieb sie 1954, »wegen Verringerung der Arbeit« wäre sie »aus dem festen Anstellungsverhältnis der Handelsvertretung ausgeschieden, hatte jedoch noch eine ganze Zeitlang bis in das Jahr 1939 hinein einzelne Schiedsgerichtssachen als Prozeßbevollmächtigte zu führen«.[119]

Wahrscheinlich mußte sie die gut bezahlte Arbeit aufgeben, weil sich die Beziehungen des deutschen Reiches zur Sowjetunion verschlechterten und Nazi-Deutschland kein besonderes Interesse mehr an ausgedehnten Geschäften mit der Sowjetunion hatte. Die genauen Vorgänge sind aber noch ungeklärt.[120]

Durch Vermittlung ihrer Hausbesitzerin und Freundin Frau Grünwald fand Hilde Benjamin in dem jüdischen Konfektionsbetrieb »Florell« eine Stellung als Kladdistin in der Expedition, später als

Kontokorrentbuchhalterin. Anfangs verdiente sie 103 Reichsmark netto im Monat. Bald nach der Pogromnacht im November 1938 mußte die Firma ihre Arbeit jedoch ganz einstellen, und zum 31. März 1939 war Hilde Benjamin wieder arbeitslos. Sie ließ ihr Arbeitsbuch[121] schließen. Als Begründung gab sie an, ihre alten Eltern und ihren kleinen Sohn betreuen zu müssen. Das sollte sich als kluger Schachzug erweisen. So konnte sie später nicht zu Zwangsarbeiten herangezogen werden, wie es nach dem Gesetz von 1935 »zur Kontrolle und Lenkung von Arbeitslosen« möglich geworden war. Sie wohnte legal bei ihren Eltern in Steglitz. Wann immer es passend erschien, benutzte sie ihren Mädchennamen, trat als Hilde Lange auf. Ihr Vater sicherte ihren Lebensunterhalt. So hatte sie wenigstens keine materiellen Sorgen. Das war – trotz allem – ein großes Privileg.

Georg Benjamin kam im Zuchthaus in Einzelhaft. Alle zwei Monate durfte er einen Brief schreiben und empfangen. Die Briefe durften nicht mehr als vier gewöhnliche Briefseiten umfassen, mußten nicht zu klein und gut leserlich geschrieben sein. Alle drei Monate konnte ein Antrag auf Besuchserlaubnis gestellt werden. Das Verfahren wurde strikt eingehalten und bei Nichtbefolgen weder Brief noch Sprecherlaubnis gewährt.

Hilde Benjamin fuhr Anfang Januar zu ihrem ersten Besuch ins Zuchthaus Brandenburg-Görden. Es war ein kalter, klarer Januartag. Früh war sie aufgestanden. Mit dem Vorortzug ging es über Potsdam bis Brandenburg, dann weiter mit dem Bus bis zur Haltestelle »Zuchthaus«. Mehr als zwei Stunden war sie schon unterwegs, die amtlichen Papiere für die Sprecherlaubnis griffbereit in der Handtasche. »Genehmigung, den Zuchthausinhaftierten Juden Georg Benjamin, 5. Januar 1937, 8.30 Uhr bei Vorlage des Personalausweises 15 Minuten unter Aufsicht sprechen zu können. Hinweis: Bei Zuspäterscheinen verfällt die Genehmigung. Heil Hitler!«

Sie wußte Bescheid. Noch vor der verordneten Zeit erreichte Hilde Benjamin das Tor des riesigen Gebäudes. Mit ihr warteten im dämmerigen Morgenlicht andere Frauen. Vermummt mit Kopftüchern und Schals gegen die Kälte, standen sie schweigend da. Am Eingang neben dem eisernen Gitter ein Spruch, der wie eine Verhöhnung der Gefangenen erschien:

»Arbeit, Disziplin und Güte
lockern auf ein hart' Gemüte,
löschen das Vergang'ne aus,
führen heim ins Vaterhaus.«

Die SS hatte den Vers wohl noch nicht entfernen lassen. »Verlogen-pietistisch« nannte Hilde Benjamin den Reim in ihren Erinnerungen.

Sie wurde durch Tore und Gänge geführt. Mißtrauen und der scharfe Geruch von Putzmitteln schlugen ihr entgegen. Ihre Taschen wurden durchsucht und abgeklopft.

Wie anders war es gewesen, wenn sie Mandanten im Gefängnis besuchte. Da war sie die privilegierte Anwältin in dienstlicher Angelegenheit. Das Wachpersonal behandelte sie höflich und respektvoll.

Heute kam sie als Bittstellerin, mußte sich von schnauzenden Wärterinnen nach Waffen abtasten und grob anfassen lassen. Früher hätte sie sich den Ton und die Umgangsformen verbeten. Jetzt schwieg sie, dachte an Georg: Ihn endlich wiedersehen, keine Scherereien machen.

Endlich saß sie im Sprechzimmer. Georg wurde hereingeführt. Ein dürrer, grauer Mann mit gefesselten Händen. Im Raum wurden ihm die Handschellen abgenommen. Die Belehrung des Aufsichtsbeamten: 15 Minuten Sprechzeit. Keine Informationen zu Haftanstalt, Prozeß und Politik. Andernfalls ... Sie wußten Bescheid.

Die Eheleute saßen sich an den Längsseiten des Tisches gegenüber, an der Kopfseite der Beamte. Sie sah ihn an, sein Lächeln, seine Augen, die noch strahlen konnten. Er zwinkerte ihr zu. Alte Vertrautheit und Fremdes mischten sich. Sie sprachen vom Sohn, von den Verwandten und Freunden. Manches beiläufig von ihm gesprochene Wort blieb ihr unverständlich. Sie mußte erst lernen, die Andeutungen und Tarnwörter zu entziffern, in seinen Gesten zu lesen.

»Sprechzeit abgelaufen.« Die schnarrende Stimme des Beamten. Beim Abschied traten sie schnell auf die Querseite des Tisches und umarmten sich. Ein kurzer Kuß, der für lange Monate reichen mußte.[122]

In der Biographie schrieb Hilde Benjamin über die Besuche den erstaunlichen Satz: »Die Anwesenheit des Beamten hat uns, scheint mir, kaum gestört.«[123]

Wer aus Erzählungen oder Filmen die Qualen kennt, die Ehe-

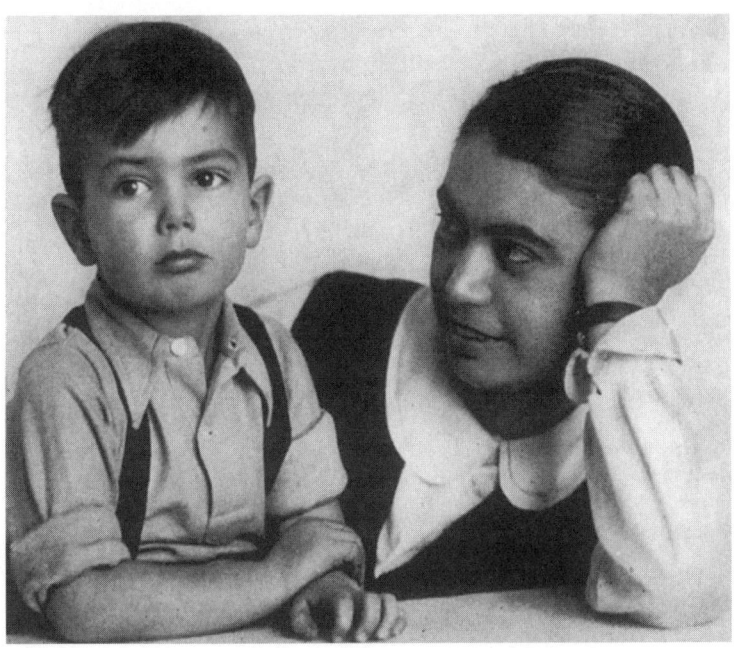

Mischa und Hilde auf einem Foto für Georg, 1937

leute und Liebende bei Gefängnisbesuchen durchmachen, wie angesichts der Wärter Haßgefühle übermächtig werden, sie manches Mal nur schweigen können oder zu spät zu einem Gespräch finden, was dann brutal abgebrochen und später im Kopf allein fortgesetzt werden muß, wie die Selbstvorwürfe, nicht das Richtige gesagt oder das Wichtigste vergessen zu haben, hinterher quälen. Die menschliche Belastung, die solche Besuche verursachen, spiegeln sich bei Hilde Benjamin nicht. Sie berichtete nur, wie sie beide lernten, in den Augen und Gesten des anderen zu lesen, unverfängliche Schlüsselworte benutzten, sich über gemeinsame Freunde und deren Schicksal verständigten, versuchten, die viel zu kurze Zeit der Besuche voll auszukosten. Angedeutet wird, daß für den in Einzelhaft Isolierten jede Verzögerung oder Unpünktlichkeit der Außenkontakte, Briefe oder Besuche, äußerst belastend war. Die »Vor- und Nachfreuden auf Besuch oder Briefe bleiben ja ziemlich die einzigen freudigen Erregungen hier!«[124]

Auch für Hilde Benjamin bedeutete das Schreiben und Besuchen eine ständige Herausforderung. Jedes Wort mußte abgewogen, jede Geste erraten und erschlossen werden, alle Ereignisse, die sich in der Außenwelt oft überstürzten, mußten bedacht und möglichst unverfänglich weitergegeben werden. Auch die geforderte deutliche Handschrift machte Mühe. Schönschrift hatte Hilde nie gemocht. Einige Male wurde tatsächlich ein Brief wegen Unleserlichkeit zurückgeschickt. Man kann sich vorstellen, was das für Georg bedeutete. Der ersehnte Brief kam nicht. Und ihre Scham, daß ihr so etwas passiert war, daß sie durch eigene Unachtsamkeit den Gefängnisbütteln diese Blöße gegeben und Georg diesen Schmerz zugefügt hatte. Da war es schon fast beruhigend, daß Georg, obwohl er eine gut leserliche Handschrift hatte, auch einmal die Ränder unerlaubt beschrieb und sein Brief von der Zensur einbehalten wurde.[125]

Hilde Benjamins Leben »normalisierte« sich zwischen Kinderheim, Treffen mit Freunden und den Besuchen im Zuchthaus.

Wenn sie an ihren Mann dachte, wußte sie ihn in Einzelhaft, täglich endlose Stunden Bindfäden mit einem Nagel entknoten oder Federn schleißen. Sie kannte sein tägliches Einerlei. Aber sein Leben im Zuchthaus war einigermaßen sicher.[126] Er war nicht in einem Konzentrationslager. Im Zuchthaus herrschten noch die alten preußischen Regeln, die wenigstens das Überleben der Häftlinge garantierten. Noch glaubte sie an ein zukünftiges gemeinsames Leben mit ihm. Doch über Hoffnung und Verzweiflung erfahren die Leser der Georg-Benjamin-Biographie 1976 wenig. Hilde Benjamin beschrieb lediglich, wie sie ihren Alltag im Nationalsozialismus gefaßt, umsichtig und vernünftig regelte.

Sie besuchte wieder Kammerkonzerte, ging ab und zu in die Philharmonie. Bach, Beethoven oder Mozart konnten selbst die Nazis nicht verhunzen. An den Wochenenden fuhr sie mit Mischa nach Grünheide, zeltete gemeinsam mit befreundeten Familien. Mischa interessierte sich für Pflanzen und Tiere, lernte schon die lateinischen Namen auswendig. Hilde und Georg unterstützten seine Begeisterung mit Rätseln, Bilderbüchern und einem Herbarium. Geistige Tätigkeit war für die Benjamins schon immer ein bewährtes Mittel gewesen, sich von den eigenen Gefühlen nicht überwältigen zu lassen.

Ende August 1938 wurde Georg Benjamin plötzlich in ein Arbeitslager verlegt. Da sich täglich die antijüdische Hetze der Nazis verschärfte, war Hilde Benjamin in großer Sorge. Was sie dann aber vom Arbeitslager Abbendorf erfuhr, war einigermaßen beruhigend. Georg durfte schreiben, lebte mit 17 Menschen zusammen in einer Baracke, unter ihnen auch »sehr gute Kameraden«, was sie als Anwesenheit befreundeter Genossen deutete. Die Gefangenen arbeiteten im Deichbau. Schichtarbeit von 6 bis 15.30 Uhr oder 15.30 bis ein Uhr nachts. Georg stellte mit Genugtuung fest, daß er die schwere körperliche Anstrengung gut bewältigte und mit der technischen Handhabung des Schwimmkrans zurechtkam. »Trotz mancher schweren Arbeit doch für Körper und Geist gleich erfreulich. Ich habe keinerlei gesundheitliche Beschwerden gespürt. Und das Bild der Elblandschaft an Sonnen- und Sturmtagen werde ich wohl sobald nicht vergessen.«[127]

Bis Ende November dauerte das Arbeitslager. Sehr bald nach der Pogromnacht wurde Georg wieder in Einzelhaft nach Brandenburg verlegt, mußte Zellophantüten kleben. Ab April 1940 kam er mit jüdischen Häftlingen in eine Gemeinschaftszelle. Die Behörden hatten verordnet, daß es arischen Häftlingen, auch »arischen Staatsfeinden«, nicht länger zuzumuten wäre, mit jüdischen Insassen zusammenzusein. Die Rassenpolitik der Ausgrenzung und Vernichtung der Juden verschärfte sich.

Das bekam auch Edith Fürst zu spüren. Sie mußte Ende November 1938 ihr Kinderheim schließen. Jüdischen Mietern war jeder Schutz entzogen. Die jüdische Gemeinde stellte Frau Fürst als neue Leiterin der Kinderkrippe Auguststraße ein. So konnte sie erst einmal in ihrem Beruf weiterarbeiten. Für Mischa wäre die Zeit des Kinderheims in jedem Fall bald zu Ende gewesen. Im Dezember wurde er sechs Jahre alt, und im Frühjahr kam er in die Schule. Um seine Fragen zum Vater besser beantworten zu können, hatte Hilde Benjamin ihrem Sohn inzwischen erzählt, Georg wäre in São Paulo. Verwandte der Benjamins waren tatsächlich nach Brasilien ausgewandert. Mit Begeisterung suchte Mischa auf dem Atlas den vermeintlichen Aufenthaltsort seines Vaters, wollte alles über Land und Leute wissen. Doch weiter bohrte Mischa laut Tagebuch nicht. Vernünftig, wie von ihm erwartet, kompensierte er seine Traurigkeit über den Verlust des Vaters mit intellektuellen Leistungen. Früh lernte er von seiner Mutter, die Gefühle zu unterdrücken. Nur ganz selten versagte die erlernte Methode. Als er Anfang 1939 nicht mehr im vertrauten Kinderheim sein konnte, reagierte der Junge heftig. Er »ist sehr unbeherrscht zu Zeiten, wirft sich auf die Erde, wenn ihm etwas nicht paßt, streitet mit der Omi«.[128]

Mischa entwickelte für die gemeinsamen Sonntagnachmittage mit seiner Mutter ein Reisespiel.[129] Es hieß: »Besuch bei Georg«. Mischa spielte darin eine Doppelrolle. Er war gleichzeitig Georg und sein Sohn. Sie reisten nach dem Globus, zu Schiff, mit der Eisenbahn, mit dem Flugzeug. Im Tagebuch notierte Hilde Benjamin: »Dann erwartet uns Georg, wir gehen in seine Wohnung. Was wir dann alles sehen und was uns Georg über seine Arbeit, die Menschen usw. erzählt, stammt aus einem Buch, das der Junge dann weiter ausspinnt. Zum Beispiel ist bei Georg ein Indianer, den er gesund gemacht hat. (...) Er erzählt von den Kämpfen zwischen den Weißen und Indianern, ... er macht vor, wie die Indianer sprechen. Georg schenkt Mischa Geld, damit er sich auf der Straße Limonade kaufen kann ..., dann holt er Spielzeug hervor – Sachen, die Mischa gebastelt hat, schenkt nun der Georg seinem Jungen. ›Da, das habe ich für Dich gemacht‹ – ›Hilde, glaubst Du, daß er sich darüber freut?‹ Das Spiel geht bis zum Baden und Schlafengehen weiter.« Das »Georg-Spiel« wurde über viele Wochen zum Lieblingsspiel des Kindes, und Hilde spielte geduldig mit. Sie war der weiße Freund bei den Indianern, faltete Papierschiffchen für die Reise übers Meer, war Kameradin und Schiffsjunge, Kind und Mutter in einer Person. »Das Reisespiel war ein Ausdruck seiner Verbindung zum Vater.«[130]

Und ab und zu erhellen die Berichte, wie sehr Mischa seinen Vater vermißte. »Er wachte strahlend auf: ›Heute habe ich geträumt, der Georg ist zurückgekommen. Er sah noch genauso aus.‹ (...) Und als einmal die Rede davon war, jemanden vom Bahnhof abzuholen, sagte er: ›Wenn ich abholen höre, dann muß ich immer an Georg denken.‹«[131]

Im September 1938 hatte Hilde Benjamin ihr Zimmer in Pankow aufgeben müssen und war mit ihrem Sohn endgültig nach Steglitz gezogen. Nach Jahren der Selbstständigkeit fiel es ihr schwer, wieder unter die Fittiche des Elternhauses zu kriechen. Die Eltern waren lieb und freundlich, hilfsbereit und tolerant. Und doch war sie in Steglitz die Tochter im Hause, mußte sich mit den Gegebenheiten abfinden.

Mischa ging die letzten Monate vor der Einschulung in Steglitz in einen ganz normalen Kindergarten. Zum ersten Mal kam er nun regelmäßig mit den Kindern aus der Nachbarschaft zusammen. Bisher hatte er unter Gleichaltrigen gelebt, die für die ganze Woche aus verschiedensten Stadtteilen Berlins gebracht wurden. Es war eine Oase für Kinder in einer Sonderrolle gewesen. Mischa stellte sich bereitwillig auf die neue Situation ein. »Die letzten Abende beteuerte er immer, er freue sich so auf den Kindergarten. Er ist nur besonders zärtlich mit seiner Puppe, die er immer mit ins Bett nimmt. Den Kindergarten findet er am ersten Tag wunderbar, noch viel schöner als bei Edith. Er ist den Abend noch ganz aufgeregt, mir davon zu erzählen.«[132] Vieles im städtischen Kindergarten mußte dem Jungen fremd erscheinen. Das begann mit der Grußformel. Nach Anordnung des Propagandaministers mußten schon die Kindergartenkinder mit »Heil Hitler« grüßen lernen und die entsprechende Haltung einüben.

Wie zum Ausgleich nahm Hilde Benjamin ihren Sohn mit, wenn sie jüdische Freunde besuchte. Häufig traf sie das Ehepaar Fritz und Mile Rosenberg. Hilde kannte die Rosenbergs aus dem Freundeskreis der Familie Benjamin und erneuerte durch sie auch ihren Kontakt zu Gertrud Kolmar. Im Herbst 1940 schrieb sie ins Tagebuch: »Zu unserem Wochenprogramm gehören … regelmäßige Besuche bei Rosenbergs. Mischa geht dort sehr gerne hin. Sowie er kommt, setzt er sich in eine Ecke, nimmt ein Buch und liest – und genießt die behagliche Umgebung und die Ruhe. Er las dort Jules Verne ›Die Reise nach dem Mittelpunkt der Erde‹ und vieles mehr … Die Besuche bei diesen klugen und gütigen Menschen waren für uns beide sehr schön.«[133]

Einmal stießen sie in Rahnsdorf auf ein Schild: »Juden unerwünscht«. Mischa fragte danach. »Da wir nicht allein waren, sagte ich ihm, ich würde es ihm zu Hause erklären. Beim Baden kam er dann darauf zurück. Wir haben dann ausführlich darüber gesprochen – manche Dinge wußte er, z.B. Juden–Arier. ›Kann Hitler Dich auch nicht leiden?‹ und dann: ›Wollen wir nicht gleich zu Georg fahren?‹« Das Kind drückte mit diesem Wunsch wohl auch Hildes Gefühle aus, daß gerade die Menschen, die sie liebten, »unerwünscht« waren und es am besten wäre, wenn wenigstens diese zusammensein könnten.

In den nächsten Jahren mußte Mischa noch weitere bittere Erfahrungen machen. Die Rosenbergs, bei denen er so gerne gesessen hatte, erhielten Anfang 1943 den Deportationsbefehl der Gestapo und nahmen sich das Leben. Seine Tante »Trude« war ebenfalls in Gefahr. Gertrud Chodziesner, besser bekannt unter dem Pseudonym Gertrud Kolmar, war eine Cousine von Georg Benjamin. In den zwanziger Jahren hatte Hilde Benjamin sie im Rahmen von Familienfesten ab und zu gesehen. Eine zurückgezogene, wie man auch sagte, »verschrobene Frau«. Von Temperament und Lebensstil völlig anders als die lebenspraktische Hilde. Ein Besuch in Finkenkrug Anfang der dreißiger Jahre brachte die Frauen einander näher.

Finkenkrug, in der Gemeinde Falkensee westlich von Berlin gelegen, war ein beliebter Wohnort der Oberschicht. Man baute sich Villen, lebte im Grünen und konnte mit dem Vorortzug in einer halben Stunde im geschäftigen Treiben Berlins sein. Die Nazis planten in Finkenkrug ein gigantisches Olympiadorf. Es wurde jedoch nicht fertiggestellt. Noch heute erinnern Olympiaringe an den verwitterten Gartentoren an die alten Pläne. Auch die Chodziesners hatten sich, nachdem der Justizrat Ludwig Chodziesner durch Kriegsanleihen einen Teil seines beachtlichen Vermögens verloren hatte, 1923 nach Finkenkrug zurückgezogen. Eine stattliche Villa inmitten eines riesigen Gartens. Gertrud, sechs Jahre älter als Hilde, studierte Sprachen, schrieb Gedichte. Den ersten Lyrikband ließ der Vater 1917 veröffentlichen. Da nannte sie sich erstmals »Kolmar«. Es ist der deutsche Name des polnischen Herkunftsortes Chodziesen. Der Justizrat, stolz auf seine begabte Älteste, hatte selbst wenig Zugang zu poetischen Betrachtungen. Er war ein assimilierter jüdischer Jurist, machte sich als Verteidiger hochrangiger Adeliger einen Namen. Zeitweilig frisierte er seinen Bart wie Kaiser Wilhelm, pflegte lärmend die Ähnlichkeit mit dem Monarchen.

Gertrud Kolmar fühlte sich in dieser Welt der kaisertreuen, assimilierten jüdischen Oberschicht fremd, zog sich zurück, betreute und unterrichtete behinderte Kinder. Nachdem sie 1927 mit einer festen Anstellung gescheitert war, lebte sie zurückgezogen im elterlichen Hause.[134]

Hilde Benjamin war einmal in Finkenkrug zu Gast. Die Frauen trafen sich im weitläufigen Garten, sprachen über Blumen und Tiere. Gertrud zeigte ihr korallenrote Schwertliliengewächse.

»Weißt Du, wie sie heißen?« fragte sie. »Ja, ich glaube, ich kenne die Blumen. Monbretien sind es.« »Du hast recht. Woher kennst Du sie? Es sind mir besonders liebe Blumen«, fügte Gertrud hinzu. »Ich mag Blumen auch, mir fehlen sie sehr in unserer Stadtwohnung. Mit Georg sind wir immer noch aus Berlin herausgekommen. Aber jetzt!?« Gertrud wußte Bescheid. Der Mann verschleppt, irgendwo in Schutzhaft, Hilde zwischen Kinderheim und Arbeitsstelle, zwischen Nachfrage bei der Gestapo und ihrer Angst um den Mann hin- und hergetrieben. Der Anblick der Monbretien blieb für Hilde Benjamin zeitlebens mit Gertrud Kolmar verbunden.[135]

Die Frau, die die Tiere liebte. Hühner, Enten, der weiße Hase und ein Hund waren ihre Schützlinge. Im Herbst 1938, kurz vor dem Novemberpogrom, erschien ihr letzter Gedichtband, »Die Frau und die Tiere«, beim jüdischen Buchverlag Löwe. Kurz nach dem Erscheinen wurde der Band eingestampft. Das Haus in Finkenkrug mußte zwangsverkauft werden. Heute erinnert eine Tafel am Haus an Gertrud Kolmar.

Hilde Benjamin traf Gertrud erst 1940 in Schöneberg wieder. Es war anfangs vor allem ein Pflichtgefühl, das sie trieb, Vater und Tochter Chodziesner in dem Judenhaus in der Speyerer Straße zu besuchen. Doch es wurde eine tiefe Freundschaft, wie sie in früheren Jahren zwischen den so unterschiedlichen Frauen nicht denkbar gewesen wäre. Eine Freundschaft bis zum Tode.

Bei jedem Besuch im Zuchthaus Brandenburg überlegte Hilde, Mischa zum Vater mitzunehmen. Nach dem Novemberpogrom besprach sie das Problem erneut mit ihrem Mann. Vielleicht fürchtete sie nach den schrecklichen Erfahrungen des November, daß Georgs Leben in Gefahr war. Und auch der Junge drängte und fragte, wollte alles über seinen Vater wissen, ihn endlich wiedersehen. Georg riet vom Besuch ab, fand gewichtige Argumente gegen ein Treffen zu diesem Zeitpunkt. Er sah die Gefahr, daß der knapp Sechsjährige von dem Erlebnis herumerzählen und der Besuch für ihn eine zu große seelische Belastung sein würde. Die räumliche Enge des Sprechraums und – vor allem – der Abschied. Der Vater würde nicht mitkommen können. Mischa müßte zusehen, wie sie seinen Vater abführten. Hilde entschied, Georgs Rat zu folgen und den Jungen – noch nicht – mitzunehmen.[136]

Kurz vor Beginn des Zweiten Weltkriegs wurde die Welt vom Abschluß eines Nichtangriffspaktes zwischen Hitler und Stalin überrascht. Die beiden feindlichen Diktatoren hatten sich geeinigt. Daß sie es auf Kosten des schwächeren Polen und anderer Anrainerstaaten der Sowjetunion taten, wurde erst später durch die Kenntnis der geheimen Zusatzprotokolle klar.

Die Kommunisten traf die Einigung Stalins mit dem Hauptfeind Hitlerdeutschland unvorbereitet. Es war wie ein Keulenschlag. Die Anhänger der Sowjetunion waren völlig verunsichert. Manche hielten den Vertrag für eine Aussöhnung Stalins mit den Nazis und sahen ihren Widerstandskampf verraten. Andere erklärten sich den Vertrag als schlaue Taktik Stalins, um die sozialistische Sowjetunion zu schützen und bis zum unvermeidlichen Kampf gegen den Faschismus eine Atempause zu erreichen.

Hilde Benjamin hatte anfangs wohl auch Probleme mit der Vertragstaktik Stalins. Jedenfalls schrieb sie in der Biographie ihres Mannes, daß der Abschluß des sowjetisch-deutschen Nichtangriffspaktes für viele der Genossen in Deutschland nicht einfach sofort zu verstehen war.[137] Aber Georg, so hieß es weiter, schwankte keinen Moment. Nach ihrer Darstellung zeigte er sich auch im Zuchthaus als geschulter Marxist, der die Dialektik beherrschte, und als ein Kommunist, »der in seinem Vertrauen in die Richtigkeit der Politik der Sowjetunion nicht zu erschüttern war«.[138]

Den Benjamins war die Entwicklung der Sowjetunion immer wichtig gewesen. Wenn Georg je aus der Haft entlassen würde, war Rußland sein Wunschexil. Für die Verständigung in ihren Briefen benutzten sie für das Wort »Sowjetunion« Tarnnamen, die eine politische Debatte an der Gefängniszensur vorbei ermöglichten. Die SU hieß bei Georg meist »Sophie« oder auch »Utti«, der Kosename von Hildes Schwester. Für Spanien setzten sie »Götz« ein, den Vornamen des früheren Sozius Götz Berger, der bei den Internationalen Brigaden gekämpft hatte. Im November 1939 hieß es in Georgs Brief: »Bezüglich Sophie hast Du mich wohl nicht ganz verstanden. Ich habe keine Illusionen über ihre Einstellung. Insoweit sie aber die Vertretung ihrer eigenen Interessen in Einklang bringen kann mit ihren weiteren Familieninteressen, werden auch diese zu ihrem Recht kommen.« Und dann: »Übrigens sind mir die neuen Nachrichten über Sophie eine volle Bestätigung meiner eigenen Auffassungen, und ich halte ihre Einstellung gerade unter weitem Gesichtspunkt für durchaus richtig.«[139] Diese Bemerkung bezog sich auf die Rede des Außenministers Molotow, mit der er im November der Weltöffentlichkeit den Abschluß des Vertrages mit Hitlerdeutschland zu erklären versuchte. Unter den Kommunisten im Zuchthaus wurden solche wichtigen Informationen weiter verbreitet und im Rahmen ihrer Möglichkeiten debattiert.

Seit Kriegsbeginn mußten die Gefangenen in den Zuchthäusern und Gefängnissen länger arbeiten, die Rationen wurden kleiner, die Einkaufsmöglichkeiten entfielen, Heizung und Beleuchtung wurden gekürzt, die Ausgabe der Bücher beschränkt, für Briefe gab es nur noch ein einziges Blatt Papier. Ab April 1940 war Georg zu Außenarbeitseinsätzen abkommandiert. Er schrieb: »Die Außenarbeit war eine willkommene Veränderung. Trotz verschärften Appetits – erst seit kurzem bekommen wir Kostzulage – fühle ich mich wohler als früher.«[140] Diese Formulierung ist typisch. Hilde hatte inzwischen gelernt, sie zu entziffern. Nie schrieb er, daß er sich nicht wohl fühlte oder Probleme hatte. Erst nach Überwindung der Schwierigkeiten erwähnte er beiläufig, daß dies und jenes leichter geworden sei.

Der Krieg veränderte auch Hilde Benjamins Alltag. Im ganzen Deutschen Reich waren nach dem ersten September Lebensmittelkarten eingeführt worden, die Blockwarte kontrollierten die Einhaltung der Verdunkelungsvorschriften, betätigten sich vielfach als Spitzel in den Häusern. Auf das Abhören von »Feindsendern« stand die Todesstrafe. Die jüdischen Freunde waren noch stärker gefährdet und der Kontakt zu ihnen unerwünscht.

Auch Mischas Schule blieb von den Auswirkungen des Krieges nicht verschont. Soldaten wurden einquartiert, im Unterricht Vaterland und Heldentum gepriesen. Eines Tages kam Mischa stolz heim, weil ein Soldat ihm seinen Stahlhelm aufgesetzt hatte und er damit auf dem Schulhof herummarschieren durfte. Und als der Lehrer fragte, wer von den Vätern im Felde wäre, hatte sich auch Mischa gemeldet, obwohl er eigentlich wußte, daß sein Vater »in São Paulo« war. Wie die anderen Schüler wollte er mitreden, wenn die Väter als Kriegshelden dargestellt wurden. Auf die Frage, welcher Vater schon mal im Krieg war, konnte Mischa wahrheitsgemäß erzählen, daß sein Vater im Ersten Weltkrieg zweimal ver-

101

wundet worden war und das Eiserne Kreuz bekommen hatte. Er verfolgte das Vorrücken der Truppen, steckte mit dem Großvater die Fähnchen auf der Landkarte.

Beim ersten Alarm in Berlin war Hilde nicht zu Hause. Der Junge war allein mit seiner Oma und weinte voller Angst nach seiner Mutter. Als sie zurückkam, mußte sie ihn lange beruhigen. Nach einigen Tagen sagte er dann: »Ich bin so froh, daß Georg jetzt nicht hier ist.« Dem Vater wollte er wohl diese neuen Belastungen ersparen. Hilde Benjamin berichtete weiter, wie dann wieder das Beherrschtsein des Jungen dominierte. Beim Alarm in der Nacht verhielt er sich vernünftig, zog sich allein an und betonte, keine Angst zu haben. So lernten die Kinder es in der Schule. Im Unterricht wurden Fliegersoldaten geknetet, und seiner war der beste. Er durfte ihn den anderen Kindern vorführen.[141] Keine leichte Aufgabe für die Mutter, mit dem Stolz des Jungen umzugehen.

Hilde Benjamin bemühte sich nach Kräften, Mischa eine glückliche Kindheit zu ermöglichen und die »Besonderheiten« nicht zu sehr in den Vordergrund zu rücken. Der Junge war hochintelligent. Das erleichterte den Schulalltag. Sie wußte aber, daß Mischas intellektuelle Fähigkeiten keine Sicherheit vor rassenpolitischen Maßnahmen garantierten.

Je älter und verständiger der Junge wurde, desto krasser mußte ihm der Gegensatz zwischen offizieller Nazi-Ideologie und den Überzeugungen seiner Mutter bewußt werden. Er interessierte sich brennend für Politik, wollte wissen, was in Polen bei Ausbruch des Krieges passiert war. Als er in der Schule das »Deutschlandlied« lernte, äußerte er seine Zweifel. »Warum lernen wir das in der Schule?« fragte er. Sie: »Ihr lernt doch viele Lieder in der Schule, doch auch: ›Weißt Du, wieviel Sternlein stehen?‹« Er: »Das ist etwas anderes. Das ist ein Lied für Kinder, aber ›Deutschland über alles‹ doch nicht.«[142]

Die Antwort macht deutlich, wie stark Mischa inzwischen die Widersprüche wahrnahm, die sein tägliches Leben ausmachten. Vielleicht hätte er gerne mehr darüber gesprochen. Ihre hilflosen, pädagogisch gutgemeinten Einwände: »Aber ihr lernt doch auch: Weißt Du, wieviel Sternlein ... «, akzeptierte er nicht mehr. Sie berichtete weiter, ihm hätte das Deutschlandlied gut gefallen. Er pfiff es häufig. Wahrscheinlich nicht nur aus Begeisterung für den Komponisten. Provozierend konnte er damit zeigen, daß er die

Dinge durchschaute, mehr, als die Erwachsenen es wahrhaben wollten. Er hatte begriffen, daß die Politik ein neues, gefährliches Element in seinem Leben darstellte. Einmal fragte er seine Mutter, was er anderen von seinem Vater erzählen dürfte. Verzweifelt schlug er vor, die Wahrheit zu sagen: »… soll ich sagen, daß er Jude ist?«

Mischa konnte inzwischen fließend schreiben und verfaßte selbständig die Briefe an seinen Vater. Im Herbst 1940 fragte Georg seine Frau, ob es nicht an der Zeit wäre, dem Jungen – eventuell zum Geburtstag im Dezember – die Wahrheit über seinen Aufenthaltsort zu sagen. Jetzt entschied sie, die »Aufklärung« noch zu verschieben. Die Kriegssituation belastete den Jungen stark. Er lebte in der Welt der Steglitzer Schule und seiner Freunde. Bei jedem Sieg der deutschen Truppen wurden dort die Hakenkreuzfahnen geflaggt. Die Kriegsbegeisterung seiner unmittelbaren Umgebung stand im krassen Widerspruch zur Haltung seiner Familie. Die Mutter wußte um die innere Spaltung des Kindes. Einmal war er das Heil-Hitler-rufende Schulkind, dann wieder der Sohn, Enkelsohn und Neffe, der Hitler und seinen Krieg verwünschte. Sie versuchte, ihm durch viele Anregungen zu helfen, mit den Problemen umzugehen. Sie wollte ihn nicht gefährden oder vor Entscheidungen stellen, die er in seinem Alter noch nicht bewältigen konnte. Vielleicht verschob sie deshalb zu diesem Zeitpunkt »die Aufklärung«. Nach den Briefen und Tagebuchaufzeichnungen zu urteilen, erfuhr Mischa im Herbst 1941 die Wahrheit über seinen Vater. »Ich freue mich sehr, daß Hilde Dir jetzt alles über mich erzählen konnte, weil Du nun groß und verständig genug bist, um vieles zu begreifen, was man Dir bisher nicht sagen konnte.« Georg Benjamin schrieb dem Jungen, daß er auch die Schwierigkeiten, die ihm aus seinem jüdischen Namen erwüchsen, tapfer ertragen sollte.[143]

In den Sommerferien fuhren Mutter und Sohn mehrere Wochen zum Zelten nach Grünheide. Sie hatte mit Genossen, meist ehemaligen Angehörigen von Arbeitersportvereinen, einen legalen Verein gegründet, die »Zeltgemeinschaft Schmalenberg«. Ausführlich berichtete Hilde im Tagebuch von den Urlaubswochen. Schon beim ersten Besuch in Fangschleuse südöstlich von Berlin hatte es Mischa gefallen: »Hier wollen wir jeden Sonntag hergehen.« 1940 wurde ein gräßlicher Regensommer. Nur selten kam

103

die Sonne hervor. Die anderen Erwachsenen flüchteten aus dem Regenurlaub in die Stadt zurück, doch Hilde Benjamin harrte aus. Sie lebte mit drei Jungen in einem großen Zelt, betreute sie rund um die Uhr. Es waren Kinder von Freunden, ein 15jähriger und ein 10jähriger.

Hilde Benjamin beschrieb den Tagesablauf: Sie gingen morgens baden, machten regelmäßig Sport: Waldlauf, Gymnastik, Ballspiele, Weit- und Hochsprung. Sie schwammen gegen die Strömung der Löcknitz an, tauchten nach Tellern, spielten Indianer, machten lange Wanderungen oder lasen. Einmal beklagte Hilde Benjamin sich, Mischa füge sich beim Sport schlecht ein. »Er mußte«, wie sie schrieb, »öfter rausgestellt werden.« Offensichtlich achtete sie streng auf Disziplin. Abends lagen die Jungen dann frisch gewaschen auf ihren Strohsäcken, und sie las ihnen Indianergeschichten vor.

Das Tagebuch aus dieser Zeit liest sich wie der Bericht einer Wandervogelgruppe um 1900. Gesundes, sportliches Leben, gemischt mit Lagerfeuerromantik. Gegen Ende des Urlaubs verbrachten Mutter und Sohn noch eine Woche ohne die Freunde auf dem Zeltplatz. Sie legten ein Herbarium mit den Blumen und Kräutern der Umgebung an, lernten die deutschen und lateinischen Namen. Sie zeigte ihm das Fotografieren, wanderte und las mit ihm. »Wenn ich hier überdenke, was ich über unsere Ferien aufgeschrieben habe, so fällt mir eines auf: Es ist beinah weniger von ihm als von uns die Rede. Vielleicht kennzeichnet das die Entwicklung unseres Verhältnisses.«[144]

Wieder zu Hause, führten sie ein Stück ihres Ferienspaßes fort. Sie arbeiteten weiter an dem Herbarium, »... immer sonntags. (...) Es ist eine wirkliche Zusammenarbeit.«[145] Diese Partnerschaftlichkeit im Handeln sollte typisch für das Mutter-Sohn-Verhältnis der Benjamins werden. Bis auf wenige Jahre des Studiums in Leningrad haben Michael und Hilde Benjamin immer unter einem Dach gelebt. Der Junge lernte früh am Vorbild seiner Mutter, Verzweiflung und Trauer, Gefühle der Ohnmacht und Wut nicht zuzulassen, sich hart und unangreifbar zu machen, die persönliche Leidensfähigkeit der politischen Verpflichtung unterzuordnen. 1962 schrieb Hilde Benjamin einen Artikel mit dem Titel »Der Mensch muß lieben und hassen lernen« für die Zeitung der Jungen Pioniere *Die Trommel*. Darin heißt es: »Sobald mein Sohn anfangen konnte zu begreifen, habe ich ihm seine Fragen nach seinem Vater wahrheitsgemäß beantwortet, so wie er es jedenfalls verstehen konnte. (...) Er hatte begriffen, wen und warum er zu hassen hatte. Ich lehrte ihn aber auch, wen er lieben mußte – alle Menschen in allen Ländern, die sich wie sein Vater für Frieden und Glück der Menschen einsetzen.«[146]

Die absurde Vorstellung, Menschen könnten nach ideologischer Ausrichtung lieben und hassen, findet sich in den frühen Aufzeichnungen des Tagebuchs von Hilde Benjamin noch nicht. Damals lebte Georg noch, und die Texte waren nur für den allerengsten Familienkreis bestimmt. Doch die Erziehungsempfehlungen der Frau Minister 1962 an die Jungen Pioniere sprechen eine andere Sprache. Nun propagierte sie das »Lieben und Hassen auf Befehl« als Lebensmaxime einer durch Parteiideologie reduzierten Persönlichkeit.

Zurück zum Jahr 1941. Mischa war in der dritten Klasse, und die Eltern überlegten, ob er seiner guten Leistungen wegen vorzeitig aufs Gymnasium gehen sollte. Hilde Benjamin erkundigte sich nach einer weiterführenden Schule, in der Kinder jüdischer Eltern erträglich behandelt wurden. Georg war anfangs gegen ein humanistisches Gymnasium, aber Hildes Einwände, daß das Französische Gymnasium als einziges in dem Ruf stand, gegenüber Halbjuden tolerant zu sein, leuchteten ihm ein.[147]

Ganz selten und wie eingestreut gab es in den Zuchthausbriefen Überlegungen, nach der Haft ins Exil zu gehen. Pläne für eine gemeinsame Zukunft. Im Januar 1940 hatte Georg geschrieben: »Mit diesem Brief eröffne ich das Jahr, in dem wir immerhin mit der Erwägung von Zukunftsplänen beginnen werden.« Am 14.5.1942 würde der gerichtlich verkündete Entlassungstag sein. Tatsächlich gab es 1941 noch Auswanderungsmöglichkeiten für Juden, wenn auch unter extrem schwierigen Bedingungen. Ein Jahr später wurde die Auswanderung gänzlich verboten. Georg Benjamin arbeitete seit August 1941 in der Schneiderwerkstatt des Zuchthauses, wo ausschließlich jüdische Häftlinge zusammen waren. Während der langen Arbeitsstunden wurden sicher ständig alle Möglichkeiten der Auswanderung in alle Teile der Welt hin- und hererwogen.

1941 hatte auch ein ehemaliger Studienkamerad aus den USA angefragt, ob Georgs Familie Hilfe bei der Emigration in die Staaten brauche, und er bot an zu helfen. Georg war von dieser Geste der Freundschaft tief beeindruckt, »... eine erquickend schöne Freundschaftsäußerung«, und er fragte nach den praktischen Möglichkeiten.[148] Hilde Benjamin ging zu den Konsulaten und Hilfsstellen, stellte Anträge und trug Papiere zusammen. Sie erinnert sich, daß es dunkle und deprimierende Tage waren, die sie dort zubringen mußte. Sie tat alles, was möglich war, und gab Georg das Gefühl, es bestünden noch Chancen. Sie selbst hatte wohl nur wenig Hoffnung auf ein Exil. Auch Georg hatte wenig Illusionen, meinte aber: »bei aller Unwahrscheinlichkeit, daß in einem dreiviertel Jahr der Weg über den Atlantik noch offen ist, bin ich doch der Meinung, bis zuletzt alle Pläne zu bearbeiten. Wir brauchen uns dann später keine Vorwürfe zu machen, wir hätten irgend etwas vernachlässigt.«[149]

Für die Benjamins als geschulte Beobachter der internationalen Lage war klar, daß die Kriegslage im Osten unlösbar mit dem Ausgang des gesamten Krieges verknüpft war. Es war für sie eine Frage von Leben oder Tod, wer letztendlich der Sieger sein würde. Wann immer sie konnten, verständigten sie sich über die Entwicklung in der Sowjetunion, deuteten in ihren Briefen in Tarnsprache jede kleine Veränderung. Wenn die Lage für das Deutsche Reich schwieriger wurde, schöpften sie wieder Hoffnung. Am 20. Juli 1941, wenige Tage nach dem Überfall auf die Sowjetunion, schrieb Georg: »Über Sophies Befinden war ich zunächst etwas beunruhigt, doch bin ich zur Zeit nach nüchterner Überlegung etwas ruhiger.« Und einige Wochen später: »Was Uttis Krankheit angeht, so denke ich jetzt darüber doch ruhiger als anfangs. (...) Auf alle Fälle hat sich ihr Körper als so widerstandsfähig erwiesen, daß ein unglücklicher Ausgang wohl nicht mehr zu befürchten ist.«[150]

Trotz allem – sie hofften. Auf den Entlassungstag. Auf ein Wiedersehen. Auf eine gemeinsame Zukunft.

Von der geheimen Wannsee-Konferenz über die Vernichtung der europäischen Juden im Januar 1942 konnten sie damals noch nichts wissen. Sie kannten auch nicht die Beurteilung der Zuchthausleitung, die dem Strafgefangenen Georg Benjamin bei seiner Entlassung auf den Weg in die Leitstelle Berlin der Staatspolizei mitgegeben wurde. Dort hieß es:

»Der Strafgefangene Georg Benjamin hat sich während seiner Strafzeit hausordnungsmäßig geführt, die Arbeitsleistung ließ zuweilen zu wünschen übrig. Benjamin ist überzeugter Kommunist. Die verbüßte Strafe hat den Juden in keiner Weise beeinflußt. Seine politische Einstellung muß auch jetzt negativ bewertet werden.«[151]

Am 14. Mai 1942 wurde Georg Benjamin von der Gestapo zunächst in das Zuchthaus der Stadt Brandenburg gebracht. Hilde Benjamin wußte davon und ergriff die Gelegenheit, mit Michael zusammen dorthin zu fahren. »Wir konnten eine gute Stunde zusammen sein, und der Junge durfte mitkommen und konnte auf dem Schoß des Vaters sitzen.«[152] Der Besuch war durch den Mut und die Umsicht der Mutter möglich geworden. Einen Tag später wurde Dr. Benjamin nach Berlin in das Gestapo-Gefängnis in der Prinz-Albrecht-Straße gebracht. Tagelang hatte Hilde Benjamin keinen Kontakt zu ihm. Einmal stellte sie sich an einen Nebeneingang am Torweg in der Burgstraße. Dort fuhren die Gefangenenwagen unmittelbar an ihr vorbei in den Hof. Die Insassen stiegen aus, als einer der letzten Georg. Da wußte sie: Er lebt.[153]

Sofort beantragte sie Sprecherlaubnis, wurde aber abgewiesen. Durch einen anonymen Telefonanruf erfuhr sie dann, daß Georg zum Polizeipräsidium am Alexanderplatz gebracht worden war. Ende Mai konnte sie im Präsidium frische Wäsche abgeben und die schmutzige abholen, kleine Zettel in die Wäsche einlegen und etwas zu essen mitgeben. Im Wäscheverzeichnis stand: »Alle Sachen auskochen wegen Läusegefahr«. Nun wußte sie etwas mehr über die Verhältnisse, unter denen Georg leben mußte. Auch einen Kassiber: »Besuchserlaubnis einholen, Post an mich schicken«, erhielt sie mit der Schmutzwäsche. Der zweite Zettel vom 7. Juni lautete: »Erbeten außerdem Handtuch, Schachspiel, Hustenpastillen oder ähnliches, Briefe schreiben bisher nicht möglich, Besuch nächste Woche wieder versuchen.« Jede Woche ging sie Wäsche holen und abgeben. Die einzigen Lebenszeichen dieser Tage. Zwei Mal bekam sie wirklich Besuchserlaubnis. Am 28. Juni schrieb er:

»Ich bin bestimmt für einen Transport in das Arbeitserziehungslager Wuhlheide bei Karlshorst. Die Übersiedl. findet vielleicht Montag vorm. statt …« Wuhlheide wäre besser als KZ, kein ausdrückliches Lager für Juden. Daraus könnte er mit aller Vorsicht schließen, daß die Hoffnungen auf Entlassung noch nicht ganz zu begraben wären. Das Lager stände unter Bewachung der Polizei und nicht der SS. Ob Briefe, Lebensmittel oder Besuche möglich wären, wußte er nicht und machte ihr auch keine Hoffnungen. Zum Schluß hieß es: »Jedenfalls bin ich ganz ruhig im Vertrauen auf Dein nun mehrfach bewiesenes Geschick, immer wieder bis zu mir durchzudringen.«[154]

Dieses Geschick mußte Hilde Benjamin in den kommenden Wochen weiter entwickeln und unter Beweis stellen.

10. Juli 1942. Ein anonymer Anruf: Der »Babypapa« (wie Georg im Kinderheim hieß) arbeitet am Bahnhof Wuhlheide. Sie soll dorthin kommen und Proviant für einen Tagesausflug mitnehmen. Am nächsten Tag, es war ein Samstag, fuhr sie hin. Nach ihrem Bericht fuhr sie allein. Es war vergeblich. Vielleicht wurde am Wochenende nicht gearbeitet. Sie wußte es nicht. Am Montag fuhr sie wieder los. Beim ersten Versuch hatte sie sich das Gelände gründlich angesehen und eine Baustelle der Reichsbahn entdeckt. Sie stieg aus der S-Bahn aus, sah sich im Gelände um, setzte sich auf eine Wartebank, zwang sich zur Ruhe, beobachtete die Gegend. Plötzlich entdeckte sie Georg. Auf einem Güterwagen. In einem blauen Militäranzug. Sie erkannten sich im gleichen Moment. Er gab ihr ein Zeichen, rief: »dort hin« und zeigte mit dem Arm in Richtung Sandhügel. Seine Geste konnte wie ein Arbeitshinweis aussehen, war unverdächtig. Hilde lief die Böschung der Landstraße hinunter, umging die Baubude. Dort vermutete sie Aufsichtspersonal. Sie durchquerte ein kleines Waldstück, kam auf der Höhe des Bahnsteigs wieder an der Baustelle heraus. Im gleichen Moment kam Georg über den Sandhügel gelaufen. Wie auf Verabredung steuerten sie beide auf einen Haufen Eisenbahnschwellen zu. Sichtschutz vor der Baustelle. Er war besorgt, abgehärmt, schob ihr einen Zettel zu. »Schreibe Du auch immer auf, was Du zu sagen hast. Hast Du Essen da?« Sie hatte. Er versteckte die Eßsachen am Körper, rief: »Du kommst doch nächste Woche wieder?« und rannte zurück zur Arbeitsstelle.

Der kurze Augenblick des Wiedersehens. Vorbei, bevor er richtig begonnen hatte. Zu kurz, um glücklich zu sein. Aber es hatte ihn gegeben. Eine Umarmung. Ein Kuß. Die Hand, die über ihr Gesicht strich, der Mund, der nach Hunger schmeckte. Sie war nicht umsonst gekommen. Sie packte die leeren Taschen zusammen, ging durch das Waldstück zurück, zwang sich, nicht hastig an der Baubude vorbeizugehen. Den Kassiber schob sie beim Gehen tiefer in die Manteltasche. Auf dem Bahnsteig durfte sie ihn nicht lesen. Erst im Zug, auf der Holzbank im Abteil war sie endlich mit seinen Worten allein.

»Einige kurze Informationen, falls d. Versuch gelingt. – Lage hier schlimm! Seelisch gleitet ja fast alles von mir ab, obgl. der Mangel an Kameraden schwerfällt. Verhältn. in vieler Hinsicht ähnlich dem, was man aus dem KZ weiß. – Körperlich erfordert es die Aufwendung all meiner Energie. Weniger d. Arbeit wegen, aber zu wenig Schlaf und viel zuwenig Essen. Was an mir liegt, halte ich natürl. durch.« Er erbat, »falls es der Famlie entbehrlich wäre, Zucker, Fett, Eier, evnt. auch Tabakwaren zum Tauschen«. Er mahnte zu größter Vorsicht, schlug den gleichen Treffpunkt in einer Woche vor, wollte etwas Geld in kleinen Scheinen (zum Bestechen der Wachmannschaften, wie sich später herausstellte). Außerdem gab er ihr den Heimweg der Arbeitskolonne an: »Vorderst. Wagen einsteigen, dann mich suchen. Rechte Hand hoch: Lage gut. Linke Hd. hoch: Versuch möglich. Hand in der Tasche: ungünstig. Mittagspause etwa 12–12½, jedoch auch früher oder später. Für den Fall keiner oder zu kurzer Sprechmöglichkeit. Brief beifügen.« Er bat um ein Taschenmesser zum Brotschneiden und schrieb, daß es zum Glück keine direkt gegen Juden gerichteten Maßnahmen gäbe.

Am 20. und 27. Juli, am 3. und 10. August konnte sie ihn auf die gleiche Weise sehen. Über die Kassiber, die er ihr zusteckte, erfuhr sie, daß Georg vermutlich nach Sachsenhausen ins KZ kommen würde. Ende Juli, vielleicht mit dem Bewußtsein, daß diese Treffen die letzten Möglichkeiten waren, die geliebte Frau zu sehen, änderte sich sein Verhalten. Hatte er zuerst sehr zur Vorsicht gemahnt, so wurde er nun mit jedem Mal heiterer und gelassener, während Hilde immer unruhiger wurde. Auf dem Bahnsteig war nur geringer Verkehr. Sie war in Sorge, bei den Bahnwärtern aufzufallen. Deshalb kleidete sie sich jedes Mal anders. Mal mit blauem Hut, mal ohne Hut, mit weißem Hut, mit Kopftuch. Einmal nahm sie auch Mischa mit.

Mutter und Sohn warteten den ganzen Nachmittag in der Nähe der Arbeitsstelle. Von einer Erfrischungsbude aus beobachteten sie den Abzug der Truppe. Georg reihte sich als letzter ein, ging dann aber aufrecht vorneweg. Und in ihren Erinnerungen läßt sie den Jungen sagen: »Er wirkt ganz anders als die anderen, viel gesünder ...«[155]

Michael Benjamin erinnerte sich an diese Begegnung: »Ein Mal nahm meine Mutter auch mich mit. Wir erhielten Zugang zum Bahngelände, überquerten eine Brücke und saßen einige Minuten, versteckt in Kiefernkuscheln, mit meinem Vater. Mir sind seine leise Stimme, sein hungriges, aber beherrschtes Essen, sein abgezehrtes Gesicht und Bartstoppeln in Erinnerung, als ich ihn zum Abschied umarmte.«[156]

Am 10. August 1942 kam Georg wieder über die Böschung und winkte Hilde zu, im Wald zu bleiben. Sie erfuhr, daß ein neuer, guter Beamter da wäre. Sie lagerten im Wald, packten den mitgebrachten Kartoffelsalat, Buletten und Pudding mit Kirschen aus. »Wir waren heiter,« heißt es bei ihr. »Heiter«. Ein Wort, kaum verständlich an dieser Stelle. Meinte Hilde Benjamin damit das Gefühl des Glücks, daß das Treffen allen Widrigkeiten zum Trotz geklappt hatte, daß Georg und sie zusammensaßen, miteinander sprechen konnten. Heiter meint normalerweise eine beruhigende und leicht beschwingte Atmosphäre. »Wir waren heiter ...« So charakterisierte sie 1977 die Stimmung. Und im heftigen Kontrast zu diesem Begriff hieß es weiter, am Abend vorher wäre im Lager Bedrohliches passiert. Ein Jude war beschuldigt worden, mit Zigaretten zu schieben (Juden war das Rauchen generell verboten – M.B.). »Es waren wüste Szenen«, erzählte Georg. Ihm selbst sei verhältnismäßig wenig passiert, weil er gewisse Sympathien hatte. Sie sprachen über die Dauer des Krieges und verabredeten sich auf Mittwoch. Einigermaßen frohen Mutes, weil es bisher so gut geklappt hatte und er dank der zusätzlichen Lebensmittel gesundheitlich nicht ganz so schlecht dran war. In ihren Notizen heißt es: »Dann saß ich auf dem Bahnsteig, und er zeigte seine Künste. Er sprang vom fahrenden Zug und stellte die Weiche (später dachte ich: wäre er doch dabei gestürzt. Vielleicht hätte ihm das das Leben gerettet). Er rangierte mit einer kleinen elektrischen Lokomotive hin und her. Bald winkte er von der Lokomotive herunter, bald kletterte er in einen Güterwagen zum Ausmessen. Der Wagen wurde immer weiter vom Bahnsteig weggeschoben, und er kletterte von einem Wagen in den anderen, immer weiter nach vorn von mir weg. Über dem Bahndamm zwischen den Wäldern hing gewittriger Mittagsdunst. Kaum sah ich noch, wie er die

Mütze abnahm, über die Haare strich, die Hände dankend drückte. Der Zug verschwand im Dunst, war nicht mehr zu sehen. Ich tröstete mich: auf Mittwoch.«[157]

Einen Mittwoch mit Georg gab es nicht mehr. Der 10. August 1942 war der letzte Tag ihrer kurzen Gemeinsamkeit. Hilde Benjamin fuhr am nächsten Mittwoch, wie verabredet, nach Wuhlheide. Georg kam nicht. Stundenlang beobachtete sie die Arbeitskolonne, jede Bewegung, jede Gestalt tastete sie mit den Augen ab, ob sie Georg ähnelte. Sie konnte nichts tun, niemanden fragen, mußte mit ihrer Angst allein heimfahren, den Eltern und dem Kind gegenüber beruhigende Worte finden.

Michael Benjamin schrieb 1992 über die Situation in Wuhlheide: »Einige Wochen befand er sich in einem Arbeitslager in der Nähe des S-Bahnhofs Wuhlheide. Unbekannte informierten meine Mutter darüber, und mit Hilfe von Freunden gelang es ihr, einen Reichsbahnbeamten zu bestechen und sich mit meinem Vater zu treffen.« In einem Brief schrieb Michael Benjamin sinngemäß, daß Tante Utti, also Ruth Lange, zusammen mit ihrem Lebensgefährten Paul Rosbaud eine wesentliche Rolle bei den letzten Begegnungen der Eltern spielte. Sie hielten sich für weniger gefährdet und hatten, wie er meinte, auch ein größeres Geschick für solche Aktionen. Erst nach dem Kriege erfuhr die Familie, daß Paul Rosbaud selbst extrem gefährdet gewesen war. Er arbeitete an der Übermittlung geheimer Informationen über die deutsche Atomforschung an die Engländer. Aus seiner antifaschistischen Haltung, so Michael Benjamin, machte Paul Rosbaud, ebenso wie Ruth, damals keinen Hehl.

Hilde Benjamin erwähnte ihre Schwester auch in ihren Erinnerungen. Diese hätte sie unterstützt, hätte Georg in Wuhlheide besucht und ihm Lebensmittel gebracht. Paul Rosbaud schrieb über Ruth Lange: »Sie begann mit ihrer aktiven Arbeit gegen die Nazis gleich nach 1933, als sie sich weigerte, irgend etwas für die Nazis oder deren Organisationen zu tun. Sie setzte sich mit aller Kraft für die Menschen ein, die unterdrückt und verfolgt wurden, egal, ob es Juden, Kommunisten, Sozialdemokraten, Kriegsgefangene oder ausländische Hilfsarbeiter waren. Sie war die einzige, die von Anfang an über meine illegalen Unternehmungen Bescheid wußte. Sie war mir eine große Hilfe und gab mir neuen Mut.«[158] Manchmal hatte Ruth die brisante Aufgabe, in die Rolle der Verführerin zu schlüpfen, Nazi-Größen betrunken zu machen und ihnen so Informationen zu entlocken. Auch solche Aufträge löste sie mit Bravour. Tief beeindruckt von dem Elend des »Arbeitserziehungslagers Wuhlheide«, das er vom Bahndamm aus kurz gesehen hatte, schrieb Paul Rosbaud: »Dort sah ich zum ersten Mal in meinem Leben Menschen mit Hungerödemen. Durch eine geheime Mitteilung erfuhr Ruths Schwester, wo ihr Mann arbeitete. Ruth und ich gingen, als Arbeiter verkleidet, zu dem genannten Ort, und es gelang Ruth, unter den Augen der SS mit ihrem Schwager zu sprechen und ihm soviel Essen wie möglich zuzustecken. Zusammen mit ihrer Schwester bestach sie die Wächter und brachte ihm genug Essen, damit er nicht verhungerte.«

Die verschiedenen Berichte der Treffen in Wuhlheide weichen in Details voneinander ab. Wie auch immer die Einzelheiten organisiert waren, Hilde und Georg Benjamin haben sich mehrere Male in Wuhlheide treffen können.

Der August ging vorbei. Tage- und wochenlang kam keine Nachricht von Georg. Hilde Benjamin wandte sich an das Gestapo-Gefängnis Prinz-Albrecht-Straße, an das Polizeipräsidium Alexanderplatz. Nichts. Keine Auskunft. War er in Sachsenhausen? War er in Buchenwald? Wohin war er deportiert worden? Ihre Befürchtung wurde Gewißheit. Er mußte in einem KZ sein, sonst hätte sie schon Nachricht über seinen Aufenthaltsort.

Und dann hielt sie Anfang September einen SS-Feldpostbrief in ihren Händen. Absender: Kommandantur KZ Mauthausen. Sie las:

»Der Jude Georg Benjamin ist am 26. August verstorben. Todesursache: Selbstmord durch Berühren der Starkstromleitung.« Hilde Benjamin schrieb: »Aber es war nicht Selbstmord – es war Mord.«[159]

Im Totenbuch von Mauthausen ist unter Todesursache vermerkt: »Freitod durch Starkstrom«, und unter Tag und Stunde des Todes: »26.8.1942, 1.30 Uhr«. Das muß entsprechend den sonstigen Angaben des Totenbuches in der Nacht gewesen sein. Aussagen von Mithäftlingen zur wahren Todesursache sind nicht überliefert.

Bald kamen entsprechend der bürokratischen Ordnung die Sterbeurkunde und die Effekten: die Mütze, sechs Taschentücher und

Dr. Georg Benjamin 1895–1942

ein Handtuch. Die SS fragte an, ob Hilde Benjamin die Urne mit der Asche übersandt haben wollte.

»Ich habe die Urne mit der Asche nicht überführen lassen. Die Asche sollte da verbleiben, wo die Asche seiner Kameraden lag.«[160]

Als die Mutter dem Sohn sagte, der Vater ist tot, sagte der Neunjährige gefaßt: »Das habe ich immer erwartet.«[161]

September 1942. Endlose Siegesmeldungen und Dauerbeflaggung an den Häusern. Die Nationalsozialisten waren auf dem Höhepunkt ihrer Macht. Ganz Europa schien von ihnen unterworfen. Die Schlacht bei Stalingrad war noch nicht geschlagen.

Würde die Witwe Benjamin, geborene Lange, die Mutter eines Halbjuden, gegen die Nazis auftreten, sie würde ein schlechtes Ende nehmen, wie alle Feinde des großdeutschen Reiches. Die Gestapo behielt sie im Auge. Sie war Kommunistin. Wehe, wenn sie es wagen sollte, illegal zu arbeiten.

Hilde Benjamin wagte trotzdem viel. Sie besuchte weiter ihre jüdischen Freunde. Schon seit einem Jahr mußten Juden deutlich sichtbar den gelben Stern an ihrer Kleidung tragen. Arier hatten sich jeden Kontakts zu Juden zu enthalten. Auf Verstöße gegen diese Anordnung konnten strenge Strafen verhängt werden, in schweren Fällen die Deportation in ein KZ.

Hilde Benjamin besuchte die Rosenbergs, hielt Kontakt zu Edith Fürst. Diese hatte inzwischen den jüdischen Strafgefangenen Emanuel Bruck im Gefängnis geheiratet. Auch Edith erhielt die Nachricht, daß ihr Mann im KZ gestorben war. Sie arbeitete immer noch in der jüdischen Kinderkrippe Auguststraße.

Ende Oktober 1942 wurden die Angestellten der Jüdischen Gemeinde dann plötzlich in die Oranienburger Straße gerufen. Sie mußten sich aufstellen. Die Gestapo schritt die Reihen ab und bestimmte durch Fingerzeig, wer beiseite treten mußte. Edith war unter den Ausgesuchten und erfuhr, daß sie in Kürze abtransportiert werden würde. Ihre Freunde überredeten sie, sich zu verstecken. Eine dieser Freunde war Hilde Benjamin. Sie brachte ihr in die wechselnden Verstecke Lebensmittel. Mit Hilfe eines gefälschten Ausweises verschaffte sich Edith Bruck eine neue Identität. Hilde Benjamin vermittelte sie als Hausangestellte an das Ehepaar Knoblauch. Die Knoblauchs verließen später ihre Wohnung, aber Edith blieb dort und fand eine andere Arbeitsstelle.

Hilde Benjamin wußte immer von ihren Verstecken und brachte sie mit dem Gefängnispfarrer Poelchau zusammen. Der kannte ihre wahre Identität und stellte sie als seine Hausangestellte an. Edith hieß nun Gertrud Heß. Sie traf sich weiter mit Hilde Benjamin, die ihre Briefe, Bilder und Aufzeichnungen im Keller in Steglitz versteckte. So blieben die Dokumente erhalten. Bis zum 19. November 1944 konnte sich Edith Fürst-Bruck versteckt halten. Dann standen Greifer vor ihrer Wohnungstür. Sie wurde in das Gestapo-Gefängnis Schulstraße gebracht. Wenige Tage später kam sie in das Frauen-KZ Ravensbrück. Sie überlebte.

Ob Hilde Benjamin und Edith Fürst-Bruck sich später noch einmal gesehen haben, ist unbekannt. Edith Fürst wollte gegenüber der Historikerin Scheer nicht über die Justizministerin Benjamin sprechen. 1990 hat sie auf die Frage, wer Hilde Benjamin für sie war, geantwortet, sie sei die Gefährtin, die ihr das Leben rettete, als fast alle anderen sich abgewandt hatten, die Frau Georg Benjamins, der fast am selben Tag in einem Lager starb wie ihr Mann. Und vor allem die Mutter Mischas, des Jungen, den sie in ihr Herz geschlossen hatte.[162]

Ediths Papiere kamen nach ihrer Verhaftung in das gleiche Versteck wie die Manuskripte von Gertrud Kolmar, die Hilde Benjamin Anfang 1943 vor dem Zugriff der Nazis in Sicherheit gebracht hatte.

Von Finkenkrug hatte Gertrud Kolmar mit ihrem alten Vater nach Schöneberg in die Speyererstraße ziehen müssen. Ein Judenhaus. Dort traf Hilde Benjamin sie wieder. Onkel Ludwig, wie der Justizrat Chodziesner in der Familie hieß, war nicht mehr der starre Autokrat, den sie von früher kannte. Ein alter, aber ungebrochener Mann. Und Gertrud.

»Eine neue Frau, freundlich und aufgeschlossen«,[163] begegnete ihr. Sie war nicht mehr weltabgewandt, wie Hilde Benjamin schrieb, sondern den Tagesfragen gegenüber offen, den politischen wie den materiellen. Gute Stunden des Zusammenseins verlebten die Frauen, wo gemeinsam Reden und Schweigen möglich war. Gertrud Kolmar bangte mit bei den letzten, illegalen Zusammenkünften mit Georg. Die Nachricht von seinem Tod traf sie tief. Als der einundachtzigjährige Ludwig Chodziesner sein Bündel für Theresienstadt packen mußte, war Hilde gerade zu Besuch. In einer ersten Testamentsverfügung hatte er sie sogar als Erbin eingesetzt.

Ein deutliches Zeichen, wie eng der Kontakt in den letzten Jahren geworden war. Gertrud Kolmar wurde zur Zwangsarbeit in einer Fabrik verpflichtet, hatte kaum noch die Kraft, Gedichte zu schreiben. Die Frauen trafen sich abends in Gertruds Zimmer. Hilde wußte, daß Gertrud ihr Ende voraussah. Sie war innerlich schon auf ihren Tod eingerichtet.

Eines Tages im März 1943 stand Hilde Benjamin mit Mischa vor der Tür der Wohnung Speyererstraße. Sie klopfte, sie klingelte. Nichts. »Laß uns gehen«, sagte der Junge und zog sie in Richtung Treppe. Dann öffnete sich die Tür gegenüber einen Spalt breit. Eine Nachbarin. »Gehen Sie, Frau, hier ist nichts mehr. Abgeholt. Sie wissen ja.« Die Tür schloß sich lautlos wieder. Unnötig, zu klingeln, nach mehr zu fragen. Man wußte in Berlin Bescheid. »Abgeholt.« Die Menschen verschwanden, und keiner fragte nach.

Doch Hilde Benjamin erkundigte sich. Im Kreis ihrer Freunde wurde noch gefragt. Leise, an unverfänglichen Treffpunkten, unter den engsten Vertrauten, gab man die schlimmsten Nachrichten weiter. Sie erfuhr von der »Fabrikaktion«. Die Gestapo hatte zwischen 27. Februar und 6. März die Betriebe militärisch abgeriegelt, die Lastwagen mit laufenden Motoren warteten auf dem Hof. Die jüdischen Männer und Frauen wurden in ihren Arbeitskitteln auf die Ladeflächen getrieben und zum Bahnsteig Grunewald gekarrt. Wenige Tage verbrachten sie in einem Sammellager. Am 2. März dann die Deportation nach Auschwitz. Eine Karteikarte im Berliner Landesarchiv mit dem Namen Gertrud Kolmar bestätigte ihren Tod in Auschwitz. »Osttransport v. 2.3.43, erl. Nr. 179.«[164]

Wochen vorher hatte sie Mischa einen Hund geschenkt. Der gläserne Hund war Symbol ihrer Liebe zu Hunden, die sie als Jüdin nicht mehr halten durfte. Hilde Benjamin charakterisierte später Gertrud Kolmar mit den Worten: »Große Stille und zugleich innere Unruhe. Dunkel, aber nicht düster. Hinter einer Mauer von Unscheinbarkeit und Sonderlichkeit. Dunkle, warme Farben um sie herum. Herb, aber von milder Bitternis. Kühl, aber niemals kalt.«[165]

Die Frauen hatten einander schätzen gelernt, vertrauten sich. Bald nach dem Tod des Vaters übergab Gertrud ihrer Freundin ein Paket mit Manuskripten. Hilde nahm sie als Vermächtnis, ungelesen. Zusammen mit den Briefen und Papieren ihres Mannes hat sie sie verpackt und verwahrt.

Erst als sie Anfang der siebziger Jahre an die Georg-Benjamin-Biographie ging, nahm sie die Gedichte und letzten Prosatexte von Gertrud Kolmar erneut in die Hand. Warum erst so spät? Vielleicht kann das weitere Leben der Benjamin Antwort auf diese Fragen geben.

Hilde Benjamin war in jenen Jahren eine der ganz wenigen, die jüdische Menschen aktiv unterstützte. Tat sie dies auf eigene Faust, ohne Organisation und Anweisung? In den veröffentlichten Dokumenten findet sich kein Hinweis auf einen festen organisatorischen Zusammenhang mit illegal arbeitenden Gruppen. Michael Benjamin schrieb, daß »private Kontakte« und »organisierte Zusammenarbeit« in der damaligen Zeit schwer zu trennen waren. Seit der Verhaftung des Vaters hätte es keine Zugehörigkeit zu einer großen, illegalen Widerstandsorganisation gegeben. Kontakte gab es unter den Frauen der Häftlinge. Sie trafen sich regelmäßig, tauschten Neuigkeiten aus, halfen einander. Auch die Kinder entwickelten Freundschaften, die, wie mit der Familie Wüste, ein Leben lang anhielten. Die »Zeltgemeinschaft Schmalenberg«, von der schon die Rede war, reihte er in diese Art der Kontakte ein und erinnerte sich, daß er manchmal aus dem Zimmer geschickt wurde, was ihn selbstverständlich als Kind sehr geärgert hat. Er vermutete, daß es in diesen Fällen um Details der illegalen Hilfe gegangen war, unter anderem die Herstellung eines falschen Ausweises für Edith Fürst-Bruck.[166] Wahrscheinlich war es Hilde Benjamins tiefsitzender Gerechtigkeitssinn, der sie in dieser Situation, auch ohne Anleitung und Parteibefehl, dazu brachte, denen zu helfen, die sonst mit keinerlei Hilfe rechnen konnten: den rechtlosen Juden. Und es trieb sie ihr Wunsch, wenn sie schon Georg nicht hatte helfen können, wenigstens seine Leidensgenossen zu unterstützen.

Doch 1951 nahm Hilde Benjamin in einem internen Lebenslauf für die SED zu ihrem Verhältnis zur Partei nach Georgs Tod Stellung und schrieb: »Aber auch nach seinem Tod tat ich nichts, um Anschluß an organisierte Arbeit zu finden. Ich muß zugeben, daß ich nun die Sorge um meinen Jungen – Mischling – voranstellte, also letzten Endes Persönliches über die Partei stellte. Wenn ich

117

jetzt in aller Ehrlichkeit zurückdenkend überprüfe, ob mich diese Sorge auch abgehalten haben würde, einen Auftrag, den man mir erteilt hätte, zu übernehmen, dann kann ich mit Sicherheit nein sagen. Aber von selbst habe ich nichts zur aktiven Arbeit getan.«[167]

Diese Art »Selbstkritik« ist angesichts der mutigen Aktivitäten von Hilde Benjamin schwer verständlich. Die menschlichste Regung der Welt – den eigenen Sohn zu schützen – wird mit der politisch-ideologischen Elle gemessen und gerät in Widerspruch zur Parteiverpflichtung. Im gleichen, internen Lebenslauf schrieb Hilde Benjamin: »Mein Mann, der seit 1922 der KPD angehörte, gewann auf meine politische Entwicklung entscheidenden Einfluß, so daß ich 1927 in die KPD eintrat. Es ist allerdings zu sagen, daß meine Bindung an die Partei sehr stark durch die Bindung an ihn ging. (…) Wenn ich auch, seitdem ich allein war, also seit 1936, Schritt für Schritt – notgedrungen – politisch selbständiger und von meinem Mann unabhängiger wurde, so stand ich auch nach 1945 noch lange unter dem Eindruck, daß ein großer Teil des Vertrauens, das die Partei mir entgegenbrachte, zurückzuführen war auf Georg Benjamin.« Und am Ende des Lebenslaufs das nonnenhafte Bekenntnis: »Jetzt steht die Partei in meinem Leben an erster Stelle. Es gibt keine Bindung, keine Beziehung, die dem vorginge.«[168]

Vielleicht kommt in dieser quälenden, selbstgeißelnden Betrachtung ein wichtiges Element ihres später manifesten Dogmatismus zum Vorschein. Daß in Hilde Benjamins Leben die Partei und die Liebe zu ihrem Mann unauflöslich miteinander verstrickt waren und sie lebenslänglich darunter litt, den Tod ihres Mannes nicht doch noch irgendwie verhindert zu haben. Eine tiefsitzende Scham, überlebt zu haben, sie, die als Parteigenossin doch nur die »relative Genossin« war, das Geschöpf des großen Georg.

Fast drei Jahre mußte Hilde Benjamin nach dem Tod ihres Mannes noch bis zum Ende der Nazi-Herrschaft durchhalten. Eine lange Zeit, wenn man den Ausgang nicht kennt. Es kamen die Bombennächte, das Schulverbot für Mischa, die tägliche Unsicherheit, die Durchhalteparolen und die blutige Hatz auf die Frauen und Männer des 20. Juli 1944. Seit der Niederlage der deutschen Armee im Kessel von Stalingrad wußte Hilde Benjamin, daß dieser Krieg früher oder später das Ende haben würde, das sie ersehnte.

Hilde Benjamin als Hauslehrerin: Mutter und Sohn in Steglitz,
um 1944

Walter Lange kaufte 1942 für seine Tochter ein Grundstück in
Brieselang. Ein verträumtes Dorf, eine Bahnstation hinter Finkenkrug, im Havelland gelegen. Dort draußen luden die Bomber
selten ihre Last ab. Das Grundstück war anfangs unbebaut. Hilde
Benjamin, die sich zur Sicherheit weiterhin meist Lange nannte,
hauste mit ihrem Sohn im Zelt. Sie beackerten den Garten. In den
Bombensommern der letzten beiden Kriegsjahre wohnten Mutter
und Sohn häufig dort, zeitweise auch mit Ruth und Paul Rosbaud. Sie zimmerten sich eine Gartenlaube, konnten dort einigermaßen sicher leben. Auch die gefährlichen Papiere, Georgs Briefe,
Gertruds Manuskripte, die Bilder und Aufzeichnungen von Edith
Fürst, verwahrte sie im letzten Kriegsjahr in der Laube.

Das Grundstück Brieselang gehörte Hilde Benjamin bis zu
ihrem Tode. Häufig verbrachte sie dort ihre Wochenenden. Zu
DDR-Zeiten wird man Gartengrundstücke mit Laube nach russi-
schem Vorbild »Datsche« nennen. Hilde Benjamin hielt lieber am
alten Namen Laube fest.

Michael, der Zehnjährige, durfte 1942 trotz bester Zensuren kein Gymnasium in Berlin mehr besuchen. Laut Verordnung vom 2.7.1942 waren »Mischlinge ersten Grades ... nicht mehr in ... höheren Schulen aufzunehmen«.[169]

In Steglitz führte Herr Bollmann eine Privatschule, die die vom Staat ausgegrenzten und abgeschobenen Schüler aufnahm, bis die Bombenangriffe einen regelmäßigen Schulbesuch unmöglich machten. Michael blieb zu Hause, und seine Mutter unterrichtete ihn. Sie regte ihn vielfältig an, selbständig zu lernen und die Zeit zu nutzen. Sie bestellte ihm Lehrbriefe für den Unterricht in Altgriechisch (unter ihrem Mädchennamen, um bei dem Institut nicht mit einem »jüdischen« Namen aufzufallen). Wenn Mischa die schriftlichen Aufgaben per Post ablieferte, hat sich Hilde Lange manchmal für die »infantile« Handschrift ihrer Niederschriften entschuldigt. Sie hätte in Eile und während der Angriffe im Keller arbeiten müssen.[170] Die meisten Dinge lernte der Junge selbständig. Besonders Mathematik. Das war nicht ihre Stärke. Zusammen lasen sie die klassischen Dramen und Romane der Weltliteratur. Auch in Geschichte, Erdkunde und Deutsch konnte er seine Mutter immer fragen. Sie gab ihm vor allem nützliche Hinweise zum Selbststudium. So jedenfalls erinnerte sich der Professor 1995 an seinen Hausunterricht. Seine Mutter habe ihm entscheidende Anregungen in seinem Leben gegeben, ihn ermutigt, das zu tun und zu lernen, was er selbst für richtig hielt, ihn weder geschulmeistert noch gegängelt.[171] Die Lernmethode hatte offenbar Erfolg. Michael Benjamin bestand 1948 mit 16 Jahren auf dem Heese-Gymnasium in Steglitz glänzend sein Abitur.

Kriegsende in der Düntherstraße.

Die ganze Stadt war auf Hungerrationen gesetzt, Rapskuchen galt als neue Spezialität, Rüben und Melasse, einst Viehfutter, wurden von der Presse als eßbar angepriesen. Die Bevölkerung sollte Wurzeln sammeln, Eicheln, Pilze und Klee. In der verbrannten Erde zwischen den Trümmern wuchs kaum noch etwas. Auch Anleitungen zum Froschfang druckten die Zeitungen ab. Goebbels rief zum »letzten«, zum »allerletzten« Gefecht auf, pries die Heldentaten der jugendlichen Wehrwölfe. »Das Volk steht auf, der Sturm bricht los«, schallte es aus den Volksempfängern. Bäume wurden gefällt, als letztes Heizmaterial von den Straßen zusammengerafft. Nur wer dringend weiter mußte oder kein eigenes Dach über dem Kopf hatte, ging noch nach draußen. Die großen Straßen Berlins waren unpassierbar, ausgebrannte Straßenbahnwaggons als Panzersperren. Fahrzeugwracks lagen quer über den Schienen. Dazwischen liefen hungrige Gestalten. Berlin war von der Roten Armee eingekesselt.

Kein Volk stand auf, kein Sturm brach los.

Im Keller in der Düntherstraße saßen Walter und Adele Lange mit ihrem Enkel Michael und den beiden Töchtern Ruth und Hilde. Sie wußten gut über den Frontverlauf Bescheid, hatten immer BBC gehört. Paul Rosbaud hatte sie auf dem laufenden gehalten. In wenigen Tagen würde das Morden zu Ende sein.

Die Rote Armee kämpfte sich auf das Stadtzentrum Berlins zu. Eine Woche hausten die Menschen schon unter der Erde. Für alle Mieter des Hauses Düntherstraße gab es einen gemeinsamen Luftschutzkeller mit zweistöckigen Pritschen. Dort schliefen Ruth Lange und Hilde mit Sohn. Jede Mietpartei hatte außerdem noch einen eigenen Keller, in dem auch gekocht wurde. Dort schliefen die Großeltern. Nur ab und zu gab es Wasser. Zum Kochen war nicht mehr viel da, die Vorräte fast aufgebraucht.

Das Artilleriefeuer, das auch im Keller fast ständig zu hören war, verstummte am 22. April plötzlich. Ein mutiger Hausbewohner wagte sich hinaus, kam mit der Nachricht zurück: »Die russischen Panzer fahren auf der Schloßstraße.«[172]

Von Freudentränen kann Michael Benjamin nicht berichten. Sie waren alle erschöpft von dem tagelangen Leben im Keller. Er erinnert sich nur noch, daß seine Großmutter an diesem Tag der Blockwartsfrau gehörig die Meinung sagte. Das hat ihm gefallen.

In den nächsten Tagen standen die Menschen beim Bäcker Schlange. Es gab Weißbrot. Eine Köstlichkeit, die nach den Hungerrationen der letzten Kriegswochen völlig überraschend war.[173]

Wie meistens in der Geschichte sind die großen historischen Stunden erst im nachhinein die großen. Wer sie erlebt, kümmert sich um das Nächstliegende und staunt über das, was plötzlich anders ist. Zur neuen Normalität gehörte, daß es Weißbrot gab, die Verdunkelung entfiel und die Kinder sich wieder auf die Straße trauen durften.

Teil II
1945–1989

Neubeginn mit
sowjetischem Auftrag

Oberstaatsanwältin und Kaderleiterin
1945–1949

Das zweite Leben der Hilde Benjamin begann am 12. Mai 1945 um die Mittagszeit mit lautem Pochen an der Wohnungstür. Ein Bote des Bezirksbürgermeisters ließ Frau Benjamin ins Rathaus holen.[174] Es war eilig. Der sowjetische Kommandant wünschte sie zu sprechen.

Sie lief durch aufgebrochene Straßen und an zerstörten Häusern vorbei zum Rathaus an der Schloßstraße. Was wollte der Kommandant von ihr, welchen Auftrag würde er ihr geben? Hilde Benjamin hatte schon Tage vorher Kontakt zum Bezirksbürgermeister Marquardt aufgenommen und ihre Mitarbeit angeboten. Sie hatte keinen Zweifel, daß sie einen wichtigen Auftrag erhalten würde. Endlich wurde sie wieder gebraucht.

Zwölf Jahre war sie zur politischen Untätigkeit verurteilt gewesen, hatte im Verborgenen gelebt und auf eine ungewissse Zukunft gewartet. Jetzt endlich würde sie mitgestalten können und ein anderes, ein neues Deutschland aufbauen, Krieg und Faschismus überwinden, die nationalsozialistischen Täter bestrafen und den Opfern Genugtuung widerfahren lassen.

Höflich wurde sie vom Kommandanten empfangen. Auf den Dolmetscher konnte sie verzichten. Sie verstand und sprach ausgezeichnet Russisch, wie der Kommandant ihr mehrfach mit wortreichen Komplimenten versicherte. Was sie tun sollte, entsprach ganz ihren Erwartungen: das Gericht im Bezirk Steglitz-Lichterfelde neu organisieren.

»Ich erinnere mich noch sehr gut daran, mit welcher Begeisterung ich an die Lösung dieser Aufgabe ging – und daß dieser Auftrag mich eigentlich nicht überraschte: denn nun begann das, wofür wir die vergangenen zwölf Jahre gekämpft, worauf wir uns in den letzten Monaten innerlich vorbereitet hatten«,[175] schrieb Hilde Benjamin später in ihren Erinnerungen.

Gerade gestern war sie vom mühseligen Schlangestehen beim Bäcker nach Hause gekommen und hatte ihrem Sohn begeistert von dem Stalin-Wort auf einer Ruinenmauer erzählt. Der Junge war gleich zur Schloßstraße hochgelaufen, um mit eigenen Augen zu sehen, was mit weißer Farbe dort angeschrieben stand: »Die Hitler kommen und gehen, aber das deutsche Volk bleibt.«

Die Berliner Bevölkerung, zwölf Jahre lang erzogen mit anti-kommunistischen Horrorgeschichten von grausamen, menschenschlachtenden Bolschewiken, versetzte dieser Satz in den ersten Nachkriegstagen in ungläubiges Erstaunen. Stalins siegreiche Soldaten stellten inmitten der eroberten Stadt, am Landsberger Platz, der später Leninplatz heißen würde, das erste Propaganda-Schild auf.[176] Eine riesengroße Holztafel mit dem Porträt des Generalissimus begrüßte das deutsche Volk mit dem gleichen Spruch, den unbekannte Aktivisten bereits Tage zuvor in Steglitz an die Mauer geschrieben hatten. In den folgenden Monaten wurde der Text in gereimter Form unzählige Male als Beweis der Güte und Weisheit des sowjetischen Regierungs- und Parteichefs gepriesen.

»Die Hitler kommen, die Hitler gehen,
aber das deutsche Volk bleibt bestehen.«

Sätze wie diese beflügelten Hilde Benjamins Hoffnungen. Stalin ermunterte die Deutschen, ihr Land neu aufzubauen, und die örtlichen Kommandanten beriefen die Gutwilligen, die Unbelasteten, die Antifaschisten und ehrlichen Demokraten zur Mitarbeit. Eine Republik des Friedens würden sie schaffen, zupacken und das Land neu gestalten.

Und Hilde Benjamin packte zu. Bis Montagmittag war der Auftrag des Kommandanten zu erledigen, Richter und geeignete Räume zu finden. Ausgebildete Juristen sollten es sein, keiner Nazi-Partei oder Organisation angehörig.

Tags darauf ging sie durch den warmen Maitag nach Lichterfelde, um zu sehen, ob das Amtsgericht noch intakt war. »Genossin Benjamin« hatte der Kommandant sie genannt. Das Wort klang seit gestern in ihr nach. Den Weg zum Gericht kannte sie seit langem. Schon als Referendarin hatte sie dort gearbeitet. Jetzt glich die Umgebung teilweise einer Mondlandschaft. Sie mußte über Schutthaufen klettern und Bombentrichter umgehen. Ein mühsamer Weg. Doch das Gerichtsgebäude war unzerstört. Ein Verwalter ließ sie bereitwillig ein, erbot sich, ihr zu helfen. Sie fragte, ob ihm Richter im Bezirk bekannt wären, und bekam die verwunderliche Antwort: »O ja, die Herren haben sich ja jeden Tag eingetragen.«[177]

Die Erklärung für diese Auskunft war einfach und absurd zugleich. Berlin stand in Flammen, die Rote Armee besetzte die Hauptstadt – und die deutschen Richter folgten Tag für Tag treu der Anordnung ihres Kammergerichtspräsidenten, sich im Falle, daß sie die Dienststelle nicht erreichen konnten, unverzüglich bei einem nahegelegenen Gericht zu melden. So waren die Herren täglich brav »zum Dienst« erschienen, hatten sich in eine Liste eingetragen und waren unverrichteter Dinge wieder abgezogen.[178] Sie werden in preußischer Beamtenmanier gedacht haben: Mag das Dritte Reich untergehen, die deutsche Justiz bleibt bestehen.

Hilde Benjamin, seit zwölf Jahren mit Berufsverbot belegt, konnte über das Verhalten der »Kollegen« nur den Kopf schütteln. Anpasser und Unterwürfige, die blind den Befehlen von oben gehorchten, konnte sie für den Auftrag des Kommandanten nicht gebrauchen. Sie ließ sich die Listen über die Parteimitgliedschaft des Personals geben, forschte nach. Beim Pförtner, bei den Schreibkräften. Einige Unbelastete fand sie. Die hatten sich als Vormundschafts- und Grundbuchrichter von der Nazi-Rechtsprechung weitgehend ferngehalten. Sie ließ die Männer holen, befragte sie, überprüfte ihre Angaben. Am Montag stellte sie die Herren dem örtlichen Kommandanten vor.

»Und ich sehe mich noch heute unter allgemeiner Aufmerksamkeit mit einer Gruppe älterer Männer auf dem Wege zur Kommandantur«,[179] schrieb sie 1959. Es war ein aufsehenerregender Zug, der sich da durch Steglitz bewegte. Voneweg die kleingewachsene Frau Anfang Vierzig, mit dunklem Faltenrock und weißer Bluse, die Haare streng nach hinten gekämmt, mit erhobenem Kopf, und hinter ihr, mehr stolpernd als gehend, Männer in abgetragenen Anzügen, mit verstörtem Blick, als gingen sie zu ihrer eigenen Verurteilung. Die von Hilde Benjamin Vorgeschlagenen wurden überprüft, einige ausgesucht. Am 14. Mai 1945 konnte das Bezirksgericht Steglitz-Lichterfelde mit drei neu ernannten Richtern die Arbeit beginnen. »Und Sie sind der Staatsanwalt«, sagte der Kommandant.[180] Sie nahm den Auftrag sofort an. Es erschien ihr selbstverständlich, daß »der Rechtsanwalt, der Arbeiter gegen die Weimarer Reaktion verteidigt hatte, nun Staatsanwalt zur

Verteidigung des neuen, werdenden Staates war, wenn sich uns auch das Wesen und der Weg dieses neuen Staates noch keineswegs klar abzeichneten«.[181]

Die Staatsanwaltschaft hatte als »Hüterin der Gesetzlichkeit« in der Sowjetunion eine wesentlich stärkere Stellung als in Deutschland. Deshalb war es nicht erstaunlich, daß die Sowjets die einzige Kommunistin mit juristischer Kompetenz in dieses Amt beriefen. Doch soll der Kommandant Hilde Benjamin besorgt gefragt haben: »Werden die alten Männer Ihnen denn gehorchen?«[182]

Noch wußte Hilde Benjamin nicht, daß ähnlich wie in Steglitz in allen Bezirken Berlins Gerichte eingesetzt worden waren. Zwei Tage später fuhr sie zusammen mit den neu ernannten Richtern durch das zerschossene und rauchende Berlin in Richtung Lichtenberg. Im Amtsgericht des Bezirks kamen auf Befehl der sowjetischen Militärverwaltung Richter und Staatsanwälte aus allen Berliner Bezirken zusammen. General Bersarin, »den man nach Lage der Dinge als obersten Gerichtsherrn Berlins ansehen mußte, eröffnete den Erschienenen, daß der schon schüchtern begonnene Aufbau der Justiz in Berlin nun offiziell und mit aller erdenklicher Kraft zu betreiben sei«.[183]

In ähnlicher Weise wurde in diesen Tagen auch der Berliner Magistrat aus Vertretern aller politischen Kräfte gebildet, die die Sowjetische Militäradministration in Absprache mit der Gruppe Ulbricht für demokratisch hielt.

Die Gruppe Ulbricht[184] war am Tag des Sieges der Roten Armee in einem sowjetischen Flugzeug östlich von Berlin gelandet. Sie bestand aus zehn sorgfältig ausgewählten Kommunisten, die die Nazi-Zeit in Moskau verlebt, besser, überlebt hatten. Sie waren durch die harte Schule des russischen Exils gegangen. Einige Jüngere wie Wolfgang Leonhard kamen von einer der Eliteschulen Stalins, andere waren schon in der Weimarer Zeit führende Kommunisten in Deutschland gewesen. Dazu gehörte der Chef selbst, Walter Ulbricht, ebenso wie Karl Maron, Otto Winzer und Hans Mahle. In der späteren DDR bekleideten diese stalinistisch gestählten Kader wichtige Posten.

Walter Ulbricht sandte in den ersten Wochen seine Boten aus, um parteilose und demokratische Männer und Frauen zur Mitarbeit am Wiederaufbau Berlins zu gewinnen, ähnlich wie Hilde Benjamin dies für die Gerichtsbarkeit in Steglitz praktiziert hatte.

Dem Stadtkommandanten von Berlin stellte Ulbricht am 12. Mai die Ausgewählten vor. Das Prinzip des neuen Aufbaus war lange in Moskau vorausgedacht worden. Ulbricht umriß es mit dem berühmt gewordenen Satz:

»Es muß demokratisch aussehen, aber wir müssen alles in der Hand haben.«[185] Konkret bedeutete das: Der Oberbürgermeister oder Bezirkschef war meist ein parteiloser Demokrat. Wichtig waren die Stellvertreterposten für Personalfragen und Volksbildung sowie der Polizeichef. Das wurden in dieser Phase die entscheidenden kommunistischen Machtpositionen.[186]

Unter den ehemaligen Mitgliedern der KPD – am 11. Juni erschien der Aufruf zur Neugründung der KPD – waren für Ulbricht nicht alle gleich vertrauenswürdig. Als ganz besonders zuverlässig galten ihm die Sowjetemigranten. Sie stellten die Mehrheit des neuen Zentralkomitees. Lediglich zwei Führer der neuen KPD hatten die NS-Herrschaft in Deutschland überlebt, Ottomar Geschke und Hans Jendretzky. Die Widerstandskämpfer und Überlebenden aus Nazi-Deutschland waren Ulbricht jedoch suspekt. Sie hatten über lange Zeit selbständig in der Illegalität kämpfen müssen, kannten keine Unterordnung unter den Tagesbefehl einer Zentrale, dachten anders als die in Moskau erzogenen Genossen, förderten den Gedanken einer einheitlichen Arbeiterpartei mit der SPD, hatten in den Konzentrationslagern und Zuchthäusern von einem eigenständigen deutschen Weg zum Sozialismus geträumt.

Hilde Benjamin, die sofort wieder Mitglied ihrer Partei wurde, galt bei der neuen Führung auch nicht als zuverlässige Kraft. Ihr Mann war im KZ ermordet worden, aber sie selbst war weder im Gefängnis noch im KZ gewesen. Außerdem war sie eine Studierte, die Tochter eines Fabrikanten. Ihre Lebensdaten enthielten für die neue Führungsriege wenig Pluspunkte. Deshalb war ihr eine Position im zukünftigen Machtapparat nicht von vornherein sicher.

Andererseits besaß sie wahrscheinlich im besonderen Maße das Vertrauen der sowjetischen Militärverwaltung. Ihre Sprachkenntnisse und ihre hervorragende Arbeit bei der Handelsvertretung zu Anfang der Nazi-Herrschaft qualifizierten sie bei der Besatzungsmacht.

In dankbarer Erinnerung an ihre Förderer schrieb Hilde Benjamin über die Anfangsphase des Justizlebens: »Ich weiß nicht, ob damals oder später überhaupt allen Beteiligten klargeworden ist, was es bedeutet, daß zwei Wochen nach der Kapitulation der Sieger dem Besiegten ein solches Vertrauen aussprach, daß er ihm unter eigener Verantwortung die Gerichtsbarkeit übertrug. Und ich muß sagen, daß in der Rückerinnerung es mich zugleich immer wieder beschämend berührt, daß keiner von uns die Worte gefunden hat, um den sowjetischen Freunden dies auszudrücken.«[187]

Hilde Benjamin arbeitete in diesen ersten Monaten der Nachkriegszeit nach eigenem Bekunden »wie im Rausch«. Keiner fragte nach der Arbeitszeit, es galt, »etwas Neues zu schaffen und daß es nicht einfach anging, da anzufangen, wo 1933 aufgehört worden war«.[188]

Das Neue, das sie anstrebte, konnte sich nur langsam herausbilden. Richter, die dem Volke verpflichtet waren, eine Gerichtsbarkeit, die die Faschisten bekämpfte und die Gutwilligen förderte. Der Marxismus lehrte, daß nach der Niederringung der Klassenfeinde der Staat absterben und die Justiz nur noch Regelungsfunktionen in einer gerechten, weitgehend konfliktarmen, sozialistischen Gesellschaft zu spielen hätte. Ein Utopia angesichts der vom Nazismus verseuchten Menschen. Das wußte Hilde Benjamin. Vor diesem ideologischen Hintergrund unterstützte sie jeden kleinen Schritt weg von den alten Strukturen und Fesseln der bürgerlichen Justiz. Eine sozialistische Gesetzlichkeit wollte sie schaffen, von den entwickelten Strukturen der Sowjetunion lernen. Nach ihrer Meinung hatten die Revolutionäre in der Sowjetunion vorgemacht, wie der alte Justizapparat zerschlagen und durch ein neues System ersetzt werden konnte. Diesem Vorbild galt es nachzueifern.

Begeistert begrüßte Hilde Benjamin die ersten Ansätze einer provisorischen Gerichtsorganisation, die mit Hilfe der Sowjets in Berlin zustande kam. Die Einzelgerichte bekamen umfassende Kompetenzen. Amtsgerichte urteilten über alle Straf- und Zivilsachen, unabhängig von der Schwere des Verbrechens oder der Höhe des Streitwertes. An allen Urteilen wirkten Schöffen mit, die von den Bezirksverwaltungen und den Antifaschistischen Ausschüssen (eine Art von Bürgerkomitees der ersten Stunde) ausgewählt waren. Tiefen Eindruck hinterließ bei ihr ein Besuch in Brieselang, der Gemeinde ihrer Wochenendlaube, im Juli 1945. »Ich kannte den Ort, und an dem Haus, in dem früher die Sparkasse war, entdeckte ich ein Schild: Gericht. Ich ging hinein. Auch hier war vom örtlichen Kommandanten ein Gericht eingesetzt worden, das mit einem Richter, einem Sekretär und einem Staatsanwalt besetzt worden war. Ich besitze noch heute ein Verzeichnis über die Tätigkeit dieses Gerichts, das bis Ende 1945 Recht sprach und in seinem Bereich für Ordnung sorgte. Da bestrafte man Felddiebstähle, Arbeitsbummelei oder Sachbeschädigung mit Strafen wie: Verweis, öffentlichem Aushang der Strafe oder auch mit Freiheitsstrafen. Da gab es Entscheidungen wie: Gartentür ist zu reparieren; da wurden Vormundschafts- und Famlienrechtsangelegenheiten geregelt und in Ordnung gebracht. Und wie in Brieselang gab es in vielen Orten solche Gerichte, die auch schon selbständig mit der Bestrafung von Nazi-Verbrechern begannen.«[189]

Bei der Entwicklung der neuen, »sozialistischen Gesetzlichkeit« wird Hilde Benjamin dieses Dorf Brieselang immer vor Augen haben: Rechtsprechung als pädagogische Maßnahme.

Die Amtsgerichte konnten eine Zeitlang sogar Todesstrafen verhängen. Lobend erwähnte Hilde Benjamin in diesem Zusammenhang ihren Kollegen Melsheimer. Unter seiner Regie war ein Mann aus Friedenau zum Tode verurteilt worden, weil er noch in den letzten Stunden des Krieges einen Widerstandskämpfer ermordet hatte.

Wahrscheinlich lernte Hilde Benjamin ihren Kollegen Melsheimer, den späteren Generalstaatsanwalt der DDR, auf einer der ersten Justizkonferenzen der sowjetischen Militärverwaltung persönlich kennen.

Die ersten Strafsachen, die Hilde Benjamin als Staatsanwältin im Amtsgericht Steglitz verhandelte, richteten sich gegen Menschen, die das Chaos der ersten Nachkriegswochen brutal ausnutzten, um ihre eigenen Vorteile zu sichern. Sie führte die Anklage gegen Marodeure, die sich mit falschen Vollmachten ausstatteten und Eigentum anderer Menschen beschlagnahmten, gegen Jugendliche, die die Raubzüge des letzten Kriegswinters fortsetzten, gegen Plünderer der Krankenhäuser, die wertvolle und rare Medikamente und Verbandstoffe an sich rafften, um sie zu Wucherpreisen auf dem Schwarzmarkt zu verkaufen.[190]

Hilde Benjamin richtete auch eine Bürgersprechstunde im Rathaus ein. Dort konnten die Menschen sich zweimal in der Woche von 17–18 Uhr Rat holen und über die neue Rechtssituation informieren. Wie sie selbst sagte, lag ihr nichts an Bestrafung, sondern an Aufklärung und Umerziehung der Menschen. Das Angebot sprach sich herum, immer mehr Bürgerinnen und Bürger suchten das Rathaus auf. Manche Frau kam weinend zu ihr, weil der Sohn bei einem Diebstahl erwischt und in Haft genommen worden war, andere beklagten die Einweisung von Wohnungslosen in ihre Stuben, den Verlust ihrer Habe, fragten nach Recht und Gerechtigkeit. Die einen waren verzweifelt über die anarchischen Zustände, die anderen erleichtert über die aufkeimenden neuen Verhältnisse. Hilde Benjamin mahnte und erklärte, beruhigte und ermunterte. Oft wußte sie selbst nicht genau, welche der alten Paragraphen noch Geltung hatten, welchen Anordnungen der Militärverwaltung Gesetzeskraft zukam. Aber das beunruhigte sie nicht besonders. Sie wollte den Menschen klarmachen, daß eine neue Zeit angebrochen war, die neues Denken erforderte. »Und was meinen Sie selbst, wie Ihr Problem geregelt werden sollte?« war eine ihrer beliebten Fragen an die erstaunten Besucher, die von ihr feste Anordnungen und Paragraphen erwarteten.

Der sozialdemokratische *Vorwärts* schrieb damals über Hilde Benjamin: »Sie war die erste Staatsanwältin, die bereits Mitte Mai 1945 am Aufbau des Amtsgerichts Lichterfelde-Steglitz beteiligt war, und sie wurde eine der populärsten Frauen …, weil sie in enger Verbundenheit mit allen Schaffenden den Weg einer kämpferischen Demokratie geht.«[191]

In ihren Sprechstunden im Rathaus wurde Hilde Benjamin mit der Fülle der Not und allen Konflikten der chaotischen Nachkriegszeit konfrontiert. Mag sein, daß manchmal auch Unliebsames zur Sprache kam.

Es war ein warmer Juliabend 1945. Im ersten Stock des Rathauses vor einer Tür rechts und links lange Holzbänke, dicht besetzt mit Frauen, jungen und alten. Graue Gesichter, mager, von Hunger gezeichnet. Wenige Männer standen herum, mancher auf Krükken oder mit Prothesen. Die Wartenden unterhielten sich leise. Gerüche eines preußischen Amtsgebäudes waberten im Flur. Schweiß und Putzmittel.

Frau Benjamin bat die erste Wartende herein. Die Juristin trug ein helles Sommerkleid. Das volle, dunkle Haar war zu einem Knoten aufgesteckt. Sie lächelte den Wartenden zu. Die Atmosphäre war ruhig und erwartungsvoll. Die Menschen dachten an ihr Anliegen, hofften auf Hilfe, trauten der kleinen Frau Staatsanwalt etwas zu. Nur Gutes hatte man von der Juristin im Rathaus gehört. Eine nach der anderen durfte eintreten. Kam eine wieder heraus, blickten alle auf. Man wollte sehen, ob die Person mit einem Schimmer Hoffnung davonging. Frau Benjamin verabschiedete gerade eine Frau, die jetzt wußte, wo sie nach ihrem Jungen suchen konnte, der vor einer Woche von der Militärpolizei der Besatzungsmacht geholt worden war. Ein junger Mann, unrasiert, mit hohlen Wangen, war der Nächste.

»Wollen mal sehen, was sie sagt«, rief er in den Flur, als wollte er jetzt öffentlich Sprechstunde halten. Frau Benjamin bat den Mann in ihr Zimmer. Es war spärlich möbliert, ein Tisch, zwei Stühle, das Fenster zur Straße geöffnet. Unter den Besuchern hatte sich beim Auftritt des Mannes schlagartig etwas verändert. Gespannte Unruhe machte sich bemerkbar. Die Unruhe kam mit in den Raum. Sie bedeutete dem Mann, Platz zu nehmen.

»Was kann ich für Sie tun?«

»Nichts«, sagte er.

»Warum kommen Sie dann?« Ihre Stirn zog sich ärgerlich zusammen.

»Was wollen Sie dann? Sie sehen doch, wie viele Menschen noch draußen warten.«

»Wissen Sie, es ist so,« erklärte der Mann, »das werden Sie mir nicht glauben, aber es ist Tatsache. Sie haben meinem Onkel die Tante vergewaltigt.« Er grinste.

Sie war zusammengezuckt. Fixierte ihn. Er wollte provozieren.

»Und was wünschen Sie von mir?« fragte sie beherrscht.

»Einschreiten sollen Sie gegen die Kerle, die Russen, die Bolschewisten-Schweine.«

»Raus!« sagte sie, stand auf, zeigte zur Tür.

»Ich geh' ja schon«, sagte der Mann, ging rückwärts zum Ausgang.

»Aber Sie, Sie werden schon sehen, was die mit Ihnen machen.« Er riß die Tür auf, rief: »Mal herhören, wer von den Weibern alle mit den Russen zu tun hatte, gewalttätig mein ich, der soll sich hier bei der melden, die ist doch selbst so 'ne …«

Raus war er, der Satz hing unvollendet im Treppenhaus. Er lief die Treppe hinunter.

Frau Benjamin stand starr im Türrahmen, Stimmengewirr.

»Recht hat er! – Einer muß es mal laut sagen. – Die haben mehr

Frauen genommen, als sie Läuse auf dem Kopf haben! – Bei einer wie der hat der Kommandant einfach ›Frau komm‹ gesagt.«

Lachen, feixende Stimmen. In das Tohuwabohu hinein Frau Benjamin:

»Die Nächste bitte.«

Eine Frau stand auf. Die Tür schloß sich hinter ihr. Hilde Benjamin setzte mit gefrorener Freundlichkeit die Sprechstunde fort.

Sie wußte, daß ganz Berlin von der Willkür der Sieger über die besiegten Frauen redete, daß die eigene Mutter Angst vor den männlichen Begierden der Besatzungsmacht hatte, daß die Schwester sich wochenlang nur in Männerkleidung aus dem Haus traute. Sie wußte, daß es zwischen den Emigranten der Gruppe Ulbricht und den hiergebliebenen Kommunisten über dieses Thema zum Streit gekommen war. Auf einer der Sonntagskonferenzen in Lichtenberg hatte einer der untergetauchten Kämpfer verlangt, Frauen, die von sowjetischen Soldaten vergewaltigt worden wären, müßte die Abtreibung gestattet werden, andere waren weiter gegangen und hatten gefordert, die deutschen Kommunisten sollten sich öffentlich von den Vergewaltigungen distanzieren. Ulbricht reagierte schroff, wies dieses Thema als unzulässig ab und untersagte strikt jede Diskussion darüber.[192] Auch die Bitten der Gesundheitsämter, Richtlinien zur Behandlung der Vergewaltigten zu erlassen und die Abtreibung im Falle gewalttätig herbeigeführter Schwangerschaften generell zu erlauben, wurden vom Magistrat abgewiesen. Wolfgang Leonhard, Mitglied der Gruppe Ulbricht, berichtete, daß es ihm kalt über den Rücken lief, als die Frau, die sein Zimmer putzte, von den Vergewaltigungen zu sprechen begann. Er hatte nichts davon gewußt und sich anfangs ahnungslos gefragt: »Warum war sie so verängstigt?« Schließlich hatte sie geantwortet: »Sie müssen wissen, als die Russen hier einzogen ...«[193]

Die Vergewaltigungen der Frauen durch die Sieger im Nachkriegsdeutschland gehörte zu den Tabuthemen, die lange Zeit weder öffentlich behandelt noch erforscht wurden. Und die geschundenen Frauen selbst schienen die schrecklichen Erfahrungen zu verdrängen, die betroffenen Familien belegten das Thema ebenfalls mit Schweigen.

Die Zahlen der vergewaltigten Mädchen und Frauen beweisen, daß es sich um ein Massenphänomen handelte. Erst 1992 legten Filmemacherinnen und Wissenschaftlerinnen genaue Erfahrungsberichte und statistisches Material vor. Der Film: »Be-Freier und Befreite« von Helke Sander wurde in Programmkinos und im Fernsehen gezeigt, zeitgleich entstand ein Arbeitsbuch über die Recherchen.

Das Ergebnis der Arbeit: »Als 1945 über 450 000 Soldaten der Roten Armee in Berlin kämpften, lebten 1,4 Millionen Mädchen und Frauen in der Stadt. Zwischen Frühsommer und Herbst wurden mindestens 110 000 dieser Mädchen und Frauen von Rotarmisten vergewaltigt. (...) Die meisten Vergewaltigungen, mindestens 100 000, geschahen im April, Mai und Juni 1945. Von den Berliner Frauen waren 600 000 im gebärfähigen Alter, 57 800 von ihnen wurden vergewaltigt und mehr als 11 000 von ihnen wurden schwanger. (...) Das bedeutet nach unseren Grundannahmen: mehr als 1 100 Kinder wurden zur Welt gebracht. (...) Das sind 5 % der Kinder, die in Berlin zwischen Ende 1945 und Sommer 1946 geboren wurden. (...) Die Zahl der vergewaltigten Mädchen und Frauen ist im übrigen nicht identisch mit der Zahl der Vergewaltigungen. Nach allen Unterlagen, die wir ausgewertet haben, wurden über 40 % mehrfach vergewaltigt. (...) Ein Teil der Opfer überlebte die Tat nicht, viele litten lebenslang.«[194] Ähnliche Ergebnisse gelten für die Sowjetische Besatzungszone.

Bis Ende August 1945 galt die durch die Nazis verschärfte Fassung des Abtreibungsparagraphen 218. Erst danach wurden gesetzliche Regelungen geschaffen, nach denen medizinische Eingriffe nach Vergewaltigung erleichtert wurden.[195]

1946/47 nahm Hilde Benjamin an mehreren öffentlichen Diskussionen zum Abtreibungsparagraphen teil. Sie sprach sich – im Gegensatz zur früheren Position, daß der § 218 völlig abzuschaffen wäre – für einen flexiblen Umgang mit diesem Paragraphen aus und betonte konsequent »das Recht der Gesellschaft auf Sicherung ihres Nachwuchses«.[196] Die Zeitung Kurier berichtete am 4.2.1947 von einer kontrovers geführten Diskussion zum § 218 im Haus des Landesverbandes der SED: »Frau Dr. Benjamin (SED) versuchte immer wieder, die Diskussion auf die Realitäten der gegenwärtigen Situation zurückzuführen. Sie benutzte als Beispiel die Sowjetunion, wo Abtreibung anfänglich erlaubt war und 1936 wieder verboten wurde, um zu zeigen, daß man den Gegebenheiten der Stunde Rechnung tragen müsse und in einem sozialistischen Staate bei gebesserten Verhältnissen jeglichen

Abortus wieder bestrafen könne.«[197] Den betroffenen Frauen konnten diese Überlegungen zum Paragraphen 218 sicher keine Hilfe sein. Anders als in der Zeit der Weimarer Republik stellte Hilde Benjamin nun das Recht des Staates, je nach Bedarf die Abtreibung zu verbieten oder zu gewähren, höher als das Recht der einzelnen Frau, über die entstehende Schwangerschaft selbst zu entscheiden.

Wie ist dieser Positionswechsel zu erklären? Wichtig war Hilde Benjamin sicher, nicht in Widerspruch zur sowjetischen Position zu geraten, außerdem war sie nun selbst Vertreterin eines zukünftigen Staates. Dem von ihr gewollten, positiven Staat gestand sie Rechte zu, die sie einem kapitalistischen System immer abgesprochen hatte.

Im Zentralen Frauenausschuß, dem Vorläufer des Demokratischen Frauenbundes, erarbeitete Hilde Benjamin dann 1947 »juristische Grundlagen für die Diskussion über den § 218«.[198] Dort legte sie die Geschichte und Gegenwart der Abtreibungsdiskussion ausführlich dar, erwähnte aber mit keinem Wort die besondere Aktualität des Themas durch die Massenvergewaltigungen. Sie führte aus: »Bei jeder Strafbestimmung fragen wir, welches Rechtsgut durch sie geschützt werden soll. Ist es der Fötus, das Ungeborene, dem schon Lebensrecht zugebilligt wird, sehen wir in einer Abtreibung einen besonderen Tötungsfall ... oder ganz allgemein ausgedrückt das Recht der Gesellschaft auf Sicherung ihres Nachwuchses?

Ich persönlich sehe als das geschützte Rechtsgut dieses Recht der Allgemeinheit, wobei ich jetzt dahingestellt sein lasse, ob wir es Recht der Gesellschaft, Recht der Klasse oder Recht des Volkes nennen.«[199] Das war den betroffenen Frauen sicher auch egal, aber sie hatten von den führenden Frauen bestimmt andere Stellungnahmen erhofft.

Hilde Benjamin hat das Problem der Massenvergewaltigungen genauso behandelt wie Ulbricht: mit Schweigen. Anders als Ulbricht hatte sie als Frau aber besondere Veranlassung, das Thema ernst zu nehmen, den gedemütigten und verletzten Frauen beizustehen.

So blieb in der Sowjetischen Besatzungszone die politische Mitarbeit der Frauen von vornherein mit der Hypothek des Schweigens über die Untaten der Massenvergewaltigungen belastet. Vielleicht wäre Hilde Benjamin dank ihrer Kontakte zur Sowjetmacht damals die einzige führende Kommunistin gewesen, die das Problem hätte thematisieren können. Sie hat es nicht getan.

In den nächsten Jahren saß Hilde Benjamin mehrere Male in Kommissionen, die sich mit der Frage der Neufassung des § 218 befaßten. Dort traf sie auch ihre ehemalige Referendarin, Rita Sprengel, wieder. Doch die früheren Gemeinsamkeiten zwischen den beiden Frauen hatten sich verbraucht, wurden nicht wieder lebendig. Rita Sprengel hatte im illegalen Widerstand gearbeitet und war nach ihrer Befreiung aus dem KZ Ravensbrück mit großen Hoffnungen nach Berlin gekommen. Eine Zeitlang arbeitete sie im Magistrat von Berlin. 1947 schlug sie das Angebot aus, in der Zentrale der SED für Walter Ulbricht zu arbeiten. Sie hatte 1945 erlebt, wie Ulbricht Genossen, die aus dem KZ kamen, im herrischen Befehlston zurechtwies und keinen Widerspruch duldete. Der rigiden Autorität Ulbrichts wollte sich Rita Sprengel nicht unterwerfen. Sie war damals schon mit vielen Entwicklungen in der Sowjetischen Besatzungszone unzufrieden und von dem Neuanfang enttäuscht. Ihre Weigerung, für Ulbricht zu arbeiten, blieb nicht folgenlos. Wenige Jahre später wurde sie aus der SED ausgeschlossen, ins wissenschaftliche Abseits gestellt. Sie litt entsetzlich unter der Ausgrenzung und versuchte jahrelang, den Ausschluß aus der Partei revidieren zu lassen. Nach der Wende, als Rentnerin, schrieb sie mit Unterstützung der Leitung der Gedenkstätte Ravensbrück ihren Lebensbericht.

Die beiden Juristinnen haben sich nicht wiedergesehen. Rita Sprengel hat den Kontakt zu Hilde Benjamin auch nie genutzt, um sich in ihrer Not von der Mächtigen helfen zu lassen. In der Biographie über ihren Mann erwähnte Hilde Benjamin ihre einst vertraute Kollegin nur mit einer Anmerkung: »Genossin Sprengel arbeitete in der Zeit des Faschismus illegal, war im Gefängnis und in Konzentrationslagern und spezialisierte sich dann auf die wissenschaftliche Arbeit auf dem Gebiet der Arbeitsökonomie.«[200]

Hilde Benjamin widmete sich weiter dem Aufbau der Gerichte, leitete die Schulung für einen neuen »Ordnungsdienst«, den Vorläufer der späteren Volkspolizei, und übernahm immer wichtigere Aufgaben bei der Entwicklung der Justiz im sowjetisch besetzten Teil Deutschlands.

Im Amtsgericht erhielt sie nach wenigen Wochen einen zweiten Staatsanwalt zur Hilfe. Es war der spätere politische Staatsanwalt beim Landgericht in Westberlin, Dr. Cantor. Sie selbst wurde Oberstaatsanwalt. Für ihren Kollegen fand sie rückblickend nicht viel Positives: »Ich kann nicht sagen, daß die Zusammenarbeit mit ihm, obwohl er sich noch in bürgerlich-demokratischen Vorstellungen bewegte, schlecht war, sondern er folgte durchaus meiner Leitung und Anleitung. Ich führte das allerdings auf seine persönlichen Erlebnisse durch die Nazis zurück – sein Vater hatte sich als Jude vor den Verfolgungen der Nazis das Leben genommen, und er selbst war meiner Erinnerung nach noch zur faschistischen Organisation Todt eingezogen worden – und erkannte es damals nicht als das, was es in Wirklichkeit war: hemmungsloser Karrierismus.«[201]

Warum Hilde Benjamin 1959 so schroff über einen Kollegen urteilte, der als »Halbjude« schwere Zeiten der Verfolgung hinter sich hatte und es in Westberlin zum politischen Staatsanwalt am Landgericht brachte (ihre eigene Karriere war doch wesentlich steiler), kann mit den innenpolitischen Verhältnissen der DDR Ende der fünfziger Jahre zusammenhängen. Damals tauchte der Vorwurf des »hemmungslosen Karrierismus« häufig auf, wenn die SED die anhaltende Fluchtbewegung der Intellektuellen geißelte. Es kann aber auch sein, daß Hilde Benjamin hier eine grundlegende Ablehnung gegenüber Menschen jüdischer Tradition zum Ausdruck bringt, die sich nicht von der SED vereinnahmen ließen und der DDR skeptisch gegenüberstanden. Über gläubige Juden, die nicht die Kampagne gegen den Zionismus mitzumachen bereit waren, soll es ähnlich vernichtende Urteile von ihr gegeben haben.[202]

Zurück zur Anfangszeit der Hoffnungen.

Am 4. Juli 1945 rückten die amerikanischen und britischen Besatzungstruppen, etwas später die französischen in Berlin ein. Die Aufteilung Berlins in vier Sektoren war vollzogen. Damit wurde Hilde Benjamin Bewohnerin des amerikanischen Sektors, und die gute Zusammenarbeit mit der befreundeten Besatzungsmacht war beendet. »Wir waren als Antifaschisten an einen vertrauensvollen Umgang mit der sowjetischen Besatzungsmacht gewöhnt, und als der amerikanische Gerichtsoffizier das Amtsgericht aufsuchte, streckte ich ihm arglos die Hand entgegen. Aber der Amerikaner nahm sie nicht. Das zweite war, daß unsere Unterhaltung damit begann, daß der Stadtplan von Berlin ausgebreitet und gefragt wurde, warum die Gerichtseinteilung verändert sei. (...) An dem kleinen Beispiel dieser einen Frage kennzeichnete sich deutlich die große Linie der amerikanischen Besatzungspolitik: nicht Schaffung von Neuem, sondern Restauration des Alten.«[203] Das Mißtrauen zwischen den Vertretern der amerikanischen Besatzungsmacht und der kommunistischen Staatsanwältin Hilde Benjamin war offensichtlich gegenseitig. Dr. Berger erzählte, daß er 1946, als er aus der Emigration kam, von den Amerikanern vorgeladen und unter anderem auch zu Hilde Benjamin befragt wurde. Er gab Auskunft über die Hilfe für ihren Mann und seine Kameraden an der Zwangsarbeitsstelle des KZ in Wuhlheide. Doch die Amerikaner sagten nur abweisend: »Woher wissen Sie das? Doch nur von der Benjamin selbst. Das muß nicht stimmen ...«[204]

Hilde Benjamin hatte noch im Juni 1945 mit Hilfe der Sowjetischen Militärverwaltung in der Schloßstraße 24 in Steglitz eine eigene geräumige Wohnung bekommen. Bis dahin hatte sie mit Mischa zusammen bei ihren Eltern nur ein Zimmer gehabt. Ein Leben auf engstem Raum. Michael Benjamin schrieb dazu: »Reibungen und Krach hat es bestimmt gegeben; aber kein Fall war so schwerwiegend, daß er in meiner Erinnerung haften geblieben wäre.«[205]

Für ihre Tätigkeit als Staatsanwältin wurde sie gut bezahlt, so daß sie eine Haushälterin einstellen konnte, die die Alltagsdinge für sie und ihren Sohn erledigte. Die Wohnung in der Schloßstraße hatte vier Zimmer, zwei davon bewohnte die Haushälterin mit ihrer Tochter. Lebenslang führte eine Angestellte Hilde Benjamin den Haushalt. Sie konnte sich ganz auf ihre politischen und beruflichen Aufgaben konzentrieren.[206]

Michael Benjamin interessierte sich damals brennend für Politik, beteiligte sich aktiv am Aufbau der neuen Jugendorganisation, der späteren Freien Deutschen Jugend (FDJ), in Steglitz und lernte selbständig seinen Schulstoff, bis das Heese-Gymnasium den regulären Unterricht wieder aufnahm.

Michael Benjamin im Rückblick: »Meine Mutter war damals davon beseelt, daß ich so schnell wie möglich so viel wie möglich von dem nachholen möge, was mir bis dahin an Bildung und Kultur nicht zugänglich gewesen war.«[209]

Der Auszug aus der elterlichen Wohnung bedeutete keinen Abbruch der verwandtschaftlichen Beziehungen – noch nicht. Hilde Benjamin hielt weiter Kontakt zu ihren Eltern und Geschwistern und überzeugte ihre Eltern sogar, 1946 in die SED einzutreten. Ruth dagegen hatte nicht viel mit Parteien im Sinn. Hilde Benjamin versuchte, ihr eine Stelle als Redakteurin beim *Sportecho*, einer Zeitschrift in der Sowjetisch Besetzten Zone, zu besorgen. Doch Ruth trat die Stelle nie an. Michael Benjamin konnte nicht sagen, was dagegen gesprochen hatte. Heinz Lange, der Bruder, von dem Michael Benjamin nie sprach,[207] lebte in Dresden. Er arbeitete als Ingenieur in einem volkseigenen Betrieb und trat ebenfalls in die SED ein.

Die Menschen waren in diesen ersten Nachkriegsmonaten hungrig und kriegsmüde. Aber sie sehnten sich auch nach neuen Anregungen, nach Kunst und Kultur. Eines der frühen Konzerte klassischer Musik fand im Steglitzer Titania-Palast statt. Ein berühmter Kulturbau mit circa 1 000 Plätzen. Kino, Konzert- und Veranstaltungsort in einem. Die Tatsache, daß wenige Wochen nach dem Kriegsende schon ein großes Konzert stattfand, glich einem Wunder. Am 26. Mai 1945 gaben die Berliner Philharmoniker vor ausverkauftem Saal – Hunderte warteten noch sehnsüchtig vor der Tür, um wenigstens von Ferne die Töne zu erlauschen – ihr erstes Nachkriegskonzert. Nach zwölf Jahren Aufführungsverbot erklangen wieder die Werke von Mendelssohn-Bartholdy und Tschaikowsky. Wahrscheinlich war auch Hilde Benjamin dabei, als über tausend Menschen aufgewühlt und tief bewegt der Musik unter dem Dirigenten Borchard zuhörten. Leo Borchard war aus der Reichsmusikkammer ausgestoßen worden und hatte sich einer Widerstandsgruppe angeschlossen. Die Noten zu den Werken von Tschaikowsky und Mendelssohn hatte ein Posaunist des Orchesters versteckt. Die Philharmoniker spielten ohne Pause die Ouvertüre zum »Sommernachtstraum« von Mendelssohn, die Symphonie Nr. 4 von Tschaikowsky und das Violinkonzert A-Dur von Mozart. Ein nicht enden wollender Beifallssturm brach los. Der minutenlange, stehende Applaus galt nicht nur der künstlerischen Leistung. Er drückte auch die Dankbarkeit und das Glück der Menschen aus, überlebt zu haben.[208]

Die Sowjets bildeten im Herbst 1945 in ihrer Besatzungszone für alle Aufgaben Zentralverwaltungen, darunter auch die »Zentrale Deutsche Justizverwaltung«.

Im September 1945 wurde Hilde Benjamin vom Chef der Justizabteilung der Sowjetischen Militärverwaltung, Titow, als »Vortragender Rat« zur Mitarbeiterin in der Zentralen Justizverwaltung berufen. Von Stund an hatte sie neben der Arbeit am Gericht in Lichterfelde eine neue, weitreichende Perspektive beim Aufbau der zukünftigen Justiz.

Eine ihrer ersten Aufgaben war »die Säuberung der Justiz von ehemaligen Nazis«. Unter der Diktatur der Nationalsozialisten hatte Hilde Benjamin erlebt, wie erschreckend anpassungsfähig ihre Kollegen gewesen waren und wie bereitwillig sie die NS-Diktatur unterstützten. Schon gegen ihr Berufsverbot hatte 1933 kein Kollege offen protestiert. Ihr Mann war von »unabhängigen« Richtern wegen der Übersetzung von Zeitungen zu sechs Jahren Zuchthaus verurteilt worden. Kein Jurist hatte gegen die Gesetz- und Schutzlosigkeit jüdischer Bürger etwas unternommen. Jedes Unrecht des NS-Staates wurde von Juristen zu Recht umgedeutet, jedes Verbrechen im Namen des Volkes legalisiert.

Aus dieser Erfahrung wollte Hilde Benjamin Lehren ziehen. Die Justiz mußte von allen in der Nazi-Zeit belasteten Personen gesäubert und Schritt für Schritt mußten neue Richter und Staatsanwälte herangebildet werden.

Ab Februar 1946 arbeitete Hilde Benjamin in einer der Entnazifizierungskommissionen für Juristen mit. Bei der Justiz ebenso wie bei der Polizei galten von vornherein strengere Maßstäbe als bei den übrigen Behörden. Die Sowjets gaben der Zentralen Justizverwaltung Order, sämtliche Mitglieder der NSDAP aus dem Apparat zu entfernen, ebenso Personen, die an der Strafpolitik unter dem Nazi-Regime unmittelbar beteiligt gewesen waren. Die Sowjetische Militärverwaltung legte diesen Befehl sehr eng aus, so daß auch sämtliche Mitglieder anderer NS-Organisationen darunter fielen und nur Ausnahmen gestattet waren.[210]

Unter diese Gruppe wäre eigentlich auch ihr Kollege und zukünftiger Generalstaatsanwalt der DDR, Dr. Ernst Melsheimer, gefallen. Er war Mitglied des NS-Rechtswahrerbundes und Rechtsberater der NS-Volkswohlfahrt, als Kammergerichtsrat jedoch nicht mit politischen Strafsachen befaßt gewesen. Er erwirkte wahrscheinlich keine Ausnahmeregelung, sondern verheimlichte seine Tätigkeit im Kammergericht der Nazis. Für diese Vermutung spricht ein Interview, das er 1946, gemeinsam mit Hilde Benjamin, dem Rundfunk gab. Dort blieb seine Rolle als Kammergerichtsrat im NS-Staat auf Nachfrage unerwähnt.[211]

Was Hilde Benjamin bewog, in Arbeit und Freundschaft bis zum Lebensende mit Ernst Melsheimer verbunden zu sein, obwohl er zu der Sorte Juristen gehörte, von denen sie sonst sagte, sie »dürften nie wieder auf deutschem Boden für das Recht zuständig sein«,[212] bleibt ungeklärt. Melsheimer soll ein »rhetorisch begabter, konzilianter und ausgesprochen humorvoller Mann gewesen sein, der allenthalben die satirische Lyrik von Morgenstern zitierte«.[213]

Dr. Ernst Melsheimer war wie Hilde Benjamin seit Juni 1945 Mitglied der KPD. Er war Neumitglied. Bis 1932 war er Sozialdemokrat gewesen. Dieser ehemalige Kammergerichtsrat wurde Hilde Benjamins wichtigster Mitstreiter beim Aufbau des Obersten Gerichts der DDR. Die beiden hatten auch persönlich Kontakt miteinander, wie Michael Benjamin bestätigte.[214] 1945 war Melsheimer außer Hilde Benjamin das einzige KPD-Mitglied, das für wichtige Posten in der Justizverwaltung in Frage kam. Das scheint für sie gezählt zu haben.

Die Säuberung der Justiz in der Sowjetisch Besetzten Zone und Ostberlin war, von einigen prominenten Ausnahmen abgesehen, jedoch radikal und grundlegend. 80% des Justizpersonals galten als belastet. Eine vergleichbare Entlassungswelle im Justizbereich hatte es in der deutschen Geschichte noch nie und hat es auch danach nie wieder gegeben.

Die Chance für eine wirkliche Erneuerung der Justiz war vorhanden. Es sah nach einem verheißungsvollen Neuanfang aus. Hilde Benjamin, Mitglied der Kaderabteilung der Justizverwaltung und ab 1947 deren Leiterin, versuchte, die gewaltige Personallücke anfangs mit »Richtern im Soforteinsatz« zu schließen. Das konnten pensionierte Richter, Staats- oder Rechtsanwälte sein, teilweise auch Justizangestellte, Inspektoren oder Sekretäre ohne juristische Ausbildung, die vorübergehend zu Richtern erklärt wurden. Das allein reichte aber nicht aus. In der »Geschichte der Rechtspflege der DDR« schrieb sie später: »Nur unter der Voraussetzung, daß in verhältnismäßig kurzer Zeit neue Richter und Staatsanwälte aus den Reihen der Arbeiterklasse und ihr verbündeter werktätiger Schichten kamen, konnte die Klassenstruktur der Justiz tiefgreifend verändert werden.«[215]

Es ging ihr also nicht nur um die ideologische Säuberung der Justiz, sondern insbesondere auch um die Veränderung der »Klassenstruktur«.

Einer, der damals an der juristischen Fakultät der Humboldt-Universität zum Jurastudium zugelassen wurde, war Reiner Arlt. Er war bei Kriegsende 18 Jahre, Angehöriger der Flakhelfer-Generation, die noch in das Kriegsgeschehen gezerrt wurde, als Deutschland schon in Trümmern lag. Reiner Arlt, Arbeiterkind aus Duisburg, durch die letzten Kriegswirren nach Berlin verschlagen, durfte gemäß den Richtlinien der Sowjetischen Verwaltung ohne Abitur das Studium beginnen. Arlt, später Rektor der Akademie für Staats- und Verwaltungsrecht in Potsdam-Babelsberg, erzählte, daß Frau Benjamin ihn damals sehr unterstützte und förderte. Mütterlich-freundlich nahm sie sich seiner an. Solche wie er, intelligente, gutwillige Arbeiterkinder, sollten im zukünftigen Deutschland Recht sprechen, hatte sie ihm gesagt.[216] Auf diese Generation richteten sich ihre Hoffnungen für die Zukunft. Doch bis das Jurastudium an den Universitäten inhaltlich und personell so war, wie Hilde Benjamin es sich wünschte, würde noch viel Zeit vergehen. Zeit, auf die neuen Studentenjahrgänge zu warten, hatte sie nicht. Die Gerichte waren unbesetzt, Hunderte Richter- und Staatsanwaltsposten vakant.

Deshalb lag die Hauptanstrengung zur Erneuerung des Justizpersonals bei der Einrichtung von Schnellkursen für Volksrichter.

Richter, in wenigen Monaten für den aktuellen Bedarf ausgebildet, hatte es auch nach 1917 in der Sowjetunion gegeben. Die Militärverwaltung knüpfte an diese Tradition an und beauftragte Ende 1945 die deutsche Justizverwaltung, ein Konzept zu erarbeiten. Zwischen dem Leiter der Justizverwaltung, dem liberalen Minister der Weimarer Republik, Dr. Schiffer, und den kommunistischen Mitgliedern der Justizverwaltung kam es deswegen zu heftigen Auseinandersetzungen. Schiffer war kein Freund von »Volksrichtern«. Er wollte sie nur im Notfall und begrenzt einsetzen. Doch die Sowjets blieben hart und beauftragten schließlich Hilde Benjamin, den Grundstein für ein Ausbildungskonzept zu legen, das keine juristischen Kenntnisse voraussetzte. Hilde Benjamin wußte, daß »die Volksrichterausbildung zunächst ein Experiment mit ungewissem Ausgang war«.[217]

Im Dezember 1945 gaben die sowjetischen Stellen dann die endgültige Anordnung, in allen Ländern ihrer Besatzungszone entsprechende Kurse einzurichten. »Damit begann die Schaffung der neuen Kader für die Justiz, damit begann der Kampf für die Volksrichter, der zugleich ein Kampf um die Volksrichter war«, schrieb Hilde Benjamin 1959 und fuhr fort: »Ich muß sagen, daß die Erinnerung an diese Arbeit der Errichtung und Entwicklung der Schulen, des ständigen Kontakts und der Aussprachen mit den Schülern und den neuen Richtern neben den ersten Wochen in Steglitz zu den stärksten und befriedigendsten Erinnerungen an meine Tätigkeit in den ersten Jahren unserer demokratischen Justiz gehört.«[218]

Die Durchsetzung der Volksrichterkurse wurde zur ersten großen Auseinandersetzung um die zukünftige Gestaltung des Justizwesens im sowjetisch besetzten Teil Deutschlands. Hilde Benjamin stürzte sich mit Leidenschaft in den ideologischen Schlagabtausch mit den »im bürgerlichen Klassenrecht ausgebildeten Fachjuristen«.[219] Harmoniesüchtig war sie nicht. Sie mochte den Streit um »die Sache«, argumentierte scharf und unerbittlich für das, was sie als richtig ansah.

Beim Thema Volksrichter standen sich die Kontrahenten unversöhnlich gegenüber. Wie konnte ein Jurist ohne Abitur, mit »nur« Volksschulbildung und antifaschistischer Gesinnung in sechs Monaten befähigt werden, alle Funktionen in den Gerichten wahrzunehmen? »Unmöglich!« sagten die traditionsbewußten Volljuristen. »Galoppjuristen« oder »Halbrichter« höhnten die Gegner der Schnellkurse, bemängelten die »nicht ordnungsgemäße Besetzung der Gerichte«, wenn Volksrichter später Urteile sprachen, und beschimpften die Kurse als reine Parteiveranstaltungen, die nur den Zweck verfolgten, »willfährige Richter« des neuen Systems ohne solide Fachkenntnisse heranzubilden.

Angesichts der Willfährigkeit der NS-Richter, die ausnahmslos »Volljuristen« gewesen waren, mutete diese Kritik absurd an. Viele Juristen wollten einfach keine Konsequenzen aus dem tiefen Fall einer ganzen Berufskaste im NS-Staat ziehen.

Doch die Anordnungen der Sowjetischen Militärverwaltung erzwangen, daß Anfang 1946 in jedem der fünf Länder ein Kurs für Volksrichter begann, der erste in Bad Schandau in Sachsen.

Hilde Benjamin war dabei, wenn Kandidaten für die Kurse ausgewählt wurden. Sie schrieb darüber: »Die Anforderungen, die an die politische Qualität der Richterschüler gestellt werden mußten, waren hoch. (…) Mancher Arbeiter … hatte aus eigenen bitteren Erfahrungen eine verständliche Abneigung gegen Justiz und Paragraphen gewonnen.«[220] Manch einer traute sich aufgrund seines Alters eine so anspruchsvolle Ausbildung nicht zu. Andere sahen in der Richterschule die Chance für einen schnellen sozialen und beruflichen Aufstieg. So meldeten sich gern ehemalige Offiziere und arbeitslose Soldaten aus der Hitlerwehrmacht.

Hilde Benjamin war, anders als die meisten Länderminister, dafür, die Volksrichterkurse zur Dauereinrichtung zu machen und sie nicht nur als Produkt einer Notlage anzusehen. Sie nannte die Volksrichter »den Sauerteig der sozialistischen Rechtspflege« und notierte für 1947 stolz einen Anteil von 17 Prozent unter den amtierenden Richtern in der SBZ. 1950 waren sechs von zehn Richtern und sieben von zehn Staatsanwälten Absolventen von Volksrichterlehrgängen. Bis 1956 wuchs ihr Anteil an der Richterschaft auf fast 80 Prozent. Bis Ende der fünfziger Jahre wurden über diesen Weg Juristen ausgebildet. Da selbst Hilde Benjamin Sorge hatte, die Ausbildungszeit wäre zu kurz bemessen und die Volksrichter würden zu offensichtlich Inkompetenz und fachliche Mängel aufweisen, wurden die Lehrgänge erst auf ein Jahr, dann auf zwei Jahre ausgeweitet. Zentrale Richterschule wurde die spätere Akademie für Staat und Recht in Potsdam-Babelsberg. Diese Lehranstalt unterstand direkt dem Justizministerium. Die Ausbildung wurde durch obligatorische Fortbildungsveranstaltungen ergänzt. Bis 1960 legten auf dem Wege des Fernstudiums die meisten Absolventen ihr juristisches Examen in Form eines Diploms ab.[221] Insgesamt beendeten über tausend Lehrgangsteilnehmer ihre Ausbildung erfolgreich. Die überwiegende Mehrheit der Kursteilnehmer waren SED-Mitglieder. Ähnliche Zahlen lassen sich für den gesamten Bereich der Justiz in der späteren DDR nennen. Die Absolventen wurden als Richter, Staatsanwälte, vereinzelt auch in der Justizverwaltung der DDR eingesetzt.

Hilde Benjamins Vorhaben, »die Restauration der alten, privilegierten Richter- und Staatsanwaltschaft, der alten bürgerlichen Justiz« zu verhindern, war insgesamt äußerst erfolgreich. Schrittweise veränderte sich die soziale Struktur des Justizpersonals. Be-

reits Ende 1949 kamen rund 43 Prozent der Richter aus Arbeiter-
und Angestelltenfamilien. Hilde Benjamin brach radikal mit dem
traditionellen Typ des »unpolitischen Richters« und forderte eine
ganz neue Rolle: den politischen Richter. »Die Auffassungen vom
unpolitischen Richter, vom klassenneutralen Charakter des Staates, des Rechts und der Rechtspflege, wie sie von den bürgerlichen
Parteien vertreten wurden«,[222] lehnte sie strikt ab. Sie stimmte
darin Wyschinski, dem Chefankläger Stalins, zu, der das Problem
in seinen »Gerichtsreden« auf die einfache Formel brachte:
»Richten ist Klassenkampf«.[223]

Es ging Hilde Benjamin bei der Erneuerung nicht nur um die
klassenmäßig veränderte Struktur der Richterschaft. Sie wollte
auch die traditionell-bürgerlichen Auffassungen in der Justiz überwinden. Wenn Lehrgangsteilnehmer sich an sie wandten, griff sie
gern persönlich in die Kurse ein und gab den Genossen ideologischen Beistand. Ein Volksrichter aus Halle berichtete, »wie sie
sich in einer Aussprache mit Hilde Benjamin gemeinsam den Klas-
sencharakter des Staates erarbeiteten«[224] und von ihr lernten,
daß das Recht schon immer ein Machtinstrument in den Händen
der herrschenden Klasse gewesen war und nun endlich in die
Hände der einzig fortschrittlichen Klasse, der Arbeiterklasse, gelegt würde.

Die Volksrichter sah Hilde Benjamin als Garanten einer grundlegenden Wandlung der Justiz im zukünftigen Deutschland an.
»Bürgerliche« Juristen warfen ihr vor, einen für jeden Staat mani-
pulierbaren Richtertyp zu erziehen. Doch das kümmerte Hilde
Benjamin nicht. Zufrieden zog sie später Bilanz, daß nicht nur das
Bildungsmonopol der bürgerlichen Klasse zu wanken begann, sondern auch ein anderes Monopol: die ausschließliche Ausübung
der Tätigkeit von Richtern und Staatsanwälten durch Männer.[225]
Dank ihres Engagements stieg der Frauenanteil in den folgenden
Jahren kontinuierlich auf 30 Prozent. Auch in hohe Verwaltungs-
funktionen der Justiz der DDR wurden Frauen bevorzugt berufen
und Frauenförderungspläne erarbeitet.

Über die Grenzen der SBZ hinaus warb Hilde Benjamin für ihr
Modell zur Erneuerung der Justiz. 1947 fuhr sie zu einer gesamtdeutschen Tagung von Juristen der VVN (Vereinigung der Verfolgten des Nazi-Regimes) nach Frankfurt am Main. Die VVN
war eine Organisation, die Opfer der Nazi-Diktatur zur Vertre-

tung ihrer Anliegen gegründet hatten. Auf dieser Tagung hielt Hilde Benjamin ein Referat über die Entwicklung der Volksrichterausbildung in der SBZ. Sie schrieb, die westlichen Juristen hätten ihre Ausführungen in »lebhafter Diskussion mit mehr ›Wider‹ als ›Für‹ aufgenommen.« Über den zögernden Neuanfang im Westen berichtete sie, die Amerikaner hätten in den westlichen Zonen beim »Neu«aufbau der Justiz eher den »archäologischen Weg« beschritten. Es war die Methode der »Ausgrabung alter Juristen« gemeint, die zwar nicht der NSDAP angehört hatten, aber als Deutschnationale oder Reaktionäre verschiedener Färbung keineswegs das Neue verkörperten.[226] Andere Argumente gegen die »Volksrichter« erwähnte Hilde Benjamin nicht. Doch gab es in den Westzonen damals auch die Auffassung, man sollte konsequent die demokratische Tradition der Justiz der Weimarer Republik weiterentwickeln, die nationalsozialistische »Rechtsprechung« inhaltlich bekämpfen und dem Untertanengeist und der Beamtenmentalität der Juristen den Kampf ansagen. Da Hilde Benjamin der reaktionären Entwicklung im NS-Staat aber einzig die sozialistische Rechtsprechung entgegensetzen wollte, setzte sie sich mit bürgerlich-demokratischen Positionen erst gar nicht auseinander.

Mit ihrem sicheren Gespür für Machtfragen war ihr bewußt, daß der Streit um die Volksrichter ein Kampf um Machtpositionen im zukünftigen Staat war. Wer das Personal der Justiz beeinflußte, bestimmte über die Ausprägung der neuen Staatsmacht.

Noch war unklar, wie die zukünftige Staatsgewalt in Deutschland aussehen würde. In Sonntagsreden sprachen die Alliierten 1947 zwar noch von einem einheitlichen deutschen Zukunftsstaat, aber die Spaltung Deutschlands in einen sowjetisch besetzten und einen westlichen Teil war im Laufe des Jahres 1947 immer deutlicher sichtbar geworden. Der Kalte Krieg ließ in allen Bereichen die Beziehungen einfrieren.

Hilde Benjamins Zukunftspläne lagen nicht im Westen Berlins. So war sie froh, ihre Aufgabe als Oberstaatsanwalt im dortigen Stadtteil Steglitz 1947 beenden zu können und vollberuflich als »Leiterin der Kaderabteilung« der Deutschen Justizverwaltung in Ostberlin zu arbeiten. (In bürgerlichen Parteien und Organisationen verwendet man für »Kader« den Begriff »Personal«.)

Doch warum wurde Hilde Benjamin, politisch und beruflich hervorragend qualifiziert, 1947 nur Kaderleiterin der Justizverwaltung? Warum wurde sie nicht Chef der Behörde? Diese Zurücksetzung hatte wahrscheinlich mit der Vorgeschichte der neu entstandenen SED zu tun. Diese war auf Stalins Weisung 1946 aus der Vereinigung von KPD und SPD hervorgegangen.

Hilde Benjamin war nicht als Delegierte anwesend, als am 21. April 1946 in melodramatischer Geste Otto Grotewohl von rechts und Wilhelm Pieck von links auf die Bühne des Parteitags im Admiralspalast traten und sich unter dem tosenden Beifall der Delegierten in der Mitte die Hände reichten, das neue Symbol der in sich verschlungenen Hände als Parteiemblem der SED über den Köpfen der Akteure. Es wurde ein vierzehnköpfiges Zentralsekretariat und ein achtzigköpfiger Parteivorstand gewählt. Alle Gremien waren paritätisch mit ehemaligen SPD- und KPD-Mitgliedern besetzt.

Damit trat auch ein Mann in den Vordergrund, der Hilde Benjamins Aussichten, in höchste Staatsämter zu kommen, vorläufig bremste: Max Fechner. Fechner, ehemaliger Sozialdemokrat, war ein vehementer Verfechter des Vereinigungsprozesses und wurde deshalb neben Ulbricht stellvertretender Vorsitzender der SED. Fechner, zehn Jahre älter als Hilde Benjamin, war von Beruf Werkzeugmacher. Wegen illegaler Tätigkeit für die SPD hatte er mehrere Jahre in Konzentrationslagern gesessen. Er galt als gutmütig, leichtgläubig und weich. Charakterlich der absolute Gegensatz zu Ulbricht und Hilde Benjamin. Er war der Typ des aufgestiegenen Arbeiterführers, der seine Scheu vor Intellektuellen aus dem Bürgertum zeitlebens nicht verlor. Aus Proporzgründen – KPD- und SPD-Funktionäre wurden in der ersten Phase der Vereinigung noch gleichmäßig mit Posten bedacht – wurde Fechner zuerst Präsident der Justizverwaltung und später Justizminister. Hilde Benjamin mußte noch einige Jahre warten, bis ihre Chance kam.

Nach der Vereinigung der Arbeiterparteien im Osten Berlins blieb die SPD in den Westsektoren weiter bestehen und kandidierte neben der SED zur ersten Magistratswahl für ganz Berlin. Hilde Benjamin wohnte weiter in Steglitz und kandidierte dort für die SED. Sie gab zur Wahl ein eigenes Heftchen heraus und stellte sich

Mitglieder der Deutschen Zentralverwaltung für Justiz 1948:
Hilde Benjamin (1. Reihe rechts), Max Fechner (Mitte) und Ernst
Melsheimer (zweite Reihe, hinter Fechner, vierter von rechts)

persönlich ihren Wählern vor. Vorn auf der kleinen Broschüre
eine Strichzeichnung mit Unterschrift in fetten Buchstaben: »Frau
Oberstaatsanwalt Hilde Benjamin. Vortragender Rat der Deutschen Zentralverwaltung für Justizwesen.« Im Innenblatt schrieb
sie: »Wenn ich über meine Arbeit und politische Stellung berichten soll, dann muß ich an die Spitze stellen, was mich bei jedem
Schritt, bei jeder Aufgabe, die nun vor mir steht, bestimmt: die
Verpflichtung gegenüber meinem Mann, dem Arzt Dr. Georg Benjamin, der 47jährig, nach sechsjähriger Zuchthaushaft im Jahre
1942 im KZ Mauthausen ermordet wurde. Er würde, hätte er die
Jahre des Hitler-Regimes überleben können, jetzt bei der Aufbau-
arbeit mit seinem Wissen, seinem Können, seiner unerschütterli-
chen Überzeugungskraft in vorderster Reihe stehen. Daß er, wie
so viele der Besten, uns genommen ist, ... verpflichtet uns, für sie
alle mitzuarbeiten, ... verpflichtet zu doppelter Leistung.« Nur
durch ihr festes Verwurzeltsein in der Partei könnte sie gegenwärtig ihre vielfältigen Aufgaben verwirklichen. »... und als Mutter

149

sage ich insbesondere den Frauen, die jetzt mit ihren Kindern allein dastehen: Wollt Ihr nicht auch Eure Kinder verlieren, wie der Hitlerfaschismus durch Terror und Krieg Euch Eure Männer genommen hat, dann wählt die Partei der Einheit aller Werktätigen, die SED.«[227]

Die Wahlen wurden für die SED eine Katastrophe. 90% der Wahlberechtigten beteiligten sich, aber die SED erhielt nur knapp ein Fünftel, die SPD fast die Hälfte der Stimmen. Die SED war damit als dritte Kraft hinter der CDU gelandet.[228] Wolfgang Leonhard, Mitglied der Gruppe Ulbricht, schrieb später: »Die Ursache der Niederlage war mir wie vielen anderen Funktionären völlig klar. Im Volksmund hießen wir die Russenpartei. (...) In der Praxis hatten wir alle Maßnahmen der sowjetischen Besatzungsbehörden unterstützt und verteidigt. Wir bekamen von ihnen Papier, Wagen, Häuser und besondere Lebensmittelzuteilung. (...) Das Wahlergebnis war die logische Folge unserer Abhängigkeit von der sowjetischen Besatzungsmacht.«[229] Ein sowjetischer Offizier hatte ihn gefragt: »Stellen Sie sich einmal vor, Genosse Leonhard, in Berlin und in der sowjetischen Zone würden völlig unbeeinflußte Wahlen stattfinden – ohne Propaganda und ohne besondere Papierzuteilung – und allen Wahlberechtigten würde nur eine Frage vorgelegt: Sind Sie für den Osten oder sind Sie für den Westen? Wie würde Ihrer Meinung nach eine solche Wahl ausfallen?« Leonhard antwortete: »Unter den jetzigen Umständen meiner Auffassung nach etwa 15–20% für den Osten und 80–85% für den Westen.« Der Offizier blieb ruhig und sagte lächelnd: »Sie haben ein gutes Gefühl für Massenstimmungen. Zum gleichen Resultat sind wir auch gekommen.«[230]

Im *Neuen Deutschland* stand am Morgen nach der Wahl: »Das Gesamtergebnis der Berliner Wahlen ... spiegelt die politischen Schwankungen eines großen Teils der kleinbürgerlichen Wählerschichten wider ...«[231]

Der Schock über die Berliner Wahlen im Oktober 1946 führte zu einer verstärkten Anlehnung der SED an die sowjetische Besatzungsmacht. In den folgenden Monaten trat die Vorstellung von einem einheitlichen Deutschland und gesamtdeutschen Wahlen immer mehr in den Hintergrund. Es galt, zumindest die Macht in der Ostzone zu sichern und auszubauen.

Die Nachkriegsjahre sind im öffentlichen Gedächtnis eingegraben als Zeiten der Not, der harten Winter, als Tausende erfroren und verhungerten, als Zeiten des Schwarzen Marktes und der Hamsterfahrten, aber auch der Nachbarschaft und Hilfsbereitschaft. Hilde Benjamin mußte sich um die Beschwernisse des Alltags nicht kümmern. Das tat die Haushälterin für sie. Sie selbst aber arbeitete unermüdlich für die Durchsetzung ihrer Überzeugungen, kämpfte für die Beteiligung an der Macht im neuen Staat. Ein privates Leben gab es für sie kaum. Doch das schien sie nicht zu stören. Aus ihrer persönlichen Geschichte war ihr begeisterter Einsatz nach 1945 gut nachvollziehbar.

Hilde Benjamin bewältigte eine kaum vorstellbare persönliche Arbeitsbelastung: »Um diese Hauptarbeit (in der Zentralen Justizverwaltung – M.B.) gruppierten sich bald eine Reihe von weiteren Aufgaben, von denen ich nur die Mitarbeit im Entnazifizierungsausschuß für Juristen beim Magistrat von Berlin, im Prüfungsausschuß für die Zulassung zum Studium bei der Universität Berlin seit ihrer Neueröffnung Ende 1945 und das Eintreten für das möglichst weitgehende Heranziehen der Frauen in der Justiz in Zusammenarbeit mit den Frauenausschüssen und später dem Demokratischen Frauenbund erwähnen will.«[232]

Niemand wird es wundern, daß Hilde Benjamin in dieser Zeit zur Kettenraucherin wurde. Seit Georgs Tod hatte sie hin und wieder mal eine Zigarette geraucht, das betäubende Gefühl im Kopf genossen, mit dem Griff zur Zigarette die quälenden Fragen zu Georgs Tod zu vertreiben versucht. Der Rauch hatte auch die Hungergefühle besänftigt. Vielen Menschen galten damals Zigaretten als der Inbegriff des Genusses. Wahrscheinlich konnte Hilde Benjamin, seit sie Funktionärin der Besatzungsmacht war, über Sonderzuteilungen verhältnismäßig leicht an Zigaretten kommen. Mit dem Rauchen brach sie aber auch den traditionellen Lebensstil, der noch aus der Ehe mit Georg stammte. Georg Benjamin war Asket gewesen und hatte niemals Zigaretten angerührt. In der Wandervogelbewegung war Hilde Benjamin im gleichen Geist erzogen worden. So hatte sie bis zum vierzigsten Lebensjahr niemals Zigaretten angerührt, verächtlich über die Abhängigkeit der Raucher gespottet. Nun rauchte sie viele Jahre lang täglich bis zu sechzig Zigaretten. War das Rauchen zum Ersatz für den Verzicht auf ein persönliches Glück geworden? Hilde Benjamin ließ sich keine Zeit, über solche Fragen nachzudenken. Was Georg Benjamin einst »dem Leben einen menschlichen Gehalt geben« genannt hatte, war in ihrem Dasein völlig verschüttet. Was an persönlichem Leben blieb, ist schnell aufgezählt. Ab und zu Gespräche mit dem erwachsen werdenden Sohn, der Russisch lernte und sich auf ein Studium in Leningrad vorbereitete, selten mal ein Sommer-Wochenende in Brieselang, wenn der Wunsch nach frischer Luft und Blumen stärker wurde, mal ein Klassik-Konzert der Berliner Philharmoniker. Das war alles. Davon zehrte sie, wenn sie wieder in den Alltag zurückkehrte, für »die Sache« eintrat, herumfuhr, debattierte, schrieb und organisierte. Von engen Freunden und neuen Beziehungen mit männlichen Partnern ist nichts bekannt. Immerhin war sie erst Mitte vierzig, »ein Carmentyp«, wie *Der Spiegel* 1949 schrieb, mit makellosem, dunklem Teint, lebhaften Augen, das lange, braune Haar meist zu einem Knoten verschlungen. Sie konnte charmant sein, geistreich plaudern.

Nach außen drang jedoch von den persönlichen Dingen der hohen Funktionäre der SBZ und späteren DDR nichts. Das war nicht nur bei Hilde Benjamin so. Das galt für die gesamte politische Führung. Das Privatleben war tabuisiert, die Presse durfte keine Zeile über die persönlichen Belange der Politiker schreiben. Es sei denn, dies war zur Demonstration von Volksverbundenheit erwünscht. So ließ sich Ulbricht manchmal in der *Wochenpost* mit Frau und Tochter oder beim Tischtennisspiel abbilden. Sonst zählten nur die »aufopferungsvolle« Arbeit der Genossen, ihre Funktionen und ihre Verdienste. Gerüchte über private Angelegenheiten gab es gerade wegen der öffentlichen Verschwiegenheit in der DDR um so mehr. Über Hilde Benjamin erzählte man sich lange Zeit, sie hätte ein intimeres Verhältnis zu dem Rechtsprofessor Hans Nathan, der auch lange Zeit Chefredakteur der Zeitschrift *Neue Justiz* war.

Michael Benjamin sagte von seiner Mutter, sie hätte viele Freunde gehabt, aber keinen Freund im eigentlichen Sinne oder eine sogenannte Busenfreundin. Persönlich hätte sie bescheiden gelebt, zurückgezogen und freundlich zu jedermann. Sie verstand es, diese Bescheidenheit mit ihrem Streben, alle Aufgaben zur Zufriedenheit der Partei zu erledigen und dafür gelobt und gefördert zu werden, in Einklang zu bringen.

Privilegien, so sagte Michael Benjamin, hätte seine Mutter eigentlich abgelehnt. Sie wäre immer dagegen gewesen, daß Funktionäre besondere Vorteile bekamen, aber wenn sie Hilfe in Anspruch nehmen konnte, hätte sie sie auch genießen können. Zu dieser »Hilfe« gehörte damals, daß Hilde Benjamin als Kaderleiterin der Justizverwaltung in das »Pajok-System« der Sowjets einbezogen war. Je nach Rang und Bedeutung bekamen die deutschen Funktionäre bis weit in die Zeit der DDR hinein regelmäßig Lebensmittelpakete der Sowjetischen Militärverwaltung. Die Pakete waren mit Dingen bestückt, die auf dem normalen Markt gar nicht und auf dem Schwarzen Markt nur zu Wucherpreisen zu haben waren: Schnaps und Zigaretten, Kaviar, Butter, Kondensmilch, Schinken, Schokolade und andere begehrte Güter des täglichen Bedarfs. Intern begründete man die Pajoks als »Kaderschutz«. Die Genossen, so hieß es, würden so viel arbeiten, daß sie sich nicht noch lange anstellen könnten, weshalb man sie von den täglichen materiellen Sorgen freistellen müßte. Es wären Fürsorgemaßnahmen der sowjetischen Genossen für den Aufbau Deutschlands. Die Staffelung der Paketinhalte in verschiedene Kategorien war dadurch aber noch nicht erklärt. Pajoks gab es für die Funktionäre der Partei, für Kader des Staats- und Wirtschaftsapparats, für Wissenschaftler, Spezialisten und Künstler. Je nach Wichtigkeit gehörten die Genossen unterschiedlichen Versorgungskategorien an. Wenn innerparteilich Kritik an diesen Methoden laut wurde, verdächtigte man den Kritiker der »kleinbürgerlichen Gleichmacherei« und brachte ihn damit zum Schweigen.

Im Vorprogramm der Kinos gab es seit Februar 1946[233] eine neue Art der Wochenschau, produziert vom DEFA-Studio: »Der Augenzeuge«.

Vorhang auf. Oktober 1948. Ein Kameraobjektiv. Flackernde Buchstaben. Zu sehen ist »Der Augenzeuge« vom 10.10.1948.

Eine Frau, klein, mit starken Wangenknochen, steht an ihrem Schreibtisch. Mittelscheitel, weiße Bluse, dunkle Jacke. Die Frau lächelt, verliest einen Aufruf. Frau Benjamin wirbt für die Unterschriftenaktion des Demokratischen Frauenbundes zum »Verbot der Atombombe«. Sie sagt: »Jede Frau, jede Mutter muß mitmachen. Es geht um das Leben der Kinder, um das Leben der Menschheit.« Sie lächelt. Schnitt. Der Auftritt ist beendet. Es werden noch viele ähnliche folgen.

Hilde Benjamin mochte Einsätze vor der Kamera – so sagte ihre Sekretärin Gittel Weiß später – nicht besonders. Doch für den Demokratischen Frauenbund (DFD) vergaß sie ihre Kamerascheu. Die »Sache« der Frauen fand bei ihr immer ein offenes Ohr. Direkt nach der Befreiung 1945 hatte Hilde Benjamin die antifaschistischen Frauenausschüsse unterstützt, die Frauen ermutigt, wieder ins Berufsleben einzutreten. Während der NS-Diktatur waren Tausende qualifizierte Frauen aus ihren Stellungen vertrieben worden. Die Berufstätigkeit der Frau galt als »unweiblich«. Doch während des Krieges, als die Männer fehlten, wurde ihre Arbeitskraft um so wirkungsvoller in der Rüstungsindustrie ausgebeutet.

An diese Erfahrungen knüpfte Hilde Benjamin an. Als Marxistin hielt sie die Nichterwerbstätigkeit der Frau für die wichtigste Ursache weiblicher Unterdrückung. Wo es ihr möglich war, beseitigte sie die Hindernisse für den qualifizierten Einsatz von Frauen.

Anfang 1947 besuchte Marion York von Wartenburg Hilde Benjamin in ihrem Büro der Zentralen Justizverwaltung. Frau von Wartenburg war die Witwe eines Offiziers aus dem Kreis der Widerstandsgruppe des 20. Juli 1944. Sie hatte Jura studiert und Anfang der vierziger Jahre das erste Examen gemacht. Sie wollte wissen, wie sie ihre Ausbildung beenden konnte.

»Da ging ich zu Hilde Benjamin. Sie leitete damals im ungeteilten Berlin das Hauptamt für Justizwesen, und ich sprach mit ihr, daß ich noch einmal eine Station als Referendarin durchlaufen und mich zum Assessorexamen melden wollte. Hilde Benjamin, mit der ich mich gut unterhalten habe, war von dem Gedanken angetan. Sie war ja eine gescheite Person und eine gute Juristin; ihr Mann ist im KZ ums Leben gekommen. Sie war damals noch keine so fanatische Kommunistin wie später. Sie trug die Haare noch in einem dicken Knoten und war nicht unsympathisch. Wir sprachen also miteinander, und als ich mich verabschiedet hatte und schon an der Tür stand, sagte sie so nebenbei: ›In Potsdam haben wir schon ein Hauptprüfungsamt. Dort können Sie Ihren Assessor sofort machen.‹«[234]

Frau von Wartenburg entschied sich anders. Sie hätte nach Hilde Benjamins Vorschlag in den sowjetischen Teil der Besatzungszone nach Potsdam ziehen müssen. Das wollte sie nicht.

Der Bericht vermittelt den Eindruck, daß Hilde Benjamin in dieser Zeit viele ähnliche Gespräche führte und für Frauen, die mit Berufs- oder Ausbildungsfragen zu ihr kamen, eine wichtige Ansprechpartnerin war.

Gleich in den ersten Monaten nach dem Krieg hatte sich auch eine gute alte Bekannte an Hilde Benjamin gewandt: Gittel Weiß, die ehemalige Sekretärin aus Wedding. Die beiden Frauen hatten sich während der Zeit der Nazi-Herrschaft nicht mehr getroffen. Im November 1945 erhielt Hilde Benjamin dann einen Brief: »Sehr geehrte Frau Staatsanwalt«. Er war von Gittel Weiß, die durch die »privilegierte Mischehe«[235] mit Kurt Weiß überlebt hatte und zufällig in der *Berliner Illustrierten* unter der Überschrift: »Auf verantwortungsvollem Posten« das Bild ihrer früheren Chefin entdeckt hatte. Gittel Weiß traute sich nicht, in den alten Ton des »Du« einer Genossin zurückzukehren. Wenige Tage später erhielt sie einen handgeschriebenen Brief von Hilde Benjamin: »Liebe Gittel Weiß, als erstes bleiben wir wieder beim ›Du‹ in alter Kameradschaft, ja?« Genossin Weiß wurde im September 1949 wieder Hilde Benjamins Sekretärin und blieb es, bis sie 1977 aus Altersgründen endgültig ausschied. Da war sie 74 Jahre alt. »Im Verlauf dieser Jahre und Jahrzehnte als Sekretärin von Hilde Benjamin habe ich … viel gelernt«,[236] schrieb Frau Weiß später. »Meine Beziehung zu Hilde Benjamin, die, ich darf das wohl, ohne überheblich zu wirken, sagen, sich zu einer Freundschaft entwickelt hat, die mir viel gab, die mich bereicherte und die heute noch besteht.«[237]

Sicher war diese Beziehung zwischen Chefin und Sekretärin ein problematisches Verhältnis. Wie Gittel Weiß schon über die Anwaltszeit geschrieben hatte: »Manchmal war mit ihr nicht gut Kirschen essen …, und ich will nicht verschweigen, daß sie diese Eigenschaft bis heute beibehalten hat.«[238] Bei Gittel Weiß mischen sich offensichtlich Bewunderung und Furcht. Frau Weiß, die 1982 auf Anregung und mit Unterstützung von Hilde Benjamin ihre Lebenserinnerungen schrieb, wird es nicht darauf angelegt haben, nachträglich die Schattenseiten ihrer großen Freundin und Chefin zu enthüllen. Das wäre völlig undenkbar gewesen und 1982 in der DDR auch nicht gedruckt worden. Aber es bleibt bemerkenswert, daß die beiden Frauen fast ein ganzes Arbeitsleben miteinander verbracht haben.

Als 1947 der Demokratische Frauenbund Deutschlands (DFD) von Hilde Benjamin mit gegründet wurde, sah sie es als eine wichtige Aufgabe an, Frauen aus allen Schichten der Bevölkerung für die Arbeit in der Produktion zu gewinnen. Dabei sollte es aber nicht bleiben. Frauen sollten nach ihrer Vorstellung aktiv am politischen und gesellschaftlichen Leben teilnehmen können. Die Verfassung der DDR, von der provisorischen Volkskammer 1949 mit Hilde Benjamin als Mitglied verabschiedet, sicherte die Gleichberechtigung von Mann und Frau. Anders als in den Westzonen gab es in der Ostzone keinen »Parlamentarischen Rat«, der in heftigen Debatten ein Grundgesetz entwickelte. Die Entstehung der DDR-Verfassung verlief anders. Schon 1946 brachte die SED eine öffentliche Diskussion über die »Grundrechte des deutschen Volkes« in Gang. Über Monate wurde in allen Presseorganen und im Rundfunk debattiert, wurden Eingaben aus den Betrieben und Massenorganisationen veröffentlicht, die Bevölkerung in den Prozeß der Verfassungsentwicklung nach außen hin einbezogen. Der Artikel über die Gleichberechtigung von Mann und Frau war von Anfang an selbstverständlicher Bestandteil der Grundrechte. Genossin Benjamin und die anderen Frauen der ersten Stunde der DDR wie Elli Schmidt und Else Zaisser mußten nicht dafür kämpfen. Gleiche Rechte für Mann und Frau war eine unverzichtbare Forderung der Arbeiterbewegung.

Anders erging es den »Müttern des Grundgesetzes«, vier an der Zahl. Bis zur letzten Lesung im Bundestag stritten sie in erregten Debatten für den Satz des Artikels 3, Absatz 2: »Männer und Frauen sind gleichberechtigt«. Elisabeth Selbert, eine der sozialdemokratischen Frauen des Parlamentarischen Rates, berichtete: »Der Tag, an dem im Hauptausschuß die Gleichberechtigung der Frau angenommen wurde, ist mir als Sternstunde meines Lebens erschienen, waren doch damit die Ziele, für die ich schon lange vorher in der Frauenbewegung gekämpft hatte, ... erreicht. (...) Um das zu schaffen, bedurfte es im Parlamentarischen Rat heftigster Kämpfe, zumal die Mehrheit des Rates keineswegs geneigt war, meinem Antrag mit der schlichten Fassung, Männer und Frauen sind gleichberechtigt ..., zuzustimmen.« Die Herren, in der Mehrheit Juristen, konnten sich nur schwer von der männlichen Vormachtstellung in der Gesellschaft verabschieden. Ein bekannter Professor, Berichterstatter des Ausschusses für Grundsatzfragen mit Namen Mangold, hatte die Stirn, noch in der dritten Lesung des Grundrechtsteils folgende Fassung für Artikel 3 vorzuschlagen: »Das Gesetz muß Gleiches gleich, es kann Verschiedenes nach seiner Eigenart behandeln, jedoch dürfen die Grundrechte nicht angetastet werden.«[239]

Hilde Benjamin kämpfte an anderen Fronten als die westlichen Frauen. Aus der Verfassungsdebatte vor Gründung der DDR erzählte Dr. Berger, der frühere Sozius aus der Anwaltskanzlei in Wedding, ein interessantes Detail. Im Entwurf der Verfassung stand der Satz: »Ziel der Pädagogik ist es, die Jugend zu sozialistischen Patrioten zu erziehen.« Dr. Berger war mit dieser Begrifflichkeit nicht ganz einverstanden und schrieb an die Genossin Benjamin einen Brief, in dem er das Wort »Patrioten« kritisierte, weil es ihn zu sehr an »Hurrapatriotismus« erinnere und in einer fortschrittlichen Verfassung keinen Platz haben sollte. Er schlug vor, von »Liebe zur sozialistischen Heimat« zu sprechen. Den Antwortbrief hat er leider nicht mehr gefunden, aber Dr. Berger erinnerte sich noch mit neunzig Jahren lebhaft an das Schreiben. Es wäre eine reine Schimpftirade gewesen. In schärfster Form hätte Hilde Benjamin ihm vorgeworfen, von Sozialismus und dem Aufbau nichts, aber auch gar nichts begriffen zu haben und sich die Argumente der Gegner zu eigen zu machen. Damals – kurz nach Ende seiner Irrfahrten in der Emigration – hätte ihn der Brief darüber belehrt, daß er auch im neuen Deutschland vorsichtig sein und die »Offenheit« der Debatte nicht mißverstehen sollte.[240] Bei anderen Gelegenheiten wäre die Genossin Benjamin persönlich dann wieder herzlich und freundschaftlich zu ihm gewesen. Eine Justizkonferenz war ihm im Gedächtnis. Er kam etwas zu spät und wollte gerade leise, um nicht zu stören, an seinen Platz gehen, als Hilde Benjamin spontan aufstand und ihn umarmte. Dr. Berger meinte erklärend: »Es gab bei der Hilde eine öffentliche und eine private Seite. Privat war sie herzensgut, wenn es aber um die Sache ging, fehlte ihr jede Wärme.«[241]

Hilde Benjamin zeigte, das ist der andere Aspekt ihrer Entgegnung, keine Berührungsscheu mit Begriffen aus der Nazi-Ära. In der Debatte zum § 218 hatte sie schon 1947 geschrieben: »Die Tatsache allein, daß die Nazis einen Begriff (nämlich das Recht der Gesellschaft auf Sicherung des Nachwuchses – M.B.) mißbraucht haben, ist noch kein Grund, ihn auch heute zu mißbrauchen. (…) Ich bin mir durchaus bewußt, daß nur ein sehr schmaler

Steg verläuft zwischen nationaler Vergangenheit und Nationalismus.«[242]

1948 verschärfte sich die Krise der alliierten Politik in Deutschland. Der Kalte Krieg steuerte seinem Höhepunkt entgegen. Die Währungsreform in den drei Westzonen im Juni 1948 signalisierte die bereits weit fortgeschrittene Spaltung Deutschlands. Die Sowjets antworteten mit der Sperrung der Land- und Wasserwege zwischen Berlin und Westdeutschland. Die Blockade begann. Das Unternehmen »Luftbrücke« der westlichen Alliierten zur Rettung Westberlins lief an. »Rosinenbomber« donnerten über die Stadt, aus der Luft wurde Westberlin mit wichtigen Gütern versorgt. Der gemeinsame Magistrat war zerbrochen, die Stadt wirtschaftlich und politisch gespalten.

Noch wohnten die Benjamins in der Schloßstraße 24 in Steglitz. Michael Benjamin berichtete, daß seine Mutter ihm das Geld zum Umtausch in die Hand drückte und ihn schickte, die Schulden für Miete und Strom zu begleichen. Angewidert hätte sie gesagt, daß sie das »West«geld mit dem Eindruck »B« (für Berlin) nicht anfassen würde.[243]

Doch tatsächlich zog Hilde Benjamin erst im August 1949 in den Ostteil der Stadt um. Trotz der Verschärfung der Konflikte zwischen Ost und West blieb sie noch ein ganzes Jahr in Steglitz wohnen. In der angespannten Situation des Kalten Krieges war eine Wohnung im Westteil Berlins für eine hochrangige politische Funktionärin der Ostzone ausgesprochen erstaunlich. Michael Benjamin nannte auch mit Bestimmtheit die Währungsreform als Umzugstermin, als er 1995 schrieb: »In der Prenzlauer Allee Nr. 172 haben wir von 1948 (Währungsreform) bis zur Mitte der fünfziger Jahre gewohnt.«[244] Aber Hilde Benjamins parteiinterner Lebenslauf von 1949 gibt, übereinstimmend mit der Registratur beim Landeseinwohnermeldeamt, als Umzugstermin den 5. August 1949 an.[245] Hilde Benjamin schrieb in dem genannten Lebenslauf, sie hätte in Steglitz bis 1949 auch politisch gearbeitet. Erst mit dem Umzug wäre die Parteiarbeit vor Ort zu Ende gegangen. Sie war damals Mitglied im Kreisvorstand der SED Steglitz, leitete Schulungen für Funktionäre und »in der Wohngruppe«. Der Lebenslauf trägt das Datum 8.10.1949.[246] Verwirrend bleibt, daß sie 1954 bei einem weiteren Lebenslauf für die Partei, dieses

Nachruf der Freimaurerloge für Walter Lange: Der Vater von Hilde Benjamin starb am 1. Februar 1949

Mal zur Wahl ins Zentralkomitee, »1948« als Umzugsjahr in den Ostteil der Stadt angibt und Michael Benjamin auch in anderen Veröffentlichungen von dem früheren Datum ausgeht.[247] Der späte Umzug in den Osten könnte eine Tatsache gewesen sein, die sie lieber nicht so deutlich hervorhob und, wenn möglich, besser verschwieg.

Hilde Benjamin zog jedenfalls mit ihrem Sohn im August 1949 in die Prenzlauer Allee 172. Die Prenzlauer Allee durchzieht den Bezirk Prenzlauer Berg bis hin nach Pankow. Die Nr. 172 liegt im mittleren Teil der Straße. Die Wohnung im 1. Stock war geräumig und solide, aber im Vergleich zu den luxuriösen Behausungen der SED-Elite eine bescheidene Unterkunft, keine Villa in Nieder-schönhausen, wie Ulbricht oder Pieck sie bewohnten. Dorthin würde sie erst später ziehen.

Mit dem Umzug in den östlichen Teil Berlins brach Hilde Benja-min den Kontakt zu Mutter und Schwester fast völlig ab. Michael Benjamin sagte, spätestens seit dem Verbot der Westkontakte für Funktionäre 1951 hätte es »keine Begegnungen mit meiner Groß-mutter und meiner Tante gegeben«. 1951 starb die Mutter Adele Lange. Ob Hilde Benjamin noch zur Beerdigung fuhr, weiß Mi-chael Benjamin nicht mehr. Wahrscheinlich nicht. Als Begründung für den Abbruch der Familienkontakte gab er an, seine Mutter wäre gerade in solchen Fragen höchst korrekt gewesen. Sie hätte sich nicht berechtigt gefühlt, Ausnahmen (die wahrscheinlich mög-lich gewesen wären) von Regelungen zu beanspruchen, bei denen sie sich bewußt war, daß sie für den normalen Bürger eine Beschwer-nis darstellten.[248] Michael Benjamins Auslegung der Sache läßt viele Fragen offen. Das Verhalten von Hilde Benjamin könnte auch Konfliktscheu gegenüber den Parteioberen gewesen sein und nicht einfach ein »korrektes« Parteibenehmen. Wenn Hilde Benjamin den familiären Kontakt nach 1949 gehalten hätte, wenn sie ihre kranke Mutter weiter unterstützt und besucht hätte, wie diese ihr auch in der Nazi-Zeit immer zur Seite gestanden hatte, wäre es sicher zu Problemen mit der Parteiführung gekommen. Konflikte in der Partei aber hat Hilde Benjamin immer gescheut, sich stets äußerst gehorsam den Parteibefehlen untergeordnet. Ob die Anordnungen menschlich waren oder nicht, stellte sie nicht in Frage. Sie panzerte sich mit der angeblichen Befehlslage durch die Partei und ging konsequent den bequemen und sicheren Weg der Unterordnung.

Die totale Beschränkung des Lebens auf »die Sache« – bei Hilde Benjamin war es der Aufbau eines sozialistischen Deutschland, bei anderen Menschen sind es andere Heilserwartungen – ließ selbst den Tod der Mutter oder die kranke Schwester unwichtig erscheinen. In dem schon zitierten parteiinternen Lebenslauf von 1951 schrieb Hilde Benjamin: »Jetzt steht die Partei in meinem Leben an erster Stelle. Es gibt keine Bindung und keine Beziehung, die dem vorginge.« Wollte sie damit sagen, daß die anderen Beziehungen ihres Lebens wenigstens an zweiter Stelle kamen? Für Mutter und Schwester jedenfalls stimmte das nicht. Sie brach den Kontakt zu ihnen gänzlich ab und gestattete der Partei zu diktieren, welche Bindungen sie im Leben eingehen und fortsetzen durfte.

Der Satz über die bedingungslose Unterordnung unter die Partei entspricht fast im Wortlaut dem Bekenntnis von Nonnen, die ihr Leben ihrem Herrgott weihen. Und damit der »Gott« Partei keine Zweifel bekommt, daß doch noch anderes in ihrem Leben wichtig sein könnte, fuhr Hilde Benjamin fort: »Von meinem Verhältnis zu meinem Jungen kann ich wohl sagen, daß unsere stärkste Bindung in unserer Gemeinsamkeit in der Partei liegt.«[249]

Hilde Benjamin verließ im August 1949 ihren Heimatbezirk Steglitz, um sich voll und ganz den von der Partei beschlossenen Aufgaben zu widmen. Rechtzeitig vor Gründung der DDR wurde sie Bürgerin der Hauptstadt Berlin. Den Bezirk ihrer Kindheit und Jugend – Steglitz – hat sie nie wieder betreten.

Die gnadenlose Richterin

Vizepräsidentin des Obersten Gerichts der DDR
1949–1953

Zwei Landesteile, noch besetzte Gebiete, schmückten sich für den Empfang eines Dichters. Es sollte ihm an nichts fehlen, und er sollte nur Gutes berichten können. Man wünschte dem jeweils anderen Teil alles Schlechte.

Thomas Mann kam zu Goethes 200. Geburtstag nach Deutschland. Er hatte die Einladungen der Goethegesellschaft West und der Gesellschaft Ost in der Tasche. In Frankfurt und Weimar würde er je einen Goethepreis in Empfang nehmen. Eine deutsch-deutsche Groteske.

1949 wurde das »Goethejahr« gefeiert, und jeder deutsche Teilstaat wollte sich als der würdigste Interpret des großen toten und als der beste Gastgeber des großen lebenden Dichters beweisen. Die Vorbereitungen glichen dem Aufwand für einen Staatsbesuch.

Thomas Mann hatte nach der Machtergreifung der Nationalsozialisten ins Exil gehen müssen. Über die Tschechoslowakei und die Schweiz war er nach Kalifornien/USA gekommen und amerikanischer Staatsbürger geworden. Mit seinen Reden an die deutschen Hörer, seit Oktober 1940 von der BBC verbreitet (und auch von Hilde Benjamin mit Neugier verfolgt), hatte er großes Ansehen erworben und die Herzen vieler Menschen gewonnen.

Manns Besuch im Nachkriegsdeutschland war, noch bevor er deutschen Boden betrat, heftig umstritten. Eine Minderheit verübelte ihm seinen »bequemen Platz im Exil«, und im Westen kritisierten Presseleute seine Absicht, in den sowjetisch besetzten Teil zu fahren und in Weimar zu sprechen.

Auf einer der zahlreichen Pressekonferenzen wurde Thomas Mann mit dem Aufruf einer »Kampfgruppe gegen Unmenschlichkeit« (KgU) konfrontiert. Die Gruppe forderte, daß der Dichter anläßlich seines Besuchs in Weimar darauf bestehen müßte, auch das Konzentrationslager Buchenwald zu besichtigen, das jetzt von den Sowjets benutzt werde. Er entgegnete, daß sein »Besuch dem alten Vaterland als Ganzem« gelte und daß es ihm »unschön« schiene, »sich von der Bevölkerung der Ostzone fernzuhalten, sie gewissermaßen links liegen zu lassen. Im Rahmen dieses Besuchs Forderungen zu stellen, die die einladenden deutschen Behörden nicht erfüllen können, ist offensichtlich unmöglich, und die interpellierende Gesellschaft weiß das so gut wie ich.«[250]

Doch das brisante Thema »sowjetische Sonderlager im Osten« kam während der Reise von Thomas Mann nicht mehr zum Schweigen.

Bereits seit Kriegsende gab es Gerüchte, die Sowjets würden in den ehemaligen Konzentrationslagern im Osten Deutschlands eigene Sonderlager für Nazi- und Kriegsverbrecher einrichten, die den KZs an Grausamkeit in nichts nachstünden. In Sachsenhausen, Buchenwald und Bautzen wären Menschen eingesperrt, die sich gegen Maßnahmen der Besatzungsmacht gewandt hätten bzw. die aus reiner Willkür verhaftet worden wären.

Auch Eugen Kogon, selbst ehemaliger Buchenwaldhäftling und Verfasser der bedeutenden Studie »Der SS-Staat«[251], forderte von Thomas Mann, daß er während des Weimar-Besuchs gegen die Inhaftierung der Menschen in Buchenwald protestieren sollte. Thomas Mann verweigerte auch diesen Protest.

Mit einem riesigen Aufgebot an Fahnen und Wimpeln der FDJ gefeiert, von Johannes R. Becher, Generalsekretär des Kulturbundes, und Klaus Gysi, Mitglied des Zentralkomitees, empfangen, kam Thomas Mann in den Osten des Landes. Er wurde von deutschen und russischen Würdenträgern begrüßt. In Weimar erhielt der Dichter den zweiten Goethepreis. Johannes R. Becher sprach die Laudatio.

Nach dem Zeugnis seines Reiseberichts hat sich Thomas Mann unter der Hand, so gut er konnte, nach dem wahren Sachverhalt in Buchenwald erkundigt. Was er erfuhr, sollte ihn beruhigen. Die Belegschaft des Speziallagers unter sowjetischer Bewachung bestünde angeblich je zu einem Drittel aus »asozialen Elementen«, aus »Naziverbrechern« und »Personen, die sich manifester Quertreiberei gegen den neuen Staat schuldig gemacht hätten und notwendig isoliert werden müssen«.[252] Diese Charakterisierung der

Insassen des Lagers hätte Thomas Mann eigentlich stutzig machen müssen. »Asoziale Elemente« und »Quertreiber« waren die bevorzugten Begriffe aus der Sprache der Nazis für Häftlinge der Konzentrationslager gewesen. Er notierte in seinem Reisebericht weiter: »Folter, Prügel, Vergasung, die sadistische Erniedrigung des Menschen wie in den Nazi-Lagern gebe es dort nicht. Aber die Sterbeziffer sei hoch infolge von Unterernährung und Tuberkulose. Wo man überhaupt nicht viel zu essen habe, seien diese Ausgeschiedenen eben die letzten, die etwas bekämen.«

Der Dichterfürst hat sich in Weimar mit den Angaben der Politiker zufriedengegeben und öffentlich zu dem Thema geschwiegen.

Hilde Benjamin wird das gefreut haben. Aus ihrer persönlichen Geschichte gab es eine besondere Beziehung zu Thomas Mann, war er doch der Autor des »Zauberberg«, durch den sie ihrem Mann anfangs nähergekommen war. Dies und dessen Reden im Londoner Rundfunk hatte sie in guter Erinnerung. Für sie war es nur folgerichtig, daß humanistisch gesinnte Dichter wie Thomas Mann sich dem besseren, dem demokratischen Deutschland im Osten zuwandten.

In der Öffentlichkeit der jungen DDR war das Thema sowjetische Straflager lange Zeit tabu gewesen. Intern aber hatte die DDR-Führung Stalin im September 1949 dringend um die Auflösung der Lager gebeten.

Im Januar 1950 meldete das *Neue Deutschland* überraschend auf der ersten Seite die Auflösung der – bisher in ihrer Existenz geleugneten – sowjetischen Speziallager. Die Zeitung sprach von der Überführung der über 3 000 Internierten in die Gerichtshoheit der DDR und nannte dies einen »Akt der Großmut, des Vertrauens und der Stärke der Sowjetregierung«.[253]

Die 3 442 Häftlinge der Lager Sachsenhausen, Buchenwald und Bautzen wurden wenig später in die Strafvollzugsanstalt der sächsischen Kleinstadt Waldheim verlegt. Die Regierung der DDR versprach, es werde »normale deutsche Untersuchungsverfahren« geben. »Es sei niemand wegen seiner politischen Ansichten oder seiner Gesinnung interniert worden.«[254]

Hilde Benjamin nahm im März 1950 in ihrer neuen Eigenschaft als Vizepräsidentin des Obersten Gerichts der DDR, wozu sie Ende 1949 berufen worden war, an einer Besprechung im Zentral-

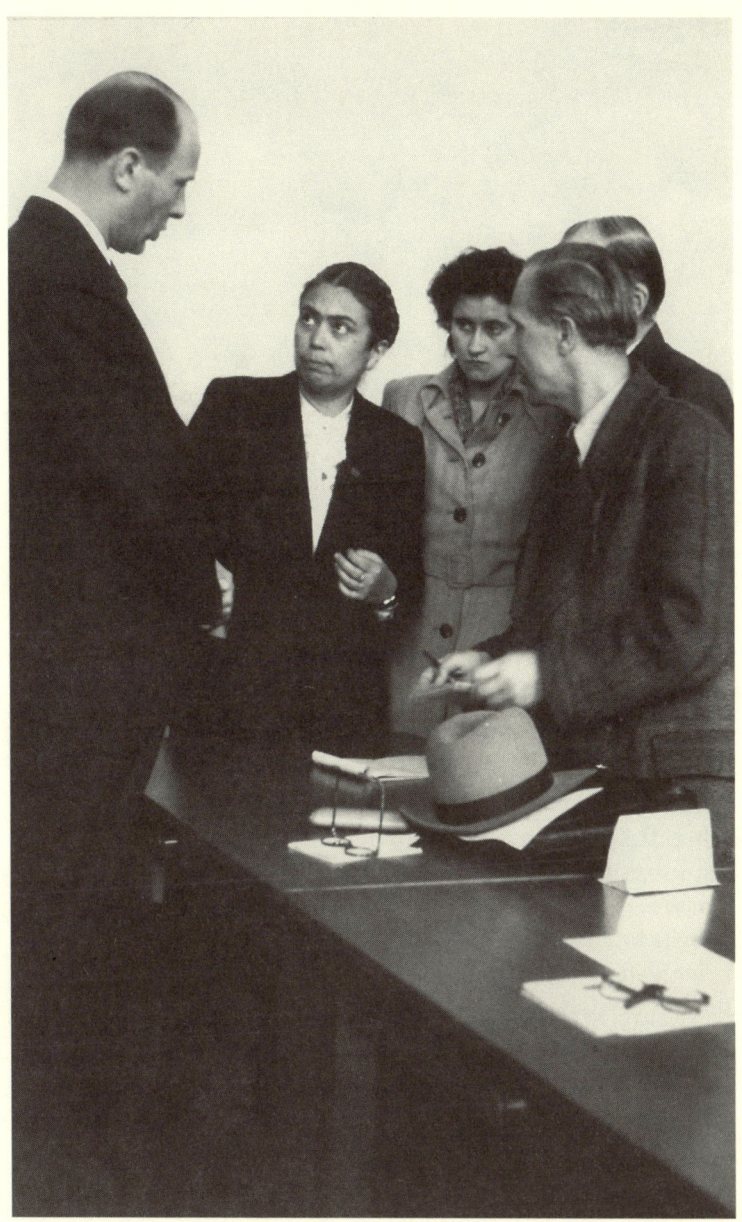

Eröffnungssitzung des Obersten Gerichts der DDR am 24. 3. 1950:
Präsident Kurt Schumann (links) und Vizepräsidentin Hilde Benjamin
im Gespräch mit Journalisten

Hauptverhandlung der Waldheimer Prozesse: Wegen »Verbrechen gegen die Menschlichkeit« wird Friedrich Beyerlein zum Tode verurteilt; Hilde Benjamin als Ehrengast, 23.6.1950

sekretariat der SED teil, in der generalstabsmäßig die anstehenden Prozesse in Waldheim geplant wurden. Ausdrücklich legten die Parteijuristen fest, daß »die Urteilssprüche der deutschen Gerichte nicht in einem zu großen Kontrast zu den von den sowjetischen Tribunalen gefällten Urteilen«[255] stehen dürften.

Entsprechend dieser Anweisung der Partei wurde in den folgenden Wochen verfahren. Richter und Staatsanwälte, allesamt SED-Mitglieder, brachte man nach Waldheim und verpflichtete sie strikt, keine Urteile unter fünf Jahren Zuchthaus zu fällen. Pro Verfahren stand maximal eine Stunde Verhandlungsdauer zur Verfügung. Wenn die Maschinerie hakte, einzelne Beteiligte der Justiz Nervenzusammenbrüche bekamen oder »falsche« Urteile (d.h. zu niedrige Strafen – M.B.) fällten, wurde der Parteiinstrukteur aktiv. Er setzte um und besetzte neu, setzte ab und übergab die Richter oder Schöffen in ernsten Fällen der Weigerung direkt an die Untersuchungsorgane der Staatssicherheit.

Über 3 400 Verurteilungen wurden von April bis Juni 1950[256] ausgesprochen. »Verurteilungen wie am Fließband«, wie ein beteiligter Richter später aussagte.

Tatsächlich waren die so Verurteilten nur zu einem ganz geringen Teil Kriegs- und Nazi-Verbrecher. »Überwiegend wurden Menschen ausschließlich aufgrund ihrer Mitgliedschaft in Organisationen der NS-Diktatur mit langjährigen Haftstrafen belegt, ... und war selbst die Mitgliedschaft in NS-Organisationen nicht vorhanden oder nachweisbar, so wurden sie ausschließlich verurteilt, weil sowjetische Stellen sie in Internierungslager verbracht hatten.«[257]

Damit die Öffentlichkeit von der Rechtmäßigkeit der Prozesse überzeugt wurde, gab es zehn sorgfältig ausgewählte Verfahren, die als öffentliche Schauprozesse inszeniert wurden. Damit sollte der Eindruck vermittelt werden, in Waldheim stünden ausschließlich schwere Kriegs- und Nazi-Verbrecher vor Gericht und die Verfahren bewegten sich auf solider rechtlicher Basis. Die Angeklagten der Schauprozesse wären allesamt grausame Diener des NS-Regimes gewesen: ein berüchtigter Gestapo-Folterer, der Lagerführer eines Schutzhaftlagers, ein Kriminalsekretär, der Zwangsarbeiter durch Genickschuß tötete. Bei diesen Urteilen konnte sich die SED-Führung, die das Drehbuch für die Regie der Schauprozesse geschrieben hatte, sicher sein, daß das antifaschistische Grundanliegen von der Bevölkerung verstanden und akzeptiert wurde.

Doch ging es der Parteispitze bei diesen Prozessen nicht nur um die Erfüllung des Auftrags der Sowjets, die ehemals Internierten durch die DDR-Gerichtsbarkeit zu bestrafen. Sie wollte sich auch als konsequent antifaschistische Staatsmacht beweisen. Die DDR zeigte mit allen propagandistischen Mitteln, daß sie das andere, das bessere Deutschland repräsentierte. Im Gegensatz zum westlichen Adenauer-Regime wurde im Osten die Aufarbeitung der Vergangenheit ernstgenommen. Dieser identitätsstiftende Gründungsmythos der DDR sollte die Menschen innerlich fester an ihren Staat binden und der Bevölkerung das positive Gefühl vermitteln, auf der richtigen Seite der Geschichte zu stehen. Gleichzeitig sollte sie beruhigt werden, bald könnte die Entnazifizierung in der DDR abgeschlossen sein. Die Bürger brauchten sich dann nicht länger mit der Erblast der nationalsozialistischen Verbrechen zu beschäftigen.

Wilhelm Pieck, der spätere Präsident der DDR, hatte schon 1946 frohlockend von einer »Umstrukturierung der deutschen

Bevölkerung« gesprochen: »Die Masse der reaktionären Kräfte Deutschlands, die Kriegsverbrecher, die aktiven Nazis, ihre Helfershelfer ... fürchten die Sowjetmacht. Sie haben sich deshalb vor ihr in Sicherheit gebracht, sind nach dem Westen zu ihresgleichen, zu ihren Klassenbrüdern geflohen.«[258] So entstand in der DDR allmählich – weit über den kleinen Kreis der ehemals Verfolgten des NS-Regimes hinaus – das Gefühl, in der besseren Hälfte Deutschlands zu Hause zu sein und die DDR trotz aller Schwächen als Garant des Antifaschismus zu schätzen.

Die geheimen Waldheimer Prozesse endeten mit 3 392 Urteilen, darunter 33 Todesurteile. 24 davon wurden sechs Monate nach Urteilsverkündung im Keller des Waldheimer Gefängnisses vollstreckt.

Die Prozesse hatten für die weitere politische Strafjustiz Modellcharakter. Es waren politische Verfahren unter der Kontrolle der Partei oder, um es mit Hilde Benjamins Worten aus der »Geschichte der Rechtspflege« zu sagen: »Die Verfahren gegen Nazi- und Kriegsverbrecher waren eine prinzipielle Schule der Parteilichkeit der Rechtsprechung in unserer Republik.«[259]

Hilde Benjamin hat in Waldheim selbst keine Urteile gesprochen. Sie war anderweitig beschäftigt, denn zur gleichen Zeit führte sie beim großen Schauprozeß in Dessau den Vorsitz. Sie war jedoch von der ersten Besprechung bis zur letzten Entscheidung über Entlassungen der Verurteilten in alle Vorgänge in Waldheim eingeweiht und hat sie teilweise auch entschieden. Das geht auch aus einer überlieferten Bemerkung des Justizministers Fechner hervor, der damals zu Helmut Brandt (CDU), Staatssekretär im Justizministerium, auf Nachfragen zu den Waldheim-Prozessen gesagt haben soll: »Kümmere dich nicht darum, es ist ein heißes Eisen; das macht alles die Benjamin.«[260]

Wie Hilde Benjamin zu den Verfahren in Waldheim stand, zeigt auch ein Brief, den sie 1955 an den Präsidenten Grotewohl schrieb. Es ging dabei um ihr Votum als Justizministerin zur vorzeitigen Entlassung von Verurteilten aus den Waldheim-Prozessen.

Sie schrieb: »Ich habe Bedenken, ob in der gegenwärtigen Situation die Entlassung dieser Verurteilten in diesem Umfange weitergeführt werden soll. (...) Die jetzige Liste enthält überwiegend solche Personen, die wegen Kriegsverbrechen, das heißt Verbrechen gegen die Menschlichkeit, verurteilt wurden, und zwar hauptsächlich auch solche, denen keine unmittelbare persönliche Schuld, sondern eine sogenannte Kollektivschuld zur Last fällt. Trotzdem sind diese Menschen als Personen einzuschätzen, die überwiegend keine positive Einstellung zur DDR haben werden – trotz aller günstigen Begutachtung der Haftanstalt.«[261]

In Waldheim waren – das bestätigt Hilde Benjamins ungeheuerlich offene Stellungnahme mit aller Deutlichkeit – Menschen einzig wegen ihrer Gesinnung verurteilt worden. Die persönliche Schuld der Angeklagten war in vielen Fällen nicht zu beweisen bzw. nicht vorhanden. Die Menschen saßen im Zuchthaus, weil man sie für Gegner der DDR hielt. Und die Justizministerin stimmte dafür, diesen Zustand weiter aufrechtzuerhalten. Diese Unterwerfung inhaftierter Menschen unter die »Staatsräson« erinnert bitter an die Parole der Nazis: »Recht ist, was dem Staate nützt«. Auch Georg Benjamin war trotz der Verbüßung seiner Strafe nicht freigekommen. Warum fielen ihr diese Parallelen zwischen dem Schicksal ihres Mannes und den Waldheim-Häftlingen nicht auf? Oder bewies sie hier – wieder einmal –, daß sie keine »Berührungsscheu« hatte, die gleichen Prinzipien wie die Nazis zu praktizieren, wenn es vermeintlich der Sicherheit der DDR diente? Ihr Votum gegen die Entlassung der Häftlinge hätte gleichlautend auch von der nationalsozialistischen Justiz stammen können, nur mit anderen politischen Voraussetzungen.

Zum Zeitpunkt ihres Dienstschreibens kannte sie schon einen anderen Brief zum Thema Waldheim. Thomas Mann hatte sich 1951 aus Anlaß der Prozesse mit einem internen Protest an Walter Ulbricht gewandt. Angehörige von Gefangenen hatten ihn gebeten, seinen Einfluß für die zu Unrecht Verurteilten geltend zu machen. Thomas Mann nahm sich der Sache an, womöglich auch aus schlechtem Gewissen wegen seines Schweigens in Weimar. Es war ein langer, interner Brief, in dem er seine Position zum Kommunismus grundlegend darstellte. Der Brief wurde erst 1963 gegen den Willen Ulbrichts in Auszügen veröffentlicht.[262]

Thomas Mann schrieb: »Der Kommunismus hat – das ist die Wahrheit – mit dem Faschismus die totalitäre Staatsidee gemeinsam, aber er will doch wahrhaben und wir möchten es mit ihm wahrhaben, daß sein Totalitarismus sich von dem faschistischen himmelweit unterscheidet, einen ganz anderen ideologischen

Hintergrund, ganz andere Beziehungen zum Menschheitsgedanken hat, und darum sollte er Sorge tragen, jede Möglichkeit der Gleichsetzung und geflissentlichen Verwechslung auszuschließen, sollte – so lange nach vollendeter Revolution – Kruditäten und formlose Grausamkeiten meiden, die ihn äußerlich, für das Auge, aber das heißt praktisch, auf das Niveau des Faschismus herabsetzen.«[263]

Hilde Benjamins Votum gegen die Freilassung der Waldheim-Häftlinge könnte Thomas Mann direkt als negatives Anschauungsmaterial gedient haben.

Im Berliner Stadtbezirk Prenzlauer Berg ging ein Mann täglich vor dem Haus mit der Nummer 172 auf und ab. Er machte seine wenigen Schritte vor und zurück vor der großen Eingangstür, als würde ihn ein unsichtbarer Zaun hindern, die Straße nach oben oder unten weiterzugehen. Der Mann war für die Zeitumstände außergewöhnlich gut genährt. So lag es nicht an seiner Gesundheit, daß er nicht vorankam. Er war jung und wirkte sportlich.

Wer genau hinsah, erkannte, daß es zwar immer der gleiche Mantel war, der da ging, aber nicht derselbe Mensch. Immer war es ein Ledermantel, schwer und schwarz, gut verarbeitet, mit hochklappbarem Kragen und breitem Gürtel, der manchmal lässig baumelnd herunterhing, bei anderen fest vor dem Bauch geschnallt war. Man flüsterte in der Nachbarschaft. Einige hatten ungute Erinnerungen an diese Art Mäntel. Die war ihnen schon früher begegnet. Andere meinten, trotz der alten Mäntel wäre jetzt eine neue Zeit, und die alten Ängste wären nicht mehr zeitgemäß. Jeder könnte sicher sein, daß hinter dem schwarzen Leder völlig andere Absichten steckten.

Meist morgens schon vor sieben Uhr kam eine kleingewachsene Frau mit großen Schritten aus dem Haus. An der Hand eine riesige Aktentasche. Sie wirkte vornehm in ihrem schwarzen Kostüm. Die vollen, braunen Haare hatte sie zu einem Knoten aufgesteckt. Sie lächelte Fahrer und Bewacher vertraulich zu. Einer ergriff ihre Tasche, stellte sie mit Schwung in den Kofferraum. Der Wagen, anfangs ein schwarzer BMW mit Roststellen, war schon etwas klapprig, aber gut gewienert und immer einsatzbereit. Der Fahrer öffnete den Schlag. Die Dame stieg vorn ein, der Bewacher hinten.

So ging es fast jeden Tag. Meist kam das Gespann spät abends heim. Dann standen die zwei Ledermäntel noch eine Zeitlang lässig gegen den Wagen gelehnt, rauchten und unterhielten sich. Die Mieter und Besucher der Prenzlauer Allee 172 fühlten sich beobachtet. Irgendwann fuhr der BMW in die Nacht davon. Nur ein Schrittemacher blieb vor dem Eingang zurück.

Jahre später, auf einem Internationalen Juristenkongreß, würde ein spanischer Genosse unter dem dröhnenden Gelächter der anderen Delegationen die ständigen Bewacher der Genossin Benjamin »die Pistoleros der Frau Minister« nennen. Zu dieser Zeit waren die zwei dienstlich zugeteilten Bewacher vom öffentlichen Auftritt der Benjamin nicht mehr wegzudenken.

Seit ihrer Ernennung zur Vizepräsidentin und Vorsitzenden Richterin des Ersten Strafsenats des Obersten Gerichts im Dezember 1949 war Hilde Benjamin ständig mit Drohbriefen- und Anrufen belästigt worden. Deshalb hatte sie einen Personenschutz zugeordnet bekommen, einen Kraftfahrer und eine Begleitperson aus dem Ministerium für Staatssicherheit. Während sie im Mietshaus in der Prenzlauer Allee wohnten, hätte, so Michael Benjamin, der einsame Posten vor der Haustür einigermaßen absurd gewirkt, da Hunderte von Menschen dort im Vorder- und Hinterhaus lebten und täglich aus- und eingingen. Doch Befehl war Befehl. So stand der Posten vor dem Steinkasten, wann immer die Genossin Benjamin zu Hause war. Ab und zu ließ sie die Haushälterin eine Kanne heißen Tee herunterbringen. Der junge Genosse leistete schließlich einen schweren Dienst fürs neue, demokratische Vaterland.

Und die Drohbriefe? Welche Wirkungen hatten sie auf Hilde Benjamin? Kein Problem, meinte der Sohn. Die Angriffe wären eine bedauerliche, aber unvermeidliche Erscheinung des Klassenkampfs gewesen. Es war selbstverständlich, daß politische Gegner sie attackierten. Das konnte und durfte sie nicht erschüttern. Im Gegenteil. Das war normal und zeigte, daß die Feinde sie fürchteten und sie auf dem richtigen Weg war.[264]

Dieser Weg hatte sie zur Vizepräsidentin des Obersten Gerichts der DDR gemacht. Nach dem bewährten Schema Ulbrichts, daß der Vorsitzende ein Bürgerlicher[265] sein konnte, der Stellvertreter aber ein Kommunist sein mußte, war die Genossin Benjamin mit dieser wichtigen Aufgabe betraut worden. Gemeinsam mit Dr.

Melsheimer als Generalstaatsanwalt lehrten sie die Angeklagten in den nächsten Jahren das Fürchten.

Inzwischen war auf dem Boden der Sowjetischen Besatzungszone die DDR gegründet worden. Wenige Monate nach Gründung der Bundesrepublik Deutschland.

Die Verfassung, nach öffentlicher Debatte als »Verfassung des Volkes« propagiert, unterschied sich wenig von den bürgerlich-demokratischen Verfassungen Westeuropas und erinnerte in weiten Passagen an das Vorbild der Weimarer Republik. Ein Katalog der Grund- und Menschenrechte war den anderen Bestimmungen vorangestellt.

Doch gab es einige bedeutsame Unterschiede, die Hilde Benjamin als besondere Fortschritte bei der Entwicklung der »neuen Gesetzlichkeit« ansah. Das war vor allem die Abkehr vom Prinzip der staatlichen Gewaltenteilung in Regierung, Parlament und Gerichtsinstanzen. Die Justiz sollte nicht mehr eigenständig und unabhängig, sprich: fernab der Arbeiterklasse und ihrer staatlichen Organe arbeiten. Sie mußte parteilich im Sinne des neuen Staates Recht sprechen.

Historisch gilt die Unabhängigkeit der Justiz von der Staatsmacht als eines der wichtigsten Ergebnisse der Französischen Revolution. Die Bürger wollten nicht mehr länger der Allmacht des Fürsten unterworfen sein, das Recht galt ihnen als Mittel der Kontrolle staatlicher Macht.

Die Verfassung der DDR brach mit diesem Grundgedanken der Aufklärung. Im neuen – sozialistischen – Verständnis wurde die Abhängigkeit der Justiz von der staatlichen Macht selbstverständlich nicht als Rückfall in feudale Zustände begriffen. Das Recht als »Instrument des Klassenkampfes und der Umstaltung der Gesellschaft« war angeblich die neue, fortschrittliche Dimension der Verfassung der DDR.

Doch gab es bis in die Sprache hinein vielfältige Hinweise, daß die spätere DDR sich auf groteske Weise »feudal« gebärdete. So sprachen die Parteioberen gern von »unseren« Menschen, wie die Feudalfürsten auch von »unseren Untertanen« gesprochen hatten. Wenn Bürger der DDR mit dem Vorgehen der Verwaltung nicht einverstanden waren, machten sie »eine Eingabe«. Die DDR-Regierung legalisierte diese Methode später und schuf für das Eingabewesen eine gesetzliche Grundlage, doch eine Verwaltungsgerichtsbarkeit, mit der man sich gegen die Willkür des Staates juristisch zur Wehr setzen konnte, gab es nicht.[266]

Hilde Benjamin war eine der Juristen in der DDR, die an vorderster Front gegen die bürgerlich-demokratischen Vorstellungen von der »Unabhängigkeit der Justiz« ankämpfte und mit allen Mitteln daranging, die »Parteilichkeit der Justiz« durchzusetzen. Die großen Prozesse des Jahres 1950 zeigten auf grausige Weise, was Hilde Benjamin unter »Parteilichkeit« verstand.

Ihr erster großer Auftritt als Vorsitzende Richterin im Prozeß gegen die Deutsche Conti-Gas-Gesellschaft (DCGG) fand im Theater Dessau statt. Monatelang hatte sie sich auf dieses Verfahren vorbereitet. Und sie stand nicht allein. Eine Kommission der Partei, direkt dem Politbüro der SED unterstellt, unterstützte und kontrollierte sie. Diese »Zentrale Kommission für Staatliche Kontrolle« hatte schon im Winter 1949/50 eine gewaltige Pressekampagne zum Dessauer Prozeß entfacht. Das Volk wurde über die »verbrecherischen Machenschaften« einer »kriminellen Bande des Konzerns« aufgeklärt. Brav schickten die DDR-Bürger ihre Protestschreiben. Im Ergebnis sollen 130 000 Resolutionen und Hunderttausende von Einzelunterschriften aus der empörten Bevölkerung bei der Kommission eingegangen sein. Alle forderten die Verurteilung der Verbrecher, die »das Volksvermögen in den Westen verschoben hatten ... und damit den friedlichen Aufbau der DDR untergraben und sabotieren wollten«.[267]

Das Politbüros der SED hatte Benjamin und Melsheimer mit einem genauen Auftrag versehen: »Der Prozeß ist so zu führen, daß die Rolle des Monopolkapitals, seine Zersetzungsarbeit mit Hilfe käuflicher Elemente und deren verbrecherische Tätigkeit in der DDR deutlich zutage tritt.«[268]

Ziel und Ergebnis des Schauprozesses waren durch die SED-Führung exakt vorgegeben. Es ging in erster Linie darum, die Enteignung volkswirtschaftlich bedeutsamer Betriebe zu rechtfertigen, aber die öffentlich entlarvten Schädlinge sollten auch als Urheber der Wirtschaftsprobleme vorgeführt werden, besonders wenn ihnen Verbindung zum Westen nachgesagt werden konnte.

Zwischen dem 24. und 29. April 1950 nahmen täglich mehr als 1 200 Zuhörer, wechselnde Delegationen aus Betrieben und Verwaltungen, im Theatersaal Platz. Die Besucherströme waren, wie

alles in diesem Prozeß, genau organisiert. Im Protokoll des Politbüros hieß es dazu: »Verantwortlich für die Zusammenstellung
und Überprüfung der aus dem Gebiet der Deutschen Demokratischen Republik an dem Prozeß teilnehmenden Delegationen sind
das Sekretariat des Bundesvorstandes des FDGB, das Sekretariat
des Zentralrates der FDJ ... und das Bundessekretariat des Demokratischen Frauenbundes Deutschlands (DFD).«[269]

An der Stirnseite des Theatersaals ein riesiges Schaubild mit
Leuchtelementen, das die internationalen Verflechtungen des Konzerns veranschaulichen sollte. Davor in der Mitte – in Kostüm,
weißer Bluse und schwarzem Schlips – die Vorsitzende Richterin
Hilde Benjamin, umrahmt von den Stellvertretern.

Die traditionelle Robe für das Gerichtspersonal war abgeschafft
worden, weil sie, wie Hilde Benjamin vor Schülern der Volksrichterausbildung ausführte, Ausdruck des »Klassendenkens« der alten Justiz gewesen wäre. Die Richter sollten »normal« wie jeder
andere Bürger, aber würdig und ordentlich gekleidet sein. Der
schwarze Anzug bzw. das Kostüm mit entsprechendem Hemd
oder Bluse und schwarzem Schlips hatte sich 1950 bereits als Ein-
heitskleidung in den Gerichten der DDR durchgesetzt.

Neun Angeklagte, alle aus den oberen Etagen der Deutschen
Conti-Gas-Gesellschaft, wurden am ersten Tag aus der Untersu-
chungshaft vorgeführt. Der Chef hatte sich in den Westen abge-
setzt. Hauptbeschuldigte waren Dr. Leo Herwegen, ehemaliger
Minister für Arbeit und Sozialfürsorge und CDU-Landesvorsit-
zender von Sachsen-Anhalt, und Dr. Willi Brundert, früher SED-
Mitglied, Ministerialdirektor im Ministerium für Wirtschaft und
Verkehr.

Entsprechend den Potsdamer Beschlüssen der Alliierten war die
DCGG 1946 als Konzern enteignet worden. Laut Anklageschrift
hatten die Männer aus der Konzernspitze der Tochtergesellschaft
in Hagen/Westfalen illegal Vermögensanteile zugespielt. Insgesamt ging es um Vermögenswerte von über einer Million Reichsmark. Da die Hauptangeklagten fast alle der Blockpartei CDU zu-
zurechnen waren, behaupteten die westlichen Zeitungen, es ginge
auch um die Ausschaltung politischer Gegner.

Die Vorsitzende Richterin Benjamin nahm die Angeklagten ge-
konnt ins Verhör, stellte ihre »feindselige, ihren bösen Willen be-
kundende Gesinnung« heraus, beschimpfte sie als »Männer der

Monopole« und »charakterlich minderwertig«. Als der Angeklagte Brundert von seiner Zusammenarbeit mit antifaschistischen Freunden sprach, fiel Hilde Benjamin ihm barsch ins Wort und stellte jede Beteiligung Brunderts am antifaschistischen Widerstandskampf in Abrede, weil dieser nicht im organisierten Zusammenhang mit der KPD gestanden hatte. Immer wieder versuchte die Richterin, die Angeklagten in ihrer Wertigkeit als Personen herabzusetzen. Häufig unterbrach sie die Ausführung der Männer, forderte: »lauter« oder »erinnern Sie sich, Angeklagter!« »Weiter, Angeklagter, weiter!« Gelegentlich lachte das Publikum oder klatschte Beifall. Das rügte Hilde Benjamin nicht, wie sonst vor Gericht üblich, diente es doch der weiteren Einschüchterung der Beschuldigten. In der Urteilsbegründung sprach sie von der »niederen Gesinnung« eines Angeklagten, einer der Beschuldigten wurde als »typischer Doppelzüngler«, der immer nur »laviere«, hingestellt, der andere als »Typ eines Opportunisten, der um seiner Karriere willen bereit ist, seine Gesinnung zu verraten«.[270]

Wo hatte Hilde Benjamin diese Methode des Auftretens gelernt? Sie war nie vorher Richterin gewesen, hatte nur kurze Zeit als Staatsanwältin gearbeitet, als Rechtsanwältin war sie seit fast 20 Jahren nicht mehr tätig. Selbst würde sie sicher sagen, daß die Empörung über die Feindseligkeit der Angeklagten und ihre Taten gegen die DDR sie zu dieser Schärfe trieb. Ihren wahren Lehrmeister hatte sie jedoch nach eigenem Bekunden in Andrej J. Wyschinski gefunden. Schon äußerlich machte sich Hilde Benjamin dem großen Vorbild ähnlich: Wyschinski, der frühere Chefankläger Stalins, pflegte in dunklem Anzug von makellosem Schnitt, weißem Hemd und schwarzer Krawatte aufzutreten und die Angeklagten in seinen Plädoyers als »tollgewordene Kettenhunde, Lügner und Clowns, elende Pygmäen, Möpse und Kläffer« zu beschimpfen.[271]

Als die Zuschauer am 29. April 1950 zur Urteilsverkündung ins Theater Dessau gingen, spielte auf dem Theatervorplatz ein Blasorchester der Volkspolizei. Die Hauptangeklagten bekamen je 15 Jahre Zuchthaus, die übrigen einige Jahre weniger. In den Akten des Politbüros kann man heute nachlesen, daß sich die SED-Spitze mehrere Male vom Prozeß Bericht erstatten ließ und die Urteile dort vorher ausdrücklich festgelegt worden waren.[272]

Der Anwalt Dr. Miehe sagte in seinem Plädoyer: »Auf diesen Brettern, von denen man sagt, daß sie die Welt bedeuten, haben wir in den vergangenen Tagen ein Stück Vorgeschichte der Deutschen Demokratischen Republik auf dem Boden des Landes Sachsen-Anhalt vor uns abrollen sehen. Hier, wo sonst die Kunst das Wort hat, haben wir reales Leben gesehen. Manchmal allerdings ist es mir vorgekommen, als ob es doch in mancher Beziehung eine Form von Theater war, nämlich eine Art Marionettentheater. Das heißt, die Figuranten waren doch irgendwie an Strippen gezogen und haben agiert – nicht wie freie Menschen zu agieren pflegen.«[273]

Der Rechtsanwalt verließ das Theatergebäude als freier Mann. Seine Einschätzung über das »Marionettentheater« durfte – noch – ausgesprochen werden, vielleicht auch deshalb, weil Hilde Benjamin die Worte gar nicht als Angriff auf ihre Person oder als Kritik an den Beziehungen zwischen Staat und Justiz auffaßte.

Der Prozeß war aus Benjamins Sicht äußerst erfolgreich verlaufen. Ein positives Beispiel für die »strikte Parteilichkeit der Justiz«. Das belegt auch ein Artikel in der Zeitschrift *Neue Justiz* aus ihrer Feder, in dem sie den Prozeß nachträglich ausführlich würdigte. Sie schrieb: »Unter den Fragen verschiedenster Art, die der Dessauer Prozeß aufgeworfen hat, waren am bedeutungsvollsten die Fragen, die enthüllten, wie scheinbar rein rechtliche Probleme in unmittelbarer Verknüpfung mit dem Kampf um die Einheit Deutschlands und damit um den Frieden stehen.«[274]

Das war die Botschaft, die Hilde Benjamin den neuen und alten Juristen der DDR vermitteln wollte: Rechtsprobleme sind politische Fragen. »Solange man die Handlungen der Angeklagten ausschließlich als solche ansieht, die gegen die Enteignung des Vermögens gerichtet waren, steht deren Charakter als Wirtschaftsverbrechen und der Vermögensschaden … im Vordergrund als Erfolg ihres Verbrechens. Sobald aber klar wird, daß die Taten der Angeklagten sich vor allem darauf richten, den aufgelösten und zerschlagenen Konzern neu zu errichten, werden sie zu mehr als bloßen Wirtschaftsverbrechern …« Sie stellte damit klar, daß die Angeklagten vor allem politische Gegner waren. Und in der mündlichen Urteilsbegründung behauptete sie: Das Verbrechen der Angeklagten »war ein Rütteln an den Grundpfeilern, die zum Aufbau unserer demokratischen Republik geführt haben, und damit

war es ein Rütteln an den Grundlagen eines einheitlichen, demokratischen Deutschlands überhaupt und über Deutschland hinaus die Mitwirkung an dem Aufbau und Ausbau von Konzern-
interessen, das heißt von Interessen, die den Frieden der Welt aufs
äußerste gefährden.«[275]

Man kann die Ausführungen Hilde Benjamins für pure Dem-
agogie halten. Mit der Formel: »Jeder politische Gegner gefährdet den Weltfrieden« hantierte auch die SED-Propaganda tagtäglich. Doch man kann diesen Text auch als Beispiel lesen, wie eine
Frau mit dieser Vergangenheit, Intelligenz und Erfahrung allmählich ihr Gesichtsfeld thront, die dogmatischen Verengungen nicht
mehr selbst wahrnimmt und sich der Wirklichkeit zunehmend
entfremdet; eine neue Realität wird schließlich für wahr erklärt,
diese immer weiter ausgebaut und schließlich zur Allgemeinver-
bindlichkeit erhoben; irgendwann gilt jeder als Abweichler, der
diese Wirklichkeit nicht akzeptiert.

Hannah Arendt, die amerikanische Wissenschaftlerin aus
deutsch-jüdischer Tradition, untersuchte in ihrem Buch »Elemente
und Ursprünge totaler Herrschaft« die dogmatischen Verirrun-
gen der Stalin-Ära und schrieb: »Über der Sinnlosigkeit der tota-
litären Gesellschaft thront der Suprasinn der Ideologien, die behaupten, den Schlüssel zur Geschichte oder die Lösung aller Rätsel
gefunden zu haben.«[276] Auch Hilde Benjamin fühlte sich diesem
»Suprasinn« verpflichtet. Sie glaubte, durch die marxistische Ideologie befähigt zu sein, die »Bremser« und »Schädlinge« der Welt-
geschichte herauszufinden. Wer aber Gegner des »Weltfriedens«
ist, muß, so die zwingende Logik, zwangsläufig hinter Schloß und
Riegel oder völlig vernichtet werden. Vor diesem Hintergrund
entwickelte Hilde Benjamin die vermeintlichen Zusammenhänge
zwischen den Taten der Angeklagten und den Machenschaften
der US-Imperialisten, die alles daransetzten, einen Dritten Weltkrieg zu entfachen. Emphatisch endete sie mit dem Ausruf: »So
sieht das Monopolkapital aus, gegen das der Prozeß letzten Endes
gerichtet war!« Damit wurde der Prozeß zur historisch notwendigen Tat verklärt.

Ihre Überzeugung, größtmögliche Härte gegen die Feinde schütze
den friedlichen Aufbau der DDR, war auch bei ihrer weiteren
Tätigkeit als Richterin ein entscheidender Motor.

Bevor der nächste große Wirtschaftsprozeß über die Bühne ging, saß die Richterin Benjamin Anfang Oktober über führende Mitglieder der Religionsgemeinschaft »Zeugen Jehovas« zu Gericht. Die Anklage: Spionage und »Boykotthetze«.

Die *Tägliche Rundschau* vom 4. Oktober 1950 wußte schon genau, wer vor Gericht stehen würde: »Eine verbrecherische Organisation im Solde der amerikanischen Kriegsbrandstifter«. Die Anklageschrift sprach von »führenden Mitgliedern der scheinreligiösen Sekte Zeugen Jehovas«. Hauptvorwurf war, Gebietskarten angefertigt, politische und militärische Daten gesammelt und über Probleme mit den Behörden Aufzeichnungen für die Magdeburger Zentrale gemacht zu haben. Da das Material regelmäßig nach Brooklyn/USA ging, wäre das Informationsmaterial für den amerikanischen Imperialismus und die Weitergabe DDR-interner Informationen Spionage. Auf die religiösen Motive der Angeklagten wurde im Prozeß ausdrücklich nicht eingegangen. Diese wären lediglich Vorwände für die »Kriegshetze und Hetze gegen die Sowjetunion und die friedliebenden Völker«.[277]

Hilde Benjamin erntete nach dem Prozeß das ausdrückliche Lob des Präsidenten des Obersten Gerichts, denn sie war »rechtsschöpferisch« tätig gewesen und hatte den Artikel 6 der Verfassung als gültiges Strafgesetz angewandt.

Dieser Artikel 6 der Verfassung der DDR garantierte im Hauptsatz die Gleichberechtigung der Bürger vor dem Gesetz, im Nebensatz aber brachte er einen Begriff in die Rechtsordnung, der sprachlich ohne Logik, aber dennoch sehr bedeutend in der DDR wurde: die »Boykotthetze«[278]. Dieses unselige Wort, das für zahlreiche Anklagen gegen Oppositionelle herhalten mußte, wurde zum Oberbegriff für alle scheinbar oder wirklich gegen die DDR gerichteten Widerstandshandlungen. Nach dieser Verfassungsbestimmung war »Hetze« gegen jede staatliche Einrichtung der DDR ein Verbrechen, und – so argumentierte Hilde Benjamin – wenn schon die Hetze gegen den Staat ein Verbrechen war, wieviel mehr mußte jede aktive Handlung gegen ihn bestraft werden. Daß die Verfassungsbestimmung aber weder die festumrissene Straftat noch den festgelegten Strafrahmen enthielt, schien ihr nicht problematisch.

Vizepräsidentin Benjamin ignorierte im Prozeß gegen die Zeugen Jehovas grundlegende rechtsstaatliche Prinzipien und verkündete: »Artikel 6 der Verfassung der DDR ist unmittelbar anzuwendendes Strafgesetz. Die in ihm aufgezählten Handlungen stellen keine einzelnen Straftatbestände, sondern eine Begehungsform eines Tatbestandes dar.«[279] Hilde Benjamin ermöglichte damit die Bestrafung von Gegnern in unbestimmter Höhe allein wegen ihrer Gesinnung.

Für Nichtjuristen, also auch die Angeklagten der religiösen Gruppe, waren die Ausführungen Hilde Benjamins schwer verdauliche Kost. Da verstanden die Angeklagten schon eher, wenn die Vorsitzende Richterin ausführte: »Zu den Organisationen, derer sich die ausländischen Reaktionäre zum Zweck der Spionage und Wühlarbeit gegen die Deutsche Demokratische Republik bedienen, gehört nach der Anklage die watch tower and tract society, auch Wachturmgesellschaft genannt, mit dem Sitz in Brooklyn/USA und deutschen Zweigbüros in Wiesbaden, Westberlin und Magdeburg.« Die Angeklagten hätten dazu beigetragen, den von den Imperialisten erstrebten Krieg vorzubereiten, auch wenn sie ihre Ziele in der Form religiöser Agitation vorgetragen hätten. Trotz allem wäre das Hetze gegen die Einrichtungen und Maßnahmen des Staates, also strafbar.[280]

Womit hatten die Angeklagten in so massiver Weise den Zorn der DDR-Oberen erregt?

Am 15. Oktober sollten die Wahlen zur Volkskammer stattfinden. Die Zeugen Jehovas sprachen sich gegen die Beteiligung an Wahlen aus, da der weltliche Staat nach ihrer religiösen Überzeugung keine Bedeutung hatte und sie ihm nicht dienen durften. Auch hatten sie es abgelehnt, den »Stockholmer Appell zur Ächtung der Atombombe« zu unterschreiben, der überall in der DDR propagiert wurde. Die Zeugen Jehovas erklärten, Menschen dürften nicht gegen ein Gottesurteil angehen, und der baldige Atomtod der Menschheit wäre gewiß Gottes Wille.

Waren das allen Ernstes gefährliche Argumente, die in der Bevölkerung der DDR Verwirrung auslösen oder gar Zustimmng finden konnten? Das kann nicht der Grund für die außerordentlich harten Urteile gegen die Angeklagten gewesen sein. Sie bekamen zweimal lebenslang, dreimal 15 Jahre, einmal 12, zweimal 10 und einmal 8 Jahre Zuchthaus.

Rudi Beckert, einst selbst Oberrichter am Obersten Gericht, stellte 1995 zu dem Urteil fest: »Hier wird der Begriff ›Boykott‹ zur Farce.«[281]

Doch Hilde Benjamin wollte mit den Urteilen jeden, auch den kleinsten Widerstand gegen das Regierungssystem der DDR zum Schweigen bringen. Wer nicht für uns ist, ist gegen uns, und dafür wird er bestraft werden, lautete die Botschaft an jeden unzufriedenen DDR-Bürger.

Mit dem Urteil gab das Oberste Gericht republikweit den Startschuß zu weiteren Prozessen gegen die Zeugen Jehovas. Mit keinem Wort wurde während der Verhandlung von Hilde Benjamin daran erinnert, daß die Zeugen Jehovas, Männer wie Frauen, nach 1933 neben den Kommunisten die ersten waren, die in Konzentrationslager kamen und wegen der Gebote ihrer Religion Widerstand leisteten. Die Sektenmitglieder, früher als ernste Bibelforscher bekannt, wurden 1933 bis 1945 »wegen Verweigerung des Wehrdienstes und der fehlenden Zustimmung zum nationalsozialistischen Staat« verfolgt. Hilde Benjamin, selbst Verfolgte des Nazi-Regimes und mit ehemaligen Häftlingen von Ravensbrück gut bekannt, kannte wahrscheinlich den schrecklichen Leidensweg der religiösen Frauen im KZ, die zu Hunderten wegen ihrer Gesinnung von den Nazis ermordet worden waren.

Um so mehr erschreckt die Schärfe des Urteils. Die DDR-Führung war nicht in der Lage, die Überzeugung einer winzigen Gruppe von Menschen mit religiöser Heilserwartung zu tolerieren. In diesen Wochen vor den Volkskammerwahlen ging es darum, das Volk zur Hundert-Prozent-Zustimmung zu erziehen. Heilserwartung nach SED-Art.

Hilde Benjamin selbst kandidierte für die Volkskammerwahl in Thüringen. Das *Neue Deutschland* vom 26.9.1950 stellte unter der Nummer 340 Frau Dr. Hildegard Benjamin, Vizepräsidentin des Obersten Gerichts, wohnhaft Berlin-Prenzlauer Berg, vor. (Den Doktortitel hatte sie zu diesem Zeitpunkt noch gar nicht. – M.B.) Daß die Kandidaten der Liste der Nationalen Front gewählt wurden, war selbstverständlich. Hilde Benjamin wurde Abgeordnete der Volkskammer der DDR.

Ein hartes Urteil war gesprochen. Hilde Benjamin eilte zum nächsten Termin: Gesetzgebungskommission für Familienrecht. Es ging um ein neues Gesetz zum Schutz der Rechte von Mutter und Kind. Hier war sie plötzlich die ganz andere, die Streiterin für die Rechte der Frauen, die aufmerksame Zuhörerin, wenn es um Berichte aus der Republik über die Probleme der alleinstehenden Mütter, der unehelichen Kinder und die immer noch vorhandenen Pascha-Allüren der Männer ging. Überholte Bestimmungen des Bürgerlichen Gesetzbuchs mußten endlich revidiert werden. Seit langem setzte sich Hilde Benjamin für ein Familienrecht ein, das die Grundidee der Gleichberechtigung von Mann und Frau verwirklichen sollte. Damit war sie sich der Zustimmung der meisten Frauen der DDR sicher, die manches gegen den neuen Staat einzuwenden hatten, aber die Möglichkeit der Berufstätigkeit, der Weiterbildung und der Versorgung der Kinder in Kindergärten zu schätzen wußten. Sie warteten bereits ungeduldig auf die versprochenen gesetzlichen Änderungen.

Im September 1950 war es soweit. Das »Gesetz zur rechtlichen Gleichstellung von Mann und Frau« wurde verabschiedet. Nun entschieden die Ehegatten bei allen Dingen des ehelichen Lebens gemeinsam, die Frau bekam das alleinige Entscheidungsrecht in allen Angelegenheiten ihrer beruflichen Tätigkeit und Entwicklung (bisher konnte der Mann die Berufstätigkeit der Frau verbieten). Die Eltern erhielten das gemeinsame und die unverheiratete Mutter das alleinige Sorgerecht für ihre Kinder. Damit wurde in einem ersten Schritt die Diskriminierung von Mutter und Kind bei der außerehelichen Geburt beseitigt. Andere wichtige Bereiche, die Hilde Benjamin gern bereits zu diesem Zeitpunkt gesetzlich geregelt hätte – das Namensrecht und die Rechtsstellung des außerehelichen Kindes –, konnte sie erst 1965 im einheitlichen Familiengesetzbuch festlegen.

Ab und zu wurde die Genossin Benjamin von den »Freunden«, also den sowjetischen Beratern in Berlin-Karlshorst, zu einem Gespräch empfangen. Selbstverständlich gingen diese Termine immer allen anderen Verpflichtungen vor.

Sorgfältig ging Hilde Benjamin an die Vorbereitung der Gespräche, suchte Fachvokabeln aus dem Russischlexikon heraus, um notfalls ohne Dolmetscher das Gespräch mit den Genossen bewältigen zu können. Doch der Normalfall war anders. Die Sowjets bestanden auch bei deutschen Gesprächspartnern, die hervorragend Russisch sprachen, im offiziellen Teil der Beratungen auf der Übersetzung.[282] Ein Dolmetscher verstärkte die Distanz zwischen den Gesprächspartnern und ließ die Unterredung offizieller erscheinen.

Jeder Besuch in Karlshorst unterlag einem strikten Ritual. Hilde Benjamin durfte in ihrem Dienstwagen nur bis an die Grenze des sowjetischen Sperrgebiets fahren. Dort stieg sie aus, ging mit ihrer Aktenmappe ohne Begleitung zum Wachgebäude, wurde von den wachhabenden Soldaten militärisch begrüßt. Nach der Taschenkontrolle erhielt sie den vorbereiteten Passierschein. Mit einem Jeep brachte der Armeefahrer sie dann zum Stabsgebäude.

Das ehemalige Gymnasium war frisch verputzt und von Blumenbeeten umgeben. Über dem Portal hing das sowjetische Staatswappen. In der großen Vorhalle stand eine riesige Stalinbüste, von Blumen geschmückt. Die Wände schlicht, ohne Spruchbänder und Bilder.

Der zuständige Genosse kam der Genossin Benjamin bereits in der Vorhalle entgegen. Er war stets ausgezeichnet über die Entwicklung der Justiz informiert. Jedes Dokument aus dem Obersten Gericht ging, ins Russische übersetzt, mit präziser Anschrift mit Namen und Titeln an die sowjetischen Berater.[283] Hilde Benjamin schätzte die Gespräche mit den sowjetischen Genossen. Hier konnte sie sicher sein, daß definitiv entschieden wurde. Nach Absprache mit den Freunden würden weder der Präsident des Obersten Gerichts noch der Justizminister irgend etwas gegen ihre Position einwenden können.

Diesmal hatte sie sich in Karlshorst Instruktionen für den nächsten großen Wirtschaftsprozeß geholt. Dieser Prozeß führte sie Ende 1950 in ihre Geburtsstadt, nach Bernburg.

Das Theater von Bernburg. Die Bühne als Gericht. Über 1 000 Menschen blickten aus den Theaterstühlen eine Woche lang auf die Parole an der Stirnseite der Bühne:

»DIE DEMOKRATISCHE GESETZLICHKEIT DIENT DEM FORTSCHRITT UND DEM SCHUTZ DER WERKTÄTIGEN«.

Im Juli 1950 hatte eine Erklärung des Ministerpräsidenten Grotewohl die Öffentlichkeit über »die nationalverräterischen Betrügereien des ehemaligen IG Farben- und des Solvay-Konzerns im Gebiet der DDR« informiert.[284] Wieder war die Kontrollkommission des SED-Zentralkomitees einer Gruppe von Enteignungsgegnern auf der Spur. In der Anklageschrift heißt es: »Der Solvay-Konzern ist ein von den IG Farben seit 1924 beherrschtes, kriegsverbrecherisches Unternehmen größeren Ausmaßes.«

Hilde Benjamin wird Ehrenbürgerin ihrer Geburtsstadt: Besuch in Bernburg, um 1970

Was bewegte Hilde Benjamin in den Bernburger Tagen? Ob sie an ihren Vater dachte, der im Solvay-Konzern seine Ausbildung zum Kaufmann bekommen hatte und der, wäre er nicht nach Berlin gegangen, vielleicht auch vor ihrem Richtertisch stünde? Falls sie überhaupt solche Gedanken zuließ, würde sie sich der Sentimentalität gescholten haben. Ihrem Vater war sie nicht gram. Er hatte für sie gesorgt und sie unterstützt, als sie dringend Hilfe brauchte. Ohne ihn wären sie und Mischa vielleicht gar nicht mehr am Leben. Doch der heutige Prozeß und der Vater hatten nichts miteinander zu tun. Aber vielleicht gab es Menschen in der Stadt, die diesen Zusammenhang gern hergestellt hätten.

Sie als oberste Richterin war gut geschützt im ersten Hotel am Platz untergebracht, die »Firma«[285] sorgte dafür, daß keine falschen Besucher oder Briefe zu ihr durchdrangen. Selbst der Weg zur Toilette wurde, wie auch sonst in allen öffentlichen Gebäuden, immer von einem Bewacher flankiert.

Mitte der siebziger Jahre würde Hilde Benjamin unter dem Beifall der Parteihonoratioren zur Ehrenbürgerin der Stadt gemacht werden. Da gab es immer noch einige Bewohner, die den Solvay-Prozeß nicht vergessen hatten.

In diesen Tagen im Dezember 1950 hatte sie keine Zeit für abschweifende Gedanken. Enorm viel war zu tun. Der Prozeß behandelte ein äußerst verwickeltes und komplexes Gebiet der Wirtschaftsverbrechen. Hilde Benjamin hatte sich, wie üblich, genau in die Materie eingearbeitet.

Am Morgen der Prozeßeröffnung waren die Filmkameras des »Augenzeugen« auf die Vorsitzende gerichtet. Aus dem Theater Bernburg konnten die Kinobesucher später miterleben, wie der Theatersaal zum Tribunal wurde, wie die Richterin die Angeklagten anfuhr: »Weiter, Angeklagter, weiter ... «, und der Beschuldigte, schemenhaft sichtbar, regungslos dastand. Dann wurde abgeblendet.

Für die *Tägliche Rundschau* war am ersten Verhandlungstag schon alles klar: »Die Verbrecher von Bernburg« hieß die Schlagzeile und am 16. Dezember auf der ersten Seite: »Die Sabotageverbrechen der Solvay-Lakaien«.

Eine Woche lang dauerte die Verhandlung. Sie endete mit Zuchthausstrafen zwischen 15 und zwei Jahren.

Will man aus heutiger Sicht den Prozeß historisch einordnen und die individuelle Schuld der Angeklagten entsprechend den damaligen Gesetzen bewerten, kann man sagen, daß die junge DDR sich gegen Sabotage ihrer Volkswirtschaft und Verschiebung von Vermögenswerten in die Bundesrepublik wehren mußte. Die Angeklagten waren entschiedene Gegner der Enteignung und wollten der Wirtschaft der DDR nach Kräften schaden. So hatte der Prozeß notwendig auch eine aktuell politische Dimension, und nicht jeder »politische Prozeß ist von vorneherein ein ungesetzlicher Prozeß – vorausgesetzt, die individuelle Schuld für kriminelles Handeln wird nachgewiesen«.[286] Ob das jedoch im Solvay-Prozeß sorgfältig geschehen ist, muß bezweifelt werden. Wie Hilde Benjamin ausführte, ging es bei den Prozessen, die vor dem 1. Strafsenat des Obersten Gerichts geführt wurden, vor allem um »die große erzieherische Bedeutung dieses Prozesses« und die »verwerfliche Gesinnung der Angeklagten«.[287]

Hilde Benjamins Auftritt vor den Kameras der Wochenschau prägte das öffentliche Bild von der gnadenlosen Richterin, die man fortan als die »rote Hilde« beschimpfte. Der Name »rote

Hilde« hatte wahrscheinlich schon in den zwanziger Jahren in Wedding unter den Mandanten von Hilde Benjamin kursiert. Arbeiter gaben der einsatzfreudigen Rechtsanwältin diesen damals eher freundlich gemeinten Beinamen.[288] Doch als die westliche Presse 1950 den Namen aufgriff, war er abwertend gemeint und wurde später nach den Todesurteilen häufig gleichbedeutend mit »roter Guillotine« oder »Bluthilde« benutzt. Was unter den Menschen der DDR heimlich an Beinamen für Hilde Benjamin existierte, läßt sich heute nur noch schwer erfassen. Alle genannten Begriffe waren ehemaligen DDR-Bürgern auf Befragen bekannt.

Die Prozeßberichte von der Dessauer Inszenierung hatten die Aufmerksamkeit der Presse in Ost und West auf Hilde Benjamin gelenkt. Das strenge Gesicht, der harte Blick aus den dunklen Augen, die straff nach hinten gekämmten Haare, der festgesteckte Zopf, der schwarze Schlips an dem kurzen Hals unter dem Kinn, die Kostümjacke über der weißen Bluse. Das zusammen wirkte wie eine Gerichtsmaskerade, einzig dazu da, Schrecken zu erzeugen und Unerbittlichkeit zu signalisieren.

Zur Dessauer Schauverhandlung hatte der *Stern* geschrieben: »Die Regie des Ganzen funktionierte wie zu Goebbels' Zeiten. (…) Von Freislers Volksgerichtshof hatte man bei der Einstudierung Verdammungspathos und demagogische Willkür übernommen.«[289] Und *Der Spiegel* kommentierte: »Freisler-Nachfolgerin Benjamin pfiff auf alle juristischen Argumente … Für sie ist alles Recht, was ihrer Partei und ihrer Besatzungsmacht nützt.«[290] Manche Zeitungen im Westen gingen sogar soweit, sie einen »weiblichen Freisler«[291] zu nennen.

Und der Untersuchungsausschuß Freiheitlicher Juristen führte gegen Hilde Benjamin als Richterin aus: »Im allgemeinen liegt das Amt eines Strafrichters ohnehin nicht im Wesen einer natürlichen, unverbildeten Frau …«[292] Dies war womöglich der tiefere Grund für den gewaltigen Aufschrei über Hilde Benjamins Prozeßführung. Kein Oberster Richter der DDR wurde nach Hilde Benjamins Abgang mit ähnlichen Begriffen diffamiert, keinem wurden in der westlichen Presse derart ausführliche Artikel gewidmet, obwohl auch ihre Nachfolger zahlreiche große Schauprozesse führten und Todesstrafen verhängten. Auch Generalstaatsanwalt Melsheimer mit seinem aufgeblasenen Pathos stand nie vergleichbar im Zentrum der aggressiven Kritik der westlichen Medien. Ein-

zig Hilde Benjamin wurde derart angegriffen und mit Schimpf-
worten belegt. Immer wieder ging es in den Artikeln um ihr »unweibliches« Äußere. »Schon das Herrenjacket gemahnt an ihre
männlichen Geschäfte«, hieß es in dem Artikel des *Stern*. Erschwerend kam das »unweibliche« Tun hinzu, überhaupt Richterin zu sein. Der »Untersuchungsausschuß« stellte das Richteramt
deshalb bewußt in Gegensatz zu »einer natürlichen, unverbildeten Frau«. Und sie war nicht nur Richterin, sie war es sogar auf
die denkbar grausamste Art, die den Angeklagten Angst und
Schrecken einjagte. Hilde Benjamin repräsentierte damit wie keine
andere Frau der Nachkriegsgeschichte einen doppelten Rollen-
bruch, der von der westlichen Presse mit allen erdenklichen An-
schuldigungen und Diffamierungen, weit über das übliche Maß
hinaus, geahndet wurde.

Das erste Jahr des Obersten Gerichts der DDR ging mit dem Solvay-Prozeß zu Ende, und die Vorsitzende des 1. Strafsenats Hilde
Benjamin wurde wie niemand sonst vom Personal des Gerichts
mit dieser Institution identifiziert.

Manchmal setzte sie sich sogar selbst mit der Kritik an ihrer
Verhandlungsführung auseinander. So geschehen in einer Rede,
gehalten auf der Justizkonferenz im März 1951. Dort erklärte sie:
»Es ist verschiedentlich über die Methode unserer Prozeßführung
vor dem Ersten Strafsenat diskutiert worden. Man hat gesagt,
daß ich die Rolle des Vorsitzenden mit der des Staatsanwalts ver-
wechselte.«[293] Ob diese offenen Worte die Zustimmung der anwesenden Richter und Staatsanwälte fanden? Hilde Benjamin begründete anschließend ausführlich, warum die Kritik grundfalsch
wäre. »Dem Klassenkampf als objektiver Erscheinung entspricht
unsere Parteilichkeit in der ideologischen Haltung. Das muß auch
in der Prozeßführung zum Ausdruck kommen und kann nicht
dazu führen, daß der Richter passiv objektiv Angeklagte, Verteidiger und Staatsanwalt als gleichberechtigte Parteien behandelt.«
Aus der »zugespitzten Weltlage« entwickelte sie weiter, daß »wir
nach wie vor keine Weichheit und keine Schwäche gegenüber den
Gegnern unserer Ordnung zeigen dürfen und daß harte Strafen
auch richtige Strafen sind«.[294]

Doch wußte Hilde Benjamin durchaus, daß sie eine »schmutzige«
Arbeit tat. Indirekt wurde diese Erkenntnis 1957 in einem Artikel

*Kongreß der Internationalen Vereinigung Demokratischer Juristen:
Die deutsche Delegation: Minister Fechner und Hilde Benjamin, 1951*

von ihr über »Leninsche Prinzipien im Gericht« deutlich. Sie erinnerte dabei an den Roman von Scholochow »Der stille Don« und zitierte den Vorsitzenden eines Revolutionstribunals: »Diese Arbeit ist schmutzig, doch man muß auch hier sich seiner ganzen Verantwortung vor der Partei bewußt sein, und man muß – verstehe mich nur recht – die Menschlichkeit bewahren. Wir vernichten aus einem eisernen Muß ...«[295]

Hilde Benjamin hatte, ähnlich dem Revolutionär im Roman, ihre Lektion eiserne Disziplin gelernt und tat die notwendige, aber schmutzige Arbeit ebenso »verantwortungsbewußt«, wie sie alle anderen Parteipflichten auch erledigen würde. Im gleichen Aufsatz heißt es: »Dieser Kampf (sie meint den Klassenkampf – M.B.) wird mit aller Härte geführt und muß in jedem Land, das sich im Übergang zum Sozialismus befindet, mit aller Härte geführt werden – Härte –, die Menschlichkeit nicht aus-, sondern einschließt.«[296]

In diesem Sinne setzte Hilde Benjamin als Vizepräsidentin des Obersten Gerichts weitere Schauprozesse in Theatern am Ort der »Verbrechen« in Szene, andere fanden in den Sälen des Obersten

Gerichts, mal öffentlich, mal unter Ausschluß der Öffentlichkeit, statt.

Wenn Hilde Benjamin selbst Bilanz in dieser Phase ihres Lebens gezogen hätte, wie Menschen das ab und zu tun, zum Jahreswechsel, am Geburtstag oder dem Todestag eines geliebten Menschen, wäre das Ergebnis wahrscheinlich positiv ausgefallen. Sie lebte in einem Staat, den sie völlig bejahen konnte, der ihren Wünschen und Hoffnungen entsprach. Die nationalsozialistischen Ideen waren mit Stumpf und Stiel ausgerottet, die Nazi-Verbrecher hinter Schloß und Riegel, die Verfassung hatte den Weg für einen zukünftigen sozialistischen Staat frei gemacht, die Opfer des Faschismus wurden geehrt und mit besonderen Privilegien bedacht, die alten Ausbeuter und Monopolkapitalisten waren verjagt, ihrer Macht beraubt, unschädlich gemacht. Sie erlebte im Obersten Gericht, wie die Mitarbeiter sicherer in den Entscheidungen wurden, wie sie selbst mit großem Respekt behandelt und von ihr Großes erwartet wurde. Neben ihrer Haupttätigkeit lehrte sie noch an der Richterschule, förderte die klassenbewußten, jungen Juristen, stellte in zahlreichen Kommissionen die Weichen für eine Gesetzgebung nach den neuen Grundsätzen. Sie wurde gebraucht und war anerkannt, gehörte zu den Nomenklaturkadern[297] des Politbüros. Der kleine Ärger, der ab und zu im Alltag auftauchte – die unqualifizierten Erlasse des Nichtjuristen und Ministers für Justiz, Fechner, oder die Zurücksetzung ihrer Person, immer noch nicht zum Mitglied des Zentralkomitees gewählt zu sein –, was machte das schon?! Ganz ohne Reibungen ging es eben auch unter Genossen nicht ab.

Ihr Sohn Mischa hatte sich ausgezeichnet entwickelt. Sie beide verstanden sich in fast allen Dingen, vor allem politisch. Er hatte nach seinem Abitur ein Mathematikstudium begonnen. Das war eher eine Verlegenheitslösung gewesen. Eigentlich interessierte ihn etwas anderes. Schon in Steglitz hatte er mit Eifer die Freie Deutsche Jugend (FDJ) aufgebaut, war in mehrere Ämter gewählt worden. Am liebsten wäre er, wie er sagte, in die Politik gegangen. Seine Mutter gab ihm den dringenden Rat, zusätzlich noch etwas Handfestes zu studieren, was seiner Begabung entsprach. Also Mathematik. Doch er hatte keine rechte Freude an dem Studium. So wechselte er sein Studienfach, begann Jura zu studieren und bekam 1951 ein Stipendium für fünf Jahre Leningrad. Sie feierten seinen Erfolg, freuten sich gemeinsam, daß Mischa Möglichkeiten bekam, von denen seine Eltern nur geträumt hatten. Er gehörte der ersten Delegation der juristischen Fakultät der Berliner Humboldt-Universität in Leningrad an.

Seit Michaels Fortgang lebte Hilde Benjamin mit ihrer Haushälterin allein in der großen Wohnung. Ihr Alltag war einsamer geworden. Vielleicht gab es trotz des enormen Arbeitsprogramms ab und zu eine stille Stunde, in der sie an ihren verstorbenen Mann, an Georg, dachte. Wenn er noch lebte, wenn er dieses Glück mit ihr teilen könnte … Der Tag und die Stunde der schrecklichen Nachricht aus Mauthausen standen wieder vor ihr. Damals hatte sie zu rauchen begonnen. Zuerst mit betäubendem Schwindelgefühl im Kopf, dann nur noch getrieben, dieses Rauschgefühl so oft wie möglich wiederherzustellen. Anfangs hatten sie Georgs medizinische Bedenken gegen die Spätfolgen des Rauchens noch belastet. Sie hatte ein schlechtes Gewissen, mit dem alten Lebensstil gebrochen zu haben. Jetzt dachte sie gar nicht mehr an seine asketischen Prinzipien. Georg war tot, und ihr blieb nur, dafür zu sorgen, daß in diesem Land Leute vom Schlage seiner Mörder nie wieder eine Chance bekämen.

Junge Studierende, die damals mit Hilde Benjamin als Dozentin Kontakt hatten, brachten ihr wegen ihrer Vergangenheit großen Respekt entgegen, schätzten ihre Lehrtätigkeit, die klug und lebendig war. Sie unterrichtete nicht nur an der Volksrichterschule in Forst Zinna, sondern übernahm auch Aufgaben an der Humboldt-Universität. Dort gab es akuten Mangel an Professoren, weil die meisten alten Hochschullehrer in den Westen geflüchtet waren. Durch diese Situation in Bedrängnis, hatte Hilde Benjamin die Idee, den älteren Studenten selbst Lehraufgaben zu übertragen. Sie leitete verantwortlich die Studiengruppe Strafrecht. In ihr war auch Reiner Arlt, ein Arbeitersohn aus Duisburg, der schon zu Beginn des Studiums von Hilde Benjamin empfohlen und gefördert worden war. Er erinnerte sich, daß, bei allem Respekt vor Hilde Benjamins Vergangenheit, ihn – und manchen seiner Studienkollegen – die Bilder und Äußerungen von Schauprozeßberichten wie dem aus Dessau mißtrauisch gemacht und abgestoßen hätten.[298] Innerlich leuchtete ihm der Vergleich mit Freisler ein, der damals in der Westpresse aufkam. Andere, persönliche Erfahrungen machten ihn nachdenklich und zerstörten das positive Bild.

Einmal erhielt er als Aspirant von Hilde Benjamin den Auftrag, für eine wissenschaftliche Recherche nach Leipzig zu fahren. Er freute sich zwar über die Ehre, hatte aber bei 400 Mark Stipendium eigentlich kein Geld für die Fahrtkosten. Sie befahl die Reise, ohne ein Wort über das Fahrgeld zu verlieren, lebte sie doch in materiell wohlgesicherten Verhältnissen, wo eine solche Frage nicht aufkam. Er hat sich auch nicht getraut, um das Geld zu bitten. Andere, so meinte Professor Arlt rückblickend, »handelten in solchen Fällen fürsorglicher«.[299]

Am 5. Februar 1952 feierte Hilde Benjamin ihren fünfzigsten Geburtstag.

Freunde aus alten Tagen versammelten sich zum Empfang in ihrer Wohnung. Die Frauen der im Dritten Reich verhafteten Männer, mit denen sie zusammengehalten hatte, alte und neue Freunde und Kollegen aus den ersten Aufbaujahren. Sicher war unter den Gratulanten auch Hans Nathan, ein Jurist mit jüdischer Tradition, der Hilde Benjamin besonders zugetan war. Die Schwester Ruth hatte, wenn überhaupt, allenfalls einen kurzen Glückwunsch geschrieben. Die führenden Genossen gratulierten, höflich und pflichtbewußt. Mitarbeiter überreichten ihr im Dienstzimmer Blumen. Das vielleicht wichtigste Geschenk war die Ankündigung der Humboldt-Universität, ihr in wenigen Tagen die Ehrendoktorwürde der Rechtswissenschaften zu verleihen.[300]

»Im größten Hörsaal der Berliner Humboldt-Universität« – so meldete ADN – »wurde dem Vizepräsidenten des Obersten Gerichts der DDR, Frau Hilde Benjamin, für ihre bahnbrechenden wissenschaftlichen Leistungen bei der Entfaltung des demokratischen Strafrechts die Würde eines Ehrendoktors der Rechtswissenschaften verliehen.«[301]

Auch Walter Ulbricht gratulierte: »Durch Deine unermüdliche Tätigkeit für die Entwicklung des Rechtes in unserer neuen demokratischen Ordnung und für die Schaffung einer fortschrittlichen deutschen Rechtswissenschaft hast Du Dir große Verdienste erworben.

Deine enge Verbundenheit mit der Partei half Dir, jederzeit den richtigen Weg zu finden und die Lehren von Marx, Engels, Lenin und Stalin zur Richtschnur Deines Handelns zu machen. Wir wünschen Dir, liebe Genossin Benjamin, Gesundheit und noch

Die Juristische Fakultät

der

Humboldt-Universität zu Berlin

ernennt

unter dem Rektorat des ordentlichen Professors der Medizinischen Physik
und Strahlenkunde

Dr. phil. **Walther Friedrich**

und unter dem Dekanat des ordentlichen Professors der Rechtswissenschaft

Dr. jur. **Walther Neye**

Frau

Hilde Benjamin

Vizepräsident des Obersten Gerichts der Deutschen Demokratischen Republik

zum Doktor der Rechtswissenschaft ehrenhalber

für ihre bahnbrechenden wissenschaftlichen Leistungen bei der Entfaltung
des neuen demokratischen Strafrechts

Der Rektor   Berlin, den 5. Februar 1952   Der Dekan

*Zum 50. Geburtstag die Ehrendoktorwürde: Urkunde der Juristischen
Fakultät der Humboldt-Universität, 5.2.1952*

191

recht viele Jahre erfolgreichen Schaffens für die Durchsetzung einer wahrhaft demokratischen Gesetzlichkeit, für den Kampf um die Einheit eines friedliebenden Deutschlands, für die Erhaltung des Friedens und für die Freundschaft mit der Sowjetunion und allen friedliebenden Völkern.«[302]

Nun endlich war ihr auf Beschluß des Politbüros[303] die Ehrung zuteil geworden, die die Zeitungen fälschlicherweise schon seit Jahren in ihren Meldungen parat hatten: die Doktorwürde. Die Genossen applaudierten, die Presse war voll der Würdigungen ihrer Leistungen, wichtige Prozesse hatte sie im Interesse der DDR geführt, bedeutende standen unmittelbar bevor.

Einst hatte Hilde Benjamin geplant zu promovieren und die Arbeit wegen ihrer Heirat nicht fortgesetzt.[304] Nun bekam sie den Doktor unter gänzlich anderen Bedingungen verliehen. Mit Stolz und Genugtuung nahm sie die Ehrung entgegen.

Wenige Tage nach der feierlichen Zeremonie in der Humboldt-Universität saß sie schon wieder auf dem Richterstuhl in der Scharnhorststraße.

Die verhafteten Studenten vom »Widerstandskreis der Jugend der Sowjetzone« wurden bleich, als sie im Gerichtsgefängnis erfuhren, daß Hilde Benjamin den Vorsitz bei ihrer Verhandlung führen würde. Nun wußten sie, daß sie mit keinerlei Gnade rechnen konnten.

Mehrere Monate nächtlicher Verhöre lagen hinter ihnen. Noch im kalten Februar saßen sie in ihrer Sommerkleidung vom Tag ihrer Verhaftung auf der Anklagebank. Akribisch genau befragte die Vorsitzende die Angeklagten nach ihrer Vergangenheit, unterstellte den jungen Leuten, sich nie von der faschistischen Erziehung in der Hitlerjugend freigemacht zu haben. Auch als ein Angeklagter behauptete, er habe sich völlig von den nationalsozialistischen Vorstellungen befreit und eine neue Orientierung gesucht, sprach die Richterin ihm dies rundweg ab. Die Gerichtsverhandlung gegen den »Widerstandskreis der Jugend der Sowjetzone« fand unter Ausschluß der Öffentlichkeit statt. Die Vorsitzende des 1. Strafsenats, Hilde Benjamin, befragte die dreiundzwanzigjährige Musikstudentin Elisabeth Graul zur Person:[305]

Welche Funktion hatten Sie beim BDM?

Keine! Und ich bin seit 1941 nicht mehr hingegangen!

Wie war das möglich?
Es wurde ein ärztliches Attest besorgt, um meine Eltern nicht zu
gefährden.
Wie standen Sie zur Deutschen Demokratischen Republik?
Ich war skeptisch gegenüber der DDR. Ich war zu dem Ergebnis
gekommen, daß nicht recht war, was in der DDR geschah.
*Jetzt wollen wir einmal von Ihnen hören: Wie wollten Sie die
Dinge haben, wie sollte es nach Ihrer Meinung zugehen?*
Ich wollte unbedingte Unabhängigkeit und Freiheit jedes ein-
zelnen Menschen.
*Unabhängigkeit und Freiheit wovon? Wodurch waren Sie per-
sönlich behindert, Sie, die Musikstudentin in Erfurt und Weimar,
Sie, die von ihrem Hausbesitz lebten? Dadurch, daß Ihr Haus
zum Teil kaputtgegangen war? Das waren die amerikanischen
Bomber.*
Das war nicht der Grund. Ein wesentlicher Punkt für mich war
zunächst, daß ich nach 1945 erleben mußte, wie wiederum Men-
schen verhaftet wurden, wie viele Menschen einfach verschwan-
den.
Sind Sie verschwunden?
Nein, ich nicht.
Sind alle Ihre Mitangeklagten verschwunden?
Nein. Ich meine etwas anderes …
Sie haben RIAS gehört, täglich?
Es gab Menschen, die verhaftet wurden …
Natürlich, Kriegsverbrecher, aktive Nazis wurden verhaftet.
Daß diese verhaftet wurden, mache ich nicht zum Vorwurf,
aber daß ihre Angehörigen keine Nachricht über ihren Verbleib
erhielten und nicht mit denen zum Teil zu Recht Verurteilten in
Verbindung treten konnten.
*Sie wußten ja gar nicht, wie es geschah. Sind Sie bei den Ge-
richtsverhandlungen dabeigewesen? Das hätte noch gefehlt, daß
man nach jeder Verhaftung noch alle Spießgesellen gewarnt hätte!
Gut, das war einer Ihrer Gründe, den man im wesentlichen aus
dem RIAS hörte.*
Ich habe alle Rundfunksender gehört.
*Das ist erfreulich, daß Sie jetzt zugeben, daß Sie auch noch den
Nordwestdeutschen Rundfunk gehört haben. Manchmal hatten
Sie auch Pech, Berlin hereinzukriegen.*

Ich habe auch Leipzig und Berlin gehört.

Das waren also ihre Vorstellungen von Unfreiheit, und Sie wollten sie eintauschen gegen Freiheit. Sie persönlich waren in nichts behindert.

Doch. Ich habe sowjetische Literatur gelesen, wünschte mir aber auch, englische, französische, amerikanische zu bekommen. Das sind Bücher, die man nicht kaufen kann. Ich wollte mir selbst ein Urteil bilden.

Was wollten Sie denn haben, Sartre vielleicht?

Sartre unter anderem auch.

Sie konnten Bach und Beethoven spielen. Sie haben das Bach-Jahr miterlebt.

...

Im weiteren Verhör ging es um die Einnahmen, die die Studentin in Berlin zum Leben hatte. Vorsitzende Benjamin:

Klar mußten Sie andere Einnahmen haben. Nebenher Staubsauger anbieten oder als Amüsiermädel für die Amerikaner gehen wollten Sie vielleicht auch nicht, sonst wären Sie da vielleicht gelandet; aber das wollten Sie nicht. Da war eine wunderbare Chance zu verbinden: Freiheit der Musik in Berlin und Freiheit des Lebens beim Bund Deutscher Jugend (BDJ). Da verband sich beides. Was für ein Gehalt haben sie beim BDJ bekommen?

Keinen Pfennig.

...

Und so ging es weiter. Viele Stunden lang.

Vierzig Jahre später schreibt Elisabeth Graul über das Verhör:

»Es ist schwer, sich gegen diese tückische Frau zu behaupten. Sie läßt keinen juristischen Kniff aus, um ihre Opfer zu überführen. Eine Woge von Haß kommt über den Richtertisch.«[306]

Elisabeth Graul, 1937 geboren, bekam 1950 Kontakt zu einer Gruppe, die sich gegen undemokratische Wahlen, Duckmäusertum und Willkür der Staatsorgane in der DDR wehren wollte. Die Gruppe nannte sich »Widerstandskreis der Jugend der Sowjetzone« und hatte enge Beziehungen zum »Bund Deutscher Jugend«, einer eher rechtsgerichteten westdeutschen Organisation. Im Laufe des Jahres 1950/51 beteiligte sich die Musikstudentin an vielerlei Aktivitäten, verteilte Flugblätter, sammelte Informationen, schleuste Informationsmaterial in das Gebiet der DDR ein. Anfangs war sie

voller Begeisterung, doch schon nach kurzer Zeit wurde sie mißtrauisch gegenüber den Leitungspersonen des BDJ in Frankfurt/
Main. Die Herren dort gingen leichtfertig mit der Sicherheit der
östlichen Mitglieder um. Zunehmend hatte Elisabeth Graul auch
inhaltliche Widersprüche zum »Bund Deutscher Jugend«. Zum
Eklat kam es Anfang Juni 1951, als der Vorsitzende Paul Lüth ein
Angebot des Ministeriums für Gesamtdeutsche Angelegenheiten
vorbrachte, für 60 000 DM einen Film über die »Zone« zu dre-
hen. Als er zynisch sagte, daß sie selbst selbstverständlich nicht
ihr kostbares Leben aufs Spiel setzen sollten, sondern für die Aktion einen kleinen Gangster kaufen würden, widersprach Elisabeth Graul heftig. Der Leiter kommentierte nur: »Typisch Kunst-
studentin! … Wenn ich etwas erreichen will, ist mir jedes Mittel
recht!«

Damit war für sie das Maß voll. Sie sagte: »Das hat schon mal
jemand gesagt, und das Ende waren Konzentrationslager«, und
verließ die Sitzung. Die anderen Mitglieder aus der DDR folgten
ihr. Das war das Ende des »Widerstandskreises der Jugend der Sowjetzone«.

Einen Monat später wurde Elisabeth Graul verhaftet. Nächte-
lange Verhöre. Drei Tage und drei Nächte durfte sie nicht schlafen. Folter durch Schlafentzug. Sie brach zusammen, wurde in
Isolierhaft in ein feuchtes Verließ gebracht, von den Vernehmern
bedroht und beschimpft. Nach sieben Monaten Untersuchungshaft im berüchtigten Keller von Berlin-Hohenschönhausen wurde
sie in das Gerichtsgefängnis eingeliefert. Nach so langer Zeit sah
sie erstmals wieder etwas Gedrucktes: ihre Anklageschrift.

»Die Angeklagte ist überführt, sich seit Oktober 1950 als Mitglied der illegalen Organisation ›Widerstandskreis‹ aktiv an der
verbrecherischen Tätigkeit derselben beteiligt zu haben …« Im
weiteren werden ihre ›Kuriertätigkeit mit Material boykotthetze-
rischen Inhalts‹ beschrieben, ihre enge Verbindung zum Widerstandskreis benannt und festgestellt, dies alles verdiene »strengste
Bestrafung«. Kein Wort über die Auflösung des Kreises. Obwohl
sie in den Verhören ausführlich davon berichtet hatte, war dies -
einfach nicht in die Vernehmungsprotokolle aufgenommen worden.

Im Namen des Volkes. Am dritten Tag ergingen die Urteile:
Dreimal lebenslänglich, dreimal 15, dreimal 12, dreimal zehn

Jahre Zuchthaus. Elisbabeth Graul erhielt 15 Jahre, von denen sie zehn Jahre im Frauenzuchthaus Hoheneck verbringen mußte.

1991 wurden die Urteile aufgehoben und die Verurteilten rehabilitiert. In der Begründung heißt es: »Die Betroffenen haben die ihnen aus der Verfassung der DDR vom 7. Oktober 1949 zustehenden Rechte auf Meinungsfreiheit und Versammmlungsfreiheit aus Artikel 9 sowie auf Vereinigungsfreiheit aus Artikel 12 wahrgenommen ... Von keinem der Betroffenen wurde Gewalt angewendet oder angedroht ...« [307]

Ab und zu stand auch die hohe Richterin Hilde Benjamin selbst vor Instanzen, die über sie urteilten. So hatte sie sich im Rahmen umfangreicher Überprüfungsmaßnahmen aller Parteimitglieder einem ausführlichen Gespräch mit der Sonderkommission des ZK der SED zur Lage an ihrem Arbeitsplatz zu stellen. In ihrer Kaderakte[308] befindet sich das Protokoll dieses Gesprächs. Es macht die Methoden und Denkmuster der leitenden Parteifunktionäre besonders deutlich. Deshalb soll es hier ausführlich zitiert werden.

»Folgende Fragen wurden besprochen:
1) Die Arbeit am Obersten Gericht,
2) die personalpolitische Lage am Obersten Gericht
3) die Parteiarbeit
4) der politische Werdegang der Genossin Benjamin

Dazu wurde folgendes aufgezeichnet: Insgesamt hätten sich die Genossen am Obersten Gericht gut entwickelt. (...) Sie wurde dann befragt, wer aus amerikanischer Kriegsgefangenschaft käme. Das wußte sie nicht genau. Die Kommission wußte von sechs Leuten.[309] Sie wurde ermahnt, die Wachsamkeit in Zukunft ernster zu nehmen. (...) Es ging auch um die widerrechtliche Mitnahme von Akten: Das sei zwar verboten, werde aber nicht genau genug kontrolliert. Die Kommission weist sie dann auf die Personen hin, die täglich durch den Westsektor fahren. Das müsse sich ändern. (...)

Zur Vergangenheit befragt, sagte die Genossin Benjamin, daß sie eine wirklich ideologisch selbständige Entwicklung erst nach 1945 genommen hat. (...) Befragt zur gemeinsamen Parteiorganisation mit dem Justizministerium, sagte die Genossin Benjamin, im Justizministerium herrsche eine schlechte Atmosphäre. Deshalb würde sie sich zu einer gemeinsamen Parteiorganisation nicht äußern. Aber sie gibt zu, daß es gut wäre, daß alle drei Juristenbereiche eine einzige Parteiorganisation hätten.

Zur Verbindung zu Mutter und Schwester gibt sie an, daß diese nur lose sei, da sie ja persönlich nicht in den Westsektor darf, andererseits ihre Mutter wegen ihres Alters nicht mehr das Haus verlassen kann und ihre Schwester sehr krank sei.«

Unter dem Dokument ist der »Beschluß« notiert. »Das Mitgliedsbuch ist auszuhändigen. Begründung: Die Genossin Benjamin ist ideologisch klar, theoretisch fundiert und selbstbewußt. Sie ist kämpferisch und entschlossen. Ebenso versteht sie, sich durchzusetzen. Ihr Hang zur Selbstherrlichkeit kann nur durch verstärkte Anwendung der Kritik und Selbstkritik überwunden werden. In ihrer staatspolitischen Funktion leistet sie in Verbindung mit der Partei eine gute Arbeit. 26.4.51, (Unterschrift unleserlich).«

In der Einschätzung der Parteikommission verblüfft der Begriff vom »Hang zur Selbstherrlichkeit«. Der Begriff wird nicht näher erläutert. Meinten die Parteikontrolleure, daß Hilde Benjamin kaum in der Lage war, solidarisch mit anderen zusammenzuarbeiten, nur sich und die eigenen Fähigkeiten respektierte, die anderen aber gering schätzte? Später wird von der gleichen Kommission noch einmal Hilde Benjamins »mangelnde Fähigkeit zur Selbstkritik«[310] beklagt. Hilde Benjamins selbstüberschätzendes Verhalten war offensichtlich in Parteikreisen bekannt. Selbstherrlichkeit oder auch Selbstüberschätzung, im Griechischen Hybris genannt, ist wahrscheinlich die Kehrseite der aggressiv-cholerischen Wutanfälle, die sich Hilde Benjamin gegenüber ihren Untergebenen ab und zu gestattete. Wer nur sich selbst zutraut, das Richtige zu tun, wird bei den oberen Funktionären Unterwürfigkeit und Einsicht zeigen, den Untergebenen aber das »richtige« Verhalten mit allen Mitteln aufzuzwingen suchen.

Im vorliegenden Dokument der Parteikontrollkommission wird die Atmosphäre hochnotpeinlicher Befragung und des Zwangs zur »Kritik und Selbstkritik« deutlich vorstellbar. Das Parteileben am Obersten Gericht – und in geringen Variationen wahrscheinlich in der ganzen Republik – war von ständiger gegenseitiger Kontrolle gekennzeichnet. Schon die kranke Mutter im Westen war ein Grund für besondere Beobachtung. Dem Auge der Partei entging nichts. Wöchentlich trafen sich die Genossen zur Sitzung der Parteiorganisation (»wir haben heute PO«, hieß es dann), beschäftigten sich mit den neuesten Parteirichtlinien und ihrer Bedeutung für die Justiz, schulten ihr theoretisches Verständnis im Marxismus-Leninismus am »Kurzen Lehrgang der KPdSU (B)«, der angeblich von Stalin verfaßt war.

Schon Wochen vor dem nächsten Schauprozeß gegen Mitglieder der »Kampfgruppe gegen Unmenschlichkeit« (KgU) wußte die Vorsitzende Richterin Benjamin, daß sie berufen war, das erste Todesurteil des Obersten Gerichts der DDR auszusprechen. Das Politbüro der SED hatte Frau Dr. Benjamin mit der Führung dieses besonders spektakulären Prozesses beauftragt. Am Rande des Dokuments war das von ihr vorgeschlagene Strafmaß »Todesstrafe« im Politbüro mit der Bemerkung »einverstanden« bestätigt worden.[311]

»Epoche des Kalten Krieges« heißt im Rückblick die Zeit Anfang der fünfziger Jahre. Der Koreakrieg, die Spaltung Deutschlands und der Welt in Ost und West durch den »Eisernen Vorhang«.

Kalter Krieg – im Gegensatz zum heißen Krieg – war der Kampf mit allen Mitteln der Propaganda, der Bedrohung an den Grenzen, der Behinderung des Transitverkehrs, der Einschleusung von zum Terror bereiten Gruppen beim Gegner. Es war aber auch die aufgeheizte Atmosphäre im Lande selbst, die vor allem in Berlin, Ost wie West, die absurdesten Verhaltensweisen hervorrief. Der ungeklärte Status von Westberlin, umgeben von der DDR, brachte eine Reihe von abenteuerlichen Gruppierungen hervor, die bereit waren, mit Terror und Gewalt die DDR, genannt »Zone«, zu beseitigen bzw. ihr mit allen Mitteln zu schaden. Teilweise spielte der amerikanische Geheimdienst dabei eine Rolle als Geldgeber, teilweise unterstützte das Ministerium für gesamtdeutsche Angelegenheiten die Aktivitäten.[312] Im Osten Berlins und der DDR galt jeder Zwischenfall an der Grenze als ein »Manöver des US-Imperialismus«, jeder Schritt der Bundesregierung wurde zum »faschistischen Coup« gegen die Existenz des zweiten deutschen Staates und zur Anfachung eines Dritten Weltkrieges. Die Propagandatöne auf beiden Seiten waren unerbittlich schrill, voller Verleumdung und Haß, kriegerisch und unversöhnlich.

Prozeß gegen den »Untersuchungsausschuß Freiheitlicher Juristen«:
Vernehmung eines Angeklagten im großen Saal des Obersten Gerichts
durch Hilde Benjamin, Juli 1952

Eine der Gruppen in West-Berlin hatte sich mit ihren Aktionen besonders hervorgetan: die »Kampfgruppe gegen Unmenschlichkeit«. Sie war es auch, die Thomas Mann zum Protest gegen das Lager Buchenwald aufgefordert hatte.

Nach Berichten des *Spiegel* hatten sich die Aktivitäten der Gruppe im Laufe der Jahre radikalisiert. Die Bilanz war erschreckend. Allein 1952 sollen laut *Spiegel* ungefähr 200 Menschen im Zusammenhang mit den Taten der Gruppe den Tod gefunden haben. Die KgU selbst bestritt, daß Tote an der Grenze und im grenznahen Bereich im unmittelbaren Zusammenhang mit ihr gestanden hätten. Als einer der Gruppenführer, Tillich, erklärt hatte: »Wir müssen ein Volk der tapferen Widerstandskämpfer werden, nachdem wir ein Volk der tapferen Soldaten waren«,[313] gingen zahlreiche Politiker auf Distanz zur KgU. So war die Gruppe auch im Westen nicht unumstritten. Die SPD schloß Tillich aus ihren Reihen aus. Pastor Niemöller, der Gründer der Bekennenden Kirche gegen die Nationalsozialisten, erklärte im Oktober 1952 im *Neuen Deutschland*: »Ich halte diese Kampfgruppe gegen Unmenschlichkeit für eine Verbrechergruppe. Ich halte die Leute für Verbrecher, die andere Leute anstiften und für sich arbeiten lassen, obgleich sie wissen, daß diese Leute geschnappt und eingesperrt werden.« Während des ersten Prozesses gegen Mitglieder der KgU hielt es sogar General Tschuikow für angebracht, mit einer Note bei den westlichen Mächten gegen die Machenschaften der Bande zu protestieren. Der Prozeß hatte internationale Bedeutung, und für die DDR-Justiz war die Verhaftung wichtiger Mitglieder der Kampfgruppe ein großer Erfolg.

Sieben Mitglieder der Gruppe standen vom 23. bis 25. Mai 1952 vor dem Obersten Gericht der DDR in Berlin. Den Angeklagten wurde zur Last gelegt, Flugblätter verteilt, Wirtschafts- und militärische Spionage betrieben, Posten der Volkspolizei überfallen, Sabotageakte in Betrieben vorbereitet und anläßlich der Weltjugendfestspiele Störaktionen unternommen zu haben. Als besonders verabscheuungswürdiges Verbrechen galt ein geplanter Anschlag auf die Eisenbahnbrücke bei Erkner.

Alle sieben Angeklagten waren, aus welchen Gründen auch immer, geständig. Der Hauptangeklagte Johannes Burianek erging sich – wie sein Anwalt später sagte – »in maßlosen Selbstbeschuldigungen und ließ keinerlei Argument zu seinen eigenen Gunsten als Entlastung gelten«.[314]

Wie Burianek zu diesem Verhalten kam, mit welchen Methoden er in den Verhören dazu gebracht worden war, läßt sich aus den Akten nicht ersehen. Aus den großen Schauprozessen der dreißiger Jahre in Moskau ist bekannt, daß die Gefangenen durch Schlafentzug, Folter, Dauerverhöre, perfide Wechsel von Drohung und Versprechen zu geständigem Auftreten gezwungen wurden. »Gehirnwäsche« nennt man auch die Methode. Ernst Wollweber, Minister für Staatssicherheit, wird nach dem XX. Parteitag 1956 im Zentralkomitee behaupten, in der DDR habe es nie Folter oder ähnliche Mißstände bei den Ermittlungen gegeben. Die Verhörmethoden wären denen der Weimarer Republik ähnlich und nicht mit Gewalteinwirkung verbunden.[315]

Der ehemalige Schlosser Burianek, 1913 geboren, nun Hauptangeklagter der Kampfgruppe gegen Unmenschlichkeit, war nicht wie zahllose Angeklagte der Moskauer Prozesse Kommunist und bekennender Marxist bis zur Todesstunde. Er war erklärter Gegner der DDR, hatte sich den aktivsten Kämpfern im Westen angeschlossen. Deshalb verwundert sein unterwürfiges, selbstbeschuldigendes Verhalten um so mehr. Im Prozeßprotokoll fällt außerdem auf, daß die Verbrechen, die dem Hauptangeklagten Burianek zur Last gelegt wurden, alle im Versuchsstadium steckengeblieben waren und keiner der ohne Zweifel gefährlichen Anschläge wirklich geklappt hatte.

Im Vordergrund der Verhandlung standen für Melsheimer und Benjamin aber nicht die Taten, sondern die zugespitzte politische Weltlage. Es mutet heute seltsam an, daß der Generalstaatsanwalt angesichts von Straftaten wie versuchter Brandstiftung, versuchter Sprengung einer Brücke und Störaktionen eines Jugendfestivals in der Anklage derart große Worte fand und ausführte: »Das deutsche Volk steht gegenwärtig in der ernstesten Situation seiner Geschichte. Es geht um die Einheit des Vaterlandes, die wieder errungen werden muß, und es geht darum, der Welt den Frieden zu erhalten ... In dieser ernsten Stunde ist es höchste nationale Pflicht eines jeden deutschen Patrioten, sich diesen Bestrebungen der Feinde entgegenzustellen. Es ist höchste nationale Pflicht, die imperialistischen Kriegstreiber aus tiefster Seele zu hassen und die Errungenschaften unserer Republik bis zum Äußersten zu verteidigen ...« Solche Sätze von der »höchsten nationalen Pflicht« erinnerten eher an Freislers Töne vor dem Volksgerichtshof in Leipzig und hatten wenig mit den konkreten Taten der Angeklagten zu tun. Sie sollten die Öffentlichkeit offensichtlich auf ein besonders hartes Urteil einstimmen

Als dann Hilde Benjamin über den Angeklagten ausführte: »Noch niemals hat aber auch bisher vor dem Obersten Gericht ein so skrupelloser und gefährlicher Verbrecher zur Aburteilung gestanden«,[316] konnte folgerichtig nur noch die Todesstrafe das angemessene Urteil sein. Die Vorsitzende Richterin begründete die Strafe:

»Mit der Verurteilung des Angeklagten Burianek spricht das Oberste Gericht zum erstenmal ein Todesurteil aus ... Wir wären froh, wenn wir auf Todesurteile verzichten könnten, aber unsere heutige Situation, die sich ständig steigernden Angriffe auf unsere Ordnung, gegen das deutsche Volk, zwingt uns dazu, diese schwere und höchste Strafe, die Todesstrafe, heute noch anzuwenden.«[317]

Die Sätze klingen zynisch. Wie können die »Angriffe der Feinde« das Oberste Gericht der DDR zu einem Urteil zwingen, das es eigentlich nicht aussprechen will? Ein Todesurteil wider Willen? Das war sicher nicht gemeint. Hilde Benjamin wollte klarstellen, daß der sozialistische Staat in seinem Wesen human wäre und »eigentlich« die Todesstrafe ablehnen würde, wenn, ja wenn die Verhältnisse es zuließen. Aber der Klassenfeind zwang die Justiz in dieser historischen Etappe leider immer noch zu äußerster Härte. Das ausgewählte Publikum im Saal wird das verstanden haben.

Von der Verhandlung gegen Burianek u.a. existieren Tonbandaufnahmen,[318] die einen genaueren Eindruck von Hilde Benjamins Prozeßführung geben. Ihre Stimme im Prozeß wirkt angestrengt, treibend, oft ungeduldig und manches Mal spöttisch. Häufig unterbrach sie die Angeklagten heftig, wiederholte die Antworten, die ihr zusagten, wie ein Echo, hakte schnell nach, ließ keine Denkpausen zu. Das Todesurteil verkündete sie dagegen emotionslos, mit fast tonloser Stimme. Anders dagegen der Generalstaatsanwalt Dr. Melsheimer. Er sprach stets pathetisch, langsam und mit Betonung. Gewisse Worte wie »Todesstrafe« oder »gerechte Strafe« sprach er geradezu genüßlich aus.

Ob Hilde Benjamin die »Todesurteile mit Freude verkündete«,[319] wie später behauptet wurde, kann aus dem Tonfall nicht gefolgert werden. Eher schien sie sich der Last ihrer Verantwortung für ein Menschenleben bewußt gewesen sein. Dafür spricht auch ein Vorfall nach der Verkündung des zweiten Todesurteils. Der Produktionsleiter der DEFA-Wochenschau Bohm bat sie wegen eines Tonausfalls, die Verkündung des Todesurteils vor leerem Saal noch einmal zu wiederholen. Hilde Benjamin soll daraufhin wütend geworden sein und Bohm mit der Bemerkung hinausgeworfen haben, die Verkündung eines Todesurteils sei eine sehr ernsthafte Angelegenheit, die sie keinesfalls wiederhole.[320] Doch um der Sicherung der Existenz der DDR willen akzeptierte Hilde Benjamin die Todesurteile. »Schmutzige Arbeit« eben, die wegen des Klassenkampfs notwendig war.

Am 3. August las Hilde Benjamin in der Sonntagsausgabe der *Täglichen Rundschau* folgende Pressenotiz:

»Berlin ADN. Wie der Generalstaatsanwalt der Deutschen Demokratischen Republik mitteilt, ist das am 24. Mai 1952 gegen Johannes Burianek verkündete Todesurteil des Obersten Gerichts der Deutschen Demokratischen Republik am Sonnabendmorgen vollstreckt worden.«[321]

Ob Hilde Benjamin an diesem Sonntagmorgen beim Zeitunglesen schauderte? Sie hatte die staatlich legitimierte Tötung eines

Menschen veranlaßt. Das Urteil wurde mittels Fallbeil vollstreckt. Viel Phantasie brauchte es nicht, um sich vorzustellen, wie ein Mensch vorschriftsgemäß geköpft wird.

Kurz nach Burianek traf auch den »Chefchemiker« der Kampfgruppe gegen Unmenschlichkeit, Wolfgang Kaiser, das Todesurteil. Gegen ihn wurde im August 1952 vor dem gleichen Gericht verhandelt.

Rechtsanwalt Büsing, in beiden Prozessen als Pflichtverteidiger beigeordnet, berichtete nach seiner Flucht in den Westen, daß sich Kaiser, ähnlich wie Burianek, schuldig bekannte, die Geständnisse wie auswendiggelernt wirkten und Kaiser jede Verteidigung als überflüssige Maßnahme ablehnte, da er so große Schuld auf sich geladen hätte. Auch dieses Bekenntnis erinnerte an die Selbstbeschuldigungen und -beschimpfungen der Angeklagten in den Stalinschen Terrorprozessen.

In einer Gerichtspause wurde Rechtsanwalt Büsing plötzlich zu Frau Dr. Benjamin in das Amtszimmer bestellt. Es war unmittelbar nach Abschluß der Beweisaufnahme, direkt vor dem Plädoyer des Staatsanwalts. Frau Vorsitzende stand sehr gerade hinter dem Arbeitstisch. Daß sie so klein war, hatte Büsing im Gerichtssaal nicht wahrgenommen. Sie sagte: »Herr Doktor, auf Anweisung meiner Freunde muß Kaiser zum Tode verurteilt werden, bitte stellen Sie sich im Plädoyer darauf ein.« Büsing erhob gegen das zu erwartende Urteil heftige Einwände. Sie blickte ihn kühl an und sagte nur: »Sie müssen wissen, was Sie tun.« Damit war das Gespräch beendet.[322]

Kaiser wurde zum Tode verurteilt.

Rechtsanwalt Büsing hatte sofort verstanden, was die Bemerkung von der »Anweisung meiner Freunde« bedeutete. Diese Umschreibung für die sowjetischen Berater in Karlshorst war damals in der DDR allgemein üblich. Hochqualifizierte Sachbearbeiter für alle wichtigen Gebiete der DDR-Politik saßen in den Gebäuden der Kommandantur, Stalin ließ sich regelmäßig über jeden Schritt der zentralen Politik und Verwaltung der DDR informieren. Hatten die sowjetischen Berater ihr Votum abgegeben, gab es keinerlei Widerspruch mehr. Das Problem war ein für allemal entschieden. »Die Freunde« oder auch »Karlshorst« hatten in diesen Anfangsjahren der DDR immer das letzte Wort.

Normalerweise wurden die Urteile des Obersten Gerichts, wie

inzwischen aus den Protokollen ersichtlich ist, im Politbüro beschlossen. Warum die »Freunde« im Fall Kaiser anders als die Spitze der DDR entschieden hatten, kann heute nicht mehr überprüft werden. Über diese Art Einmischung von seiten der Sowjets gibt es keinerlei Aktenvermerke.

Jedenfalls folgte die Vorsitzende Richterin Benjamin dem Votum umgehend. Sie hatte offensichtlich auch keine Schwierigkeiten, dem Anwalt ihre Machtlosigkeit zu bekennen und einzugestehen, daß letztendlich nicht sie das Urteil fällen würde.

Die richterliche Unabhängigkeit wurde von ihr ganz anders als im »bürgerlichen Recht« verstanden und »neu« interpretiert. Die Abhängigkeit der Richter von politischen Entscheidungen der Partei und ihre Unterwerfung unter die Befehle des Politbüros oder der »Freunde« nannte Hilde Benjamin die »dialektische Einheit von richterlicher Unabhängigkeit und Parteilichkeit«. Sie erklärte, daß »erst beides zusammen, strikte Befolgung der Gesetze und ihre Anwendung im Interesse der Werktätigen, dem Wesen der demokratischen Gesetzlichkeit entspricht, die eine Einheit von Gesetzlichkeit und Parteilichkeit darstellt«.[323]

Doch selbst die von Hilde Benjamin erzogenen Volksrichter der jungen DDR hatten Schwierigkeiten mit derartigen Winkelzügen. So forderte sie immer wieder dringend politische Schulung, verbunden mit genauer Anleitung durch die oberen Gerichte. Besondere Sorge bereiteten ihr die »feindlichen« Einflüsse aus dem Westen. Um die »Kolleginnen und Kollegen« im Obersten Gericht vor diesen schädlichen Gedanken zu bewahren, veranlaßte Hilde Benjamin kurz nach den Prozessen gegen die »Kampfgruppe« einen »Aufruf zur Wachsamkeit« und forderte die Kollegen auf, »sich der großen Bewegung unserer Werktätigen gegen RIAS-Hören und Westpresse-Lesen anzuschließen«.[324] Vielleicht hatte sie die Vorstellung, daß durch möglichst perfekte Abschottung des Justizpersonals von westlichen Informationen endlich die richtige »Parteilichkeit« ihrer Kollegen entstehen würde.

Im Juni 1952 fuhr Hilde Benjamin mit einer Delegation aus Kadern des Obersten Gerichts in die Sowjetunion. Mit großer Erwartung brach sie ins Land ihrer Sehnsucht auf, wo sie bisher nur einmal Ende 1949 kurz im Rahmen der ersten Juristendelegation der DDR gewesen war. Vielleicht hat sie auch ihren Sohn in Le-

Hilde Benjamin und Ernst Melsheimer (rechts) gratulieren
Justitzminister Max Fechner zum 60. Geburtstag, 27.7.1952

ningrad treffen können, den sie sonst nur noch selten sah. Sie
kannte die Sprache und Kultur Rußlands und wird sich sicher sehr
auf diese Reise gefreut haben. So müßten ihre Reiseeindrücke
eigentlich etwas von der Begeisterung für das Land und die Menschen widerspiegeln. Doch Hilde Benjamins Bericht für die Zeitschrift *Neue Justiz*[325] erweckt den Eindruck, die Delegation wäre
rund um die Uhr im geschlossenen Wagen von einem Justizge-
bäude zum nächsten gefahren, »um die sowjetischen Justizorgane
zu studieren, ... die Organisation der wissenschaftlichen Arbeit
kennenzulernen« und den sowjetischen Kadern »den innigsten
Dank für ihre Unterstützung für die DDR« auszusprechen. In der
verarmten Juristensprache kommen Straßen, Menschen, Gerüche,
Geräusche, Sehenswürdigkeiten, schmackhaftes Essen und Trinken, kurz alles, was eine Reise angenehm und interessant macht,
überhaupt nicht vor. Vielleicht war die deutsche Delegation auch
derart, daß sie nur das nützliche Fachgespräch und die lehrreiche
Besichtigung im Sinn hatte und das vielfältige Leben einer Millio-
nenstadt gar nicht mehr richtig wahrnehmen konnte. Die Leser
jedenfalls sollten nur erfahren, was fachlich wichtig war. Deshalb

hieß es am Schluß des Artikels, daß Hilde Benjamin nun einer neuen, bedeutsamen Aufgabe entgegenging: »Auf der Rückreise gab es einen kurzen Aufenthalt in Brest, und als wir uns im *Neuen Deutschland* über das Neue in der Heimat orientierten, lasen wir einen Beschluß der Regierung vom 12. Juni 1952, nach dem eine Kommission zur Ausarbeitung eines Gerichtsverfassungsgesetzes eingesetzt worden war; den Vorsitz hatte ich.«[326]

Zügig erarbeitete Hilde Benjamin dieses neue Gerichtsverfassungs-gesetz. Walter Ulbricht hatte wenige Wochen vorher den Leitge-danken verkündet: »Das Hauptinstrument bei der Schaffung der Grundlagen des Sozialismus ist die Staatsmacht.«[327] Am 2. Okto-ber 1952 begründete Hilde Benjamin den Entwurf vor der Volks-kammer. Die Rede liest sich wie eine Siegesmeldung auf dem Weg zum Sozialismus.[328] In der Einleitung werden die großen Ziele be-nannt: »Die Rechtsprechung der Gerichte der DDR dient dem Sieg des Sozialismus, der Einheit Deutschlands und dem Frie-den.«[329] Dem heiklen Thema der richterlichen Unabhängigkeit waren mehrere Paragraphen gewidmet. In Zukunft sollten die Richter des Obersten Gerichts für die Dauer von drei Jahren von der Volkskammer gewählt, die Richter der unteren Gerichte durch das Ministerium der Justiz für drei Jahre ernannt werden.[330]
   Diese zeitliche Befristung war etwas ganz Neues für das Richter-amt in Deutschland. Damit wurde die persönliche Unabhängig-keit der Richter praktisch aufgehoben, mußten die Richter doch um ihre berufliche Existenz fürchten, wenn sie nicht im Sinne des Ministeriums arbeiteten.
   Eine andere wichtige Veränderung war die Aufhebung des Prin-zips des »gesetzlichen Richters«. Zu den rechtsstaatlichen Prinzi-pien gehört, daß die Richter für einen bestimmten Prozeß nicht von politischen Gremien oder unter politischen Gesichtspunkten ausgewählt werden, sondern nach festgelegten Zufallsregeln, meist nach dem Alphabet. Ein Richter erhält alle Hauptangeklagten mit den Anfangsbuchstaben von A–H usw. Das neue DDR-Ge-setz ermöglichte nun den Direktoren der oberen Gerichte, jeder-zeit den politisch passenden Richter zu bestimmen oder selbst den Vorsitz eines Prozesses zu übernehmen.
   Schon in den Waldheim-Verfahren war die Auswahl der Richter nach den Befehlen des Parteiinstrukteurs erfolgt, im Obersten Ge-

richt bestimmte seit Gründung das Politbüro der SED. So faßte das neue Gesetz hauptsächlich zusammen, was bereits tagtäglich in der DDR praktiziert wurde.

Parallelen zur Zerstörung der unabhängigen Justiz im Dritten Reich drängen sich auf. Damals setzten die Nationalsozialisten auf die Gefügigkeit des Richterpersonals, ohne wesentliche Änderung des Gesetzes. Mit Sondervorschriften, Druck und Entlassungen sowie der Verpflichtung auf Mitgliedschaft in der NSDAP und der strikten Kontrolle der Urteile erreichten sie ihre Ziele.

Hilde Benjamin nahm in ihren zahlreichen Äußerungen zum »Neuen« in der Justiz nach 1945 eigentlich nie inhaltlich zu den Prinzipien und der Praxis der NS-Justiz Stellung. Ihr Verständnis von Neuanfang orientierte sich offensichtlich nur auf die Klassen- und Kaderzusammensetzung der Justiz. Das obrigkeitsstaatliche, antidemokratische Denken im Justizsektor aber griff sie nicht an. In der Kritik an der NS-Vergangenheit erscheint deshalb auch nicht die Denkstruktur als grundlegend falsch, sondern ihr geht es um die Stoßrichtung der Rechtsprechung. Sie richtete sich damals gegen Kommunisten und Arbeiter und wurde von »Handlangern des Monopolkapitalismus« ausgeführt. Das war nach Benjamin der Kardinalfehler.

Das neue Gerichtsverfassungsgesetz markierte einen radikalen Bruch mit der demokratischen Justiztradition in Deutschland. Diese Orientierung war stark vom Vorbild der Sowjetunion beeinflußt. Hilde Benjamin und die anderen führenden Juristen studierten mit Eifer, was die sowjetische Rechtswissenschaft hervorbrachte. Und wenn es um sowjetische Vorbilder ging, wurde selbst eine so nüchterne Frau wie Hilde Benjamin euphorisch.

Über den Juristen Andrej Wyschinski schrieb sie in einem Nachruf: »Als Stalin starb, war den Völkern ein Vater gestorben. Mit Andrej Wyschinski verloren sie einen ihrer klügsten, leidenschaftlichsten, erfahrensten Kämpfer für den Frieden. (...) Ich habe lange nachgedacht, wann ich die erste bewußte Begegnung mit Wyschinski hatte. (...) Das waren erst die im Jahre 1951 erschienenen Gerichtsreden, ... jene erste aufrüttelnde Begegnung mit seinem Werk, die zugleich eine Begegnung mit seiner Persönlichkeit war, die wie ein Blitz einschlug und jene Flamme der Begeisterung entzündete: Das ist es, was wir suchen ... Wir hatten die erste

Bekanntschaft mit der sowjetischen Rechtswissenschaft, insbesondere mit dem sowjetischen Strafrecht gemacht ..., und nun wurde uns dies alles lebendig in Beispielen, die denen unserer eigenen Periode ähnlich waren; hier erlebten wir Gesetz und Recht in Aktion, und so wurde Wyschinski unser Lehrer in der Anwendung des Rechts im Aufbau des Sozialismus.«[331]

Die maßlose Bewunderung galt dem Generalstaatsanwalt der Schauprozesse in der Sowjetunion 1936 bis 1938. Dort hatte Wyschinski die Elite der KPdSU, die von Stalin zur Liquidation verurteilt war, angeklagt und als »Möpse«, »Kläffer«, »tollgewordene Kettenhunde«, »charakterlich unter dem Schwein stehende Elemente«[332] beschimpft. Wyschinski war der Chefankläger Stalins, der den Justizterror der dreißiger Jahre wie kein anderer praktizierte. Tausende Menschen zitterten vor seinen Worten und wurden mit seiner Hilfe dem Henker überantwortet. In den »Gerichtsreden« dokumentierte Wyschinski, wie er die Angeklagten mit Beschimpfungen und Demütigungen gefügig gemacht und ihre angeblichen Verbrechen nachgewiesen hatte. »Mit angehaltenem Atem« las Hilde Benjamin diese Texte, sie entzündeten bei ihr »die Flamme der Begeisterung«.[333] Die gelehrige Schülerin Wyschinskis schwärmte, wie »dieses alles uns lebendig in der Fülle seiner Anwendungen« wurde.[334] Bemerkenswert ist auch, wie Hilde Benjamin sich sprachlich plötzlich zur pathetischen Höchstform steigerte. Ähnlich geballtes Pathos findet man in gereimter und ungereimter Form sonst nur bei den Parteidichtern in ihren Hymnen auf Stalin. Hilde Benjamin folgte diesem Stil der Nachrufe für die Größen der Sowjetmacht.

Trotz der in höchsten Tönen gelobten Rechtsprechung der Sowjetunion und der Verherrlichung ihres früheren Chefanklägers gab es in der DDR jedoch keine detailgetreue Nachahmung der Gerichtspraxis der Sowjetunion. Große Schauprozesse mit erzwungenen Schuldbekenntnissen und Todesstrafen fanden in der DDR nach dem 17. Juni 1953 nicht mehr statt. Wahrscheinlich wirkten die Teilung Deutschlands und der ständige Vergleich mit dem westlichen Teilstaat mäßigend auf die Justizpraxis. Das Denken der Justizfunktionäre wurde jedoch von den Schriften Wyschinskis maßgeblich beeinflußt, und Hilde Benjamin war eine ihrer stärksten Propagandistinnen.

Ausgebildet in Zeiten des bürgerlichen Rechts, setzte sie ihre gesamte Intelligenz und Tatkraft dafür ein, in der Nachfolge Wyschinskis eine deutsche Version sozialistischer Rechtsprechung zu entwickeln. Hilde Benjamin war unter den Genossen berühmt für Fleiß, Zuverlässigkeit, Einsatzbereitschaft, Klugheit, Entschlossenheit und Pflichtbewußtsein. Tugenden, die in allen Gesellschaftssystemen hochgeschätzt sind und für jeden Zweck nutzbar gemacht werden können. Schon in den zwanziger Jahren, als sie ihr Anwaltsbüro leitete und in der Partei das »Zellentier« genannt wurde, war sie bekannt für ihren unermüdlichen Einsatz und ihre widerspruchslose Umsetzung der Befehle der Partei. Ihr Hang zum Gehorsam und zur Pflichterfüllung, den sie aus ihrer bürgerlichen Erziehung mitbrachte, diente seit dem Eintritt in die KPD der »revolutionären Sache«. Manche Opfer der Anklage mögen sich gewünscht haben, Hilde Benjamin wäre weniger fleißig beim Gesetzemachen, weniger eifrig beim Verurteilen, weniger zuverlässig beim Befolgen der Anweisungen der »Freunde« und der Partei gewesen. Undenkbar war für sie die Vorstellung, sie läge faul im Gras in Brieselang, verpaßte pflichtvergessen ihre Termine und hörte statt dessen eins der geschätzten Violinkonzerte von Bach. Solch ein Lotterleben hat sie sich bis zu ihrem Tode nicht gestattet.

Hilde Benjamin begründete ihren Eifer gern mit Marx und Lenin, von denen sie gelernt hatte, in der Gegenwart gäbe es – leider noch – das »Reich der Notwendigkeit«, und erst nach siegreichem Kampf, im Kommunismus, entfalte sich das »Reich der Freiheit«. Wann das sein würde, konnte selbstverständlich niemand sagen. Aber unter den Genossen war klar, daß es mit Bestimmtheit kommen würde. Der Sieg des Sozialismus über den Kapitalismus galt als eine Gesetzmäßigkeit der Geschichte. Noch aber regierte die »Notwendigkeit«. Das schloß Härte gegen alle Feinde des Sozialismus – und gegen sich selbst – ein. Nur so konnte die glänzende Zukunft erreicht werden. Die Überzeugung, daß die Menschheit Schritt für Schritt auf dem Weg in eine bessere Zukunft wäre, war für Hilde Benjamin das selbstverständliche Rüstzeug ihrer Arbeit.

Doch die Härte, mit der sie, vorgeblich für den guten Zweck, gegen Menschen vorging, konnte nicht ohne Folgen für sie selbst bleiben. Menschen, die Hilde Benjamin gut kannten, berichteten, daß ihr tägliches Verhalten in diesen Jahren immer willkürlicher wurde und abrupt wechselte. Von einer Minute zur anderen konnten sich ihre Gestik, ihr Gesichtsausdruck und ihre Stimme radikal verändern. Von herzlicher Freundschaft und tiefer Begeisterung für klassische Musik wandelte sie sich zu gnadenloser Härte und menschenverachtender Schärfe. Nicht nur die Angeklagten, auch nahe Bekannte, Studenten und Mitarbeiter zitterten vor ihr. Gelegentlich bekam sie cholerisch-aggressive Wutanfälle, in denen sie ihre Mitarbeiter beschimpfte und fertigmachte. Auch Dr. Berger erinnerte sich, daß Hilde Benjamin ihn mitten in einem freundlichen Gespräch plötzlich drohend beschimpfte, befreundete Genossen ohne Anlaß als Feinde und Agenten angriff. Jeder hätte sich vor diesen jähen Wechseln gefürchtet und wäre persönlich lieber auf Distanz zu ihr gegangen.[335]

Die *Bild*-Zeitung orakelte anläßlich der Todesurteile über Hilde Benjamin: »Jetzt flüchtet sie sich in den Alkohol.« Auch im *Spiegel* finden sich Hinweise auf eine mögliche Trunksucht. Ilse Reineke, laut *Spiegel* vor ihrer Flucht der Ministerin »bei Kerzenschein und Mistelzweigen eng verbunden«, berichtete: »Als Besonderheit fiel mir an diesem Abend auf, daß sie, schon ehe wir zu essen begannen, eine Kognakflasche aus dem Schrank nahm, zwei riesige Gläser vollschenkte und das ihrige auf einen Zug leerte.«[336]

Alkoholismus war – in treuer Genossenschaft zu den sowjetischen Freunden – die häufigste Suchtkrankheit unter den hohen Funktionären der DDR. Es ist durchaus möglich, daß Hilde Benjamin, die sich einzig der Pflichterfüllung für die Partei verschrieben hatte, im gelegentlichen Rausch insgeheim einen kurzen Genuß suchte. Die Fotos aus dieser Zeit können den Verdacht weder bestätigen noch widerlegen. Ein fülliger werdendes Frauengesicht mit sehr männlichen Zügen, verbittert, streng und verhärtet.

Und die Angst wurde ihr ständiger Begleiter. Verfolgungsangst. In der Öffentlichkeit schützten sie die Bodyguards. Selbst in der Laube in Brieselang waren die Herren immer dabei. Sie pflückten die Äpfel und jäteten das Unkraut mit. Wenn Hilde Benjamin, was sie sehr gern tat, in einem der Seen bei Berlin schwimmen ging, fuhren die Bewacher mit dem Boot neben ihr her. Für Rundumschutz war gesorgt. Kein Schritt ohne Bewacher, kein Schwimmstoß ohne Beobachtung, kein Wochenende ohne die Jungs von der »Firma«. Allzeit geschützt und kontrolliert. Ein Leben unter den Augen des großen Bruders.

Hilde Benjamin im Juli 1953

Knapp vier Jahre war sie Vizepräsidentin des Obersten Gerichts.
Die Bilanz ihrer Richtertätigkeit war eindrucksvoll: In der kurzen
Zeit von Dezember 1949 bis Juli 1953 führte sie als Vorsitzende
des 1. Strafsenats 13 große Verfahren, sprach 67 Verurteilungen
aus, darunter zwei Todesurteile, 15mal lebenslänglich und insgesamt ungefähr 550 Jahre Zuchthaus.

Noch war Hilde Benjamin nicht völlig auf der Höhe ihrer Macht. Zwar wohnte sie inzwischen nicht mehr im Mietshaus in der Prenzlauer Allee. Aus Sicherheitsgründen war sie ins »Städtchen« umgezogen. So nannte die Bevölkerung das gut geschützte Villengebiet der DDR-Elite in Pankow-Niederschönhausen. Die Unterkunft am Majakowskiring 59 war keine üppige Villa, ein schlichtes, altes Haus mit Garten, wie sie es sich gewünscht hatte.

Mit wachsender Machtfülle erhielt Hilde Benjamin die typischen Privilegien der Führungselite der DDR. Die Annehmlichkeiten aber waren nicht der Motor, der Hilde Benjamin zu immer größerem Fleiß und entschlossenerem Handeln antrieb. Die Privilegien nahm sie in Anspruch wie eine, der sie selbstverständlich zustehen, die aber auch darauf verzichten kann, wenn die Verhältnisse es erfordern. Ihr ging es nicht um kleine Alltagsvorteile, ihr ging es um Verantwortung und Macht. Die Macht, ein sozialistisches Deutschland nach ihren Vorstellungen zu formen, den Parteiwillen gültig zu interpretieren, das als richtig Erkannte durchzusetzen, den Feinden der DDR die Hölle auf Erden zu bereiten. Hilde Benjamin hatte schon in der Kindheit gelernt: Wer Verantwortung übernimmt, wird mit Lob und Zuwendung bedacht. Und aus langjähriger politischer Erfahrung wußte sie: Nur wer die Macht hat, kann den Weg bestimmen.

Unruhe und Aufstieg

Der 17. Juni 1953

Unruhe in der Republik. Mit dem Frühstückstee, stark, heiß und süß, kam die alles verändernde Nachricht. »Stalin ist tot!« Die Haushälterin wischte sich mit dem Ärmel die Tränen aus den Augen. Hilde Benjamin stellte das Radio an. Der Rundfunk brachte Trauermusik, dann kam die Stimme des Nachrichtensprechers.

»In dieser Nacht starb unser aller Vater, der große Führer des Sowjetvolkes, der beste Freund des deutschen Volkes, Josef Wissarionowitsch Stalin.«

Offensichtlich konnte der Sprecher nur mühsam die Tränen zurückhalten. Auch Hilde Benjamin war spontan nach Weinen zumute. Wie immer, wenn andere ihre Empfindungen offen zeigten, schluckte sie nur, biß sich auf die Lippen, hatte ihre Gefühle sofort wieder fest im Griff. Doch in ihrem Kopf liefen Schreckensvisionen ab: das riesige Reich der Sowjetunion, in Bürgerkriegskämpfe verwickelt, die DDR, leichte Beute für den Westen, der gesamte sozialistische Block in Gefahr. Die Feinde würden sich vor Begeisterung überschlagen, jede Schwäche genüßlich auskosten. Hilde Benjamin erfaßten in Sekunden alptraumhafte Vorstellungen.

Nach dem Frühstück kleidete sie sich noch hastig um. Die bunte Bluse unter dem Jackett war unpassend geworden.

Im Obersten Gericht liefen die Menschen mit gesenkten Köpfen umher. Gittel Weiß, die langjährige Sekretärin, hatte rotgeweinte Augen.

An diesem Morgen stand ein Prozeß gegen »Schädlinge« der Volkswirtschaft an. Es war ein Großbauer mit seiner Frau, der die Ernte versteckt und große Schlachtfeste im Dorf gefeiert hatte, anstatt das Getreide und Fleisch für die Volksernährung abzuliefern. Wegen Verstoßes gegen das neue »Gesetz zum Schutz des

Volkseigentums« mußten beide verurteilt werden. »Harte Strafen waren nötig«, hatte Hilde Benjamin den Beisitzern gestern in der Vorbesprechung gesagt. Solchen Saboteuren mußte man zeigen, was Klassenkampf im Sozialismus bedeutete.

Still versammelten sich im großen Sitzungssaal die Mitarbeiter des Obersten Gerichts. Auch der Präsident Schumann und Generalstaatsanwalt Melsheimer waren anwesend.

»Heute werden wir trauern und kein Recht sprechen«, sagte Hilde Benjamin gefaßt in die Stille hinein. Alle nickten, einige wischten sich die Tränen aus den Augen. Jeder ging still an seinen Arbeitsplatz zurück.

Im Gerichtssaal erhoben sich die Angeklagten. Der Großbauer und seine Frau erwarteten mit gesenktem Kopf die Eröffnung der Hauptverhandlung. Sie erfuhren, daß es an diesem Tag keinen Prozeß geben würde. Richterin Benjamin erkannte in den Augen der Frau einen kurzen Schimmer von Hoffnung. Sofort fuhr sie sie an: »Freuen Sie sich nicht zu früh. Ihr Urteil wird kommen. Eher, als Ihnen lieb ist!« Die Angeklagten wurden abgeführt.

Die Meldung vom Tod Stalins ließ im gesamten östlichen Europa tagelang das öffentliche Leben erstarren. Millionen sollen geweint haben. Selbst von Walter Ulbricht, dem spröden Sachsen, wird das berichtet. Ob Hilde Benjamin weinte? Ihr Sohn wollte sich in dieser Frage nicht festlegen. Personenkult war eigentlich nicht ihre Sache, auch wenn sie bei Wyschinskis Tod viel Pathos aufbringen sollte. Zu Stalin schrieben andere die Nachrufe. Die waren in den nächsten Tagen im *Neuen Deutschland* nachzulesen.

Der Minister für Kultur, Johannes R. Becher, dichtete:

> »Es irrt auf den Feldern ein Bangen,
> die Ähren klagen im Wind.
> Wohin ist er von uns gegangen?
> Himmel, wolkenverhangen,
> Fenster, wie tränenblind.
> Und wieder ein Schrei, ein schriller,
> Und Sonnenfinsternis,
> Er war unsrer Träume Erfüller
> und wieder Stille, noch stiller.
> Und durch die Erde ein Riß.«

Kurt Barthel, genannt Kuba, schrieb:

> »Gesiegt!
> Und alles, alles ist vollbracht.
> Er ruht!
> Die Millionen sind die Seinen.
> Sein Lächeln leuchtet uns auch diese Nacht.
> Er hat uns arme Leute reich gemacht.
> Wir aber weinen.«

Ähnliche Texte waren in der gesamten Presse Osteuropas zu finden. Ausgiebig wurde die Staatstrauer begangen. In der DDR trugen ordentlich gekämmte und gekleidete Mädchen und Jungen in den blauen Blusen der FDJ Fackeln durch die Straßen, vor den trauerumflorten Bildnissen Stalins hielten Jugendliche in den Uniformen der paramilitärischen Gesellschaft für Sport und Technik[337] Totenwache. Am 10. März 1953 berichtete das *Neue Deutschland*: »In einem mehr als siebenstündigen Trauermarsch nahmen am Montag hunderttausend Berliner Abschied von dem besten Freund des deutschen Volkes, Josef Wissarionowitsch Stalin. Es war die machtvollste und eindrucksvollste Manifestation, die Berlin je gesehen hat, als im tiefen Schmerz über den Tod dieses Genius der Menschheit die Hunderttausende an dem mit Blumen übersäten Standbild Stalins in der zu seinem ewigen Ruhm errichteten ersten sozialistischen Straße der deutschen Hauptstadt vorüberzogen.«[338]

Als man nach einer Woche die Trauerflore einsammelte, waren die Konflikte in der DDR nicht kleiner geworden.

Seit im Juli 1952 Ulbricht den planmäßigen Aufbau des Sozialismus verkündet hatte, verschlechterte sich die Lebenslage der Bevölkerung ständig. Durch den vorrangigen Aufbau der Schwerindustrie mußte die Produktion von Konsumgütern erheblich eingeschränkt werden. Die Läden waren leerer und das erarbeitete Geld wertloser geworden. Erhöhungen der Preise für Fleisch und Brot, Fettmangel, das Fehlen der einfachsten Güter des täglichen Bedarfs, ob Bindfaden oder Monatsbinden, belasteten die Bürger erheblich.[339] Immer neue Verordnungen schufen Unsicherheit und verstärkten die Abneigung gegen das Regime. Tausende verließen die Republik in Richtung Westen.

Die Hoffnung der Regierung, die UdSSR würde die DDR-Wirtschaft unterstützen, hatte sich seit dem Tode Stalins nicht erfüllt. In Moskau waren die Machthaber mit Nachfolgekämpfen beschäftigt. Die DDR mußte die Krise vorläufig allein bewältigen. Die Regierung reagierte mit einem strikten Sparkurs, der sich hauptsächlich gegen die politisch unliebsamen Mittelschichten richtete. So wurden die Lebensmittelmarken der Selbständigen und die Fahrpreisermäßigungen zum Arbeitsplatz gestrichen. Der monatliche Haushaltstag für alleinstehende Frauen wurde abgeschafft. Im Mai 1953 wurden Normerhöhungen um durchschnittlich zehn Prozent für die Arbeiter verkündet. Das bedeutete Mehrarbeit und Lohnverzicht. Dieser Beschluß löste in fast allen Fabriken und Baustellen Wut und Hohngelächter aus. Im Beschluß des 13. ZK-Plenums hieß es: »Diese generelle Erhöhung der Arbeitsnormen ist ein wichtiger Schritt zur Schaffung der Grundlagen des Sozialismus.«[340]

Die SED hatte den Kontakt zum Volk völlig verloren. Durch mehrere Säuberungsaktionen eingeschüchtert, gaben die unteren Ebenen der Partei keine wahrheitsgemäßen Berichte über die Stimmung in der Bevölkerung nach oben. Die Sorgen und Nöte der Bevölkerung, banale Dinge wie Marmeladenpreise oder Waschpulvermangel, hatten in diesen Sitzungen keinen Platz.

Ängstlichkeit und Mißtrauen beherrschten die Parteigliederungen. »Die Partei wird stärker, wenn sie ihre Reihen säubert«, hieß es auf der Titelseite der Parteizeitschrift *Einheit* im Juni 1953. Da sah jedes Parteimitglied zu, daß es nicht auffiel, schon gar nicht mit »Negativ«kritik aus der Bevölkerung (wie die Standardformel der Staatssicherheit für unerlaubte Äußerungen lautete, die nicht schon eine positive Lösung enthielten).

An der Spitze der Partei war in den Wochen nach Stalins Tod ein versteckter Kampf um die oberste Führung entbrannt. Ulbrichts selbstgerechtes Verhalten und sein eigenmächtiges Handeln wurden von anderen führenden Genossen heftig kritisiert. Einige hofften sogar, die Zeit der Ulbricht-Herrschaft wäre nach Stalins Tod endgültig vorbei. Die »führende Kraft der Republik«, wie sich die SED gern selbst nannte, war in diesen Wochen vorrangig mit sich selbst beschäftigt und nicht in der Lage, die explosive Stimmung im Lande überhaupt wahrzunehmen, geschweige denn angemessen darauf zu reagieren.

So gab es in der DDR Mitte Juni 1953 kein Machtzentrum, das auf die sich verschärfende Krise vorbereitet war.

Erst in Moskau mußte sich die Führungsspitze der SED sagen lassen, daß der Zustand des eigenen Landes bedrohlich war. Die Genossen erfuhren, daß der Ministerrat der UdSSR bereits einen Beschluß »über die Maßnahmen zur Gesundung der politischen Lage in der Deutschen Demokratischen Republik«[341] gefällt hatte. Erst jetzt begriffen sie: Die Lage war ernst. Das »Gesundungspapier« der sowjetischen Freunde wurde, zurück in Deutschland, eilig zum »Neuen Kurs« der Partei umgeschrieben. In letzter Minute sollte eine Katastrophe verhindert werden.

1953 war ein heißer Sommer. Auch in der Scharnhorststraße im Obersten Gericht stöhnten die Mitarbeiter unter der schwül-warmen Luft der Büroräume. Hilde Benjamin saß bei weit geöffnetem Fenster an ihrem Schreibtisch, einen Berg Akten vor sich.

»Die Organe der Justiz der Deutschen Demokratischen Republik haben alle Verhaftungen, Strafverfahren und Urteile des letzten Jahres zur Beseitigung etwa vorliegender Härten sofort zu überprüfen«,[342] las sie erneut, als kennte sie das Kommuniqué des Ministerrats vom 9. Juni noch nicht auswendig.

Hilde Benjamin grübelte über die Lage. Vorliegende Härten – gab es die? In ihren eigenen Urteilen? Sie mußte es überprüfen. Es würde sich finden lassen. Vielleicht war die eine oder andere Strafe in den letzten Monaten zu hoch bemessen gewesen. Offensichtlich war diese Anweisung eine der ersten Auswirkungen der Moskau-Reise des Politbüros. Die führenden Genossen waren, so munkelte man, mit wichtigen Empfehlungen zurückgekommen. Wenn sogar Moskau eigene Fehler eingestand. Nun, Hilde Benjamin würde keine Akte ungeprüft zurückgehen lassen.

»Etwa vorliegende Härten ...«

Burianek u.a. Der Fall war abgeschlossen. Todesurteil. Da gab es nichts mehr zu überprüfen. Härte war angebracht gewesen. Ein gerechtes Urteil gegen die wirklichen Feinde, CIA-Agenten, Provokateure, Terrortruppen des Frontstadtsenats. Auch der Chemiker der Gruppe, Kaiser, war zu Recht verurteilt worden.

Dann die Prozesse zum Schutz des Volkseigentums. Die Statistik war eindrucksvoll: Im Oktober 1952 gab es erst 218 Verfahren, im November 506, im Dezember dann schon 966. Und im Januar ging es über die Tausendermarke, im März waren es weit über 2 000 Verfahren mit 3 572 verurteilten Personen.

Justizminister Fechner schrieb damals, daß die erziehende und abschreckende Wirkung des Gesetzes durch schnelle Bestrafung erhöht werden müßte. Hilde Benjamin bestätigte diese Einschätzung. Da hatte der Genosse Minister ausnahmsweise einmal recht.

Doch nun lief der Kurs anders.

Die Akten Leipzig. Leipzig hatte sich mit harten Strafen besonders hervorgetan. Ein Kreisrichter war verhaftet worden, weil er einen HO-Bäcker[343] nur zu 50 Mark Geldstrafe verurteilt hatte. Es ging um zehn Pfannkuchen. Die hatte der Bäcker mit nach Hause genommen. Der Richter saß seitdem in Haft. Dreieinhalb Jahre Zuchthaus. »Bewußte Nichtanwendung des Gesetzes zum Schutz des Volkseigentums.«

Hilde Benjamin hatte das Vorgehen gegen den Richter damals ausdrücklich gutgeheißen. Auch Richter mußten erzogen werden. Jetzt sollte der Mann schleunigst aus der Haft entlassen werden. Aus neuer Sicht unbedingt ein Härtefall.

Sie nahm die nächste Akte vom Stapel, dachte über die Beschlüsse des Ministerrats nach. Eigentlich müßten jetzt die ärgsten Schreihälse beruhigt sein. Die Regierung der DDR ließ rechtmäßig Verurteilte frei, übte öffentlich Selbstkritik, nahm bereits beschlossene Maßnahmen wieder zurück. Verkündete einen neuen Kurs. Ob radikale Elemente ihr das nicht als Schwäche auslegen würden? Sollten wir, überlegte Hilde Benjamin voller Sorge, zur Beruhigung der Undankbaren wirklich so weit gehen und sogar den Aufbau des Sozialismus für einige Zeit zurückstellen?

Noch in der Nacht vom 12. auf den 13. Juni 1953 wurden in einer Blitzaktion landesweit alle Transparente, die den Aufbau des Sozialismus propagierten, »unauffällig« entfernt.[344] Nicht von Feinden der Republik. FDJ-Trupps handelten im höheren Auftrag. Die Losung war plötzlich fehl am Platze. Das Entfernen der unzähligen rotgelben Aufrufe geriet zu einer Massenaktion, die sicher nicht unbemerkt blieb. Manch einer stand dabei und klatschte staunend Beifall.

Es herrschte Unruhe in der Republik. Abenteuerliche Meldungen kamen aus der Provinz. Sprechchöre vor Gefängnissen, tätliche Angriffe auf Funktionäre, Streiks in Betrieben, Zusammenrottungen vor Gerichtsgebäuden. Das Volk protestierte gegen die eigene Regierung. Hilde Benjamin war an diesem schwülen Abend voller Sorge, ob das Volk die offiziellen Erklärungen richtig verstand. Die nächsten Tage würden es zeigen.

Überrascht und fassungslos hatten viele Parteigetreue am Morgen des Tages ihr Zentralorgan gelesen. In der Erklärung des Ministerrats der DDR war von schweren Fehlern die Rede. Alle Preiserhöhungen wurden zurückgenommen, die Selbständigen bekamen wieder Lebensmittelkarten, für die Bauern wurden Steuererleichterungen angekündigt. Vom Geist gegenseitiger Verständigung zwischen Kirche und Staat war die Rede. Vom Schulbesuch ausgeschlossene Oberschüler sollten zurück an die Schulen dürfen. Sogar Kreditangebote an rückkehrende Flüchtlinge aus dem Westen wurden gemacht. Und das allererstaunlichste: Die sowjetischen »Freunde« gestanden die eigene Verantwortung für gewisse Fehlentwicklungen in der DDR ein. Das war ein Beschluß, wie die Bürger ihn seit Gründung des neuen Staates noch nicht gelesen hatten. Zum ersten Mal standen die Käufer an den Zeitungskiosken Schlange, um ein Exemplar des *Neuen Deutschland* zu ergattern und die Sensation mit eigenen Augen zu lesen. Doch suchten die Industriearbeiter in dem Beschluß vergebens nach einem Wort über die zehnprozentige Normerhöhung. Nichts dazu in der Erklärung. Hatte man »die führende Klasse«, das Proletariat, einfach vergessen?

Unruhe und Verwirrung in der Bevölkerung wuchsen. Was sollte man von dieser Regierung eigentlich noch halten? Der »Neue Kurs« war ein deutliches Eingeständnis der Schwäche. Er war eine Bankrotterklärung. Ein Rückzug von oben auf breiter Front.

Und er kam zu spät.

12. Juni. Ostberlin. Der Brigadeleiter der Baustelle Friedrichshain kündigte an diesem Freitag bei Schichtschluß etwas Unerhörtes an: Streik. Ab Montag Arbeitsniederlegung, bis die zehnprozentige Normerhöhung zurückgenommen war. Zehn Prozent weniger Geld waren seit dem Mai in den Lohntüten. So konnte es nicht weitergehen.

Für dieses Wochenende war seit langem eine Dampferfahrt der Baubrigaden geplant. Im Dampfer »Triumph« saßen am 13. Juni die Brigaden der Baustelle Friedrichshain und Stalinallee. Im zweiten Schiff die technischen Leiter und Funktionäre. Man hatte alles arrangiert. Am Müggelsee legten sie an, in der Gaststätte »Rübezahl« zechten die Bauarbeiter, bis ein Brigadeleiter plötzlich auf einen Tisch sprang und erklärte: »Montag wird gestreikt!« Die Rückfahrt nutzten die Gruppen, um sich mit den anderen Brigaden zu verabreden. Die »Aktion Dampferfahrt« kam ins Rollen.

Während die hohen Funktionäre der Republik am Montag, dem 15. Juni 1953, in den Tatras und BMWs ihrer Arbeitswoche entgegenrollten, geschäftig, eifrig, ahnungslos, saßen 50 Arbeiter auf dem Hof der Baustelle Krankenhaus Friedrichshain. Ein Sitzstreik. Eine Resolution wurde formuliert. Kollegen von der Stalinallee waren anwesend. Ein Forderungskatalog mußte her. Direkt an den Präsidenten, an Otto Grotewohl. »Noch heute muß die Normerhöhung vom Tisch!« Die Arbeiter nahmen den Text mit zur Stalinallee, informierten die Kollegen auf ihrer Baustelle. Die Telefone zwischen den Brigaden und Abschnitten liefen heiß.

16. Juni. Morgens. Block 40 Stalinallee im Streik. In der Gewerkschaftszeitung *Tribüne* hatte der FDGB noch einmal erklärt, die Normerhöhung wäre berechtigt und würde nicht zurückgenommen. Die Arbeiter waren empört: Das sollten Gewerkschafter sein!? Der Ministerpräsident hatte es auch nicht für nötig gehalten, auf den Brief der Brigade zu antworten. Ihm war abgeraten worden, sofort zu antworten. Wegen der Brisanz der Sache sollte vorerst nur der Oberbürgermeister Stellung nehmen.

Die Baubrigaden kümmerten sich nicht um diese Feinheiten in den Hierarchien. Abgesandte von der Bautruppe Stalinallee kamen, um die Baustelle Krankenhaus Friedrichshain zu informieren. Das Tor war verschlossen. Sofort verbreitete sich Mißtrauen. War das ein Willkürakt der Volkspolizei? Mit einem Vorschlaghammer verschafften sich die Arbeiter Zugang. Auf dem Hof der Krankenhausbaustelle entstand dann das erste Transparent.

»Berliner, reiht Euch ein. Wir wollen freie Menschen sein.«

Ein Demonstrationszug formierte sich in Richtung Regierungsgebäude. Die Demonstranten waren in Arbeitskleidung, hatten ihre Werkzeuge mitgenommen.

Später hieß es im *Neuen Deutschland*, faschistische Provokateure hätten sich als Bauarbeiter verkleidet.

Um 10 Uhr waren es fast 1 500 Bauarbeiter, die durch die Straßen marschierten. Hausfrauen, Arbeiter von Kleinbetrieben, Verwaltungsangestellte und Studenten kamen ständig hinzu.

»Berliner, reiht Euch ein, wir wollen keine Sklaven sein.«

»Wir fordern Normensenkung!«

Am Alexanderplatz waren es schon 3 000 Demonstranten.

»Wir fordern freie Wahlen.«

Der Verkehrspolizist löschte die Ampel, und der Diensthabende legte als Zeichen der Kapitulation das Koppel ab. Für die verkehrstechnische Regelung von Aufruhr war er nicht geschult. Der Demonstrationszug zog ungehindert weiter.

Angestellte von Konsum und Staatsoper erklärten sich solidarisch. Die Menge zog weiter über den Lustgarten, marschierte Unter den Linden, an der Staatsoper vorbei, bis kurz vor dem Brandenburger Tor links die sowjetische Botschaft zu sehen war. Schweigend ging es weiter, jede Konfrontation mit der Besatzungsmacht wurde bewußt vermieden. Der Zug, der sich Unter den Linden dahinwälzte, war die größte spontane Demonstration in Berlin seit 1918.[345]

An der Wilhelmstraße ging es in Richtung Haus der Ministerien. Vor dem Regierungsgebäude forderten die Demonstranten, Ulbricht und Grotewohl zu sprechen. Der Pförtner sagte (wahrheitsgemäß): »Grotewohl ist nicht da.« Es war Dienstag. Politbürositzung. Die Herren waren im ZK-Gebäude. Das sagte der Pförtner nicht. Die Demonstranten forderten: »Her mit der Regierung! Rücktritt der Regierung! Freie Wahlen!« Erschreckt von dem Tumult rief der Pförtner im Sekretariat des Regierungschefs an. Er wurde zuerst abgewiesen. Doch schließlich ging der Minister für Schwerindustrie, Fritz Selbmann, zu den Demonstranten. Er war ein alter Kämpfer, hatte bei den Nazis im Zuchthaus gesessen. Er kletterte auf einen herbeigeschafften Tisch und rief: »Kollegen!« …
Er wurde ausgepfiffen. Der Tisch, auf dem er stand, wackelte. Ein Abgeordneter der Volkskammer, der sein Rednerglück versuchte, wurde einfach ausgelacht. Es war der später bekannteste Oppositionelle der DDR, der Professor für Physik Robert Havemann.

Drei Straßen weiter hatte das Politbüro gerade beschlossen, die Erhöhung der Arbeitsnormen zurückzunehmen. Der Beschluß wurde zwar über den Berliner Rundfunk verbreitet. Aber niemand hörte hin. Wer an diesem Tag in Berlin Radio hörte, hatte RIAS eingeschaltet.

»Freie Wahlen«, »Rücktritt der Regierung«.

»Spitzbart, Bauch und Brille sind nicht des Volkes Wille.«

»Warum habt ihr euch verrammelt? Weil euch die Angst am Arsche bammelt.«

Die Demonstration zog weiter. Die Volkspolizei vor den Regierungsgebäuden wurde verlacht. Die Menge war mutig geworden. Sie hatte jene Dichte erreicht, bei der sie mit einer Stimme sprach. »Generalstreik!« Die Parole für den nächsten Tag.

Am späten Nachmittag traf beim RIAS eine Delegation der Streikenden ein. Sie bat, ihre Forderungen zu verbreiten:

– Auszahlung der Löhne nach den alten Normen,

– Senkung der Lebenshaltungskosten,

– freie und geheime Wahlen,

– keine Maßregelungen für Streikende.

Der eigene Rundfunk würde das niemals bringen. Deshalb der Gang in den Westen. Die Forderungen der Streikenden wurden ab 19.30 Uhr stündlich vom RIAS ausgestrahlt. Nur den Aufruf zum Generalstreik durfte der *Rundfunk im amerikanischen Sektor* nach höchster Anweisung der alliierten Stadtkommandanten nicht verbreiten. Generalstreik in Berlin – das war auch den westlichen Politikern zu gefährlich. Es hätte ungeahnte internationale Konflikte heraufbeschwören können.

Am Abend des 16. Juni überzogen Blitz, Donner und Gewitterschauer die Stadt. In der Nacht blieb es deshalb ruhig auf den nassen Straßen Berlins.

Im Obersten Gericht in der Scharnhorststraße war die Luft am Morgen des 16. Juni immer noch dumpf und stickig. Ganz gegen ihre Gewohnheit saß Hilde Benjamin nur in Rock und Bluse in ihrem Amtszimmer. Hochaufgetürmt vor ihr die zu prüfenden Akten. Sie machte sich Notizen, schrieb Fall für Fall präzise Vorschläge aufs Papier. Straferlaß. Entlassung. Aufhebung des Urteils. Entlassung mit Auflagen. Ohne Auflagen. Strafminderung. Härtefälle.

Juristisch gesehen waren vor allem die Volkseigentumsdelikte eine vertrackte Sache. Da gab es den alten Paragraphen im Strafgesetzbuch, der Eigentum aller Art schützte. Und zusätzlich die neuen Bestimmungen mit verschärften Strafen, die speziell den Schutz des Volkseigentums regelten. Es brauchte schon politischen

Verstand, um jeweils das richtige Strafmaß zu finden. Die unteren Richter waren immer noch so unbeweglich und starr. Bei einfachen Leuten, sogar Landarbeitern, drohten sie mit der ganzen Strenge des Gesetzes, anstatt es nur bei den wirklichen Verbrechern, den Großbauern und ehemaligen Kapitalisten, anzuwenden. Es war eine Sache der proletarischen Parteilichkeit, wie Hilde Benjamin in jeder Schulung immer wieder betonte. Aber nein, da sperrte ein Volksrichter in der Provinz eine Landarbeiterin ein, die ein paar Stück Butter mitgehen ließ. Und den ehemaligen Großgrundbesitzer mit dem gleichen Delikt ließen sie woanders laufen.

Schulung mußte her, Schulung und nochmals Schulung! Wie sollte das Volk die sozialistische Gesetzlichkeit verstehen, wenn selbst die Justizfunktionäre ohne politisches Fingerspitzengefühl arbeiteten? Hilde Benjamin skizzierte eine Anweisung an die Kreis- und Bezirksgerichte in dieser Angelegenheit, rief die Genossin Weiß zum Diktat.

Zur Mittagspause ließ sie sich Tee kochen und packte ihre Stullen aus. Zum Gang in die Kantine war heute keine Zeit. Einen Moment lang stand sie am weit geöffneten Fenster. Seltsame Geräusche kamen von ferne. Sie klangen wie Lautsprecherdurchsagen, unverständlich, von der Luft zerrissen, mal lauter, mal leiser, Demonstrationsgeräusche, Sprechchöre. Ungewöhnlich für einen normalen Arbeitstag. Es würde wieder Gewitter geben. Seit Tagen diese Hitze.

Das Telefon läutete. Melsheimer, der Freund und Kollege am Apparat: »Genossin, hast Du schon gehört. Es passieren ungeheuerliche Dinge. Die Arbeiter vom Bau streiken.«

»Wo?« hatte Hilde Benjamin möglicherweise gefragt, denn Streik konnte in ihrer Vorstellung nur drüben stattfinden, in Westberlin oder im Ruhrgebiet.

»Bei uns, Genossin. Stalinallee.

Unglaublich! Und was sagt das Politbüro?

Noch gar nichts. Aber es hat die Normerhöhung zurückgenommen.

Wirklich, und was wollen die dann noch?

Wir müssen abwarten, Genossin. Es spitzt sich gefährlich zu. Von Generalstreik, sogar von freien Wahlen und Rücktritt der Regierung war draußen die Rede.

Unfaßlich! Aber ich habe es befürchtet. Es ist der Beschluß. Sie legen das Entgegenkommen als Schwäche aus. Genau das habe ich befürchtet. Es sind immer noch zu viele nazistisch verdorbene Elemente in den Volksmassen. Immer noch, Genosse Melsheimer. Das Volk ist noch nicht so, wie es sein sollte. Da hilft nur Härte, der eiserne Besen der Erziehung.

Genossin, wir sehen uns um vier Uhr unten zur Besprechung. Vielleicht wissen wir dann mehr.«

Streik! Gegen die eigene Regierung. Das war ungeheuerlich! Sicher hatten Provokateure von drüben ihre schmutzigen Hände dabei im Spiel. Sie wollten den »Tag X« herbeiführen, von dem sie schon so lange träumten.

Aber Hilde Benjamin würde kämpfen. Das war sie dem Vermächtnis ihres Mannes schuldig. Dieser Staat, das antifaschistische Deutschland, durfte nicht zerstört werden.

Einen Augenblick überlegte Hilde Benjamin, ob sie zum Telefonhörer greifen, ihre Gewährsleute drüben im ZK-Gebäude anrufen sollte. Sie brannte darauf, Genaueres zu erfahren. Doch sie widerstand der Versuchung, legte den Hörer zurück auf die Gabel, setzte sich an den Schreibtisch, nahm die nächste Akte vor, rief Gittel Weiß noch mal zum Diktat. Wenn schon überall die Disziplin löchrig wurde und der Enthusiasmus des Neuaufbaus nachließ. Bei ihr nicht.

Als Gittel Weiß irgendwann fragte, ob die Genossin Benjamin von den Unruhen auf den Straßen gehört habe, forderte sie die alte Vertraute energisch auf, zu schweigen und sich ausschließlich der dringenden Arbeit zu widmen. Als Kommunisten müßten sie warten können, bis die Parteileitung die geeigneten Informationskanäle nutzte, nicht auf Gerüchte hören oder die Gerüchte sogar noch anheizen. Genossin Weiß schluckte ihre Argumente hinunter und gehorchte widerspruchslos, wie sie es gewohnt war.

Abends bat Hilde Benjamin den Bewacher, den kurzen Weg zum Friedrichstadtpalast mit ihr zu Fuß zu gehen, statt ihn im Auto zurückzulegen. Sie hatte noch einen Termin. Funktionärsversammlung der Berliner Parteiorganisation, Parteiaktiv genannt.

Die Stimmung auf den abendlichen Straßen war anders als sonst. Ungewöhnlich viele Menschen waren unterwegs, standen beieinander, in heftige Debatten vertieft, achteten nicht auf die Vorbeikommenden, diskutierten laut. Wörter flogen hin und her. Hilde

Benjamin hörte von Marmelade und Arbeitermacht, Bonzen und Regierung. Pack und freie Wahlen. Spitzbart, Bauch, Brille riefen einige, brüllendes Gelächter antwortete.

Sie zog den Kopf zwischen die Schultern, grübelte, ob sie zu den Leuten gehen, ihre Meinung offen sagen und Überzeugungsarbeit leisten sollte. Doch sie hatte keinen Auftrag dazu. Sicher würden die Genossen der Agitationstrupps der Partei schon unterwegs sein. Mit Erstaunen sah sie, daß keine Volkspolizei auf den Straßen war. Die anstehende Versammlung würde alles erklären.

Genossin Hilde Benjamin saß unter den dreitausend Funktionären und wartete gespannt, was Ulbricht und Grotewohl zu sagen hatten. Die Genossen auf dem Podium erklärten mit erstaunlicher Gelassenheit den »Neuen Kurs«, sprachen von gewissen Fehlern, die gemacht worden wären, Überspitzungen, die man korrigieren müßte. Die Zurücknahme der Normerhöhung wurde ausführlich erläutert. Von den wilden Demonstrationen auf Berlins Straßen sagten sie kein Wort. Was hatte das zu bedeuten? War es nicht wichtig, was auf den Straßen passierte? Bekannte flüsterten sich Meldungen zu. Von Streiks, Demonstrationen, Kundgebungen, Gefangenenbefreiung, Angriffen auf Gerichtsgebäude, Prügel für Volkspolizisten in der gesamten Republik war die Rede. Es gab nicht nur in Berlin Aufruhr, in allen Kreisen und Bezirken brodelte es. Unter dem Siegel der Verschwiegenheit gaben sich die Genossen die Neuigkeiten weiter. Wenn die obersten Genossen schwiegen, würden sie Gründe dafür haben.

Auf dem Heimweg nach Pankow machte der Fahrer sie auf junge Leute mit Farbeimern aufmerksam, die ungehindert Parolen an die Wände schrieben. »Fahren Sie weiter, Genosse«, winkte Hilde Benjamin müde ab. Für die späte Stunde war es immer noch lebhaft in den Straßen. Sie hörte Rufe wie »Generalstreik! Weg mit der Regierung! Freiheit! Einheit!« Stumm schüttelte sie den Kopf. Wenige Minuten später war sie daheim am Schlagbaum des »Städtchens«, der die DDR-Prominenz von der übrigen Bevölkerung abschottete. Ein Gewitterregen vertrieb die Schwüle des Tages.

Auch am nächsten Morgen: strömender Regen. Es war der 17. Juni 1953. Im Norden und Süden der Mark Brandenburg rollten Panzer aus den sowjetischen Garnisonen in Richtung Berlin.

7 Uhr. Strausberger Platz, Stalinallee. Die Bauarbeiter hatten Verstärkung bekommen. Ein erste Ansammlung von etwa 2 000 Demonstranten wurde gegen 7.15 Uhr von der Volkspolizei aufgelöst. Gegen 7.45 Uhr setzte sich trotzdem ein gewaltiger Demonstrationszug in Richtung Haus der Ministerien in Bewegung.[346] Aus den Metall- und Textilbetrieben zogen die Belegschaften mit den Bauarbeitern durch die Stadt, forderten zum Mitmachen auf, Reden wurden gehalten, die Regierung zum Rücktritt aufgefordert. »Freie Wahlen« und ein »einheitliches Deutschland« waren die Hauptforderungen dieses Tages.

Gegen Mittag trafen circa 10 000 Demonstranten aus Hennigsdorf, Velten und den Bau-Unionen des Hinterlandes ein. Sie waren seit dem frühen Morgen durch den westlichen Sektor gezogen und schlossen sich in der Stadtmitte dem Hauptstrom unter Beifallsstürmen an.[347] Die öffentlichen Verkehrsmittel standen inzwischen still. In der Leipziger Straße, in Richtung Haus der Ministerien, stauten sich die Züge. Die Sperrkette der Volkspolizei wurde an das Haus herangedrückt.

Kurz nach 12 Uhr.

Panzer rasselten von der Friedrichstraße in die Leipziger Straße hinein. Noch waren die Luken der Panzerwagen geöffnet. Ein sowjetischer Kommandeur winkte der Menge zu. Er stand da, als erwarte er freudiges Zurückwinken. Er hörte Gröhlen, Sprechchöre, Rufe: »Iwan raus! Dawai! Dawai! Iwan nach Hause!« Damit hatte er nicht gerechnet.

Die Volkspolizei, von sowjetischen Befehlen ermuntert, rannte jetzt schlagend und tretend gegen die Menge. Ein Steinhagel antwortete. Frauen benutzten ihre Regenschirme als Waffen.[348]

Dann plötzlich: Maschinengewehrsalven. Zuerst über den Köpfen, dann tiefer, immer tiefer. Menschen brachen blutüberströmt zusammen. Panik! Flucht zum Potsdamer Platz. Die Panzer folgten, die Geschütztürme drehten sich langsam, richteten die Rohrmündungen gegen Männer und Frauen. Kurze Zeit Ruhe. Kein Schuß. Die Demonstranten wurden wieder mutiger, sprangen auf die Geschütztürme, zerrten an den Antennen, versuchten, Steine in die Luken zu werfen. Mal brach ein Panzer aus, preschte in die Menge, schlug einen Haken und blies dröhnend seine Abgase in die auseinanderstiebende Menge. Neue Salven, Steinhagel, Flucht. Stille.

An der Sektorengrenze war die westliche Presse mit allen Agenturen in technischer Bestausstattung aufmarschiert. Aus einem Megaphon in russischer Sprache: »Schießt nicht auf deutsche Arbeiter, nicht auf eure Brüder!«

Ausnahmezustand! Lautsprecherwagen der SED fuhren durch die Straßen, Sprecher verkündeten die Bedingungen: »Menschenansammlungen ab drei Personen sind verboten. Verstöße werden nach Kriegsrecht bestraft!«

Die sowjetische Besatzungsmacht verhängte das Standrecht – zunächst in Berlin, dann in 167 von 217 Stadt- und Landkreisen der Republik.[349] Der offene Aufstand wurde gewaltsam beendet.

Dann lief die Maschinerie der Bestrafung an. Hilde Benjamin, Vizepräsidentin des Obersten Gerichts, stand bereit. Sie wurde am 18. Juni vom Politbüro mit der Leitung eines Operativstabes beim Obersten Gericht beauftragt. Generalstabsmäßig machte sie sich an die Arbeit.

Sie entwickelte in diesen Wochen ein engmaschiges Netz von Anleitung und Kontrolle der unteren Gerichte, wie es ihr schon lange vorgeschwebt hatte. Sie arbeitete unermüdlich und zeigte vollen Einsatz. Die Partei konnte sich in dieser schwierigen Situation ganz auf sie verlassen. Sie wollte alles daransetzen, die DDR vor den faschistischen Provokateuren zu retten. Einen kurzen Moment am 17. Juni hatte sie um das Aufbauwerk der letzten Jahre bangen müssen. Das sollten die Feinde zu spüren bekommen.

Am Sonnabend, dem 20.6., wies Hilde Benjamin alle Direktoren der Bezirksgerichte telefonisch an, Strafsenate mit verläßlichen Richtern für die Bestrafung der Provokateure einzurichten, geeignete Schöffen und Pflichtverteidiger – nach Rücksprache mit der örtlichen SED – auszuwählen. Todesurteile mußten innerhalb von 24 Stunden beim Obersten Gericht mit Sonderkurier gemeldet werden. Die fernmündliche Instruktion war nur der Anfang.

Hilde Benjamin sandte persönliche Instrukteure aus, die sorgfältig informiert und mit dem Auftrag versehen waren, genau auf die Durchführung der gegebenen Anweisungen zu achten. Die Instrukteure kehrten am nächsten Tag zurück, wurden erneut ausgeschickt. Der Artikel 6 der Verfassung sollte nur »für die schwersten Verbrechen« herangezogen werden. In allen anderen Fällen reichten die Bestimmungen des Strafgesetzbuches aus. Es waren Anklagen wegen Landfriedensbruch, Widerstand, Nötigung, Aufruhr, Gefangenenbefreiung, Sachbeschädigung und Brandstiftung.

Der später in den Westen geflohene Abteilungsleiter im Justizministerium, Dr. Rudolf Reinartz, berichtete im *Spiegel*: »Im Gebäude des Obersten Gerichts war ein ständiger Nachtdienst eingerichtet ... Die Instrukteure, von Frau Benjamin ausgeschickt, riefen auch nachts an und unterbreiteten dem Nachtdienst Fälle zur Entscheidung. Sah der Nachtdienst den Sachverhalt als klar und unkompliziert an, gab er seine Entscheidung über das zu fällende Strafmaß dem anrufenden Instrukteur bekannt, andernfalls stellte er die Entscheidung bis zum nächsten Morgen nach Vortrag bei Frau Dr. Benjamin zurück. Diese traf dann die Entscheidung, und der Instrukteur ... erhielt einen entsprechenden fernmündlichen Bescheid ... Es erging kein wichtiges Strafurteil ohne eine solche Weisung.«[350]

Jeder Schritt im Justizbereich mußte in diesen Tagen einer Doppeltaktik gehorchen. Das Politbüro hatte den Auftrag erteilt, »mit größter Sorgfalt zu unterscheiden zwischen den ehrlichen, um ihre Interessen besorgten Werktätigen, die zeitweise den Provokateuren Gehör schenkten, und den Provokateuren selbst«.[351]

Täglich mußten die unteren Gerichte dem Operativstab berichten, täglich alle Urteile über fünf Jahre Zuchthaus melden. Schriftliche Wochenberichte ergänzten die Rechenschaftslegung. Immer wieder erklärte Hilde Benjamin, daß die Richter genau prüfen müßten, ob die Werktätigen Verführte oder selbst Agenten gewesen seien.

Erst nach und nach wurde ihr das ganze Ausmaß der Erschütterung der DDR deutlich. Streiks, Widerstand gegen die Staatsgewalt, Brandstiftung und Gefangenenbefreiung gab es in fast jedem Ort der Republik. Selbst SED-Mitglieder befanden sich unter den Schuldigen. Haftanstalten waren gestürmt, Volkspolizisten verprügelt worden, wichtige Betriebe hatten Streikleitungen gebildet und neben wirtschaftlichen Forderungen den Rücktritt der Regierung, die Auflösung der SED und freie Wahlen gefordert. In den Dörfern waren »Befreiungsfeste« in den Kneipen gefeiert, schon gegründete Landwirtschaftliche Produktionsgenossenschaften wieder aufgelöst, Bürgermeister der SED verhaftet und eingesperrt worden. Bei Betriebs- oder Dorfversammlungen hatten Redner gefordert, daß die Staatssicherheit den Saal verließ. Die

Parole »Russen raus« stand in zahlreichen Bezirken an den Wänden und Mauern.

Die Hauptverwaltung Deutsche Volkspolizei nannte in den ersten Tagen die Zahl von 6 000 Verhafteten. Sie hatte Notlager eingerichtet. Bis zum 1. August erhöhte sich die Zahl der Verhafteten auf etwa 13 000 Personen.[352]

Die Ruhe in der Republik war mit dem Panzereinsatz der Sowjets noch nicht wiederhergestellt. Im Juli gab es erneut Streiks, Belegschaftsversammlungen in Großbetrieben forderten die sofortige Freilassung ihrer Kollegen, solidarisierten sich mit den »Verbrechern«, in den Dörfern versteckten die Bauern die gesuchten »Provokateure«.

Auch die Künstler reagierten nicht alle so, wie man es erwarten konnte. Viele schwiegen verlegen, manche waren bei den Demonstrationen sogar mitmarschiert. Doch mindestens einer aus dem Kreis der Schriftsteller und Intellektuellen bezog unmißverständlich Position: der treue Kuba (Kurt Barthel). Er ermahnte im *Neuen Deutschland* die Arbeiter: »Die Losung: Heraus mit den politischen Gefangenen! ist eine Losung der faschistischen Strolche, deren ganzes Sinnen und Trachten nur nach Krieg, Plünderung und Brandstiftung steht.« Und er forderte die Arbeiter auf, sich der Regierung würdig zu erweisen und das eigene Fehlverhalten endlich einzusehen.

Bert Brecht antwortete mit einem Gedicht, das erst nach seinem Tod veröffentlicht wurde.

»Die Lösung«

»Nach dem Aufstand des 17. Juni
Ließ der Sekretär des Schriftstellerverbands
In der Stalinallee Flugblätter verteilen
Auf denen zu lesen war, daß das Volk
Das Vertrauen der Regierung verscherzt habe
Und es nur durch verdoppelte Arbeit
Zurückerobern könne. Wäre es da
Nicht doch einfacher, die Regierung
Löste das Volk auf und
Wählte ein anderes?«[353]

Aus den täglichen Berichten der Gerichte und Inspekteure wurde Hilde Benjamin immer mehr klar, wie groß die existentielle Gefahr gewesen war, in der die DDR mehrere Tage lang geschwebt hatte. Nur durch das rasche Eingreifen der Sowjets war die schwerste Krise der DDR-Nachkriegsgeschichte abgewendet worden. Eine bittere Erkenntnis.

Die DDR war ein besetztes Land, und Hilde Benjamin war den sowjetischen Freunden dankbar für ihr entschlossenes Handeln. Jetzt würde es die Aufgabe der DDR-Justiz sein zu zeigen, daß die junge Republik dieser Hilfe würdig war.

Warum, fragte die Chefin im Operativstab, Hilde Benjamin, beharrlich und zornig, warum sind die Werktätigen massenhaft auf die auswärtigen Provokateure hereingefallen? Warum haben sich die Arbeiter von westlichen Agenten zu den Verbrechen hinreißen lassen? War denn das ganze Volk der DDR feindlich zersetzt, leichte Beute faschistischer Provokation?

Sie ermahnte, instruierte, telefonierte, beurteilte, hakte nach und hakte ein, entschied, empfing Berichte, schrieb Berichte, gab mündlichen Bericht. Sie erhöhte Strafen, milderte Strafen, kritisierte Richter, Staatsanwälte, ließ die Instrukteure wieder und wieder in die Bezirke fahren. »Selbstherrlich« hatten die Genossen der internen Kontrollkommission vor Jahren ihr Verhalten genannt. Sie würden sich in diesen Wochen in ihrer Einschätzung bestätigt sehen. Hilde Benjamin agierte wie eine, die allein die Existenz der ganzen Republik zu verteidigen hat. Keinen Aspekt der Probleme wollte sie unberücksichtigt lassen, alles bedenken und nichts auslassen. In ihrer Hybris traute sie den anderen Genossen wenig zu.

Deshalb schrieb sie auch an den Demokratischen Frauenbund und bat die Genossinnen eindringlich, sich um die Familien der Verhafteten zu kümmern: »… angesichts der Verwirrung manches Arbeiters, der nunmehr verhaftet und wegen seiner Verstrickung in die Vorgänge des 17. Juni angeklagt werden mußte«, wäre es dringend notwendig, sich »um die Familien der Verhafteten zu kümmern und diese auch materiell zu unterstützen, damit« – so ihre Begründung – »sie nicht in das Lager des Feindes wechselten«.[354]

Mit kühlem Kopf und angespornt vom Enthusiasmus einer Frau, die etwas Wertvolles zu verlieren hat, ließ sie keine Überlegung aus. Auch im Operativstab gab es heftige Diskussionen, und Hilde Benjamin beklagte später, daß »festzustellen ist, daß sich beim Obersten Gericht gewisse Tendenzen der Unabhängigkeit«[355] zeigten. Offensichtlich hatten auch in den eigenen Reihen einige die »Dialektik von Unabhängigkeit und Parteilichkeit« noch nicht begriffen. Hilde Benjamins Hang zur Selbstüberschätzung steigerte sich in diesen Wochen noch. Sie fühlte sich oft als die einzige, die trotz der unruhigen Zeiten einen klaren Kurs steuern konnte.

Täglich erstattete sie dem Politbüro telefonisch oder schriftlich Bericht. Auch die sowjetischen Genossen wurden von ihr ständig auf dem laufenden gehalten. Das war schon vorher üblich gewesen, in dieser zugespitzten Situation aber galt strikt die Anweisung: Keine wichtige Entscheidung ohne Konsultation mit den »Freunden«.

Der kurze, heftige Aufstand des Volkes hatte die SED-Führung völlig unvorbereitet getroffen. Wie konnten sie sich den Spuk erklären? Wer war schuld? Es mußte eine Formel gefunden werden, die den Aufstand und seine Anstifter treffend charakterisierte.

Bereits am Abend des 17. Juni wurde in Karlshorst gemeinsam von sowjetischen Beratern und SED-Spitze der Begriff des »faschistischen Putsches« geprägt. Das *Neue Deutschland* verbreitete diese Formel am nächsten Tag mit der Überschrift: »Zusammenbruch des faschistischen Putsches«. Der Chefredakteur Herrnstadt schrieb, der 17. Juni wäre das Werk westlicher Agentenzentralen, die sich den Unmut einiger Teile der Bevölkerung zunutze gemacht hätten, um ihren Tag X in Gang zu setzen. Sie wollten nur eins: Übernahme der demokratischen Republik. Gegen diese Provokateure und Agenten müßte nun mit unerbittlicher Härte vorgegangen werden.[356]

Die angeblichen Agenten aber waren nicht so leicht zu finden. Auch nach den später erstellten statistischen Unterlagen der SED waren die Verurteilten des 17. Juni in ihrer Mehrheit Arbeiter, und die Zahl der »Agenten« lag gerade mal bei 2%.[357]

Zwei Tage nach dem Aufstand erfuhr Hilde Benjamin in einem Eilbericht aus Halle von einem vielversprechenden Beweis für die These vom »faschistischen Putsch«: Erna Dorn.[358] Erna Dorn war angeblich eine »faschistische Kommandeuse, die zur Anführerin des Putsches in Halle wurde«. Die Presse malte das Schreckensbild dieser Frau täglich wilder aus.

»So zeigt der Faschismus seine Fratze!« hieß es im *Neuen Deutschland* am 19. Juni und in Halle: »SS-Kommandeuse im Führungsstab der Provokateure!« Einen Tag später die vorgebliche Erklärung von zwei ehemaligen Häftlingen des KZ Ravensbrück auf der Titelseite: »Ich schreibe meinen Namen unter das Todesurteil«. Die Schuld und die Verurteilung der Frau schienen beschlossene Sache, noch bevor der Prozeß stattfand.

Hilde Benjamin hatte anfangs noch gewisse Einwände gegen die unjuristische Art der Vorverurteilung geltend gemacht. In einem internen Bericht schrieb sie: »Ich habe deshalb auch Bedenken, die Akten der Presse zur Einsicht zu geben ... «[359] Doch konnte die Behauptung, es hätte sich am 17. Juni um einen »faschistischen Putsch« gehandelt, mit Erna Dorn ausgezeichnet vorgeführt werden. So stellte Hilde Benjamin alle formalen Bedenken, daß Untersuchungsakten nicht in die Hände von Journalisten gehörten, zurück und ließ die Pressekampagne mit gezielten Informationen weiterlaufen. Einige Zeitungen behaupteten schließlich sogar, Erna Dorn wäre im Grunde die bekannte KZ-Aufseherin Gertrud Rabenstein, Führerin der Hundestaffel im KZ Ravensbrück, und furchtbarer Greueltaten schuldig. Die Schreiber hielten es nicht für nötig, im eigenen Blatt nachzulesen, daß die genannte Gertrud Rabenstein schon vor fünf Jahren zu lebenslanger Haft verurteilt worden war und in der DDR-Haftanstalt Hoheneck ihre Strafe verbüßte.

Die »todeswürdigen Verbrechen« der Erna Dorn führten am 22. Juni zu einer Gerichtsverhandlung, bei der die Öffentlichkeit ausgeschlossen war. Das verwundert angesichts der lautstarken öffentlichen Begleitung der Voruntersuchung. Noch am selben Tag erging das Todesurteil. Nach Ablauf der gerichtlichen Formalitäten und der Ablehnungen des Gnadengesuchs von Erna Dorn durch das Politbüro bzw. den Ministerpräsidenten wurde das Urteil am 1. Oktober 1953 vollstreckt.

Wer war Erna Dorn wirklich? Und welche Rolle spielte Hilde Benjamin bei diesem Prozeß?

Bis heute ist die Identität von Erna Dorn nicht eindeutig geklärt. Alle Indizien sprechen von einer Frau, die geistig verwirrt war, aber die großen Themen der Zeit – Nationalsozialistische Vergangenheit, Ost-West-Konflikt, Spionage-Hysterie – ohne Rücksicht auf die persönlichen Folgen geschickt in ihre ständig wechselnde Biographie einbaute.

Nach einer Ausbildung bei der Gestapo in Ostpreußen war Erna Dorn während des Krieges wahrscheinlich eine Zeitlang in der politischen Abteilung des Frauen-KZ Ravensbrück tätig. Was sie dort genau tat, blieb unklar. Nach 1945 legte sie sich eine neue Identität als »Antifaschistin« zu. Die Fälschung wurde 1952 entdeckt, und Erna Dorn erhielt eine 15jährige Zuchthausstrafe wegen »Verbrechen gegen die Menschlichkeit«. Auch in diesem Prozeß konnte nicht eindeutig klargestellt werden, ob sie je im KZ Ravensbrück tätig gewesen war. Häftlinge, die im Zeugenstand nach Erna Dorn gefragt und ihr gegenübergestellt wurden, erkannten sie nicht. Eine Aufseherin mit Namen Erna Dorn hatte es dort nie gegeben.

Am 17. Juni 1953 wurde Erna Dorn, wie viele andere Häftlinge, aus dem Gefängnis befreit und in die Unruhen des Tages verstrickt. Eine besondere Rolle hat sie bei den Demonstrationen in Halle nicht gespielt.

Tatsächlich stützte sich das Todesurteil einzig auf die Aussagen der Erna Dorn selbst. Ihre wirren Selbstbeschuldigungen wurden durch keine Zeugenvernehmung im Prozeß bestätigt oder widerlegt. Die Verhandlung in Halle begann am 22. Juni um 18 Uhr und endete mit der – bereits vom Politbüro abgesegneten – Verkündung der Todesstrafe um 21.30 Uhr.

Drei Tage später drängte Hilde Benjamin das Politbüro »um baldige endgültige Entscheidung – am besten heute früh nach persönlicher Rücksprache mit mir – über die Durchführung des Prozesses vor dem Obersten Gericht«. Es ging um die Berufungsverhandlung gegen das Todesurteil Erna Dorn. Diese Verhandlung wurde ordnungsgemäß angesetzt. Frau Dr. Benjamin schlug als Termin Samstag, den 27.6.1953, vor und bestimmte die Besetzung des Gerichts: »Möbius, Eisermann, Seidel«. Die Verhandlung endete erwartungsgemäß mit der Zurückweisung der Berufung. Im Urteil hieß es: »Gegen Verbrecher wie die Angeklagte, die auch durch verhältnismäßig milde Beurteilung ihrer Verbrechen gegen die Menschlichkeit zu keiner besseren Einsicht gelangt ist, vielmehr äußerst aktiv und unbelehrbar die westlichen Imperialisten in der Verwirklichung ihrer Kriegsziele unterstützt und damit den Bestand unseres friedliebenden Staates gefährdet hat, ist die Anwendung der schwersten Strafe erforderlich. Die Angeklagte mußte daher mit dem Tode bestraft werden.«[360] Wie es der geheime Dienstweg der sozialistischen Rechtspflege verlangte, bestätigte das Politbüro am 8. September das Todesurteil erneut.

Wenig später erfuhr Erna Dorn in der Todeszelle die Ablehnung des Gnadengesuchs. Der Tötung mittels Fallbeil stand nichts mehr im Wege. Für die Justiz der DDR war der Fall Dorn erledigt.

Nur das Ministerium für Staatssicherheit (MfS) interessierte sich nach dem Urteil noch dafür, wer Erna Dorn wirklich war. Sie überprüften die Substanz der Aussagen und waren damals wahrscheinlich die einzigen, die es genau wissen wollten. Was sie ermittelten, hätte das Urteil sofort zunichte gemacht. Das MfS schrieb Anfang August, also noch vor der Vollstreckung des Todesurteils: »Nach Rücksprache stellte sich heraus, daß alles von der Dorn wie bisher erschwindelt ist und nicht der Wahrheit entspricht.«[361]

Der Bericht hatte keine Folgen.

Hilde Benjamin hätte noch im August und September Zeit gehabt, den Prozeß neu aufzurollen, ein Menschenleben zu retten und eine Legende zu Fall zu bringen. Sie hat es nicht getan.

Nur noch der Dichter Stefan Hermlin nahm sich des Stoffes an und veröffentlichte 1954 eine Erzählung mit dem Titel: »Die Kommandeuse«.[362] Stellenweise übernahm er wörtlich die Pressemeldungen zum Fall Dorn. Er hatte nur die Namen geändert und sich – was ihm viel Schelte in der DDR eintrug – ein wenig in die Psyche der Frau hineinversetzt. Eine literarische Methode, die in der DDR für »solche Scheusale« nicht gestattet war. Hermlin stellte mit seiner – in Ost wie West aus unterschiedlichen Gründen nicht gut aufgenommenen – Geschichte den Wahrheitsgehalt des Prozesses von 1953 nicht in Frage. Die Propaganda-Lüge vom »faschistischen Putsch« wurde durch Hermlins Erzählung nur noch weiter erhärtet.

Justizminister Max Fechner, von Beruf Werkzeugmacher, war vier Jahre lang Hilde Benjamins Vorgesetzter. Im Zuge des anfänglichen Parteienproporzes von SPD und KPD wurde er stellvertretender Parteivorsitzender und mit Gründung der DDR Justizminister.

Dr. Götz Berger, eine Zeitlang Hauptreferent bei Fechner, erinnerte sich, daß Hilde Benjamin und Max Fechner »wie Hund und Katze« waren und Fechner unter den drei »Hilden« aus dem Oberen Justizapparat – Hilde Benjamin, Hildegard Heinze und Hilde Neumann – sehr zu leiden hatte.[363] Er nannte sie verächtlich das »Dreimädelhaus« und zitterte vor ihrem Einfluß. Das Oberste Gericht bezeichnete er intern als »Scharfmacher«, und über Hilde Benjamin soll er einmal gesagt haben: »Die Benjamin wird bald ausgespielt haben.«[364]

Doch darin hatte Fechner sich geirrt.

In der Öffentlichkeit galt Max Fechner nie als Vertreter der stalinistischen Justiz, obwohl er bis zum Juni 1953 allen Anforderungen des Politbüros als Justizminister gerecht geworden war. Von ihm stammte unter anderem auch die Erklärung, daß es in der DDR »keine politischen Gefangenen«[365] gäbe und allein die Benutzung dieses Begriffes staatsfeindliche Hetze wäre. Eine Aussage, die er nach seiner eigenen Verhaftung nach dem 17. Juni bitter bereuen sollte.

Ende Juni 1953 entwickelte sich der »Fall Fechner« – ob mit Hilde Benjamins Zutun oder nicht – im Ergebnis ganz nach ihren Wünschen.

Am 30. Juni erschien im *Neuen Deutschland* ein als Interview aufgemachter Artikel, in dem der Justizminister – in voller Übereinstimmung mit der Politik des Neuen Kurses – unter der Überschrift: »Alle Inhaftierten kommen vor ein ordentliches Gericht« ausführte: »Es dürfen nur solche Personen bestraft werden, die sich eines schweren Verbrechens schuldig machten. Andere Personen werden nicht bestraft. Dies trifft auch für Angehörige der Streikleitungen zu ...«[366] Diese Aussagen waren voll auf der Linie der Regierung.

Doch zwei Tage später las man Erstaunliches im Zentralorgan: »Durch einen technischen Fehler (seit wann machte das *Neue Deutschland* technische Fehler? – M.B.) sind in der gestrigen Ausgabe (es war die Ausgabe von vorgestern – M.B.) im Interview mit dem Minister der Justiz, Max Fechner, einige Sätze ausgelassen worden: Es muß richtig heißen: ›Es dürfen nur solche Personen bestraft werden, die sich eines schweren Verbrechens schuldig machten. (...) Dies trifft auch für die Angehörigen der Streikleitungen zu. **Das Streikrecht ist verfassungsmäßig garantiert.** (Hervorhebung M.B.) Die Angehörigen der Streikleitung werden für ihre Tätigkeit als Mitglieder der Streikleitung nicht bestraft. (...) Es werden also, ich darf das noch einmal wiederholen, nur diejenigen der Bestrafung zugeführt, die Brände anlegten, die raubten, mordeten oder andere gefährliche Verbrechen begangen haben.‹«[367]

Fechner hatte eine Todsünde begangen – oder war er in eine Falle gelaufen? Er hatte das »verfassungsmäßig garantierte Streikrecht« beschworen. Er war zu weit gegangen und mußte tief fallen.

Wer den Anstoß zum Sturz gab, ist inzwischen geklärt.

1993 sagte ein enger Mitarbeiter Fechners aus, warum die unselige »Berichtigung« im *Neuen Deutschland* erfolgt war. »Die Berichtigung des Interviews ... war nicht vom Genossen Fechner und vom Genossen Thomas (der persönliche Referent) verursacht worden. Wir waren sehr verwundert ... Erst am 15. Juli erfuhr ich vom Genossen Thomas, wie die Berichtigung erfolgt ist. Er sagte, daß Genosse Rösner vom *Neuen Deutschland* ihm gesagt habe, daß die Berichtigung ›von oben‹ veranlaßt worden sei.« Das bedeutete, daß Ulbricht das ungeschminkte Interview brauchte, um Fechner und später auch den ND-Chefredakteur Herrnstadt schwer zu belasten.[368]

Am 14. Juli 1953 wurde Max Fechner zum Verhör in das Politbüro geladen. Der Haftbefehl lag schon bereit. In Anwesenheit des Hohen Kommissars der Sowjetunion und seines Stellvertreters wurde Fechner nach Verlesung der »Anklage« sofort in Untersuchungshaft genommen. Das Protokoll verzeichnet den Parteiausschluß des »Parteifeindes« und »die sofortige Ernennung von Hilde Benjamin zum Minister der Justiz«. Minsterin wollte sie bekanntlich nicht heißen. Die weiblichen Bezeichnungen hatte sie als unsachlich verworfen.

Nach Schilderung von Herrnstadt hatte der Stellvertreter des Hohen Kommissars »zitternd vor Erregung« zu Fechner gesagt: »Bei uns in der Sowjetunion gibt man für solche Sachen zwölf Jahre Zuchthaus.«[369] So wußte Fechner, worauf er sich einzustellen hatte.

Hilde Benjamin, nun Justizministerin, gab Ende Juli in einem Schreiben an den Hohen Kommissar Bericht über das Treiben ihres Vorgängers und zeigte, daß sie mit Umsicht das Schlimmste verhütet hatte: »Die verbrecherischen Maßnahmen des ehemaligen Justizministers Fechner, durch ein in der Zeitung veröffent-

Alle Inhaftierten kommen vor ein ordentliches Gericht

Interview mit dem Minister der Justiz, Max Fechner, über die mit dem 17. Juni in Zusammenhang stehenden Verhaftungen

Berlin (Eig. Ber.). Zu den Verhaftungen und Prozessen, die mit dem 17. Juni zusammenhängen, gab der Minister der Justiz folgendes Interview:

Frage: Im Zusammenhang mit den Ereignissen vom 17. Juni 1953 sind in der Deutschen Demokratischen Republik und im demokratischen Sektor von Berlin eine Reihe von Verhaftungen vorgenommen worden. Um welche Personen handelt es sich hierbei?

Antwort: Es handelt sich zum großen Teil um von den Faschisten irregeführte Werktätige, zum Teil aber auch um bewußte Provokateure. In den Prozessen, die schnellstens vor den ordentlichen Gerichten durchgeführt werden, wird festgestellt, ob sich die Inhaftierten wirklicher Verbrechen schuldig gemacht haben oder ob es sich lediglich um irregeleitete Teilnehmer an Aktionen handelt, die von den Provokateuren inszeniert wurden.

Frage: Haben sich die Justizorgane zur beschleunigten Durchführung des Strafverfahrens besonderer Gerichte bedient?

Antwort: Nein, es gibt in der Deutschen Demokratischen Republik keinerlei Sondergerichte. Die Verfahren werden vor den ordentlichen Gerichten durchgeführt. Die Verhandlungen sind öffentlich. Die Richter wurden vom Minister der Justiz darauf hingewiesen, die Verfahrensvorschriften genauestens einzuhalten. Insbesondere wird allen Inhaftierten die Möglichkeit gegeben, sich in jeder Phase des Verfahrens eines Verteidigers zu bedienen.

Frage: Werden alle diejenigen, die inhaftiert sind, bestraft werden?

Antwort: Es dürfen nur solche Personen bestraft werden, die sich eines schweren Verbrechens schuldig machten. Andere Personen werden nicht bestraft. Dies trifft auch für die Angehörigen der Streikleitung zu. Selbst Rädelsführer dürfen nicht auf bloßen Verdacht oder schweren Verdacht hin bestraft werden. Kann ihnen ein Verbrechen nicht nachgewiesen werden, sind keine Beweise vorhanden, erfolgt keine Bestrafung. Es werden also nur diejenigen der Bestrafung zugeführt, die Brände anlegten, die raubten, mordeten oder andere gefährliche Verbrechen begangen haben. Es wird also nicht etwa gegenüber denen, die gestreikt oder demonstriert haben, eine Rachepolitik betrieben.

Frage: Handeln die Gerichtsorgane auch gemäß der Anleitung des Ministeriums der Justiz?

Antwort: Die Gerichte haben durchweg nach der Anleitung des Ministeriums der Justiz gehandelt. Sie haben jeden einzelnen Fall sorgfältig geprüft und die wirklichen Verbrecher, sofern ihnen Verbrechen nachgewiesen wurden, bestraft. Bei den großen Teil der anderen inhaftierten Personen ist das Verfahren entweder eingestellt worden oder es erfolgte Freispruch. Soweit Verfahren noch durchzuführen sind, wird in den nächsten Tagen entschieden. Dort, wo von seiten der Gerichte die Anleitung des Ministeriums der Justiz nicht beachtet wurde und unrechtmäßige Verhaftungen erfolgt sind — wie zum Beispiel in Leipzig, wo Mitglieder der Streikleitung eines Betriebes mit 3500 Betriebsangehörigen allein wegen ihrer Betätigung in der Streikleitung verhaftet wurden —, wurden diese Fehler durch die laufende Kontrolle des Ministeriums der Justiz und der Justizverwaltungsstellen aufgedeckt und von den Gerichten beseitigt. Wo Fehler und Mängel noch nicht beseitigt wurden, wird dies sofort nachgeholt.

Frage: Können Sie vielleicht an Hand von Beispielen Ihre Ausführungen erläutern?

Antwort: Zwei Beispiele sollen zeigen, daß lediglich Verbrecher bestraft werden:

Das Bezirksgericht Halle bestrafte den 24jährigen beschäftigungslosen Erich Wendt wegen Gefangenenbefreiung zu drei Jahren Gefängnis. Wer ist Erich Wendt und was hat er getan? Bereits mit 14 Jahren wurde Wendt in ein Erziehungsheim eingewiesen. Wechsel der Arbeitsstellen ohne Beachtung der Kündigungs- und Anmeldevorschriften waren an der Tagesordnung. Er war wegen mehrerer Diebstähle vorbestraft. Am 17. Juni 1953 erbrach er mit anderen das Tor der Haftanstalt II in der Kleinen Steinstraße in Halle. Er schlug mit einem Gummiknüppel, den er einem Volkspolizisten entrissen hatte, auf Angehörige der Volkspolizei ein. Wendt war an der Freisetzung der dort einsitzenden Häftlinge maßgeblich beteiligt und kontrollierte sogar die Zellen der Haftanstalt, um sich zu vergewissern, ob tatsächlich alle Häftlinge entlaufen seien.

Dieser Verbrecher hat zweifellos eine Strafe von drei Jahren Gefängnis wohl verdient.

Zu einem anderen Ergebnis kam ein Strafverfahren das Bezirksgericht in Frankfurt/Oder. Es verhandelte gegen einen im Jahre 1904 geborenen Bergmann, der in den Rüdersdorfer Kalk- und Zementwerken beschäftigt ist. Das Gericht hat das Verfahren gegen diesen Bergmann eingestellt. Er hatte am 17. Juni, also nachdem die Forderungen der Arbeiter durch die Erklärung des Ministerrats bereits erfüllt waren, in einer Versammlung die Arbeiter, obwohl deren Forderungen bereits erfüllt waren, zur Fortsetzung des Streiks zu bewegen und sie an der Wiederaufnahme der Arbeit zu hindern. Der Staatsanwalt hatte gegen ihn Anklage gemäß Artikel 6 der Verfassung erhoben. Das Bezirksgericht kam nach sorgfältiger Prüfung zu dem Entschluß, den Bergmann nicht zu bestrafen. Diese Maßnahme ist richtig und entspricht der Anleitung des Ministeriums der Justiz.

Frage: Welche Bedeutung messen Sie der sorgfältigen Prüfung durch die Gerichte und der unverzüglichen Entlassung des überwiegenden Teils der Inhaftierten bei?

Antwort: Die Verfahren vor den Gerichten, die mit den Ereignissen am 17. Juni im Zusammenhang stehen, sind der Ausdruck der Festigung der demokratischen Gesetzlichkeit und der Stärkung der Rechtssicherheit. Indem die tatsächlichen Volksfeinde bestraft und die inhaftierten irregeführten Arbeiter nach sofortiger Überprüfung unverzüglich entlassen werden, wird auch das Vertrauen der Bevölkerung zur Justiz in der Deutschen Demokratischen Republik immer mehr festigen.

Berichtigung

Durch einen technischen Fehler sind in der gestrigen Ausgabe in einem Teil der Auflage im Interview mit dem Minister der Justiz, Max Fechner, einige Sätze ausgelassen worden.

Es muß richtig heißen: Es dürfen nur solche Personen bestraft werden, die sich eines schweren Verbrechens schuldig machten. Andere Personen werden nicht bestraft. Dies trifft auch für die Angehörigen der Streikleitung zu. Das Streikrecht ist verfassungsmäßig garantiert. Die Angehörigen der Streikleitung werden für ihre Tätigkeit als Mitglieder der Streikleitung nicht bestraft. Dabei weise ich noch auf folgendes hin: Selbst Rädelsführer dürfen nicht auf bloßen Verdacht oder schweren Verdacht hin bestraft werden. Kann ihnen ein Verbrechen nicht nachgewiesen werden, sind keine Beweise vorhanden, erfolgt keine Bestrafung. Es werden also, ich darf es das noch einmal wiederholen, nur diejenigen der Bestrafung zugeführt, die Brände anlegten, die raubten, mordeten oder andere gefährliche Verbrechen begangen haben. Es wird also nicht etwa gegenüber denen, die gestreikt oder demonstriert haben, eine Rachepolitik betrieben.

Fechner-Interview zu den Verhaftungen am 17. Juni im ND vom 30.6.1953 sowie die »Berichtigung« auf der Berliner Lokalseite des ND vom 2.7.1953

lichtes Interview die Richter zu verwirren und sie zu falschen Entscheidungen zu bringen, konnte zwar in einer Anzahl von Fällen zu einem vorübergehenden Erfolg führen. Durch die rasch einsetzende Instrukteurstätigkeit und die politische Klarheit der meisten Richter und Staatsanwälte waren auch diese Versuche des Gegners, den Klassenkampf zu seinen Gunsten zu entscheiden, zum Scheitern verurteilt.«[370] Auch die Berichte Hilde Benjamins an das Politbüro zwischen dem 1. und 13. Juli enthielten zahlreiche Klagen über die vom Interview ausgelösten Verwirrungen.

Vor Justizfunktionären geißelte sie Ende August den »Sozialdemokratismus« in der Justiz, dessen »opportunistische und versöhnlerische Tendenzen« ausgerottet werden müßten.

Der Prozeß gegen Max Fechner fand erst zwei Jahre nach seiner Verhaftung statt. Warum die Justiz so lange brauchte, um ihren ehemaligen Chef anzuklagen, ist bis heute nicht völlig geklärt. Die Anklageschrift war ganz im Geist des Stalin-Chefanklägers Wyschinski geschrieben. Hilde Benjamins direkte Mitwirkung dabei war nicht nachweisbar. Fechner war nun nicht nur ein politischer Gegner und Feind der Partei, er erwies sich auch sonst als »abartige Person« und wurde zusätzlich wegen seiner »homosexuellen Neigungen« verurteilt. Entsprechend dem Vorbild der Moskauer Schauprozesse reichte es nicht, Fechner als politischen Gegner zu verurteilen, er wurde zusätzlich zu einer durch und durch moralisch verkommenen Gestalt aufgebaut und abgeurteilt.

1956, in der kurzen Tauwetterperiode nach dem XX. Parteitag der KPdSU, wurde Fechner amnestiert. Die Vorlage zum Beschluß des Politbüros schrieb wiederum Hilde Benjamin, zusammen mit dem Chef der Staatssicherheit, Erich Mielke.

Max Fechner hatte auch nach seiner Entlassung noch immer nicht genug von der SED und seinen Genossen. Er bat erneut um die Aufnahme in die Partei, was ihm aber erst zehn Jahre später gewährt wurde. 1966 benutzte Ulbricht eine Fernsehsendung mit dem beziehungsreichen Titel: »Mit dem Herzen dabei«, um den Genossen Fechner wieder an seine Brust zu drücken und ihn wenigstens öffentlichkeitswirksam zu rehabilitieren.[371]

Hilde Benjamin rechnete in ihren ersten Reden als Justizministerin mit Fechner ab. Danach wurde er von ihr nicht mehr genannt. Er war zur Unperson geworden. In ihrer dreibändigen »Geschichte der Rechtspflege der DDR« erwähnte sie den Mann, der von 1949 bis 1953 erster Justizminister der DDR war, nur mit wenigen Sätzen.[372] Über seinen Sturz und die Gründe dazu findet sich kein Wort der Erklärung.

Die Jahre der harten Hand

Ministerin 1953–1960

Die Panzer der Roten Armee waren in ihre Depots zurückgerollt, die standgerichtlichen Todesurteile waren vollstreckt, und die deutschen Gerichte machten immer noch Überstunden. In den Städten und Kreisen der DDR war es ruhig. Friedhofsruhe. Auf den Straßen keine Gespräche, Menschenansammlungen waren streng verboten. Volkspolizisten, allgegenwärtig, bewachten mißtrauisch das Schweigen auf den Straßen und Plätzen. Jeder ging mit hochgezogenen Schultern seiner Wege, niemand wollte auffallen. Doch in den Fabriken und auf den Dörfern brodelte es.[373]

Da löste die Ernennung Hilde Benjamins zur Justizministerin zusätzlich Empörung aus. Das Ministerium für Staatssicherheit ließ seine Lauscher Bericht erstatten. Das Ergebnis charakterisierte die Stimmung:

»Mit der Absetzung Fechners ist man nicht einverstanden, da man ihn als einen humanen Mann schildert, während die Genossin Benjamin zu hart urteilt«,[374] war die einhellige Meinung in der Bevölkerung. Auch aus den Blockparteien wurde heftige Kritik an Benjamins Ernennung laut. Viele meinten, daß mit Hilde Benjamin als Justizministerin die Glaubwürdigkeit des »Neuen Kurses« in Frage gestellt wäre. Sollte etwa gerade die »rote Guillotine« eine gemäßigte Justizpolitik garantieren? Man schüttelte die Köpfe und duckte sich unter die Anweisungen der SED.

Die westliche Presse berichtete an hervorgehobener Stelle von der neuen Justizministerin. *Der Spiegel* behauptete in gewohnt dokumentarischer Weise, nach dem SED-Beschluß zur Ernennung Hilde Benjamins hätte sofort eine außerordentliche Sitzung des Ministerrats der DDR stattgefunden, »selbstverständlich ohne den verhafteten Fechner. Auf dieser Sitzung wurde die Bestellung Benjamins bekanntgegeben. Ulbricht sagte kein Wort.« Otto Nuschke, der CDU-Mann, wandte sich laut *Spiegel* nach der Sitzung an Grotewohl und fragte: »Wie könnt Ihr so was machen?« Darauf sagte Grotewohl, selbst etwas verlegen: »Jetzt haben wir endlich einen Volljuristen als Justizminister.«[375] *Der Spiegel* berichtete weiter: »Trotz der von Ulbricht inspirierten Ernennung der Roten Hilde zum sowjetzonalen Justizminister besteht Semjonow auch weiterhin auf dem weichen Kurs als der sowjetzonalen Zukunft.«[376]

Wie stark Hilde Benjamin auch im Westen einen wichtigen Platz im öffentlichen Bewußtsein einnahm, wird an folgendem deutlich. In Westberlin wurde in diesen Monaten ein Theaterstück über den amerikanischen Senator McCarthy gespielt, der als Spürhund Amerikas gegen Linke und Kommunisten des damaligen »Untersuchungsausschusses für unamerikanisches Verhalten« bekannt geworden war. Der Chefdramaturg des Schiller-Theaters erklärte der Presse anläßlich der Theaterpremiere: »Aber für Deutschland liegt es ja ganz anders. Daß den deutschen die ostzonale Hilde Benjamin immer noch näher ist als der US-Senator McCarthy, läßt sich allerdings wohl nicht bezweifeln.«[377]

Im *Rheinischen Merkur* vom 24. Juli 1953 stellte der aus der DDR geflüchtete Journalist Karl Wilhelm Fricke Hilde Benjamin ausführlich vor. Das Foto vermittelt zunächst einen eher freundlichen Eindruck von der neuen Ministerin. Doch die Überschrift ist eindeutig: »Die rote Freisler«. Der Autor schreibt, schon allein wegen der Ernennung dieser Frau wäre der Vorgang bemerkenswert. »Wann immer Hilde Benjamin hinter die Schranken des Gerichts trat, wurde das Tribunal zur Szene. Haß und Fanatismus, leicht verletzliche Eitelkeit und ein brennender Ehrgeiz haben aus der menschlich einfachen und überdurchschnittlich begabten Juristin eine kritiklose Epigonin des Stalinismus werden lassen, die in ihrer Funktion dem Roland Freisler, jenem amoralischen Präsidenten des nationalsozialistischen Volksgerichtshofes«, um nichts nachsteht, wenn sie mit »teils müde-weinerlicher, teils schrill sich überschlagender, keifender Stimme die Verhandlungen diktiert ... Hilde Benjamin, heute eine der bestgehaßten Frauen in der Sowjetzone, wurde zum Minister der Justiz berufen. Ihre Ernennung zu diesem Zeitpunkt ist eine perfide Provokation, die erneut beweisen mag, daß es sich bei dem derzeit geübten gemäßigten Kurs in Pankow nicht um die Abkehr von der bisherigen volksfeindlichen Politik des Regimes handeln kann, sondern lediglich um einen zweckbedingten taktischen Kurs auf Zeit.«[378]

Pünktlich um 7.30 Uhr betrat Frau Minister Benjamin am 18. Juli 1953 an der Seite ihres persönlichen Referenten den großen Saal im Ministerium für Justiz. Ihr neuer Arbeitsplatz lag in der Clara-Zetkin-Straße. Hilde Benjamin nahm es als glückliches Omen, in einer Straße zu arbeiten, die nach einer der bedeutendsten deutschen Kommunistinnen benannt war. Das Leitungskollektiv hatte sich zum Dienstantritt der neuen Chefin in würdiger Kleidung versammelt und klatschte brav Beifall, als Frau Dr. Benjamin vorgestellt wurde.

Ihre Antrittsrede wurde mit mißtrauischer Spannung erwartet.

»Ich übernehme mein Amt in einer Zeit, in der an die Justiz und an die Rechtsprechung besonders hohe Anforderungen gestellt werden ...«,[379] sagte sie und nannte als wichtigste Aufgabe der nächsten Monate die »Stärkung der Rechtssicherheit«. Das ließ viele Mitarbeiter aufhorchen. Selbstkritisch gestand sie ein, »daß die absolute Rechtssicherheit noch nicht erreicht ist und die demokratische Gesetzlichkeit noch nicht in allen Punkten ein Vorbild auch für Westdeutschland ist«. Für einfache Menschen wäre jedoch, so fuhr sie fort, »die Vorstellung der Rechtssicherheit und Gesetzlichkeit im allgemeinen verknüpft mit der einen entscheidenden Frage: der Sicherheit und Unverletzlichkeit seiner Person und seiner Freiheit ...«[380] Einige Genossen und Genossinnen unter den Mitarbeitern werden sich gefragt haben, warum nur »einfache« Menschen die Unverletzlichkeit und Freiheit ihrer Person so hoch schätzen, aber Hilde Benjamin setzte ihre Rede fort, ohne auf diese Frage eine Antwort zu geben. Was sie dann sagte, ließ manchen den Atem anhalten:

»Jeder Haftbefehl, mit dem ein Richter U-Haft verhängt, muß daraufhin sorgfältig geprüft werden, ob wirklich die gesetzlichen Voraussetzungen vorliegen. Wir wissen, daß das Vorliegen dieser Voraussetzung nicht immer mit der notwendigen Sorgfalt und dem nötigen Verantwortungsbewußtsein festgestellt worden ist.« Das waren offene Worte. Keiner der anwesenden Juristen hatte den permanenten Mißbrauch von Haftbefehlen durch Mitarbeiter der Staatssicherheit bisher benannt, geschweige denn kritisieren dürfen. Ein weiterer Mangel wäre, so Benjamin, daß »den Angeklagten die Anklageschrift erst wenige Stunden vor der Hauptverhandlung ausgehändigt« würde. Es ist notwendig, forderte sie, »daß in allen Haftanstalten die gesetzlichen Vorschriften für die Berufung aushängen«.

Juristen, die bei den großen Schauprozessen zusammen mit Hilde Benjamin am Richtertisch gesessen hatten, wunderten sich. War es doch Hilde Benjamin, die die Anordnungen gegeben hatte, den Häftlingen die Anklageschriften erst im Gerichtsgefängnis und nur für wenige Stunden zu überlassen und den Anwälten zu verbieten, die Gerichtsakten zur Abschrift mit in die Kanzleien zu nehmen. »Das Oberste Gericht mußte schon Urteile aufheben, weil keine Verteidiger bestellt waren,« fuhr Hilde Benjamin in ungewohnt selbstkritischem Ton fort. Außerdem »hätten die Menschen die Höhe der Urteile nicht immer verstanden ...« Bei diesen Sätzen fragten sich die Mitarbeiter endgültig, ob sie wirklich Hilde Benjamin oder einer anderen Person zuhörten.

Danach war das kritische Potential der Frau Ministerin erst einmal erschöpft, und sie fuhr in üblicher Weise fort: »Der 17. Juni war eine harte Belastungsprobe, aber wir sind gestärkt daraus hervorgegangen.« Eine beliebte, stereotyp wiederholte Phrase der Herrschenden. Bei Hilde Benjamin hatte der Satz jedoch in ironischer Weise die Wahrheit auf seiner Seite. Immerhin war sie durch die Ereignisse des 17. Juni Ministerin geworden. Ein deutlicher Karrieresprung, auf den sie schon lange gehofft hatte.

Scharf rechnete sie im letzten Teil ihrer Rede mit den Positionen des Sozialdemokratismus ab, wie sie Fechner angeblich vertreten hatte. Er hätte einen versuchten Staatsstreich und faschistischen Putsch als Streik zu rechtfertigen versucht. Dadurch wären die Unruhen neu aufgeflackert, »so daß unserem Staat großer materieller Schaden entstand«. Hier hörten die Justizfunktionäre wieder den vertrauten Ton von Hilde Benjamin, die die »kompromißlose Wachsamkeit gegen jedes Versöhnlertum« predigte und die Belegschaft ermahnte, die Aufgaben im Ministerium ohne Eitelkeiten und im Geist der Kollegialität anzugehen. Mit der Aufforderung: »Vergessen wir nie, daß alle Justizorgane einen der mächtigsten Hebel des Staates darstellen«,[381] beendete sie ihre Rede.

Wer von den Mitarbeitern wirklich auf den beschworenen »Geist der Kollegialität« gehofft hatte, wurde enttäuscht. Die meisten waren jedoch von vornherein mißtrauisch gegenüber ihrer neuen Chefin. In dem schon oben zitierten internen Bericht des MfS hieß es deshalb auch: »Die Benjamin als Minister, das ist ein schwarzer Punkt in der deutschen Justiz, die wird auch ihre blutdürstige Linie fortsetzen, das hat bereits ihre Antrittsrede bewiesen, als sie die Bestrafung von Demonstranten auch bei Nichtvorliegen von Tätlichkeiten forderte. Da können wir uns noch auf allerhand gefaßt machen.«[382]

Und sie hatten zweifellos recht. Von jedem Mitarbeiter ließ sich die Ministerin Beurteilungen und Kurzbiographien vorlegen, wollte mehr über die parteifeindlichen und homosexuellen »Machenschaften« ihres Vorgängers herausbekommen. Dr. Rudolf Reinartz, Abteilungsleiter für Strafrecht in der Hauptabteilung Gesetzgebung, wurde mehrere Male dazu befragt, ob Fechner nicht doch »eine sozialdemokratische Untergrundorganisation gegründet habe«.[383] Vergeblich. Dr. Reinartz verneinte und entzog sich schließlich der drohenden Verhaftung durch Flucht nach Westberlin.

Im Ministerrat war Hilde Benjamin die einzige Frau. Der andere neu ernannte Minister in der Runde[384] war Ernst Wollweber. Ein proletarischer Haudegen, über und über tätowiert, mit bellend lauter Stimme und Augenbrauen wie Dachbalken. Seine Ausbildung nach Volksschule und Lehre als Schiffsjunge hatte er ausschließlich in der KPD und im Einsatz für die Moskauer Zentrale der Kommunisten erworben. Er war einige Jahre älter als Hilde Benjamin und schon 1918 führend beim Matrosenaufstand in Kiel beteiligt. Seine revolutionären Gangsterstücke hatten ihm den Beifall Stalins eingebracht. In seinem Schreibtisch im Ministerium lag rechts, so erzählte man sich, der Revolver immer griffbereit. Bei den Ostberliner Genossen hatte er wegen seiner Körperfülle den Spitznamen »Pfannkuchen mit Beene«. In westlichen Kreisen wurde ihm vorgeworfen, Schiffssabotagetrupps angelernt und beauftragt zu haben. »Die Wollweber-Organisation dürfte bis jetzt rund eine halbe Million Tonnen Schiffsraum vernichtet haben. Der Mann, der jetzt die Staatssicherheit der DDR gewährleisten soll, ist kein gesichtsloser Dämon mehr. Man weiß, was man von ihm zu halten hat. Es muß schlimm um das Regime stehen, das sich solcher Inferno-Kreaturen auf maßgeblichen Posten bedient«,[385] schrieb der *Rheinische Merkur*.

Ulbricht und seine Genossen wußten im Sommer 1953 genau, daß ihr Regime nur mit Hilfe der sowjetischen Militärgewalt überlebt hatte. Man war haarscharf am Untergang vorbeigeschliddert. Wenn die DDR in Zukunft Bestand haben sollte, mußten die Herrschenden wenigstens einen Teil der Bevölkerung für sich gewinnen. Mit dem Kurs gnadenloser Härte an der Justizfront war das nicht zu verwirklichen.

So gab das Politbüro der SED Hilde Benjamin die dringende Empfehlung auf ihren Amtsweg, weitere Verurteilte freizulassen und das Gefühl der Rechtssicherheit in der Bevölkerung wieder aufzurichten. Und Ministerin Benjamin hielt sich an die verordnete Linie. Sofort nach ihrem Amtsantritt wurden weitere Entlassungen veranlaßt. Wer wegen Verstoß gegen das »Gesetz zum Schutz des Volkseigentums« zu ein bis drei Jahren verurteilt worden war, kam frei. Bis Ende Juli waren es schon 5 752 Entlassungen. In den Dörfern feierten die Menschen die Entlassenen mit Blumengirlanden und Festgelagen. Insgesamt kamen infolge der neuen Linie circa 30 000 Häftlinge frei.

Hilde Benjamin, seit fast 30 Jahren treuer Parteikader, praktizierte in den nächsten Monaten zum Erstaunen ihrer Mitarbeiter mit der Pose vollster Überzeugung den geforderten weichen Kurs und schwor die Funktionäre der Justiz auf die verordnete Parteilinie ein. Seit sie Ministerin war, fühlte sie sich stärker denn je auch als Interpretin der Beschlüsse der Partei. In einer Rede vor Justizfunktionären am 29. August 1953[386] erklärte sie eingangs die gesamtdeutsche Lage:

Angesichts der »nunmehr offen hervortretenden Faschisierung des Bonner Separatstaates« wäre es die Aufgabe der DDR, »unseren demokratischen Staat und sein Recht ständig weiter zu festigen, um unsere Demokratie, die vorbildlich für ganz Deutschland ist, zu voller Entfaltung zu bringen. Damit erfüllen wir eine Funktion von großer gesamtdeutscher Bedeutung, wir zeigen den Werktätigen in ganz Deutschland, wie der Weg zu gehen ist, der zu Frieden, nationaler Einheit und Wohlstand führt.«[387]

Selbstkritik aber auch noch Ende August. Und zum Erstaunen der Runde wälzte sie die Schuld an Fehlern nicht auf untere Ebenen ab, sondern gestand ein, selbst Fehler begangen zu haben. »Mit Recht wurde kritisiert, daß ... meine Rede vom 18. Juli diese Verantwortung der leitenden Organe (für Fehlurteile – M.B.) nicht genügend zum Ausdruck brachte.«[388] Und sie betonte: »Die besondere Verantwortung für die gesamte Rechtsprechung auf diesem Gebiet trägt jedoch das Ministerium für Justiz, weil bei dem Ministerium alle Beobachtungen zusammenfließen und bei ihm der gesamte Überblick vorhanden sein muß.«[389] Weiter griff Hilde Benjamin Maßnahmen an, die bisher von ihr selbst ständig praktiziert worden waren: »Die Vorschriften über die Öffentlichkeit des Verfahrens sind als Normen, die für den fortschrittlichen, demokratischen Strafprozeß charakteristisch sind, strikt zu beachten. Ich lenke auch heute in diesem Zusammenhang die Aufmerksamkeit unserer Richter noch einmal darauf, daß die Würde des Gerichtsverfahrens zu wahren ist und daß dazu die endgültige Überwindung der Vorführung des Angeklagten in Fesseln gehört.«[390] Vielleicht gab es im Saal Juristen, die sich gewünscht hätten, die Benjamin meinte nicht nur »die Würde des Gerichtsverfahrens«, sondern vor allem die Menschenwürde als Grund ihrer Anweisung, aber die Genossen Richter werden schon zufrieden gewesen sein, daß die Ministerin zu menschlicherem Verhalten gegenüber den Angeklagten ermunterte. Insgesamt war diese Rede ein seltenes Dokument deutlicher Selbstkritik.

Mit dem Einzug von Hilde Benjamin ins Ministerium wandelte sich die Arbeitsweise grundlegend. Morgens erschien sie mit Blaulicht an ihrem Dienstwagen im Amt.[391] Jeder legte dann sofort die Zeitung beiseite und stapelte die Akten auf den Tisch. Die Arbeitszeit hatte begonnen. Die alte, familiäre Gemütlichkeit unter Max Fechner, die manchmal bis zur Schlamperei gegangen war,[392] war schlagartig vorbei. Die Atmosphäre im Ministerium hatte sich radikal verändert. Hilde Benjamin war mißtrauisch gegen jedermann, anspruchsvoll in bezug auf die Leistungen ihrer Mitarbeiter, streng und unnachsichtig bei allen Fehlern. Da sie selbst sehr fleißig war – oft blieb sie zwölf bis vierzehn Stunden im Amt –, verlangte sie auch von ihren Mitarbeitern vollen Einsatz. Ihre knappen Anweisungen waren im Ton militärischer Befehle geschrieben: »Ich weise nochmals darauf hin, daß Briefe und Protokolle in Form und Inhalt absolut einwandfrei zu sein haben!« Orthographische Fehler waren ihr ein Greuel, und sie geißelte jeden kleinsten Verstoß gegen die Rechtschreibregeln, gab die Ausarbeitungen wie korrigierte Schulaufsätze zurück. Dienstanweisungen begannen meist mit dem Satz: »Es besteht Anlaß, auf folgendes hinzuweisen:«, und dann kritisierte sie: die Aktenführung, die Protokolle, den »Mangel an Sorgfalt« bei der Ausarbeitung von Terminplänen und andere Nachlässigkeiten ihrer Mitarbeiter.[393] Jeder im Ministerium, vom Hauptabteilungsleiter bis zum Sachbearbeiter, vom Staatssekretär bis zur Sekretärin soll gezittert haben, wenn »Frau Minister Benjamin« ihn oder sie zu sich rief. Besonders gefürchtet waren ihre schnellen Fragen im Stil von Verhören. Wer nicht präzise antworten konnte, wurde »fertiggemacht«. Mancher verließ mit Tränen der Wut und Erniedrigung ihr Amtszimmer. Immer häufiger bekam sie auch cholerisch-aggressive Wutanfälle. Ihr Jähzorn trieb sie sogar zu Tätlichkeiten. »In solch einem Wutanfall schleuderte sie einmal einen Aschenbecher aus Eisen nach einer Sekretärin.« Das berichtete ein Mitarbeiter des Justizministeriums, der zugegen war, als die Sekretärin aus dem Büro kam und aufgelöst von dem Vorfall erzählte.[394]

Hilde Benjamins persönlicher Referent im Justizministerium, Gerhard Schreier, erklärte »ihren Führungsstil« damit, daß sie »ständig überarbeitet war und sich anstrengen mußte, aus dem Ministerium ein effektives Instrument zu machen zur Erfüllung der Forderungen, die das Politbüro an sie richtete. Der autoritäre, laute Führungsstil sei außerdem zeittypisch gewesen und von Stalin und Ulbricht vorgemacht worden.« Wahrscheinlich verstand der persönliche Referent seine Aussage als treffende Entschuldigung für Hilde Benjamins Verhalten. Aber Hilde Benjamin war nicht irgendein Minister. Sie war die erste und lange Zeit einzige weibliche Chefin eines Justizministeriums in der Welt. Falls es Frauen in der DDR gab, die nach einem Vorbild für ihren politischen Einsatz suchten, konnte Hilde Benjamins Verhalten sie nicht gerade ermutigen.

Schreier hielt seine ehemalige Chefin für »groß im Negativen wie im Positiven,« sah sie als »Mutter und Furie zugleich«[395], und Gittel Weiß beschwor stereotyp die Formel vom »nicht gut Kirschen essen«[396], wenn sie nach Hilde Benjamins Verhalten gefragt wurde. Keiner der in der DDR Befragten ging auf die Ungeheuerlichkeit ihres Verhaltens ein. Einen Aschenbecher aus Eisen nach einer Mitarbeiterin werfen ist in allen zivilisierten Ländern der Welt ein Skandal und juristisch als »Nötigung« und »versuchte (falls die Sekretärin nicht getroffen wurde) Körperverletzung« einzuordnen. Das Perfide an derartigen Anfällen war und

Internationaler Frauentag: Hilde Benjamin Arm in Arm mit russischen Arbeiterinnen

ist, daß sie sich nie gegenüber Vorgesetzten ereignen würden. So auch bei Hilde Benjamin. Undenkbar, sie hätte beim Rapport im Politbüro einen Aschenbecher gegen Ulbricht oder Mielke geworfen. Diese Art »Führungsstil« wird nur nach unten praktiziert. Leider ist nicht überliefert, ob und wie Hilde Benjamin sich für ihr Verhalten bei der Sekretärin entschuldigt hat. Bei jähzornigen Menschen ist es üblich, daß ihnen nach ihrer Tat alles sehr leid tut und sie die Betroffenen bitten, ihnen ihr Verhalten noch einmal zu verzeihen. Ähnlich könnte es auch bei ihr abgelaufen sein.

Hilde Benjamin wollte sicher nicht als Furie gelten. Gern war sie die Ministerin mit Volkskontakt, die großen Wert auf Einhaltung einer regelmäßigen Sprechstunde legte und mit »Arbeitern« guten Kontakt hielt, wie ihre Mitarbeiter übereinstimmend bezeugen. »Der Kontakt der Justiz zu Arbeitern war ihr sehr wichtig. Sie hielt wöchentlich eine Sprechstunde ab, zu der jeder ohne Anmeldung kommen konnte.«[397]

Die neue Chefin achtete – anders als der Vorgänger Fechner – strikt auf Sparsamkeit im Umgang mit Material und Zeit, mahnte zur proletarischen Kargheit, kritisierte jede noch so kleine Verschwendung, ließ die Bestände an Aktenordnern und sonstigem Büromaterial streng kontrollieren, knipste eigenhändig die ihr überflüssig erscheinenden Lampen aus. Nur selten genehmigte sie Neuanschaffungen von Büromöbeln, schickte lieber ihre Mitarbeiter auf die Suche nach Altbeständen. Großzügig war sie jedoch beim Aufbau eines Betriebskindergartens. Die Mütter unter den Angestellten waren begeistert, daß eine Frau an der Spitze ihre täglichen Probleme mit der Betreuung der Kinder ernst nahm.[398]

Neu waren den Mitarbeitern auch die äußerst strengen Sicherheitsbestimmungen. Die Sorgfalt im Umgang mit geheimen Dokumenten wurde strengstens kontrolliert. Und dann die allgegenwärtigen »Pistoleros der Frau Minister«. Vor der Tür ihres Amtszimmers stand ständig ein Wachmann. Verließ Hilde Benjamin den Raum, um die für sie reservierte Toilette aufzusuchen, begleitete der Uniformierte von der Staatssicherheit die Dame bis vor die Tür, verwehrte jedem den Zutritt und wartete diskret, bis sie den Bereich wieder verließ.

All diesen Maßnahmen zum Trotz mußte Hilde Benjamin Anfang Oktober 1953 von einem Vorfall hören, der sie zutiefst erschreckte. Ein Fahrer des Ministeriums berichtete, im Hof des Gebäudes wären seltsame Dinge gefunden worden: Bilder der Benjamin auf Mikrofilmen, Schriftverkehr privater und dienstlicher Natur, Aufzeichnungen über Anfahrzeiten der Frau Minister im Auto, wann, wohin und mit welchem Chauffeur sie fuhr sowie die Kennummer ihres Dienstwagens.

Sollte ein Anschlag auf sie vorbereitet werden? Wer steckte hinter dem Diebstahl der Dokumente?

Der Parteisekretär des Ministeriums notierte, daß er den Genossen von der Staatssicherheit angefahren hätte: »Wo bleibt Eure Wachmannschaft?« Die Betriebsparteiorganisation gab der Bezirksleitung der Partei dann Rechenschaft darüber, daß »die Untersuchung bezüglich der privaten und dienstlichen Papiere der Genossin Benjamin penibel durchgeführt« würde. Die weitere Entwicklung des Falls wird in der Kaderakte[399] nicht dargestellt. Wahrscheinlich wurden die Täter nicht ermittelt, und die Untersuchung mußte eingestellt werden.

Die Furcht wuchs mit jedem neuen Hinweis und war Hilde Benjamins ständiger Begleiter.

Großes kündigte sich 1954 im Leben von Hilde Benjamin an. Der IV. Parteitag. In informierten Kreisen der SED sprach man davon, daß die Genossin Benjamin diesmal bestimmt ins Zentralkomitee kommen würde. Die Zeit war reif. Der Schritt wurde, wie es üblich war, mit der Aufforderung an die zuständige Parteigruppe im Ministerium eingeleitet, eine Beurteilung über Hilde Benjamin zu verfassen.

Im März 1954 schrieb deshalb eine Genossin Finke an das ZK der SED »einige Hinweise für die Beurteilung der Genossin Benjamin«:

»Als Minister der Justiz hat die Genossin Benjamin in den neun Monaten ihrer Tätigkeit eine neue Entwicklung eingeleitet. Unter ihrer Leitung beginnt sich das Ministerium zu der politischen Zentrale zu entwickeln, wie es von der Partei verlangt werden muß ... Sie erzieht zur Härte und Unduldsamkeit gegenüber Fehlern. Andererseits hilft sie besonders jenen Genossen, die zuverlässig und treu sind, aber die fachliche Arbeit noch nicht im vollen Umfang meistern, indem sie sie zu Selbstbewußtsein erzieht.« Ein Problem wäre, so klagte die Genossin Finke, daß Hilde Benjamin alle anderen Genossen politisch und fachlich überrage und die anderen erst etwas sagen würden, wenn sie gesprochen hätte. Der Bericht fährt fort: »Dabei weiß sie hart zu kritisieren, kann allerdings eine ebensoharte Kritik an ihrer Arbeit auch vertragen. Diese hat sich aber (so gesteht die Genossin ein) noch nicht richtig entfaltet.«[400]

Die Zentrale Kontrollkommission des Zentralkomitees antwortete ungehalten auf den Bericht: »Die Beurteilung ist zu unkritisch ... Es geht nicht daraus hervor, daß die Genossin Benjamin noch nicht die richtige Einstellung zu Kritik und Selbstkritik hat. Insbesondere ist sie gegenüber der Kritik an ihrer Arbeit und ihrem Verhalten sehr empfindlich. Es muß die Aufgabe der Parteiorganisation sein, der Genossin Benjamin zu helfen, daß sie erkennt, daß ihre Arbeit mehr auf dem Vertrauen der Mitarbeiter aufgebaut werden kann. Der Zustand, daß viele Mitarbeiter eine Scheu haben, sich mit ihr auseinanderzusetzen, muß mit Hilfe der Parteiorganisation überwunden werden.« Unterschrieben war die harsche Antwort vom Leiter der Abteilung für Staatliche Verwaltung, Plenikowski. Er hatte offenbar eine kritische Meinung über Hilde Benjamin und erwartete größere Ehrlichkeit von den Genossen. Auch er kritisierte ihr selbstherrliches Verhalten und ihre mangelnde Fähigkeit, Kritik anzunehmen und sich in der Arbeit auf andere Genossen zu stützen.

Zur weiteren Vorbereitung auf das große Ereignis mußte Hilde Benjamin einen handschriftlichen Lebenslauf verfassen und – wieder einmal – ein entsprechendes Formular ausfüllen. Die erweiterte Fassung für zukünftige ZK-Mitglieder war zwölf Seiten lang.

Dem Anlaß entsprechend geriet auch der Lebenslauf ausführlicher als sonst. Sie beschrieb genauer als bisher den Einfluß ihres Mannes auf ihre politische Entwicklung. »Georg Benjamin, der seit 1922 der KPD angehörte, gewann auf meine politische Entwicklung entscheidenden Einfluß, so daß ich 1927 in die KPD eintrat. Es ist allerdings zu sagen, daß meine Bindung an die Partei sehr stark durch die Bindung an ihn ging ...« Dann schneidet sie ein für sie peinliches Kapitel an. Ihre Beichte für den unerbittlichen Gott Partei lautet: »Ich muß noch etwas über meine Geschwister, die in Westberlin bzw. Westdeutschland leben, sagen: Meine Schwester, Ruth Lange, war stets ›unpolitisch‹. Obgleich auch sie mir in der Nazi-Zeit geholfen hat, haben sich meine Beziehungen zu ihr seit 1945 immer mehr gelöst. Ich habe sie seit Jahren nicht mehr gesehen.

Mein Bruder Heinz Lange ist Ingenieur. Er war seit Jahren in einem chemischen Betrieb in Dresden tätig, dessen Leiter sich 1945 das Leben nahm. In der Nazi-Zeit gewährte er mir des öfteren mit dem Jungen Zuflucht. Nach 1945 baute er den Betrieb auf, der später volkseigen wurde. Er wurde chemischer Meister und Mitglied unserer Partei. Ich sah ihn in großen Abständen und hatte durchaus den Eindruck, daß er vom ›Mitglied‹ allmählich zum ›Genossen‹ wurde. 1951 wurde er verhaftet. Ich teilte das damals den Genossen Paul Hentschel und Gustav Roebelen mit, die sich um die Sache kümmerten und mir mitteilten, daß sich der Verdacht gegen ihn: Verschiebungen u.ä. als unbegründet erwiesen hätte. Im Juni 1952 erfuhr ich durch meine Schwester, daß er republikflüchtig geworden ist. Welche Gründe ihn dazu veranlaßt haben, weiß ich nicht. Ich habe dem Genossen Plenikowski damals davon Mitteilung gemacht. Seine Adresse ist dadurch be-

Vorlesung von Ministerin Hilde Benjamin an der Juristischen Fakultät der Humboldt-Universität, 20. 1. 1954

kannt geworden, daß er Ende vergangenen Jahres ein Gnadenge-
such für den Vater eines Bekannten an den Genossen Melsheimer
weitergab, den er einmal bei mir getroffen hatte. An mich hat er
sich niemals gewandt. Berlin, den 22. März 1954.«[401] (Offensichtlich kannte Heinz Lange seine Schwester gut genug, um zu
wissen, daß sie weder ihm noch einem Bekannten zu helfen bereit
sein würde, wenn sie sich als Gegner der DDR erwiesen hatten.)

Fünf eng beschriebene Seiten geben Auskunft über Hilde Benjamins Leben. Immer wieder sicherte sie sich ab, berichtete, schon
früher und rechtzeitig Meldung über die Flucht ihres Bruders gemacht zu haben, nichts verschweigen zu wollen. Mit Inbrunst
unterwarf sie sich den Forderungen der Partei, die zu erfüllen ihr
zur zweiten Natur geworden war.

In den Fragebogen trug sie auch ein, daß sie Eigentümerin einer
Parzelle von circa 900 qm in Brieselang war. Hilde Benjamin hatte
das alte Grundstück, das ihr Vater 1942 für sie gekauft hatte, inzwischen erweitert. Auf die Frage nach »Verhaftungen« erwähnte

sie – gewiß mit einigem Stolz – politische Aktivitäten ihres Sohnes Michael als Agitator in Westberlin: 1948 als FDJler verhaftet, ein Verfahren von amerikanischer Seite, nach einigen Tagen eingestellt; zur Zeit des III. Parteitags einige Tage in Tegel festgenommen.

Neben Fragen zur eigenen Vergangenheit, der Vergangenheit der Eltern, Geschwister, der Geschwister des Mannes werden sämtliche Auslandskontakte und die Auslandsreisen des gesamten Lebens abgefragt sowie eine »lückenlose Darstellung des jeweiligen Aufenthaltsortes und der Art der Tätigkeit« eingefordert.

In jeder Frage steckte das tiefe Mißtrauen und der unersättliche Wissensdurst der Partei, jeden Winkel des vergangenen und gegenwärtigen Lebens der zukünftigen ZK-Mitglieder auszuleuchten.

Eine Frage gegen Ende lautete: »Wie ist Ihr Gesundheitszustand?« Hilde Benjamin antwortete lapidar mit »gut«. Zweifel sind angebracht. Welcher Frau von Anfang Fünfzig, die mehr als 16 Stunden am Tag arbeitet, Kettenraucherin ist, sich aus Verfolgungsangst mit Blaulicht ins Amt fahren läßt und ihre Wutanfälle nur schwer beherrschen kann, geht es wirklich gut? Wahrscheinlich redete sie sich selbst ein, im Vergeich zu Arbeiterinnen ihres Alters, die am Fließband schufteten und anschließend noch den Haushalt zu versorgen hatten, ginge es ihr doch eigentlich sehr gut. Geübt in klagloser Pflichterfüllung, erlaubte sich Hilde Benjamin vielleicht gar nicht mehr, über die eigenen Probleme nachzudenken und sich selbst wichtig zu nehmen. Sie war eine Person geworden, die ausschließlich für die Partei funktionierte und ihr reduziertes Sein akzeptiert hatte.

Die Wahl ins Zentralkomitee war nach den ausgiebigen Vorbereitungen nur noch eine Formalität. Gern erklärte die SED-Spitze, Frauen in der DDR wären völlig gleichberechtigt und hätten alle Chancen, auch Führungspositionen in Partei und Staat zu übernehmen. Tatsächlich erhöhte sich die Zahl der Genossinnen im Zentralkomitee mit Hilde Benjamins Wahl 1954 um eins. Nun saßen 18 Frauen unter 125 männlichen Genossen im ZK.

Das Gremium hatte insgesamt kaum Einfluß auf die Politik der Partei. Bei den Versammlungen wurde nicht diskutiert, sondern applaudiert. Diskussionsbeiträge mußten schriftlich eingereicht und vom Präsidium genehmigt werden. Für die zu fassenden Beschlüsse waren einzig das Politbüro und sein erster Sekretär, Walter Ulbricht, zuständig. Die Abstimmungen erfolgten fast immer einstimmig.

Hilde Benjamin hatte auf diesem Parteitag gleich ihren ersten Auftritt. Sie mußte als Justizministerin zu einer heiklen Frage Stellung nehmen. Ulbricht hatte unter dem Stichwort »Stärkung der demokratischen Gesetzlichkeit« einen Vorfall aufgegriffen, der als die »Ballade vom ermordeten Hund« in die Justizgeschichte der DDR eingehen sollte. Unmittelbar nach ihrer Wahl ins Zentralkomitee trat Genossin Benjamin ans Rednerpult und referierte über diese für die Justiz peinliche Geschichte.

Es ging um einen Hund, den Hund von Mühlhausen. Ausgangspunkt des rechtspolitischen Lehrstücks war ein unbedeutender Vorfall im Herbst 1953. Genosse Ramm, Betriebsschutzleiter, traf in einer düsteren Oktobernacht auf dem Werksgelände auf einen Hund. Im Bericht von Hilde Benjamin hieß es: einen »feindlichen Hund«. Da der Hund sich nicht durch eine Hundemarke ausweisen konnte, wurde er, wie Zeugen später aussagten, »in rasender Wut« von Ramm erschlagen. Anschließend gab dieser die Anweisung, das vermeintlich tote Tier in den Heizungsofen zu werfen. Die Kollegen weigerten sich, und das geschundene Tier lebte auch am nächsten Morgen noch. Dem wütenden Betriebsschutzleiter Ramm blieb nichts anderes übrig, als den Hund schließlich selbst in eine Aschegrube zu werfen.

Die Kollegen waren empört und sammelten Unterschriften gegen den Tierquäler. Der örtliche Hundehalterverein verlangte Bestrafung. Eine Hatz auf »Hundemörder Ramm« begann. Der Vorfall geriet zur Generalabrechnung mit dem schon lange unbeliebten SED-Genossen. Der Betrieb entließ den Mann, ein Parteiverfahren wurde eröffnet und Ramm aus der Partei ausgeschlossen. Die örtliche Zeitung meldete stolz: »Von solchen Menschen trennt sich die Partei.« Der Staatsanwalt bezeichnete den Täter als »Sadisten und Lustmörder«. Ramm wurde zu einem Jahr Gefängnis verurteilt und unter dem Beifall der zahlreichen Anwesenden noch im Gerichtssaal in Haft genommen. In der Berufung bekam Ramm dann nur noch eine Geldstrafe von 450 Mark. Weitere Instanzen lehnten die Behandlung des Urteils ab. Das Urteil wurde rechtskräftig. Ein wahrscheinlich eher alltäglicher Fall, der nicht dazu ausersehen schien, auf einem Parteitag der SED eine Rolle zu spielen.

Aber, irgendwie bekamen die »Freunde« von der Sache Wind. Mitarbeiter des Hohen Kommissars der UdSSR waren noch mit Außenstellen in den Bezirken der DDR präsent, um die Tätigkeit der staatlichen Organe zu überwachen. Ab jetzt wendete sich das Blatt.

Der Hund von Mühlhausen wurde zu einer hochpolitischen Angelegenheit. Das Politbüro faßte Beschlüsse, hohe Funktionäre des Zentralkomitees fuhren nach Mühlhausen, Ramm wurde rehabilitiert und wieder in die Partei aufgenommen, später in wichtige Gremien gewählt, das Gerichtsurteil gegen ihn als »faschistische Demonstration« und »Verletzung der demokratischen Gesetzlichkeit« bezeichnet, das Oberste Gericht der DDR aufgefordert, das Urteil zu kassieren, das Justizministerium beauftragt, »eine strenge Untersuchung der Verhältnisse im Kreis Mühlhausen durchzuführen und die Staatsfunktionäre zur Verantwortung zu ziehen«. Die Justizministerin handelte weisungsgemäß. Zuerst landete der Richter, der ein Jahr Haft für den Tierquäler ausgesprochen hatte, selbst im Gefängnis. Auf der Suche nach weiteren feindlichen Agenturen im Kreis Mühlhausen wurden der Hundezüchterverein, die CDU, die LDP und andere örtliche Vereine überprüft. Auch die Kirche geriet ins Visier der Staatssicherheit. Den Partei- und Gerichtsorganen wurde unterstellt, nicht die richtigen Lehren aus dem Prager Slánský-Prozeß und den Provokationen des 17. Juni gezogen und deshalb so bewährte Parteimitglieder wie den Genossen Ramm ausgeschlossen zu haben. Vorsätzlich und geplant wäre die Sache von den »Feinden des neuen Staates« aufgezogen worden. Noch am Vorabend des IV. Parteitages machte das Oberste Gericht unter dem politischen Druck von seinem Recht der »Kassation«, d. h. der nachträglichen Aufhebung eines rechtskräftigen Urteils, Gebrauch.

Auf dem Parteitag bezeichnete Hilde Benjamin den nun abgeschlossenen Fall als ein »übles Beispiel fehlgeleiteter politischer Justiz« und zog »Lehren« daraus. Alle Beteiligten hätten sich »direkt zum Vollstrecker des Willens reaktionärer Kräfte« gemacht. Keiner lachte über die grotesken Verrenkungen der Beteiligten. Noch vier Jahre später lobte Hilde Benjamin die Aufhebung des Urteils gegen den Hundetöter als »Wiederherstellung der dialektischen Einheit von strikter Einhaltung der Gesetze und Parteilichkeit ihrer Anwendung« und verordnete den Justizfunktionä-

Präsident Pieck empfängt in seinem Amtssitz verdiente Frauen:
Hilde Benjamin dankt im Namen der Anwesenden, 6. 4. 1955

ren den Fall des Hundes von Mühlhausen als bedeutsame Lektüre ihrer Schulung. [402]

Am 15. Februar 1956 lag das *Neue Deutschland* nicht im Briefkasten. Das Parteiblatt der SED war nicht rechtzeitig geliefert worden. Das war seit der Gründung der Partei noch nie passiert. Die Auslieferung des Zentralorgans hatte staatstragenden Rang. Nur außergewöhnliche politische Ereignisse konnten diesen Umstand erklären.

Hilde Benjamin fuhr, vom plötzlichen Verlust des Gewohnten beunruhigt, wie gewöhnlich um 7 Uhr mit eingeschaltetem Blaulicht ins Ministerium. Der Fahrer hatte die Sensation noch gar nicht bemerkt. Jedenfalls schwatzte er von banalen Dingen, und Hilde Benjamin hörte kaum hin, fieberte dem klärenden Telefongespräch mit dem Genossen des ZK entgegen. Was konnte geschehen sein, daß so etwas passierte?

Vor wenigen Tagen hatten sie Ulbricht und seine Delegation am Flughafen Schönefeld verabschiedet. Zum Parteitag nach Moskau. Sollte das Ausbleiben des Zentralorgans damit in Zusammenhang stehen?

Im Amt war es außergewöhnlich unruhig. Schon im Treppenhaus hörte sie erregte Stimmen, im Flur standen die Mitarbeiter in kleinen Gruppen beieinander und tuschelten. Die Genossin Weiß erzählte von Gerüchten, im ZK stände alles Kopf. Doch eine schlüssige Erklärung für das Fehlen der Zeitung gab es nicht. Hilde Benjamin versuchte, telefonisch einen verantwortlichen Genossen zu erreichen. Sie verfluchte die hinterwäldlerische Telefontechnik im Ministerium und bat ihre Sekretärin, ständig weiter dranzubleiben, um das Sekretariat des ZK zu erreichen. Zusätzlich schickte sie einen Laufboten, der Antwort auf ihre Fragen bringen sollte.

Erst Stunden später kam die Erklärung. Stunden der Unruhe und der Gerüchtemacherei, bis Frau Ministerin energisch die überflüssigen Diskussionen verbot und der eigenen Aufregung zum Trotz zur disziplinierten Arbeit mahnte.

Mittags brachte der Bote die ersehnte Zeitung. Was Hilde Benjamin dort über den XX. Parteitag las, war in der Tat sensationell: Chruschtschow hatte neue Thesen zur Weltlage verkündet, hatte erklärt, daß Kriege vermeidbar und die friedliche Koexistenz zwischen Kapitalismus und Sozialismus möglich wäre. Der Kapitalismus könnte nicht nur durch Revolutionen, sondern auch durch friedliches »Ein- und Überholen« auf allen gesellschaftlichen Gebieten geschlagen werden. Das *Neue Deutschland* wurde auf allen Etagen des Justizministeriums fieberhaft gelesen. Ausnahmsweise war das Zeitungslesen am Arbeitsplatz heute erlaubt. Sonst pflegte die Chefin mit kleinen, zornigen Augen und spitzem Finger auf die Zeitung zu weisen und zu sagen: »Zeitungslektüre gehört nicht in die Arbeitszeit, Genossen. Ihr stehlt dem Proletariat die Zeit. An der Werkbank kann auch niemand Zeitung lesen!« Heute war alles anders.

Hilde Benjamin las die Rede Chruschtschows mit wachsendem Erstaunen. Stalins grundlegende Auffassungen von Krieg und Frieden waren einfach über Bord geworfen. Kriege sollten vermeidbar, der Sozialismus auch auf parlamentarischem Wege erreicht werden können.[403] Das war unerhört und stellte die bisherige Generallinie der Partei vollständig in Frage.

Noch waren die Genossen der Delegation nicht aus Moskau zurück. Einige Details vom Parteitag sickerten in den nächsten Tagen bis Berlin durch. Spekulationen und Unsicherheit beherrschten die Diskussionen auf allen Ebenen. Die sowjetischen Freunde sollten behauptet haben, Stalin sei kein Klassiker des Marxismus und seine »Kurze Geschichte der KPdSU (B)« kein taugliches Schulungsmaterial, sondern plumpe Geschichtsfälschung. Schon diese Darstellung hörte sich an wie die Propaganda des Klassenfeindes, wie die Hetze vom RIAS.

Genossen, die wie Hilde Benjamin mit und durch Stalin groß geworden waren, sprachen in diesen Tagen wenig. Sie warteten ab, mischten sich in keine der Debatten. Jüngere Parteimitglieder und Genossen, die immer schon mal kritische Äußerungen zur Parteilinie riskiert hatten, blickten hoffnungsvoll in die Welt, diskutierten neue Chancen eines eigenständigen und demokratischen Weges der Deutschen zum Sozialismus, hörten mit Spannung die neuesten Nachrichten aus Moskau.

Der Parteitag der KPdSU ging zu Ende, und immer noch waren Ulbricht und seine Leute nicht zurückgekehrt. Die Unruhe wuchs. Dann erfuhren die Mitglieder des Zentralkomitees, daß die ausländischen Delegationen am letzten Tag des Parteitags in ihre Unterkünfte geschickt und nur die sowjetischen Teilnehmer zu einer geschlossenen Sitzung geladen worden waren. Nachts weckte man die auswärtigen Delegationen und wies sie an, sich sofort zu einer wichtigen Unterrichtung einzufinden. Wie sich der später gestürzte Genosse Schirdewan aus der deutschen Delegation erinnerte, durfte er Notizen machen, während die sowjetischen Berichterstatter den Text der Geheimrede Chruschtschows vorlasen und übersetzten. Eine nicht enden wollende Aufreihung der Verbrechen Stalins: der Morde an den alten Kampfgefährten Lenins, der Massenliquidierungen, Säuberungen und Repressionen gegen die Bevölkerung, die Verurteilung des Personenkults, der schwerwiegenden Fehler bei Ausbruch des Zweiten Weltkriegs, der Vernichtung jeder innerparteilichen Demokratie, der Praktizierung aller Formen von Terror und Unterdrückung.

Ulbricht als gewieftem Taktiker war nach dieser Nacht in Moskau klar, daß eine breite Diskussion über den Inhalt der Geheimrede in der DDR seiner Position gefährlich werden konnte. Nach der Rückkehr aus Moskau setzte er alles daran, das Thema Stalin lediglich als ein Problem der Sowjetunion darzustellen, das für die DDR keine tiefere Bedeutung hätte. Lapidar stellte er fest: »Zu den Klassikern des Marxismus kann man Stalin nicht rechnen«, und machte sich hämisch über die einfachen Genossen lustig, »die bestimmte Dogmen auswendig gelernt und über die Biographie des Genossen Stalin mehr und genaueres wissen als das ganze Politbüro. Sie kennen die Zahlen und alles auswendig.«[404] So verhöhnte Ulbricht zynisch diejenigen, die sich folgsam nach seinen Anweisungen gerichtet und das gelernt hatten, was die Partei ihnen im Parteilehrjahr verordnete. Noch zur Eröffnung des XX. Parteitags hatte es im Grußwort der SED geheißen: »Es lebe die unbesiegbare Lehre von Marx, Engels, Lenin und Stalin«.[405] Nun galten die bisher von Ulbricht als höchste Wahrheiten propagierten Grundsätze nicht mehr.

Generalstabsmäßig organisiert ließ Ulbricht zunächst die Information der Parteimitglieder anlaufen. Eine Kurzfassung der Geheimrede erschien als »Parteiverschlußsache«. Das bedeutete, sie wurde an Parteisekretäre der Kreise gegeben, diese wiederum mußten die Vorsitzenden der Grundorganisationen unterrichten, durften aber den Text nicht aus der Hand geben. Nach deren Aufzeichnungen wurden in geschlossenen Sitzungen die Parteimitglieder unterrichtet. Wegen der außergewöhnlichen Bedeutung der Sitzung hatte jedes Parteimitglied anwesend zu sein, Dienstreisen waren untersagt, Entschuldigungen aus anderen Gründen nicht zugelassen. Die Instruktion dauerte circa eine halbe Stunde.

Ein Mitarbeiter des ZK, Fritz Schenk, schrieb über die denkwürdige Parteisitzung: »Ich hatte mich während der Rede wiederholt umgesehen und insgeheim amüsiert festgestellt, daß die meisten unbewegt nach unten sahen. Ich mußte an Halbwüchsige denken, die ihre erste Lektion in sexueller Aufklärung erhielten, zwar alles wußten, sich das aber nicht anmerken lassen wollten. (…) Noch peinlicher war die Situation nach der Rede, denn dann sollte diskutiert werden. Aber das Schweigen hielt an.«[406] Offensichtlich geschockt und verunsichert, scheuten sich die Parteimitglieder, selbst Schlußfolgerungen aus dem Gehörten zu ziehen. Selbständiges Denken hatten sie nicht gelernt, und Vorsicht war schon immer die Mutter einer reibungslosen Parteikarriere.

Am 22. März trat im Amtssitz des Präsidenten, im »Schlößchen« in Berlin-Niederschönhausen im Bezirk Pankow, das Zentralkomitee zu seiner 26. Sitzung zusammen. Die Genossinnen und Genossen kamen mit aufgeregter Erwartung. Hilde Benjamin war den kurzen Weg vom Majakowskiring zum Schloß zu Fuß gegangen –

begleitet von ihren Pistoleros –, um sich noch in einigen Minuten der Ruhe über das Ausmaß der Enthüllungen des XX. Parteitags klarzuwerden. Würden jetzt alle älteren Genossen, zu denen sie sich mit ihren 54 Jahren auch langsam zählen mußte, über ihre Haltung zu Stalin Rechenschaft ablegen müssen? Würde das Debakel für sie persönlich Folgen haben?

Gereizte, nur mühsam gedämpfte Spannung unter den Ankommenden. Man begrüßte sich mit Floskeln, die die Unsicherheit verdecken sollten, faselte von »historischen Momenten« und »aufregenden Zeiten«. Die Tagesordnung der Sitzung signalisierte Normalität und Stabilität. Stundenlag verlas Hermann Matern zunächst den Rechenschaftsbericht des Politbüros, ohne mit einer Zeile den XX. Parteitag der KPdSU zu erwähnen. Hilde Benjamin ertrug den Bericht im bürokratischen Parteijargon, wie alle anderen Delegierten, mit stoischer Ruhe. Unmutige oder ungeduldige Zwischenrufe oder gar Anträge auf Änderung der Tagesordnung wegen aktueller Probleme waren nicht vorgesehen. Undenkbar, daß ein Genosse gefordert hätte, zuerst den Bericht aus Moskau zu hören, obwohl allen danach zumute war.

Dann endlich ergriff Karl Schirdewan das Wort.

»Bereits die kurze Zeitspanne, die zwischen dem XX. Parteitag und der heutigen ZK-Sitzung liegt, bestätigt anschaulich, daß dieser Parteitag eine wahrhaft welthistorische Bedeutung besitzt.« Schirdewan trug im weiteren den Text seiner nächtlichen Mitschrift vor, die er in Moskau von der mündlichen Berichterstattung der Geheimrede Chruschtschows gemacht hatte.

Für Hilde Benjamin – und nicht nur für sie – waren die Enthüllungen über Stalins Praktiken in dieser geballten Fülle erschütternd und erschreckend. Obwohl sie immer wieder hinter vorgehaltener Hand von Terrorpraktiken gehört hatte und seit langem Verschiedenes wußte, konnte sie das gesamte Ausmaß der Enthüllungen kaum fassen. Seit 1927 war sie Mitglied der KPD, Georg Benjamin war schon 1922 in die Partei eingetreten. Gemeinsam hatten sie sich der strengen bolschewistischen Parteidisziplin unterworfen, ihr Leben war bis zu Georgs Tod von den harten Notwendigkeiten des Parteikampfes bestimmt worden. Gemeinsam hatten sie nach 1933 von einem Exil in Moskau geträumt. Der Krieg und die Verhaftung Georgs hatten diese Pläne zerstört. Aber wenn sie es geschafft hätten, in die Sowjetunion zu kommen? Wie wäre es Georg und ihr, zusammen mit Mischa, in Moskau ergangen? Wären sie auch aus dem Hotel Lux abgeholt, getrennt in Arbeitslager nach Sibirien verbannt oder schon in der Lubjanka unter der Folter vernichtet worden? Und Georg, wie wäre es ihm als Arzt ergangen? Hätte er vielleicht eine Zeitlang das Vertrauen Stalins gewonnen und wäre dann, wie viele andere jüdische Ärzte aus Stalins Umkreis, unter Anklage gestellt, grausam gefoltert und schließlich ermordet worden?

Unerträgliche Gedanken, die sie vertreiben mußte. Was sollte sie über ein nicht gelebtes Leben grübeln?

Sicher wußte Hilde Benjamin wie viele andere Genossen im Saal über gewisse Einzelheiten von Stalins Terrorherrschaft Bescheid. Selbstverständlich hatte sie Arthur Köstlers »Sonnenfinsternis« schon 1947 gelesen. Vielleicht hatte ihre Schwester das Buch provokatorisch auf den Tisch in der Schloßstraße geworfen. »Lies, was Deine Genossen für Verbrechen begehen, damit Du Bescheid weißt!« Hilde Benjamin hatte vor wenigen Monaten von jüdischen Freunden ihres Mannes Hannah Arendts scharfsinnige Analyse über die »Elemente und Ursprünge totalitärer Herrschaft« bekommen. Ihr war schon lange bewußt, daß das, was angeblich »Verräter, Renegaten, bezahlte Agenten des Imperialismus und gekaufte Kreaturen des Kapitalismus« über Stalin schrieben, weitgehend den Tatsachen entsprach.

Was Hilde Benjamin und andere Genossen an diesem Tag im Schlößchen in Pankow bewegte, war deshalb nicht die Trauer über die Millionen Opfer des Stalinschen Terrors. Es war eine Art Glaubenskrise. Die Partei hatte geirrt. Das war der schmerzlichste Punkt der Enthüllungen, die Genosse Schirdewan mit so erregter Stimme vortrug. Hilde Benjamins Gedanken arbeiteten fieberhaft. Sie durfte nicht bei den simplen Fakten stehenbleiben. Mit Hilfe der wissenschaftlichen Dialektik mußte ein Weg gefunden werden, die Partei zu retten und ihr beschädigtes Ansehen wieder aufzurichten, in der DDR und im gesamten sozialistischen Lager.

Ob an diesem Tag oder etwas später: Der dialektische Kunstgriff gelang. Hilde Benjamin erklärte in den nächsten Wochen den schwankenden und zweifelnden Genossen, daß zwar der einzelne irren kann, sogar ein so prominenter Genosse wie Stalin. Aber die Kommunistische Partei findet, wie der XX. Parteitag bereits lebendig bewies, den Weg zur Selbsterneuerung. Die Partei weist, allen Schwankungen zum Trotz, den richtigen Kurs. Der Weg der Menschheit ist vorgezeichnet durch den unabänderlichen, quasi naturnotwendigen Lauf der Geschichte von der niederen zur höheren Gesellschaftsordnung. Dieses Gesetz wirkt, so beruhigte sie die Genossen, unabhängig vom subjektiven Willen des einzelnen. Hilde Benjamin erfuhr an sich selbst die Segnungen der historisch-materialistischen Geschichtsphilosophie, die nicht nur die ideale Entschuldigung für alle im Namen des Fortschritts begangenen Verbrechen anbot, sondern dem einzelnen auch die moralische Verantwortung für sein Handeln abnahm. Der Ersatzgott, dem die Genossen dienten, hieß Partei, nicht Stalin; und die Partei, das wußten alle Mitglieder, bleibt unangefochten, auch wenn ihre Führer einmal straucheln und fallen sollten.

Die quasireligiöse Heilserwartung der Kommunisten hatte mit dem XX. Parteitag einen schweren Schlag bekommen, zerstört waren die Hoffnungen dennoch nicht. Manche, und zu ihnen gehörte auch Hilde Benjamin, zogen sogar aus der Wandlungsfähigkeit der KPdSU unter Chruschtschow neue Impulse für ihre Hoffnung und predigten bald um so entschiedener die Verpflichtung jedes Genossen, sich der Weisheit der Beschlüsse der Partei zu unterwerfen.

Karl Schirdewan, ein hochintelligenter Mann, blieb trotz der Erschütterung durch den XX. Parteitag bei seiner kommunistischen Grundüberzeugung. In seiner Rede zeigte er offen wie kein anderer Genosse des Politbüros seine momentane Verstörtheit: »Aber in den letzten beiden Jahrzehnten wird das Bild, das wir von ihm (Stalin) als einem großen Marxisten hatten, verdunkelt, ja erschüttert, durch die Fehler und Irrtümer, die in seinem verantwortlichen Wirken aufgetreten sind und durch die der Sache des Sozialismus viel Schaden entstanden ist.«[407]

Ernst Wollweber, Minister für Staatssicherheit, unbeeindruckt von allen selbstkritischen Tönen, beruhigte noch während der ZK-Sitzung seine Genossen, daß in der DDR niemals Terror angewandt worden wäre und es »gegenüber Untersuchungsgefangenen in der Staatssicherheit keinerlei physischen Druck (gab), um irgendein Geständnis zu erzwingen. Solche Fälle gibt es nicht. Die Untersuchungen werden im wesentlichen unter denselben materiellen und physischen Bedingungen geführt wie in den Gefängnissen der Weimarer Republik.«[408]

Die Genossen des Zentralkomitees ließen sich gern beruhigen. In der DDR hatte es also weder Terror noch Personenkult gegeben. Man konnte beruhigt nach Hause und an die weitere Arbeit gehen.

Doch im Land bildeten sich überall Diskussionsgruppen, die Unruhe unter den Intellektuellen wuchs mit jedem Tag. Künstler, Wissenschaftler und Studenten forderten Schlußfolgerungen aus dem XX. Parteitag für die DDR. Viele waren nicht bereit, einfach zur Tagesordnung überzugehen. Das verstärkte sich noch, als der Londoner Rundfunk den vollen Text der Geheimrede veröffentlichte und dieser täglich mehrere Male vom RIAS in die DDR hinein ausgestrahlt wurde. Jetzt wurden überall unliebsame Fragen gestellt: Warum wird die Geheimrede nicht in der DDR-Presse veröffentlicht? Warum müssen wir sie aus den Westsendern hören? Wann werden endlich Konsequenzen für die SED gezogen? Was bedeutet bei uns innerparteiliche Demokratie? Wann fangen wir damit an? Gab es nicht auch Personenkult in unseren Reihen? Warum werden in der DDR die Minister, die als Stalin-Anhänger gelten, nicht entlassen? Wann werden sie für ihre Taten zur Verantwortung gezogen?

Die Fragen zielten auch auf Hilde Benjamin, vor allem aber auf den Chef selbst, auf Walter Ulbricht.

Bert Brecht, selbst Mitglied der SED, hielt den Sturz Ulbrichts für die erste und angemessenste Schlußfolgerung aus der Geheimrede. Jeder andere sei ihm lieber als Ulbricht, soll Brecht auf die Frage nach einem geeigneten Nachfolger gesagt haben. Ebenso wie Brecht empfanden viele Genossen auf allen Ebenen der Partei bis hinein ins Politbüro.

Im Frühjahr und Sommer 1956 meldeten sich überall die kritischen Geister zu Wort, entwickelten sich Hoffnungen auf ein »Tauwetter« auch in der DDR, auf einen nichtstalinistischen, einen menschlichen Sozialismus. Das Vertrauen auf grundlegende Änderungen wurde kurzzeitig durch die Beschlüsse der Parteiführung bestärkt. Früher verurteilte und geächtete Genossen kamen frei, wurden rehabilitiert und wieder in ihre Ämter eingesetzt. Auch Hilde Benjamins Vorgänger Max Fechner wurde aus dem Zuchthaus entlassen. Auf seine Rehabilitierung mußte er jedoch noch lange warten.

Unter den Intellektuellen in der DDR herrschte ein Geist der Erneuerung, der Hoffnung auf Veränderung der Verhältnisse, des Optimismus, daß die DDR doch noch einen eigenständigen, demokratischen Weg zum Sozialismus finden könnte. Die Stimmung an den Universitäten, besonders in Berlin, Weimar und Leipzig, war aufmüpfig und unruhig. Studenten forderten, wie ihre polnischen und ungarischen Kommilitonen, eine umfassende Hochschulreform, die Zulassung unabhängiger Gruppierungen neben der FDJ, den Abbau des obligatorischen Marxismus-Leninismus-Studiums und des Russischunterrichts als Pflichtfach. Diskussionszirkel bildeten sich, Studentenversammlungen probten die direkte Demokratie.

Die weitere Entwicklung des Jahres 1956 wurde nicht allein in der DDR entschieden.

Begeistert blickten viele Oppositionelle nach Polen, wo weitgehende Konsequenzen aus dem XX. Parteitag gezogen wurden. Die politische Polizei war gesäubert, unschuldig Verurteilte rehabilitiert worden, eine Amnestie für politische Gefangene wurde verkündet, verhaßte Stalinisten aus ihren Ämtern verjagt. Der Arbeiteraufstand in Poznan endete mit der Erfüllung der Forderungen der streikenden Arbeiter und nicht, wie in der DDR 1953, mit blutiger Unterdrückung. Gomulka, erst wenige Wochen vorher aus der Haft entlassen, wurde gegen den Willen der Sowjets zum polnischen Parteiführer gewählt. Unter den kritischen Geistern in der SED wuchs der Wunsch nach einem »polnischen Oktober« in der DDR. Auch von Entwicklungen in Ungarn hörten die Genossen in der DDR mit wachsendem Interesse.

Am 23. Oktober 1956 brach in Ungarn die Revolution aus. Das alte stalinistische Regime war nicht mehr zu halten. Imre Nagy, ein bei der Bevölkerung beliebter Genosse, übernahm vorerst die Regierungsgewalt. Intellektuelle und Arbeiter demonstrierten gemeinsam gegen Fremdherrschaft und für Freiheit. Unter dem Jubel der Bevölkerung zogen die sowjetischen Panzer erst einmal ab, die Bastionen der Geheimpolizei wurden gestürmt, die Gefangenen aus ihren Gefängnissen befreit. Eine nie gekannte Pressevielfalt entwickelte sich.

Sofort nach Ausbruch des Aufstandes in Budapest ordnete Ulbricht umfangreiche Sicherheitsvorkehrungen in der DDR an. In den Betrieben mußten die SED-Kampfgruppen zum Appell antreten, Waffen wurden in den Fabriken gelagert, Probealarm angesetzt und Einsatzpläne erstellt. Die Truppen der Nationalen Volksarmee (NVA) waren in Alarmbereitschaft. Wachen an öffentlichen Gebäuden, Ausweiskontrollen und Militärstreifen in den Straßen wurden verstärkt. »Ungarn lehrt«, so Ulbricht am 3. November vor der Volkskammer, »wer der Reaktion den kleinen Finger gibt, den wird es am Ende das Leben kosten.«[409]

Im Morgengrauen des 4. November eröffneten die um Budapest zusammengezogenen sowjetischen Truppen das Feuer. Die Panzer der Sowjets walzten den Aufstand blutig nieder.

Ab jetzt waren die »Antistalinisten« in der DDR vogelfrei. Das Gespenst der »Konterrevolution«, von Ulbricht und seinen Anhängern beschworen, mußte als Erklärung für Unterdrückung und Verhaftungen herhalten. Wer kritisch nachgefragt hatte, was der XX. Parteitag für die DDR bedeutete, stand unter Verdacht, den Sozialismus abschaffen zu wollen. Jeder, der für innerparteiliche Demokratie eingetreten war, begünstigte angeblich die Konterrevolution.

Es traf die Studenten, es traf die Dozenten, es traf Journalisten und Kirchenleute, es traf sogar Politbüromitglieder. Schirdewan und Wollweber wurden entmachtet. Eine Säuberungs- und Verhaftungswelle setzte ein. Nicht wenige Intellektuelle verließen resigniert das Land.

In der Humboldt-Universität in Berlin wurden die sogenannten Rädelsführer festgenommen, die Räume der diskutierenden Studenten verschlossen, ermüdende Dauerdebatten organisiert, als Arbeiterdelegationen getarnte Schlägertrupps eingesetzt und die so isolierten und verprügelten Studenten zu endlosen Selbstkritikpapieren gezwungen, um überhaupt weiterstudieren zu können.

Als besonders gefährlich galten diejenigen, die sich für einen anderen Sozialismus, einen Sozialismus mit menschlichem Antlitz, eingesetzt hatten. Denn sie waren es, die eine überzeugende Alternative zum stalinistischen Führungskern der SED darstellten und möglicherweise in der DDR die alten Machtverhältnisse hätten zum Tanzen bringen können.

Einer von diesen unliebsamen Denkern war Wolfgang Harich. Er galt als der Kopf des »Donnerstag-Clubs«, einem losen Gesprächskreis im Berliner Club der Kulturschaffenden. Autoren,

Wissenschaftler und Intellektuelle aller Sparten kamen hier meist donnerstags zusammen, um über die aktuelle Situation zu diskutieren. Das allein war verdächtig.

Dr. Harich, Dozent für Philosophie an der Humboldt-Universität, wurde als erster verhaftet. Die »Harich-Gruppe«, zu der auch der Leiter des Aufbau-Verlages, Walter Janka, gehörte, hätte das Ziel verfolgt, so hieß es, »die verfassungsgemäße Ordnung in der Deutschen Demokratischen Republik zu untergraben und zu beseitigen«.[410] Das politische Ziel der staatsfeindlichen Gruppe bestand angeblich in der Restaurierung der kapitalistischen Ordnung in der DDR.

Hilde Benjamin hatte in den Monaten der Unsicherheiten wahrscheinlich nur abgewartet, geschwiegen und ihre Pflicht erfüllt. Und schließlich, als die Sieger feststanden, stand sie wieder einmal bereit, die Verlierer mit aller Härte abzustrafen.

Immer dienstags war Politbürositzung in der Parteizentrale der SED. Hier tagte – nicht verfassungsgemäß, unkontrollierbar, undurchschaubar, unnahbar – das Machtzentrum des Arbeiter- und Bauernstaates. Der große Gebäudekomplex, früher einmal für die Deutsche Reichsbank erbaut, erstreckte sich zwischen Marx-Engels-Platz, Kurstraße, Unter- und Oberwasserstraße. In der Mitte der Häuserfront die Autozufahrt ins ZK-Innere, die zu Tiefgaragen und zwei großen Innenhöfen führte. Das Gebäude, ein wuchtiger Steinklotz, im Inneren mit unzähligen, gleichaussehenden Gängen, in denen der Uneingeweihte notgedrungen die Orientierung verlieren mußte. Aber hier drang auch keiner ein, der nicht vom Personal vorschriftsgemäß geprüft und zum Bestimmungsort eskortiert worden war. Anmeldung am Seiteneingang.

So auch an diesem Dienstag im Frühjahr 1957, als Hilde Benjamin das Haus betrat. Preußisch korrekt ging es zu. An der Wand hingen die Bilder der Politbüromitglieder. Zuoberst das Bild von Ulbricht. Die Genossen hinter dem Schalter waren Offiziere der Staatssicherheit in Zivil. Die Personalien wurden sorgfältig überprüft, als kennten die Herren die Justizministerin ihres Landes nicht. Hilde Benjamin sah aus, als würde sie selbst Haltung annehmen, als sie ihren schmalen, roten Klappausweis eines Mitglieds des Zentralkomitees vorzeigte. Die Verhältnisse schienen militärisches Verhalten herauszufordern. Die Aktentasche mußte zur gründlichen Durchsuchung abgegeben werden. Ebenso die

Handtasche. Hilde Benjamin kannte den Brauch und hatte alle persönlichen Dinge vorher aus ihrer Tasche entfernt. Telefonisch ließ der Kontrolleur sich die Anmeldung bestätigen. Erst nach dieser Prozedur erhielt sie den Passierschein. Anschließend ging es um die Ecke zum Haupteingang. An der Vorderfront die überdimensionalen, ineinander verschränken Hände. Das SED-Parteiabzeichen. Durch eine kleine Tür vorn rechts kam sie in eine mächtige Eingangshalle. Bewaffnete Offiziere an den Eingängen. Militärischer Gruß, erneutes Prüfen der Papiere. Die Treppen zu den Aufzügen wurden freigegeben. Der Fahrstuhl war reserviert für die Politbüromitglieder. Alle anderen nahmen den Paternoster. Es ging in den zweiten Stock, zum Sitzungszimmer des Politbüros. Hilde Benjamin konzentrierte sich auf den richtigen Moment des Ausstiegs. Sie wollte auf keinen Fall straucheln. Wieder ein bewaffneter Offizier, der sie überprüfte, dieses Mal mit namentlichem Gruß den Weg freigab: »Bitte, Genossin Benjamin.«

Hier oben waren die Teppiche dicker, die Stimmung gedämpfter. Das sonst vertraute »Du« war nicht mehr passend. »Sie« und »werter Genosse«, oder »hochverehrter Genosse« war die übliche Anrede für die Götter des Olymp.

Auf dem Flur und im Vorzimmer zum Tagungsraum liefen oder saßen alle Arten von Führungskadern aus der gesamten Republik: Minister und Abteilungsleiter des ZK, Bezirks- und Kreisparteisekretäre, Funktionäre des FDGB, des Kulturbundes und Kader aus Armee und Polizei. Sonst Mächtige und Gefürchtete benahmen sich hier wie eingeschüchterte Schuljungen. Man flüsterte und tuschelte, tauschte Erfahrungen aus, gab sich Ratschläge und rätselte über die Stimmung im Inneren des Saals. Mancher Auftritt hier entschied über Aufstieg oder Untergang eines Menschen. Hier wurde beschlossen, ob einer »nur« lebenslänglich eingesperrt oder mittels Todestrafe für immer erledigt wurde, ob einer aufstieg oder in die Produktion verbannt wurde. Der Vorraum war eine unschätzbare Fundgrube für Informationen, Geständnisse und Einsichten.

Öffnete sich der Sitzungssaal, schauten alle fragend auf den Herauskommenden, versuchten an seinen Gesichtszügen die Stimmung drinnen abzulesen.[411]

Hilde Benjamin hatte sich auf den heutigen Auftritt gut vorbereitet, gemeinsam mit Melsheimer und Mielke alle Eventualitäten des anstehenden Janka-Prozesses besprochen. Nun ging es nur noch darum, das Politbüro für den Plan zu gewinnen, sämtliche Spitzen der Kulturverbände, der aufmüpfigen Künstler und Theaterleute sowie gewisse Professoren der Humboldt-Universität zum Prozeßbesuch zu verpflichten. Eine Öffentlichkeit herzustellen, die die Angeklagten und Besucher das Fürchten lehrte.

Der Plan fand die Zustimmung des höchsten Gremiums. Ulbricht regte zusätzlich an, daß Hilde Benjamin selbst an hervorgehobenem Platz den Prozeß im Saal verfolgen sollte.

Janka schrieb später über den Prozeß ein Essay mit dem beziehungsreichen Titel: »Schwierigkeiten mit der Wahrheit«[412]. Dort heißt es vom Tag der Prozeßeröffnung: »Nach dem Einzug der Angeklagten trat der Generalstaatsanwalt in den Saal. Er kam durch die Tür auf der anderen Seite. (...) Wenige Minuten später trugen Justizangestellte einen Polstersessel herein. Sie stellten ihn ein paar Meter seitlich vom Staatsanwalt, aber mit genügend Abstand von der Presse, genau der Anklagebank gegenüber, ab. Alle Anwesenden verfolgten den Vorgang mit Interesse. Jeder fragte sich, wem wohl dieser Sessel zugedacht sei. Die Antwort folgte augenblicklich. Durch die Tür, durch die die Angeklagten in den Saal geführt worden waren, trat keine Geringere als Hilde Benjamin, Minister für Justiz. Und nahm in dem bereitgestellten Sessel Platz. Sie war für das Funktionieren des Prozesses verantwortlich.

Frau Benjamin, scheinbar gelangweilt, war von seltsamer Wirkung. Janka mochte sie schon vor dem Prozeß nicht. In den Schauprozessen gegen Spione und Agenten mißfiel ihm ihr Geschrei. (...) In diesem Prozeß aber zeigte sie sich ganz anders. Als stille Beobachterin auf einem gepolsterten Sessel. Ihren Platz hatte sie genau den Angeklagten gegenüber gewählt. In Melsheimers Nähe. Ihre Gegenwart spornte ihn zu höchster Leistung an. Eine ganze Woche lang. Meist lag sie wie eine erschöpfte Frau in ihrem Sessel. Nur die Augen zeigten keine Müdigkeit. Immer starr auf die Angeklagten gerichtet. Wenn sie kam oder ging, schleppte sie sich müde dahin. Ihr Haar glänzte pechschwarz.«[413]

So saß Hilde Benjamin wieder im gleichen Saal des Obersten Gerichts, in dem sie 1949 bis 1953 als Vorsitzende des 1. Strafsenats die Angeklagten in Angst und Schrecken versetzt hatte. Jetzt führte Genosse Ziegler an ihrer Stelle, aber, wie sie fand, viel zu zurückhaltend, den Vorsitz. Nur gut, daß Generalstaatsanwalt

Melsheimer immer noch mit aller Schärfe die Angeklagten und Zeugen zum Reden brachte.

Wie das Politbüro beschlossen hatte, waren Menschen zur Anwesenheit im Gerichtssaal verpflichtet, die sich niemals freiwillig auf die Zuschauerbänke des Obersten Gerichts gesetzt hätten. Der gesamte Vorstand des Schriftstellerverbandes, die Spitzenfunktionäre der Künstlerverbände und des Kulturbunds, verschiedene Verleger, eine Abordnung von Professoren der Humboldt-Universität, mehrere Schriftsteller, unter ihnen Willi Bredel und Bodo Uhse. Auch engste Vertraute von Janka, Helene Weigel und Anna Seghers, waren zur Anwesenheit verpflichtet worden. Und sie waren alle gekommen. Der hochrangigen Garde der Intellektuellen sollte im Gerichtssaal unmißverständlich vorgeführt werden, wie die Staatsmacht mit denen verfuhr, die laut zu denken wagten, in der DDR gäbe es zur Ulbricht-Riege eine Alternative. Wer den XX. Parteitag anders als nach parteiamtlichen Vorschriften auswerten wollte, würde nach dieser Prozeßwoche tunlichst darauf verzichten.

Zur Einschüchterung der Angeklagten saßen zusätzlich Personen im Saal, die trotz Zivilkleidung erkennen ließen, daß sie von der Staatssicherheit abkommandiert waren. Mehrere Male in dieser Woche riefen sie, angestachelt von den Worten des Generalstaatsanwalts: »Nieder mit dem Verräter!« »Ins Gefängnis mit den Verbrechern!«, unterbrachen dreist die Plädoyers der Rechtsanwälte, die mutig für Freispruch eintraten, und hämmerten wie eine wilde Meute mit Fäusten auf den Tischplatten herum. Auch Karl-Eduard von Schnitzler, der später berüchtigte Chefkommentator des »Schwarzen Kanals«, war sich nicht zu schade für solche Art parteitreuer Randale.

Der ganze Aufwand galt vier Personen. Sie waren der konterrevolutionären Gruppenbildung angeklagt und wurden entsprechend verurteilt. Walter Janka als Hauptbeschuldigter hatte mit ausdrücklicher Billigung des Ministers Johannes R. Becher nach dem XX. Parteitag eine Diskussionsrunde im Aufbau-Verlag geleitet. Dort war offen über die Folgen der Entstalinisierung für die Kultur in der DDR gesprochen worden. Das galt plötzlich als »konterrevolutionäre Gruppenbildung«. Die panische Angst der SED vor selbständiger Organisierung außerhalb ihrer Reihen kam in den Anklagen deutlich zum Ausdruck. Insbesondere wurde

Janka vorgeworfen, er hätte den ungarischen Philosophen Georg Lukács – Melsheimer nannte ihn das »geistige Oberhaupt der Konterrevolution« – nach Berlin holen wollen. Dabei hatte nicht Janka die Initiative ergriffen, Lukács aus Ungarn herauszuholen. Es war Anna Seghers' Idee gewesen, ihren Freund, dessen Leben bedroht schien, auf diesem Wege zu retten. Minister Becher hatte den Plan mit seiner ganzen Autorität unterstützt, bis Ulbricht die Reise Jankas untersagte. Beide, Seghers wie Becher, bekannten sich nach der Verhaftung nicht zu ihrem Vertrauten. Becher zog sich monatelang aus der Öffentlichkeit zurück. Später »übte« er in den Parteigremien zerknirscht Selbstkritik, Janka nicht energisch genug bei seinem konterrevolutionären Treiben entgegengetreten zu sein.[414]

Anna Seghers schwieg mit gesenktem Kopf im Gerichtssaal. Nie hat sie zu ihrem Verrat an Janka und Lukács öffentlich Stellung genommen. In ihrem Nachlaß fand sich jedoch eine Novelle mit dem Titel: »Der gerechte Richter«[415], eine literarische Auseinandersetzung mit dem Janka-Prozeß, die sie 1957 geschrieben hatte. Der Text erblickte erst nach der Öffnung der Archive 1990 das Licht der Öffentlichkeit. Über Anna Seghers' Tod hinaus war alles im Dunkel ihrer Schubladen geblieben. Janka schrieb: »Daß sich keiner der hier vertretenen Freunde von Lukács dazu aufschwang, gegen die unwahren Behauptungen zu protestieren, war die schlimmste Enttäuschung ... während des ganzen Prozesses. Anna Seghers, die Janka aufgefordert hatte, den bedeutendsten Autor des Verlages zu suchen, ihm wenn möglich zu helfen, damit der siebzigjährige Freund nicht ein Opfer der Aufständischen in Ungarn würde, blieb stumm.« Und traurig fährt Janka fort: »Ein wenig Mut hätte ihrem Ruf nicht geschadet und ihre Position nicht gefährdet.«[416]

Hilde Benjamin erlebte diese Woche des Horrors für die Angeklagten im Gerichtssaal mit stoischem Gleichmut. Wenn ihr Freund und Kampfgefährte Melsheimer immer neue Haßtiraden gegen die Angeklagten in den Saal schrie, nickte sie zustimmend zu den Ausfällen. Anschließend trafen sich die beiden wahrscheinlich, um die nächsten Schritte im Prozeßverlauf zu beraten. Die unmenschlichen Demütigungen und offensichtlichen Verletzungen der Rechte der Angeklagten und der Zeugen standen im eklatanten Widerspruch zu den von Hilde Benjamin bei ihrer Antrittsrede als Ministerin genannten Vorstellungen von »mehr Rechtssicherheit« in der DDR. Wieder einmal war den Angeklagten die Anklageschrift nicht rechtzeitig zugegangen – ganze drei Tage blieben ihnen zur Durcharbeitung umfangreicher Akten und Beweismittel –, noch konnten die Menschen »die Höhe der Urteile« verstehen, wie sie es einst so vehement gefordert hatte.

Hilde Benjamin hatte ganz offensichtlich an diesen Prozeßtagen keinerlei Unrechtsbewußtsein. Was der Philosoph Pascal vor über 300 Jahren geschrieben hat, kann auch für Hilde Benjamin gelten: »Niemals begeht man das Böse so gründlich, als wenn man es mit gutem Gewissen tut.«[417]

Fünf Jahre Zuchthaus für Walter Janka. Der Gerichtsvorsitzende Ziegler bestätigte in allen Fällen den Antrag der Staatsanwaltschaft. Im übrigen schien er nicht die gehörige Schärfe an den Tag gelegt zu haben. Die beteiligten Richter bekamen nach dem Prozeß eine Menge Ärger. Die Urteilsbegründung soll nicht hart genug formuliert gewesen sein. Ulbricht, so hieß es, wäre ungehalten darüber gewesen. Anlaß genug für Hilde Benjamin, ihren Nachfolger im Amt, Vizepräsident Ziegler, nach Franfurt (Oder) zu versetzen.

Der Prozeß hatte die Kritiker zum Schweigen gebracht und die Intellektuellen für lange Zeit eingeschüchtert. Wenn Hilde Benjamin zu dieser Zeit in der Westpresse von »Gesinnungsjustiz«, »Terrorurteilen« und »Unrechtsstaat« las, verzog sie nur verächtlich die Mundwinkel. Konterrevolutionäre Hetzer, vom Monopolkapital gekaufte Schreiberlinge! Für sie bewies der Prozeß, daß die DDR-Justiz in der Lage war, konterrevolutionäre Bestrebungen rechtzeitig abzuwehren und den ersten Friedensstaat auf deutschem Boden vor chaotischen Zuständen wie in Ungarn nachhaltig zu schützen.

Die altgedienten deutschen Stalinisten um Ulbricht und Hilde Benjamin hatten ihre Positionen wieder einmal gefestigt. Die Entstalinisierung der DDR fand nur noch äußerlich statt. Einige offensichtliche Stalin-Relikte wurden in der Folgezeit stillschweigend getilgt. Aus Stalin-Stadt wurde Eisenhüttenstadt, aus der Stalinallee in Berlin die Karl-Marx-Allee. Das Denkmal des Diktators kam irgendwann später über Nacht abhanden. Die Bürger staunten nicht schlecht, als am nächsten Morgen nur eine frische Blumenrabatte übriggeblieben war. Mehrere Werke und Institute verloren den »stolzen« Zusatznamen. Doch im Untersuchungsgefängnis der Staatssicherheit in Hohenschönhausen grüßte die Verhafteten noch lange Zeit das große Bild Stalins.[418]

Der Ärger mit dem Vizepräsidenten des Obersten Gerichts zwang Hilde Benjamin, wieder einmal über die Besetzungsfrage nachzudenken. Seit ihrer Ernennung zur Ministerin war dieses Kaderproblem nicht befriedigend gelöst. 1953, in den Wirren nach dem 17. Juni, hatte sie ihren alten Freund und Kollegen Götz Berger angerufen, damals Oberrichter in Berlin. Dr. Berger erinnert sich, daß Hilde Benjamin ihn – obwohl die letzte Zusammenkunft mit heftigen Angriffen von ihrer Seite geendet hatte – im freundlichsten Ton der Welt zu sprechen wünschte, seine juristischen und politischen Qualitäten ausdauernd lobte und schließlich mit der Sprache herausrückte: »Willst du mein Nachfolger werden? Ich bin soeben zum Minister ernannt worden.« Götz Berger hatte höflich gratuliert. Er wäre jedoch, so sagte er 1995, wie vor den Kopf geschlagen gewesen. Er hatte gedacht, die Hilde wäre verrückt geworden oder erlaubte sich einen Scherz mit ihm. »Laß uns später noch mal darüber sprechen. Solche schwierigen Entscheidungen kann man nicht am Telefon treffen. Sei nicht böse, daß ich über dein Angebot nicht in Freudentaumel ausbreche. Es kommt zu überraschend.« Hilde Benjamin soll nicht lockergelassen haben. Doch Götz Berger lehnte dann in einem offiziellen Gespräch mit seiner ehemaligen Kollegin das Angebot ab, verwies auf die politischen Vorbehalte gegenüber »Westemigranten« in der Partei, ließ sein Interesse an zukünftiger Rechtsanwaltstätigkeit durchblicken. Da er 1953 an der Spitze der SED keine mächtigen Befürworter hatte, ließ der Druck von Hilde Benjamin schließlich nach. Als das Amt 1957 wieder vakant war, kam die Sprache erneut auf Dr. Berger. Doch der war inzwischen aus dem Staatsdienst ausgeschieden und arbeitete als Sekretär der Vereinigung Demokratischer Juristen. Wenige Monate später wurde er wieder Rechtsanwalt. »Ich war sehr froh, endlich wieder Mandanten zu verteidigen. Mit Zorn und Verzweiflung hatte ich den Janka-Prozeß verfolgt, ich wußte, ich wollte nie mehr Richter sein. Aber Hilde, die war immer Richter und Staatsanwalt in einer Person, welchen Beruf sie auch ausübte. Sie war, das wußte ich inzwischen, nicht mehr wandelbar. Manche«, so fuhr Berger fort,

»haben nach der Nazi-Zeit gesagt: Mein ist die Rache! Dazu gehörte sie. Ein starker Staat und harte Strafen. Das war ihr Weg zum Sozialismus. Ich hatte da immer gewisse Zweifel, und nach dem XX. Parteitag gestand ich sie mir auch selbst ein. Der XX. Parteitag ist für mich persönlich sehr wichtig gewesen.«[419]

So formulierte Götz Berger fast 40 Jahre später seine Position. Er hat sie eingelöst und war seinen Mandanten, u.a. Robert Havemann, als Anwalt eine wichtige Stütze gegen die Übergriffe der DDR-Justiz, bis er selbst 1976 mit Berufsverbot belegt wurde.[420]

Im Herbst 1989, während des Untergangs der DDR, schrieb Götz Berger einen Aufsatz mit dem Titel: »Abrechnung mit dem Stalinismus, ein Gebot der Stunde«. Dort hieß es: »Stalinistische Praxis war doch, daß andere Vorstellungen vom richtigen Weg zum Sozialismus kriminalisiert, daß Kritiker der offiziellen Politik zu Verbrechern gestempelt und vor Gericht gestellt wurden. (…) Stalin lebt noch unter uns – oder hat noch vor wenigen Jahren unter uns gelebt. (…) Was als schlimmstes Vermächtnis Stalins anzusehen ist, das ist die Abschirmung gegenüber fremden Informationen und Gedanken, ist die Verhinderung geistiger Auseinandersetzung, eines echt dialektischen Disputs, das ist der Zwang zur Hinnahme eines als unabänderlich dargestellten politischen Dogmas.«[421]

Die beschriebene Methode, die stets sich verändernde Parteilinie zum feststehenden Dogma zu erklären und Abweichler als Verbrecher zu bestrafen, war, wie Götz Berger treffend feststellte, mit dem Janka-Prozeß noch lange nicht zu Ende. Ein weiterer Prominenter unter den zahlreichen Opfern war Erich Loest, Schriftsteller aus Leipzig. Ihn verhaftete die Staatssicherheit im November 1957. Einer der Vorwürfe aus dem Parteiverfahren 1956 gegen Loest liest sich so ungeheuerlich, daß er ausdrücklich benannt werden muß: »Die Unterstützung der Kinder eines Staats- und Klassenfeindes«. Loest hatte der Frau und den kleinen Kindern eines verhafteten Freundes Lebensmittel, Spielsachen und freundliche Worte zukommen lassen. Die Argumentation im Parteiausschlußverfahren gegen Loest lautete nun: »Kinder sind nicht schlechthin Kinder. Die Kinder eines Klassenfeinds verdienen unser Mitleid nicht.« Die Genossin, die diese Weisheit von sich gab, stieg wenig später in beachtliche Funktionärshöhen auf.[422]

Die Methoden der Dauerverhöre, des Schlafentzugs, der Drohungen und Beschimpfungen, die Loest erlebte, bestätigten alle Vorstellungen von stalinistischer Justizpraxis. Loests Ehefrau, Mitwisserin der »konterrevolutionären Absichten und Taten« und Mutter von zwei kleinen Kindern, wurde ebenfalls verhaftet.

Ungefähr zur gleichen Zeit stand Hilde Benjamin vor dem Plenum des Zentralkomitees und geißelte die Doktorarbeit eines jungen Wissenschaftlers. Sein Thema war »Die Strafbarkeit der Nichtanzeige von Verbrechen«. Der Jurist hatte ausgeführt, man könne zwar verlangen, daß Familienangehörige Verbrechen gegen das Leben anzeigen, aber bei »Verbrechen gegen den Staat« erhob er diese strenge Forderung ausdrücklich nicht. Ironisch bemerkte Hilde Benjamin: »Nun, man kann dazu etwas Positives sagen. Es wurde festgestellt, daß noch keine Dissertation soviel Widerspruch in der Diskussion gefunden hat wie diese. Das ist ein gutes Zeichen dafür, wie ein großer Teil der jungen Wissenschaftler reagiert hat.« Und drohend fuhr sie fort: »Aber wir sind uns klar darüber, daß der Schutz unseres Staates verlangt, daß gerade Staatsverbrechen von jedem angezeigt werden müssen, der von ihrer Vorbereitung Kenntnis erhält.«[423] So war also Mitwisserschaft der Ehefrau bei »Staatsverbrechen« – das konnte beispielsweise das Lesen des Orwell-Romans »1984« sein – laut Justizministerin der DDR ein strafwürdiges Delikt. Viele Ehefrauen und -männer haben diese Strafpraxis am eigenen Leib erfahren müssen.[424] Die Ausführungen von Hilde Benjamin erinnern an das schreckliche Wort und die Praxis der »Sippenhaft« aus der NS-Zeit.

Erich Loest wurde 1958 nach einem Paragraphen des Strafgesetzbuches zu acht Jahren Zuchthaus verurteilt, der erst im Dezember 1957, also nach seiner Verhaftung, in Kraft getreten war. »Nulla poena sine lege – keine Strafe ohne Gesetz« heißt ein Grundsatz der demokratischen Rechtsprechung. Hilde Benjamin hatte ihn als junge Studentin noch gelernt. Die »sozialistische Gesetzlichkeit« war, wie sie es formulieren würde, bereits über die alten Grundsätze »hinausgewachsen«.

Hier drängen sich abermals Parallelen zur NS-Justiz auf. Auch im Dritten Reich wurden die Oppositionellen einzig wegen ihrer Gesinnung zu hohen Zuchthausstrafen verurteilt, obwohl es für die Bestrafungen keinerlei Gesetzesgrundlage gab. Dr. Georg Benjamin wurde eines unter vielen tausend Opfern. Ihm hatte man vorgeworfen, seine Übersetzungen wären geeignet, »mittelbar durch Schaffung von Unzufriedenheit und Mißstimmung den Boden für einen späteren Umsturz vorzubereiten«.[425] Ähnliche Argumente tauchten auch in den Prozessen gegen Janka und Loest auf.

Die »Parteilichkeit« der sozialistischen Justiz, die Hilde Benjamin so gern beschwor, hatte im Denkansatz auffallende Ähnlichkeit mit dem »völkischen Recht«, das, vom Führer gesprochen, keiner besonderen, neuen Gesetzesform bedurfte. Die Richter als gute Volksgenossen mußten wissen, wen sie zu verurteilen und wen sie zu schützen hatten. Hilde Benjamins zahlreichen Darlegungen zur »Parteilichkeit« der Justiz fehlte jede inhaltliche Auseinandersetzung mit den Prinizipien und Denkstrukturen der NS-Justiz. Ihr ging es nicht um die grundlegende Kritik an der »Gesinnungsjustiz« der Nazis, wie sie in bürgerlich-demokratischer Tradition aus dem Recht auf Meinungsfreiheit abgeleitet wird. Ihr ging es um die »Erziehung« zur »richtigen« Gesinnung im Namen des Sozialismus.

Ulbricht und seine Genossen setzten in den nächsten Jahren ihren Kampf gegen jede Form von Abweichlertum fort. Die aktuell falsche Denkrichtung hieß 1958 »Revisionismus».

Unter den jungen Rechtswissenschaftlern der DDR hatte es nach dem XX. Parteitag ebenfalls Hoffnungen auf eine Wende in den Auffassungen von Recht und Gesetz, von Unabhängigkeit der Richter und Garantien der Menschenrechte gegeben. Zwar zaghaft, aber doch unmißverständlich hatten DDR-Juristen begonnen, gegen die dogmatischen Auffassungen der Stalinzeit anzudenken. Ulbricht nahm diese Ansichten zum Anlaß, den Abweichlern im April 1958 auf einer Konferenz in Babelsberg den Marsch zu blasen und die Getadelten »zur Bewährung« in die Praxis zu schikken.

Die Tagung in der Akademie für Staat und Recht ging als die »Babelsberger Konferenz« in die Chronik der DDR ein. Nach dieser Versammlung konnten bei keinem Juristen mehr darüber Zweifel bestehen, daß Staat und Recht gefügige Instrumente der Parteipolitik zu sein hatten oder, wie Hilde Benjamin es ausdrückte: »Babelsberg markierte die endgültige Liquidierung aller sozialdemokratischen Rechtsauffassungen in der SED.«[426]

Begegnung mit Pionieren zur Vorbereitung auf die Jugendweihe:
Hilde Benjamin in Steinpleis, Kreis Werdau, 7.2.1958

Doch auch Hilde Benjamin hatte kurzfristig als Kritisierte am Pranger gestanden. In Leipzig war ihr laut *Spiegel* im Februar von Horst Büttner, Direktor des Deutschen Instituts für Rechtswissenschaft, »Unterschätzung der ideologischen Rolle der Justiz« vorgeworfen worden.[427] Ursache des Streits war, daß Hilde Benjamin eine gewisse Eigenständigkeit der Justiz im sozialistischen Staat erhalten wissen wollte. Deshalb hatte sie in einem Artikel in der Zeitschrift *Staat und Recht* in Frage gestellt, ob es nützlich wäre, die Gerichte entsprechend dem Prinzip des Demokratischen Zentralismus den örtlichen Organen der Staatsmacht zu unterstellen. Sie meinte, es genüge, daß diese »eng mit den örtlichen Volksvertretungen zusammenarbeiten und sie als oberste Machtorgane in ihrem Zuständigkeitsbereich achten und stärken«.[428] Büttner hatte ihr aufgrund des Artikels vorgeworfen, ihre Konzeption »atme revisionistischen Geist und sei nicht frei von den Resten bürgerlichen Denkens«.[429] Für die immer parteitreue Hilde Benjamin war spätestens damit der Zeitpunkt gekommen, zurückzustecken und Selbstkritik zu üben, zumal gerade eben auf der 35. Tagung des ZK der SED Karl Schirdewan, Fred Oelßner und Ernst Wollweber mit ähnlich lautenden Begründungen mit Schimpf und Schande aus dem ZK ausgeschlossen worden waren. Die Warnung hatte gereicht. In der *Neuen Justiz* bezichtigte sie sich deshalb auch brav der fehlerhaften Behandlung des Problems und schrieb, »daß die enge Betrachtung überwunden ist, wie sie zu diesem Problem in dem Beitrag ›Aktuelle Fragen der Gerichtsorganisation‹ ... von mir vertreten wurde«.[430]

Hilde Benjamin, inzwischen 56 Jahre alt, äußerlich in die Breite gegangen, eine hastige Esserin und notorische Raucherin, kenntlich an der immer gleichen, straffen Zopfhochsteckfrisur mit Mittelscheitel, hatte ihre früher aparte Erscheinung gänzlich eingebüßt. Andere führende Genossinnen, unter ihnen Margot Honecker, hatten die Nachkriegstristesse in der Kleidung hinter sich gelassen und begonnen, den Repräsentationsanforderungen des Regimes auch äußerlich mit flotter Garderobe und gepflegtem Make-up nachzukommen. Doch Hilde Benjamin schien auf derlei Äußerlichkeiten keinen Wert zu legen. Meist sah man sie in langweilig geschnittenen, dunklen Kostümen mit einfarbigen Blusen ohne Schick. Ihre Züge waren hart, wirkten eher männlich, ihre Stimme hatte meist einen schrillen Ton. Dem *Spiegel* erschien sie bei ihren öffentlichen Auftritten wie das Aschenputtel unter den flotter werdenden Ladies der Führungsspitze.[431] Nichts, auch nicht die als weiblich definierte Eitelkeit und der Wunsch, sich zu schmücken und attraktiv zu erscheinen, konnte Hilde Benjamin vom parteigemäßen Leben ablenken.

In einem Parteifragebogen hatte sie 1954 geschrieben: »Jetzt steht die Partei in meinem Leben an erster Stelle. Es gibt keine Bindung, keine Beziehung, die dem vorginge.« Dieses unbedingte »Primat der Politik«, das die Kommunisten ihren Mitgliedern abforderten, verwirklichten nur wenige so perfekt wie Hilde Benjamin. Keine Bindung, keine Beziehung, die dem vorginge. Was blieb da noch für ein privates Leben?

Ihre Wohnung am Majakowskiring, im »Städtchen«, dem ehemals bürgerlichen Villenviertel unweit des Schlosses Niederschönhausen, war ein gut geschützter Ort. Schon vorn an der Hauptstraße waren Schranke und Bewacherhäuschen installiert. Normale Leute durften nur mit Sondererlaubnis und Passierschein das Straßenviertel betreten, wenn der Besuch nach einem Anruf beim

Vereidigung der Regierung Grotewohl im Schloß Berlin-Nieder-
schönhausen: Präsident Wilhelm Pieck gratuliert Hilde Benjamin zur
erneuten Berufung als Justizministerin, 8. 12. 1958

genannten Gastgeber bestätigt wurde. So waren die Herrschenden auch zu Hause unter sich und wurden nicht durch das Volk
gestört. Die Haushälterin regelte in der geräumigen Wohnung die
Geschäfte des Alltags. Sie wurde von der Regierungsstelle Staatliche Versorgung unter Mitwirkung der Staatssicherheit sorgfältig ausgewählt und bezog auch von dort ihren Lohn.

Das Gehalt der Frau Minister betrug bereits 1954 2 300 Mark der Deutschen Notenbank.[432] Hilde Benjamin bekam ab dem 55. Lebensjahr wahrscheinlich zusätzlich noch eine Ehrenrente für die Opfer des Faschismus. Zum Vergleich: Das durchschnittliche Monatseinkommen lag 1960 in der DDR zwischen 600 und 800 Mark, über 1 000 Mark verdienten nur 10 %, mehr als 2 100 Mark zu diesem Zeitpunkt nur 0,1 % der Bevölkerung.[433] Es war also ein stattlicher Betrag, den DDR-Minister damals verdienten, auch wenn er sich für westliche Vorstellungen von Spitzengehältern gering ausnimmt.

In den Ferien fuhr die Prominenz an die Ostsee auf eine für normale Gäste gesperrte Insel, die kleine Insel Vilm im Greifswalder Bodden. Caspar-David Friedrich hat ihre Schönheit in seinen Bildern aufbewahrt. Kompakte Schwedenhäuser aus dem kapitalistischen Ausland boten den oberen Kadern der SED angenehme Unterkünfte, die Staatssicherheit versperrte Neugierigen den Weg. Doch je verschlossener sich Herrschende geben, desto mehr blühen bekanntlich die Gerüchte über ihr Treiben. Eine der Geschichten, die man sich unter den Feriengästen auf Rügen und Hiddensee erzählte, hatte mit Hilde Benjamin zu tun. Extra für sie wäre ein Nacktbadestrand eingerichtet worden, weil sie gern an den Traditionen aus der Wandervogelzeit festhalten wollte.

Michael Benjamin hatte inzwischen sein Studium in Leningrad erfolgreich beendet. Er arbeitete einige Zeit als Staatsanwalt in der Provinz, bevor er Dozent und später Professor an der Akademie für Staat und Recht in Babelsberg wurde. Auch er, seit 1957 verheiratet, durfte mit seiner Familie an den Privilegien der Mutter teilhaben und mit ihr die Ferien auf Vilm verleben.[434] Die wenigen freien Wochenenden verbrachten sie meist gemeinsam auf dem Laubengrundstück in Brieselang. Dort war der zusätzlich erworbene Teil genutzt worden, um ein kleines Schwimmbecken einzubauen.[435] Hilde Benjamim war bekanntlich eine leidenschaftliche Schwimmerin und nutzte jede Gelegenheit, schon morgens einige Bahnen zurückzulegen. Und die zwei Bewacher waren immer dabei.

Ab 18. März 1959 konnte jeder Bundesbürger eine Woche lang das Bild Hilde Benjamins auf der Titelseite des *Spiegel* bewundern. Das Magazin brachte eine Titelgeschichte mit ihrem Por-

Eines der Hilde-Benjamin-Porträts aus dem »Spiegel« vom 18.3.1959

trät, jenem Foto aus dem Jahre 1953, das sie mit einer Zigarette in
der Hand zeigt. Diese Tatsache galt auch in der DDR als
Gradmesser für die Bedeutung eines Politikers. Nur wenige DDR-
Politiker waren bisher in den Genuß solcher Bekanntheit gekommen. Durch die rigide Bonner Politik der »Nichtanerkennung«
ausgegrenzt, lag der DDR-Regierung immer viel am Ansehen
über ihr eigenes Territorium hinaus. Nun also die Justizministe-

rin, lächelnd und rauchend, mit weißer, hochgeschlossener Bluse, am Jackett das Abzeichen der Vereinigung der Verfolgten des Nazi-Regimes auf der Titelseite (s. S. 211). Sie trug die charakteristische Zopfhochsteckfrisur und guckte ostentativ zur Seite, als wollte sie dem neugierigen Blick der Westbetrachter ausweichen. Keine unbedingt unsympathische, eine eher männlich wirkende Frau. *Der Spiegel* berichtete auf dreizehn Seiten über Hilde Benjamins Karriere, aktuell aufgemacht mit der Ankündigung der Ministerin, in der DDR bald ein neues, sozialistisches Strafrecht einzuführen. Die Bezeichnung DDR benutzte der Spiegel jedoch damals nicht. Er blieb bei der herabsetzend gemeinten westdeutschen Sprachregelung von der »Sowjetzone«. Zur Person Hilde Benjamin zeigte das Magazin Bilder der Eltern und Geschwister, Aufnahmen aus der Jugend, machte sich lustig über das Mädchen, »dem gerade der erste dunkle Flaum auf der Oberlippe sproß«. Ausgiebig wurde der »Damenbart« Hilde Benjamins verhöhnt. Auch jenseits der Grenze wäre die Ministerin gänzlich unbeliebt, selbst Ulbricht empfinde nur »frostige Solidarität« für die »unrasierte Dame«. Ihr politisches Engagement wurde als »das Ausweichen eines ewigen Mauerblümchens« auf andere Tätigkeiten dargestellt. Eine Frau, die ihr Leben »vor den Türen der Ballsäle« verbrachte. »Weder als Frau noch als Anwältin war ihr Glück und Erfolg beschieden.« In jenen Tagen würde Hilde Benjamin von einem dreiköpfigen Gespann von Muskelmännern ständig begleitet. Selbst in der Kur in Bad Liebenstein soll sie ein Spalier von Volkspolizei zu ihrer Sicherheit gefordert haben, um zu den Kuranwendungen zu gelangen, einen Fahrer hätte sie mit dem Vorwurf »Ihre Haare stinken« entlassen.

So entwarf *Der Spiegel* das Bild einer Granddame der privilegierten Bourgeoisie, die sich im Osten machtlüstern ihre Vorteile sichert und gleichzeitig als »rücksichtslose Vollstreckerin« aller Befehle aus dem Kreml agiert, ein Mannweib, das sich daheim mit Alkohol und Schallplattenmusik tröstet und öffentlich den harten Kurs einer diktatorischen Justiz durchsetzt.[436]

Das Magazin, im Selbstverständnis fortschrittlich und nicht grundsätzlich gegen berufstätige Frauen und weibliche Erfolgskarrieren, führte am Beispiel Hilde Benjamin mit einer Fülle abstoßender Details vor, das so ein Leben für eine Frau niemals erstrebenswert sein kann. So lehrte *Der Spiegel* alle nach Beteiligung an der Macht im Staate strebenden Frauen geschickt das Gruseln. Wer möchte schon ein »Mannweib« mit »Damenbart« und eine »machtlüsterne Vollstreckerin« sein und »ein Leben vor den Türen der Ballsäle« führen? Die Bilanz war eindeutig: Ungeliebt und abstoßend, verbringt eine machtlüsterne Furie ihre Tage mit der Unterdrückung ihrer Gegner.

Der Spiegel konnte bei seinem Angriff auf eine hervorgehobene Figur der politischen Justiz der DDR mit der Zustimmung der Mehrheit der Bevölkerung in Ost und West rechnen. Er verstand es geschickt, diesen politischen Angriff mit der Schmähung und Ächtung einer Frau zu verbinden, die in vielfacher Weise der tradierten Rolle nicht entsprach.

Hilde Benjamin wird auf den Artikel reagiert haben, wie sie auch sonst auf Anfeindungen aus dem Westen reagierte: mit noch größerer Härte trotzig ihre Position verteidigend. Meist hätte sie, wie ihr Sohn berichtete, bei persönlichen Angriffen mit einem Zitat des Heiligen Augustinus geantwortet: »Wenn mich die Feinde loben, habe ich etwas falsch gemacht. Die Haßtiraden der Feinde zeigen nur, daß wir recht haben.«[437]

In Hilde Benjamins Leben gab es einige wenige Vorbilder, die ihr viel bedeuteten. Unter den Frauen war das wohl Clara Zetkin, und als Juristen schätzte sie besonders Karl Liebknecht, den kämpferischen Anwalt und Kriegsgegner, den Verteidiger und Kampfgefährten von Rosa Luxemburg, den scharfen Theoretiker der »Klassenjustiz«. Er war ihr schon zu Beginn ihrer Anwaltstätigkeit ein Vorbild. In ihrer Kanzlei in Wedding und auch im Arbeitszimmer des Ministeriums hing immer ein Bild von ihm. Ausgiebig studierte sie seine Schriften und veröffentlichte nach ihrer Ministerzeit einige neue Forschungsergebnisse über ihn.[438]

Wer sich mit Karl Liebknecht befaßt, stößt auf dessen Analyse der Klassenjustiz und seine Überlegungen zum Anwaltsberuf. Liebknecht schrieb dazu: »Dem deutschen Obrigkeitsstaat wird die freie Advokatur immer verhaßt bleiben.«[439]

Welche Schlußfolgerungen zog Hilde Benjamin aus Liebknechts Schriften für die weitere Bestimmung des Anwaltsberufs in der sozialistischen Gesellschaft? Als nach der Befreiung vom Faschismus sie und ihre juristischen Kollegen diskutierten, welche Rolle der Rechtsanwalt im Sozialismus haben sollte, stand Liebknecht bei der Festlegung der Anwaltsrolle nicht Pate. Die Genossen fragten sich damals: Braucht die sozialistische Gesellschaft überhaupt noch Rechtsanwälte? Theoretisch betrachtet stimmten im Sozialismus die Interessen der Bürger und des Staates doch weitgehend überein. Dann bedurfte es auch keiner ausdrücklichen Verteidigung des Bürgers gegen staatliche Institutionen mehr. Der Blick der Juristen ging zum großen Bruder Sowjetunion. Dort hatte sich im nachrevolutionären Staat eine andere Form der Berufsausübung für Rechtsanwälte entwickelt: eine kollektivierte Anwaltschaft, Propagandisten des sozialistischen Rechts, die nicht gegen den sozialistischen Staat, sondern mit ihm gemeinsam die Rechtsbrecher erziehen und zur Besserung ermahnen wollten.

Dieses Vorbild strebte Hilde Benjamin in der Folgezeit an. Liebknechts Theorien waren nicht für den Neuanfang der Rechtsentwicklung in der DDR geeignet. Eine Reihe wichtiger berufspolitischer Maßnahmen, die ihre Zustimmung fanden bzw. von ihr als Ministerin weiterentwickelt wurden, hebelte die freie Anwaltschaft in der DDR aus, organisierte die Anwälte in Kollegien und versuchte, sie den Anweisungen des Ministeriums für Justiz völlig zu unterwerfen.

Bei der Mehrheit hatte die Methode Erfolg. Doch gab es bis zum Ende der DDR immer wieder Anwälte, die mutig als Verteidiger ihrer Mandanten auftraten, Verletzungen der Gesetze anprangerten und den Machtmißbrauch beim Namen nannten. Ganz im Gefolge Karl Liebknechts, der den Anwälten »Mut, Standfestigkeit vor der Justiz und ein festes Rückgrat« empfohlen hatte.

So ein Mutiger war Rechtsanwalt Schmidt, Vorsitzender des Kollegiums der Rechtsanwälte in Gotha. Im Dezember 1957 mußte sich die Justizministerin Hilde Benjamin mit seinem Fall befassen. Das Politbüro hatte Berichterstattung gefordert. Schmidt war zu diesem Zeitpunkt Anwalt ohne Zulassung. Ein Antrag auf Wiederzulassung zur Rechtsanwaltschaft lag vor. Schmidt war zwei Jahre vorher wegen Boykotthetze und Anstiftung zur Republikflucht zu acht Jahren Zuchthaus verurteilt worden, weil er angeblich einem Mandanten zur Flucht geraten und, was noch schwerer wog, die Verhörmethoden in den Stasi-Kellern kritisiert hatte. Bei seinen Mandanten war er wegen seines Muts beliebt. Einer, der es wagte, vor Gericht öffentlich zu sagen, daß Häftlinge in den Haftanstalten der staatlichen Sicherheitsorgane geschlagen und bedroht wurden, um von ihnen Geständnisse zu erzwingen, war eine absolute Ausnahme unter den Anwälten.[440] Schmidt saß ein Jahr in Haft und kritisierte auch dort offen die brutalen Verhaltensweisen der Wärter gegenüber den Häftlingen. Ermutigt durch die Erkenntnisse des XX. Parteitags, stellte ein befreundeter Anwaltskollege dann im Sommer 1956 den Antrag, Schmidt aus der Haft zu entlassen. Das Oberste Gericht stimmte zu, das Urteil wurde kassiert, Schmidt entlassen und sein Fall in Leipzig neu verhandelt. Der Prozeß endete mit Freispruch mangels Schuld. Ende gut – alles gut. Könnte man denken.

Nun wollte Schmidt selbstverständlich wieder als Rechtsanwalt arbeiten und stellte den schon erwähnten Antrag auf Wiederzulassung. Da stockte der Vorgang. Inzwischen hatte sich die Lage verändert. Das 30. Plenum des ZK der SED hatte »Lehren aus Ungarn gezogen« und den Kurs in allen Bereichen verschärft. Die Richter, die das erste Urteil gegen Schmidt gesprochen hatten, protestierten energisch gegen die Wiederzulassung des oppositionellen Mannes. Hilde Benjamin nahm sich der Sache an und äußerte vollstes Verständnis, daß Richter, die Schmidt vor zwei Jahren verurteilt hatten, nicht wünschten, diesem Anwalt vor Gericht wieder zu begegnen.

Wie hieß es doch bei Karl Liebknecht so treffend: »Dem deutschen Obrigkeitsstaat wird die freie Advokatur immer verhaßt bleiben.«

Der Protest gegen die Wiederzulassung zündete. Der »Fall Schmidt« wurde ein Fall für das Politbüro. Das bewährte Dreigespann Benjamin, Melsheimer und Mielke bekam den Auftrag, einen Bericht für das höchste Parteigremium zu erstellen. Hier einige Kostproben aus dem Dokument: »Es war berechtigter Anlaß, gegen Schmidt Anklage zu erheben. Die Strafe von 8 Jahren war jedoch sehr wesentlich überhöht. (...) Im (freisprechenden) Urteil kommt jedoch der Liberalismus kraß zum Ausdruck. (...) Es scheint so, daß die Tatsache, daß der Angeklagte ein Rechtsanwalt war, mit zu diesem Wohlwollen ... geführt hat.«[441]

Das Politbüro ließ sich informieren. Hilde Benjamin schlug vor, das Urteil zu kassieren und erneut gegen Schmidt zu verhandeln. Der Freispruch paßte ihr ganz und gar nicht ins politische Konzept. Sie hatte auch schon das genaue Strafmaß im Kopf. Fünf

Jahre Zuchthaus für den widerspenstigen Anwalt. Das Politbüro, oberstes Machtzentrum eines Siebzehn-Millionen-Volkes, beriet den Fall. Mit dem Vorschlag der Justizministerin waren die hohen Genossen einverstanden. Das zuständige Gericht wurde angewiesen, seinen politischen Auftrag zu erfüllen. Wieder einmal waren die Richter die unmittelbaren Handlanger des Parteiwillens.

Rechtsanwalt Schmidt, einst überzeugter Kommunist, hatte inzwischen die Mechanismen sozialistischer Gesetzlichkeit verstanden und sich in den Westen abgesetzt.[442]

In ihren Ministerjahren erlebte Hilde Benjamin einige besondere Höhepunkte: z.B. die Feierstunden zur Verleihung von Orden und Auszeichnungen.

1955 bekam sie die »Clara-Zetkin-Medaille« für ihren kämpferischen Einsatz für die Rechte der Frauen, dann folgte der »Vaterländische Verdienstorden« in Silber, 1958 kam die Medaille »Kämpfer gegen den Faschismus« hinzu. Diese Verleihung ging ihr besonders nahe, denn sie hatte das Gefühl, daß sie die Auszeichnung stellvertretend für Georg Benjamin in Empfang nahm.

Am 5. Mai 1960 jährte sich zum 15. Mal der Tag, an dem das Konzentrationslager Mauthausen befreit worden war. Die Vereinigung der ehemaligen Häftlinge hatte Hilde Benjamin, zusammen mit Überlebenden des Konzentrationslagers, zu einer Feierstunde nach Oberösterreich eingeladen. Hilde Benjamin erhielt vom Zentralkomitee eine Sondergenehmigung für diese Westreise.[443]

Mauthausen, der Ort der Ermordung ihres Mannes, war bis zur Errichtung des Konzentrationslagers (eine Außenstelle des KZ Dachau) ein friedlicher Marktflecken am linken Donauufer gewesen. Auf der Reise entfaltete sich die ganze Schönheit der Alpenlandschaft, die Hilde Benjamin in den vergangenen Jahren fast vergessen hatte. Früher war sie mit Georg häufig in den Bergen gewandert. Erinnerungen. In Mauthausen links und rechts der Zufahrtsstraße die Denkmäler der Nationen, darunter auch eine eindrucksvolle Skulptur der DDR. Das offizielle Programm ließ nicht viel Zeit für persönliche Trauer. Dr. Georg Benjamin war im September 1942, nur wenige Tage nach seiner Ankunft in Mauthausen, ermordet worden. Überlebende konnten ihn nicht gekannt haben. Sie bekam die Totenliste gezeigt. »Benjamin, Israel Georg, Häftlingsnummer: 121225/5, Häftlingsart: Jude, Todes-

Empfang zum 15. Jahrestag er Deutschen Volkspolizei: Hilde Benjamin;
Herbert Warnke, Vorsitzender des FDGB; Erich Mielke, Minister für
Staatssicherheit; Karl Maron, Minister des Innern (von links), 2. 7. 1960

Hilde Benjamin und Hans Nathan (links) bei der 150-Jahrfeier der
Humboldt-Universität: Glückwünsche für den Gastredner,
Kronanwalt Dr. Pritt, 17. 11. 1960

ursache (lt. Totenbuch) Freitod durch Starkstrom.«[444] Zusätzlich erschütternd wirkte der Kontrast zwischen der herrlichen Landschaft und dem vorgestellten Grauen des früheren KZ-Alltags.

Wenige Tage zuvor hatte Hilde Benjamin als offizielle Beobachterin im Obersten Gericht in der ersten Reihe gesessen, die Augen hinter einer Sonnenbrille verborgen. Dr. Theodor Oberländer, einst Hitlers Gauamtsleiter in Ostpreußen, jetzt Minister der Regierung Adenauer, wurde in Abwesenheit der Prozeß gemacht.

Ein Urteilsspruch im März 1959 in Warschau hatte die Weltöffentlichkeit auf eine Ungeheuerlichkeit aufmerksam gemacht. Da wurde Erich Koch, ehemals Gauleiter von Ostpreußen und Hitlers Reichskommissar in der Ukraine und im Gebiet Bialystok, wegen Mordes an dreihunderttausend Menschen in den annektierten polnischen Gebieten zum Tode verurteilt. In seinem Schlußwort gab der Angeklagte Koch dann folgenden Satz von sich: »Ich verstehe überhaupt nicht, warum ich hier, vierzehn Jahre nach dem Kriege, vor diesem Gericht stehe, während mein ehemaliger Gauamtsleiter in der NSDAP-Gauleitung Ostpreußen, der SA-Hauptsturmführer Theodor Oberländer, heute Minister in Bonn ist.«[445]

Dr. Theodor Oberländer, laut Handbuch des Deutschen Bundestages Professor für Landwirtschaft, war in der Tat seit 1953 Bundesminister für Heimatvertriebene, Flüchtlinge und Kriegsgeschädigte in der Regierung Adenauer. Jahrelang hatte Stillschweigen geherrscht. Nun kam ein Wechselspiel zwischen Ost und West zustande, das selbst ein Theodor Oberländer, zusammen mit seinem Schirmherrn Adenauer, nicht mehr ignorieren konnte.

Wenige Tage vor Eröffnung des Prozesses vor dem Obersten Gericht der DDR hatte in der Bundesrepublik die CDU Minister Oberländer auf Drängen der SPD aufgefordert, sich vorübergehend beurlauben zu lassen, damit die Vorwürfe gegen ihn untersucht werden konnten. Oberländer aber hatte erklärte, er wolle erst dann zurücktreten, wenn ein Untersuchungsausschuß des Bundestages die ihm zur Last gelegten Verbrechen bestätigte.

Das war ein Tag nach Prozeßeröffnung in der DDR. Der Schauprozeß vor dem Obersten Gericht hatte etwas in Bewegung gebracht. Noch aber hielt Adenauer scheinbar ungerührt zu seinem Minister und erklärte: »Natürlich war er Nationalsozialist. Er war sogar tiefbraun. Aber er hat sich den blutigen Ausschreitungen im Osten widersetzt.«[446]

Im Prozeß gegen den Bundesvertriebenenministers Oberländer
vor dem Obersten Gericht der DDR: Justizministerin Hilde Benjamin
mit dem Präsidenten des Obersten Gerichts Heinrich Toeplitz
als Zuhörer, 20. 4. 1960

Die beiden deutschen Staaten übertrafen sich gern in gegenseitigen Verdächtigungen und Anklagen. Auch die Veranstaltung im Gerichtssaal des Obersten Gerichts der DDR gegen Oberländer ähnelte mehr einem Tribunal als einem ordnungsgemäßen Gerichtsverfahren. Der Prozeß war nur die äußere Form, in die der Propagandafeldzug gegen die Regierung in Bonn verpackt war. Rechtmäßig konnten die DDR-Richter gar nicht über Minister Oberländer urteilen. Er war weder im Gerichtssaal anwesend noch war der Ort seiner Straftaten das Territorium der jetzigen DDR. Das Urteil gegen Oberländer wegen »Mordes und Anstiftung zum Mord« lautete auf lebenslänglich Zuchthaus. Eigentlich, so hieß es in der Begründung des Obersten Gerichts am 29. April, wäre die Todesstrafe für Oberländer angemessen gewesen. Aber das Urteil »lebenslänglich« sei »Ausdruck für das Bemühen der DDR, eine Verschärfung in den Beziehungen der beiden deutschen Staaten zu vermeiden«.[447] So war der Prozeß bis in das Strafmaß hinein Ergebnis politischer Taktik.

Was auch immer der letzte Anstoß gewesen sein mag, Oberländer trat am 3. Mai von seinem Amt zurück. Eifrig beteuerte er weiterhin seine Unschuld. Er habe im Krieg durch selbstlosen Einsatz Massenerschießungen und andere Kriegsverbrechen verhindert. Das Landgericht Bonn stellte schon im September 1960 – wie in ähnlichen Verfahren auch – die Ermittlungen gegen Oberländer ein. Die Vorwürfe, Oberländer wäre als Kommandeur der Bataillone »Nachtigall« und »Bergmann« für Massenmorde an russischen, polnischen und jüdischen Zivilisten verantwortlich gewesen, seien nicht zu beweisen.

Dem Prozeß gegen Oberländer folgten in der DDR weitere gegen prominente Politiker aus dem Westen, allen voran gegen Globke und Gehlen. Sie waren Bausteine innerhalb eines breit angelegten Propagandakonzepts. Der DDR ging es um ihr Selbstverständnis als antifaschistischer Staat und den Beweis, daß die BRD mit der Nazi-Vergangenheit in keiner Weise abgerechnet hatte. Dieser Beweis war nicht schwer zu erbringen. Kanzler Adenauer hatte mit Vorsatz bedeutende Männer aus der NS-Zeit in sein Kabinett geholt und dem NS-belasteten Teil der Bevölkerung eine Art Burgfrieden in der neuen Republik angeboten. Sein Ziel war es, durch diese Signale belastete Fachleute und Politiker zur Mitarbeit in der Bundesrepublik zu gewinnen. Umerziehung von Nazis auf Adenauer-Art. So wurde der Kommentator der Nürnberger Rassengesetze, Dr. Hans Globke, zum Staatssekretär ins Kanzleramt berufen, Reinhard Gehlen, Geheimdienst-Chef »fremde Heere Ost« unter Hitler, baute den Bundesnachrichtendienst auf, der ehemalige Gauamtsleiter und Volkstumsexperte Theodor Oberländer war drei Jahre lang Vertriebenenminister, Hans Filbinger wurde trotz Beteiligung an Todesurteilen als Marinerichter Ministerpräsident von Baden-Württemberg.

Die DDR-Propagandisten brauchten eigentlich nur aufzusammeln, was an eklatanten Versäumnissen im Umgang mit der Vergangenheit in der Bundesrepublik täglich praktiziert wurde. In zahlreichen Dokumentationen entlarvten die Medien der DDR die Vergangenheit der NS-Juristen im Staatsdienst der BRD. Eine Broschüre hieß programmatisch: »Gestern Hitlers Blutrichter – Heute Bonner Justizelite«. Die vorgelegten Dokumentationen waren meist gut recherchiert und entsprachen der Wahrheit. In manchen Gerichtsbezirken der Bundesrepublik lag der Anteil ehemaliger NSDAP-Mitglieder unter den Richtern zeitweilig höher als in der NS-Zeit selbst. Die belasteten Personen erklommen in den fünfziger und sechziger Jahren hohe Positionen im Justizapparat, waren als Ankläger und Richter in politischen Verfahren gegen Kommunisten tätig oder entschieden über Anträge auf Wiedergutmachung ehemaliger KZ-Häftlinge. Entsprechend war ihre Spruchpraxis. Der eigene Berufsstand wurde extrem begünstigt. In fast allen Fällen blieb die blutige Praxis der Rechtsbeugung während des Dritten Reiches ungesühnt.[448]

So wuchsen die Jugendlichen in Westdeutschland, die später als die »Achtundsechziger« bekannt wurden, mit der Kenntnis über die Nazi-Vergangenheit hoher Repräsentanten ihres Staates auf. Nicht zuletzt aus Scham und Wut über die ungesühnten Untaten der Elterngeneration entwickelte sich Mitte der sechziger Jahre die radikale Protestbewegung der Studenten.

Allein aus dem Vergleich mit der BRD legitimierte sich die DDR schon als antifaschistischer Staat. Am Negativbild BRD gemessen, spielten die wenigen Juristen aus der NS-Zeit in DDR-Diensten keine beachtenswerte Rolle. Kurt Schumann, Präsident des Obersten Gerichts der DDR seit seiner Gründung, war bis 1942 Kriegsgerichtsrat gewesen und wahrscheinlich nur wegen seiner Mitgliedschaft im »Bund der Offiziere« in der Kriegsgefangenschaft in der Sowjetunion als entlastet eingestuft worden. Er mußte im April 1960 zurücktreten. Schließlich hätte es nicht gut ausgesehen, Oberländer als Nazi anzuklagen und zugleich einen Präsidenten zu haben, der selbst im Nationalsozialismus NSDAP-Mitglied und Kriegsgerichtsrat gewesen war.

Normalerweise funktionierten die wenigen ehemaligen Nazis in DDR-Diensten ausgezeichnet. Oft waren sie die schlimmsten Eiferer im Sinne der »sozialistischen Justiz« und achteten umsichtig darauf, daß niemand Zweifel an ihrer Wandlung vom Nazi-Juristen zum parteitreuen Justizfunktionär hatte. Sie änderten einfach die Stoßrichtung ihres Kampfes gegen Abweichler, und schon waren sie stramme Richter der sozialistischen Gesetzlichkeit.

Insbesondere Generalstaatsanwalt Melsheimer, im März 1960 gerade verstorben, hatte tagtäglich seine Wandlungsfähigkeit bewiesen. Schon 1940 hatte ein Reichsrichter in einem Gutachten über Melsheimer festgestellt, daß er »an jeder Stelle tatkräftig und in vollem Umfange dem Gedankengut des neuen Staates

*Ehrenwache für den Generalstaatsanwalt und Freund Ernst Melsheimer,
der am 27.3.1960 starb*

Rechnung trägt«.[449] Es ging in dem zitierten Gutachten um den
NS-Staat, für den er so »tatkräftig und in vollem Umfange« eingetreten war. Ähnlich positive Einschätzungen folgten später in der
DDR. Daß es diese »braunen Flecken«[450] auf der blütenweißen,
antifaschistischen Weste der DDR-Justiz überhaupt gab und Hilde
Benjamin mit den belasteten Personen gut zusammmenarbeitete
und mit dem ehemaligen Richter in nationalsozialistischen Dien-
sten, Ernst Melsheimer, sogar freundschaftlich verbunden war,
bleibt vorerst ein Rätsel, dessen Gefühls- und Motivlage Außen-
stehenden verschlossen ist.

Über die Hintergründe zur Person Melsheimer veröffentlichte
der NDR 1993 ein Feature, in dem der Autor Falco Werkentin
feststellte: »Gewiß ist es zeitgeschichtlich interessant, eine Erklärung dafür zu finden, warum Melsheimer so unmittelbar aus den
Trümmern der NS-Justiz wie Phönix aus der Asche steigen konnte.

(…) Sollte er tatsächlich, wie heute spekuliert wird, zwischen 1933 und 1945 für die Sowjetunion gearbeitet haben, so spricht dies – unter den Bedingungen der Zeit – für ihn, hebt ihn aus der Juristengeneration seiner Zeit heraus …«[451]

Jedoch würde diese Tatsache nicht die erschreckende Wandlungsfähigkeit Melsheimers unter fast allen Regimen dieses Jahrhunderts aus der Welt schaffen, ebensowenig wie seinen gnadenlosen Einsatz gegen zahlreiche auch jüdische Kommunisten in den Schauprozessen der fünfziger Jahre. Aber dieser Hintergrund würde verständlich machen, warum Hilde Benjamin, die die Sowjetunion zeit ihres Lebens über alles schätzte, so vorbehaltlos mit Melsheimer zusammenarbeitete.

Die Vision von Gleichberechtigung und Frauenrecht

Ministerin 1961–1967

Der 13. August 1961 fiel auf einen Sonntag. Ein Tag, in Berlin wie geschaffen für Ausflüge an die nahegelegenen Seen und Flüsse. Die Sonne ging früh auf, es versprach warm zu werden. Die Menschen würden in ihren Gärten und Laubengrundstücken werkeln, Picknick im Grünen veranstalten und Kaffeetafeln unter großen Bäumen errichten.

Für tausende Männer in Uniform hatte der Tag außergewöhnlich früh begonnen. Um 0.01 Uhr gingen die Befehle über den Ticker, die Boten brachen mit ihren versiegelten Umschlägen zu den Zielorten auf, den Kampfgruppen wurden ihre Einsatzorte zugewiesen. Um 6 Uhr war mitten in Berlin die Grenze abgeriegelt. Die Trupps der bewaffneten Betriebskampfgruppen errichteten zusammen mit Einheiten der Nationalen Volksarmee Sperrzäune und entrollten meterlange Stacheldrahtrollen, westdeutsche Qualitätsware, als gälte es, einen sozialistischen Wettbewerb zu gewinnen.

In den Kleingärten saßen die Familien um ihre Transistorradios, stumm vor Schreck oder verzweifelt weinend und debattierend. Im Deutschlandsender DDR gab es den ganzen Tag über anfeuernde Marschmusik, der RIAS brachte halbstündlich Nachrichten und ausführliche Berichte über den Kriegszustand an der Grenze. Um 8 Uhr war Willy Brandt, Regierender Bürgermeister von Westberlin, in Tempelhof gelandet. Das Abgeordnetenhaus in Schöneberg trat zu einer Sondersitzung zusammen. Kennedy und Adenauer ließen sich in ihren Urlaubsorten über die Lage informieren.

Hilde Benjamin verbrachte das Wochenende friedlich in ihrer Laube in Brieselang.[452] Daß die Grenze dichtgemacht wurde, konnte ihre Lage nur verbessern. Sie machte ohnehin seit dem Beginn der fünfziger Jahre keinen Schritt mehr über die Sektorengrenze hinaus. Ihre Schwester hatte die Mutter allein beerdigen müssen, jede Verbindung zu Ruth Lange war abgebrochen. Zu ihrem Nürnberger Bruder, dem Republikflüchtling, bestand selbstverständlich kein Kontakt. Die guten DDR-Bürger würden nun wieder ruhig schlafen können. Das war der propagierte Sinn der Aktion. Kein Abwerber und Menschenhändler könnte mehr den Frieden der »sozialistischen Menschengemeinschaft« stören, und die alten und neuen Faschisten aus Bonn wurden daran gehindert, »mit klingendem Spiel durchs Brandenburger Tor«[453] zu marschieren. So lautete die tägliche Horrorvision des *Neuen Deutschland*. Das Brandenburger Tor war hermetisch abgeriegelt. Der »Antifaschistische Schutzwall« schützte, wie sein Name einreden sollte, vor den Faschisten aus dem Westen.

Doch gab es nach dem 13. August 1961 auch Menschen, die sich nicht schützen lassen wollten. Sie sprangen in den Tod, als ihre Fenster zugemauert wurden, sie sprangen über die Mauer und blieben im Stacheldraht, der Krönung des Bauwerks, hängen.

Vielleicht hatte die Vorgeschichte zum Mauerbau bereits ein Jahr zuvor begonnen, als Ulbricht, inzwischen als Staatsratsvorsitzender auf der Höhe seiner Macht, in einer mehrstündigen Rede seine Utopie verkündete: »die sozialistische Menschengemeinschaft«.

Der Traum vom sozialistischen Menschen klang verlockend, trotz der sächselnden Kastratenstimme, mit der er vorgetragen wurde. »Zwischen unserem volksdemokratischen Staat und den Interessen der Bürger gibt es keinen Widerspruch. (...) Die zunehmende bewußte Mitwirkung der Bürger unserer Republik an der Staatspolitik führt zur tiefgreifenden Umgestaltung der Menschen selbst, zur Veränderung ihres Denkens, ihrer Lebensgewohnheiten, ihrer Beziehungen zueinander. In diesem Wandlungsprozeß, der vom Ich zum Wir führt, vom isolierten Individuum zur sozialistischen Gemeinschaft, werden schrittweise viele schlechte Gewohnheiten und die Rückständigkeit überwunden, die uns der Kapitalismus überlassen hat. Es wächst die politisch-moralische Einheit des Volkes. (...) Es sind Menschen, die sich nicht nur das Ziel stellen, auf sozialistische Weise zu arbeiten, sondern sich auch allseitig solide Kenntnisse aneignen, die bewußt gegen die Überreste der Vergangenheit ankämpfen. Es sind Menschen, die sich bemühen, im täglichen Leben Vorbild zu sein, indem sie immer stärker die hohen sittlichen und moralischen Eigenschaften von Menschen unserer Gesellschaft entwickeln, die sich im wahrsten Sinne des Wortes wie Brüder verhalten, sich gegenseitig helfen, achten und lieben.«[454]

Vom Ich zum Wir, der neue Mensch, alle Menschen werden Brüder. Ein weltumspannender Traum, den der Arbeitersohn aus Leipzig seinem Volk vorstellte.

»Doch die Verhältnisse, sie sind nicht so...«, heißt es bei Brecht. Und die Verhältnisse entwickelten sich auch in den folgenden Monaten in der DDR nicht nach Ulbrichts Wünschen. Das Gegenteil war der Fall. Die Versorgungslage wurde – nicht zuletzt wegen der hundertprozentigen Kollektivierung der Landwirtschaft – katastrophal. Sogar Grundnahrungsmittel wie Mehl und Kartoffeln wurden knapp. An der See gab es keinen Fisch. Der ging für die Planerfüllung in die großen Städte. In den traditionellen Obstanbaugebieten mußte alles abgeliefert werden, für den örtlichen Markt blieb nichts. Oft rissen die kollektivierten Bauern nur noch ihre Stunden ab, blieben am Wochenende zu Hause, ließen die Früchte auf den Feldern verfaulen. Die Bauern, nun Arbeiter der LPG, kümmerten sich nicht mehr aktiv um den Ertrag ihrer Arbeit. Stagnation und Rückschritt bei der Erzeugung waren an der Tagesordnung.

Auch in den Fabriken gab es immer häufiger passiven Widerstand. Die Produktionsziffern sanken. Durch Flucht fehlten die guten Facharbeiter. Und die Fluchtwelle schwoll von Monat zu Monat weiter an. Waren es 1959 »nur« 143 000, so wurden es 1960 schon 199 000 Personen, die der »sozialistischen Menschengemeinschaft« den Rücken kehrten.

Die soziale und Alterszusammensetzung der Flüchtlinge mußte den ersten Arbeiter- und Bauernstaat erschüttern. Die Mehrheit der Flüchtlinge waren Arbeiter zwischen 19 und 25 Jahren, gut ausgebildete Fachleute, die in den Betrieben dringend gebraucht wurden.[455] Insgesamt verließen seit Gründung der DDR 2 Millionen Menschen ihre Heimat.

Die Führung der DDR wußte durch ihre Späher über den Zustand der Republik Bescheid, kannte die Stimmung in der Bevölkerung und die Lage in der Produktion. Das Ministerium für Staatssicherheit hatte ausführliche Berichte eingereicht, die Minister

Mielke dem Politbüro bereits im Mai 1960 »mit der Bitte um Auswertung« vorlegte. Dort hieß es zum Beispiel: »Ein nicht zu unterschätzendes Hemmnis bei der Durchführung der verschiedenen Aufgaben des Staats- und Wirtschaftsapparats ... stellt das unkritische Verhalten gegenüber moralischen Verfehlungen aller Art dar. Solche Erscheinungen, vor allem Trinkereien, außereheliche Beziehungen, Überheblichkeit und Arroganz und ähnliche Formen, gibt es bei einer beträchtlichen Zahl von kleinen, mittleren, aber auch leitenden Funktionären, ... die außerdem in schädlichster Weise das Ansehen des Staatsapparats und der Partei in den Augen der Bevölkerung untergraben.«[456]

Doch mit dem »Auswerten« der Berichte gab es Schwierigkeiten. Die Genossen des Politbüros zogen auch diesmal aus dem realistischen Stimmungsbild der Staatssicherheit nur den Schluß, das Volk müßte endlich zu einer positiven Einstellung zu Partei und Staat erzogen werden, wenn nötig auch mit Zwang.

Wieder wurde vor allem die politische Justiz aktiv. Die Verfahren wegen »Hetze« und »Staatsverleumdung« stiegen 1960/61 drastisch an. Hilde Benjamin führte in dem Bericht ihres Ministeriums aus: »Staatsgefährdende Hetze und Propaganda nach § 19 stieg von 2 768 im Jahre 1959 auf 4 809 Verfahren im Jahre 1960 = 72,6 % ... Auch die Verfahren wegen Hetze gegen die Arbeiter- und Bauernmacht haben zugenommen.« Es gab zugleich auch einige einschränkende Überlegungen: »Es sind jedoch auch Bürger wegen Äußerungen strafrechtlich verfolgt worden, die nicht die Schwere einer strafbaren Handlung hatten. Diese Äußerungen eines zurückgebliebenen Bewußtseins hätten durch sachliche Überzeugung geklärt werden können, dies um so mehr, als 60–70 % der wegen Hetze Verurteilten Arbeiter waren, die z.T. in der Produktion gute Leistungen vollbrachten.«[457] Hier schimmert immerhin die Sorge durch, daß die Fluchtwelle sich noch krasser entwickeln könnte und einfach die falschen, nämlich die Arbeiter, die im Staat angeblich die Macht hatten, indirekt vertrieben würden.

Auf einer Krisensitzung des Politbüros im Januar 1961 hatte Walter Ulbricht dargestellt: »Der konjunkturelle Aufschwung in Westdeutschland, der für jeden Einwohner der DDR sichtbar war, ist der Hauptgrund dafür, daß im Verlaufe von zehn Jahren rund zwei Millionen Menschen unsere Republik verlassen haben.

In dieser Lage waren und sind wir gezwungen, um den Abstand im Lebensniveau wenigstens schrittweise zu mildern, ständig mehr für den individuellen Konsum zu verbrauchen, als unsere eigene Wirtschaft hergab. Das ging ständig zu Lasten unseres Produktionsapparats. Das kann man auf die Dauer nicht fortsetzen.«[458]

Selbst die Kabinettsmitglieder der DDR-Regierung erschraken über die niederschmetternde Bilanz, die Ulbricht zog. Und die Justizministerin erhielt – wieder einmal – den Auftrag, nun die Strafen zu mildern und durch vorzeitige Entlassungen die Stimmung zu bessern. Doch den großen Worten über »einige negative und schädliche Seiten der Strafpolitik« folgten keine Taten. In Wirklichkeit wurde weiter verfolgt und bestraft. Jede Anspielung auf westdeutsche Verhältnisse nannte man Abwerbung. Schon die Planung einer Flucht oder die Geheimhaltung solcher Pläne wurden unter Strafe gestellt, die Urteile als Abschreckung über die Presse bekannt gemacht.

In den ersten Monaten des Jahres 1961 entwickelte sich in der DDR ein Klima der Hektik, Bespitzelung und Verzweiflung, in dem viele Menschen begriffen, daß sie bald entscheiden mußten. Wollten sie in der DDR bleiben oder in den Westen wechseln? Es blieb nicht mehr viel Zeit für eine endgültige Entscheidung. In den Zügen nach Berlin saßen immer mehr zivil-verkleidete Vertreter der Staatssicherheit, immer häufiger wurden die Menschen und ihr Gepäck kontrolliert, jeder Anschein von Fluchtgepäck konnte zur Verhaftung führen.

»So kann es nicht mehr weitergehen!« war der Satz, der ab Frühjahr 1961 in der DDR ständig zu hören war. Die Frage war nur, welche Schlußfolgerungen daraus gezogen wurden.

Juni 1961. Das Presseamt der DDR-Regierung lud zu einer Pressekonferenz. Anwesend waren zahlreiche Vertreter der in- und ausländischen Zeitungen. Ulbricht führte aus: »Auf der Tagesordnung des Jahres 1961 steht – das weiß heute jeder – der Friedensvertrag mit Deutschland und die Lösung des Westberlin-Problems.«

Auf die Frage von Annemarie Doherr von der *Frankfurter Rundschau* nach einem möglicherweise geplanten »Mauerbau« sagte Ulbricht dann die berühmten Sätze:

»Ich verstehe Ihre Frage so, daß es in Westdeutschland Menschen gibt, die wünschen, daß wir die Bauarbeiter der Hauptstadt der DDR dazu mobilisieren, eine Mauer aufzurichten. Mir ist nicht bekannt, daß eine solche Absicht besteht. Die Bauarbeiter unserer Hauptstadt beschäftigen sich hauptsächlich mit Wohnungsbau, und ihre Arbeitskraft wird dafür voll eingesetzt. Niemand hat die Absicht, eine Mauer zu errichten. Ich habe vorhin schon gesagt: Wir sind für vertragliche Regelung der Beziehungen zwischen Westberlin und der Regierung der Deutschen Demokratischen Republik. Das ist der einfachste und normalste Weg zur Regelung dieser Fragen.«[459]

Doch dieser Weg war bereits verbaut. Wenige Tage nach Ulbrichts Erklärung gab Chruschtschow seine endgültige Zustimmung zur Errichtung einer Mauer. Anfangs war die Sowjetunion – ebenso wie eine Reihe anderer Staaten des Ostblocks, allen voran Polen und die ČSSR – gegen die Mauer-Lösung. Letztere hielten eine Mauer als westliche Abschottung des sozialistischen Lagers für ausgesprochen rufschädigend, und die Sowjetunion hatte gehofft, aus einer Position der Stärke heraus das Westberlinproblem grundlegend zu ihren Gunsten lösen zu können. Doch zwang die kompromißlose Haltung Kennedys in der Westberlin-Frage Chruschtschow, einen begrenzten Konfrontationskurs einzuschlagen und Ulbrichts Wunsch nach einer innerberlinischen Grenzabsperrung nachzukommen.

Bis zum Vorabend des entscheidenden Termins wußten neben Ulbricht nur fünf weitere Personen der DDR-Führung Bescheid. Hilde Benjamin gehörte nicht dazu. Es waren die Minister Mielke (Staatssicherheit), Maron (Inneres), Hoffmann (Verteidigung) und Kramer (Verkehr) sowie Erich Honecker als Stabschef. Am Freitag, dem 11. August, hatte die Volkskammer getagt und den Ministerrat beauftragt, alles in seiner Macht Stehende zu tun, um zum Abschluß eines Friedensvertrages zu kommen und die Ausblutung der DDR zu stoppen. Eine Generalvollmacht, die auch die Errichtung einer Mauer einschloß.

In der Erklärung der Regierung der DDR zum 13. August wird mit historischer Flickschusterei versucht, den Mauerbau zu rechtfertigen: »Zweimal mußte der deutsche Militarismus von außen geschlagen werden. Am 13. August in Berlin zeigten wir, daß er das dritte Mal von innen geschlagen wird. Diesmal rechtzeitig.«[460]

Eine brisante Mischung aus Heilserwartung und Dogmatismus machte die Führungsriege der DDR zu siegessicheren Verteidigern des Mauerbaus vom 13. August 1961. Die Mauer wurde zum manifesten Symbol, daß es keinen Sozialismus ohne brutalen Zwang geben kann, daß der Traum vom »neuen Menschen«, soll er von Staats wegen verwirklicht werden, zwangsläufig über Gewalt führen muß, gegebenenfalls zur Errichtung eines sozialistischen Ghettos.

Die Elite der Staats- und Parteiführung selbst hatte bereits 1960 eine Art Ghetto außerhalb Berlins, in Wandlitz, bezogen. Hinter einem Sperrgürtel mit Mauer und Wachtürmen wohnten in zweistöckigen Villen Ulbricht, Grotewohl, der amtierende Ministerpräsident Stoph, Politbüromitglied Matern und andere Prominente.[461] Fuhren sie in ihre Hauptstadt, wurde der normale Verkehr gestoppt und den hohen Herren durch maschinenpistolenbewaffnete Soldaten freie Bahn gesichert. Wie nach dem Zusammenbruch der DDR deutlich wurde, waren es keine Paläste, in die sich die Politiker ängstlich zurückzogen. Es waren eher spießig möblierte Einfamilienhäuser mit kleinen Extras wie Sauna und Swimmingpool. Zu DDR-Zeiten waren solche Raffinessen Normalbürgern unerschwinglich, für westliche Reiche aber war die Ausstattung weit unter Standard.

Hilde Benjamin hat entgegen anderslautenden Gerüchten[462] nie in Wandlitz gewohnt. Im *Spiegel* hieß es unter der Überschrift »Im Käfig« über Hilde Benjamin in Wandlitz: »Die Edelholz-Importe aus Afrika und Kuba dagegen waren in erster Linie für den Minister der Justiz Hilde Benjamin bestimmt. Die Internationale ertönte nach Ansicht dieser noch zivilisierten Barbarin am vollsten in einem edelholzgetäfelten Musiksalon.«[463] Diese Unterstellung, vermischt mit der Information, Hilde Benjamin hätte wie Ulbricht in Wandlitz gelebt, ist aller Wahrscheinlichkeit nach völlig aus der Luft gegriffen. Es war eine der *Spiegel*-Enten, im Brustton der sorgfältigen Recherche eines Spezialinformanten vorgetragen.

Laut Landeseinwohnermeldeamt bewohnte Hilde Benjamin jedoch 1960 noch das Haus am Majakowskiring 59. Erst zehn Jahre später zog sie zum nahegelegenen Majakowskiweg 18–20. Ihr Vormieter soll Markus Wolf, der berühmte Spionage-Chef und Stellvertreter Erich Mielkes im Ministerium für Staatssicherheit, gewesen sein.[464] Das alte Haus am Majakowskiring war baufällig geworden und nicht mehr zu reparieren.

Die zweite Riege der Machtelite der DDR richtete sich nach dem Abzug der obersten Prominenz im leer gewordenen Städtchen ein, immer noch gut geschützt durch Schlagbaum, Wachmannschaft und Anmeldeformalitäten.

In den ersten Monaten im eingemauerten Land DDR zeigten viele Bürger versteckt oder offen ihre Verzweiflung und ihre Abscheu gegen die Grenzmaßnahmen. Und die staatlichen Organe der DDR ihrerseits demonstrierten der Bevölkerung mit aller Härte, wer ab jetzt uneingeschränkt Herr im Hause war.

Der einsetzende Terror galt widerspenstigen Jugendlichen, ehemaligen Grenzgängern, die im Westen ihren Arbeitsplatz gehabt hatten, vermeintlichen Arbeitsbummelanten, Bauern, die die Gemeinschaftsarbeit in der LPG verweigerten, Bürgern, die »Schmähreden« führten, und dem »ideologischen Grenzgängertum«. Das Begriffsmonster meinte das Hören und Sehen von Rundfunk und Fernsehen aus dem Westen.

Zu den traditionellen Maßnahmen der Justiz kamen neuerdings Methoden, die sich nicht einmal mehr das Mäntelchen des Rechtsstaats umlegten: das Faustrecht, die Zwangsumsiedlung und das Arbeitslager.

Das Justizministerium erhob gegen diese zweifelhaften »Erziehungsmaßnahmen« keine rechtlichen Einwände. Im Auftrag der Ministerin Benjamin reisten die Instrukteure durch die Republik und spornten die Gerichte zum zügigen Arbeiten an.

»Faust aufs Schandmaul« hieß am 21. August die Schlagzeile der *Sächsischen Zeitung*. Vielleicht, so dachte mancher erstaunt, war das im übertragenen Sinne gemeint. Doch bei genauer Lektüre erwies sich die Vermutung schnell als Irrtum. »Faust aufs Schandmaul« war die neue Parole für die Mitglieder der Freien Deutschen Jugend. Ihr Vorsitzender, Genosse Horst Schumann, befahl seinen Jungfunktionären, Ordnungstrupps aufzubauen, die unter Anleitung der Volkspolizei als Helfer gegen »Provokateure« vorzugehen hätten. Der Kampfauftrag endete unmißverständlich: »Mit Provokateuren wird nicht diskutiert. Sie werden erst verdroschen und dann staatlichen Organen übergeben. (...) Jeder, der auch nur im geringsten abfällige Äußerungen über die Sowjetarmee, über den besten Freund des deutschen Volkes, den Genossen Nikita Chruschtschow, oder über den Vorsitzenden des Staatsrates, Genossen Walter Ulbricht, von sich gibt, muß in jedem Fall auf der Stelle den entsprechenden Denkzettel erhalten.«[465] Für diesen Aufruf zur (gefährlichen) Körperverletzung, wie er ähnlich von der SA-Führung überliefert ist, bekam die FDJ-Führung ein Lob vom Politbüro, für ihren »schlagenden« Beitrag zur Verteidigung des Sozialismus.

Besondere Verdienste erwarb sich die FDJ in der Folgezeit auch beim Kampf gegen das »ideologische Grenzgängertum«. Es ging um die Antennen, die den Empfang von westlichen Rundfunk- und Fernsehstationen ermöglichten. Sie durften – selbstverständlich entschädigungslos – von der »Aktion Blitz – contra Nato-sender«[466] abgesägt oder umgebogen werden. Zusätzlich erfolgten Aufrufe der SED-Führung an die Bürger, den Kanal für die Westsender freiwillig aus ihren Geräten ausbauen zu lassen. Böse Zungen nannten den Vorgang »ideologische Selbstkastration«. Ab sofort wurden die unteren Gerichte vom Justizministerium angewiesen, das »organisierte Westfernsehen und die Verbreitung westlicher Nachrichten strafrechtlich zu verfolgen«.[467] Einen besonderen Paragraphen für diese Straftat gab es nicht. Hilde Benjamin überließ das dem Einfallsreichtum der Richter und Staatsanwälte vor Ort.

Ob ihr bei diesen Maßnahmen nicht unselige Erinnerungen an Georg gekommen sind, der wegen Nachrichtenverbreitung verurteilt worden war, und an das in Nazi-Deutschland mit Todesstrafe bedrohte Verbrechen »Feindsender-Hören«? Vor knapp zwanzig Jahren hatte Hilde Benjamin mit ihrer Schwester Utti zusammen täglich BBC gehört. »Nachricht ist nicht gleich Nachricht, Feindsender ist nicht gleich Feindsender«, hätte Hilde Benjamin gekontert und sich ausgiebig über die aggressive und schädliche Berichterstattung der Westmedien ausgelassen.

Gerhart Eisler, Vizechef des Staatlichen Rundfunkkomitees, begründete das Fehlen eines besonderen Gesetzes im *Neuen Deutschland* mit der »Güte« der Regierung: »Wenn es bei uns noch kein Gesetz gibt, das überhaupt das Abhören von Nato-Sendern und das Betrachten des Westfernsehens auch im privaten Bereich verbietet, dann deshalb, weil unsere Regierung hofft, durch Erziehung, durch gesellschaftliche Beeinflussung, durch Aufklärung zu erreichen, daß alle unsere Bürger so einsichtig und vernünftig

*Hilde Benjamin in Reih und Glied: Offizieller Besuch der
Justizministerin bei sowjetischen Truppeneinheiten der DDR*

werden, sich nicht der raffinierten feindseligen Propaganda auch
im privaten Bereich auszusetzen.«[468]

Die peinliche Beschwörung der Einsichtsfähigkeit der eingemauerten Bürger wurde ergänzt durch Bespitzelungen und Drohungen. Die Organe des Ministeriums für Staatssicherheit und
der Strafjustiz machten wieder einmal Überstunden.

Mit Hilfe eines ausgeklügelten Systems von Instrukteuren und
Anweisungen, von Tages- und Wochenberichten der Richter ans
Ministerium gelang es Hilde Benjamin nach dem 13. August na-
hezu augenblicklich, republikweit eine harte Linie durchzusetzen. Und wie immer in zugespitzten Situationen wurde die Bewährung der Genossen Richter zum Maßstab für ihre zukünftige
Tauglichkeit und Beförderung. Die Ministerin nutzte alle Werkzeuge der Kontrolle und Anleitung, die sie seit dem 17. Juni 1953
entwickelt hatte. Es war der letzte bedeutende Einsatz ihres Ar-
senals. Noch ahnte Hilde Benjamin nicht das nahende Ende ihrer
bewährten Methoden.

Vorläufig konnte die Ministerin mit ihren Richtern zufrieden
sein. Schon am 15. August kamen die ersten Erfolgsmeldungen.

Berlin berichtete, »daß im ›beschleunigten Verfahren‹ zehn Urteile gegen Personen gefällt werden konnten, die sich gegen die Maßnahmen der Regierung vom 13. August abfällig geäußert hatten. Der Bezirk Potsdam kam auf neun Urteile, in Frankfurt/Oder hatte die Zeit nur für zwei abgeschlossene Strafverfahren ausgereicht.«[469] Manche Verzögerung konnte entschuldigt werden, weil viele Justizfunktionäre als Kampfgruppenmitglieder im Einsatz waren. Hilde Benjamin zeigte volles Verständnis und fand später Gelegenheit, den Genossen ausdrücklich für ihren tapferen Einsatz zur Sicherung des Friedens zu danken.[470]

In diesen Wochen angespannter Arbeit wies Hilde Benjamin die Richter an, rationeller mit der knappen Zeit umzugehen. Ihr praktischer Vorschlag: »Die Urteile sollen nicht über zwei Seiten lang sein.«

In den Wochenmeldungen, die sie auf ihren Schreibtisch bekam, gab es zahlreiche Anklagen wegen »selbstgefertigter Hetzschriften, Anstiftung zum Langsamarbeiten, Widerstand gegen das Verbot des Westfernsehens, Aufrufe zu Dauerstreiks, bis die Mauer abgebaut wäre, Aufforderungen zu Schweigeminuten aus Trauer über den 13. August, demonstratives Zerreißen der Wahlzettel zur Volkskammerwahl. Manchmal fand die Staatssicherheit, die ihre Augen überall hatte, auch noch in persönlichen Briefen Formen der Auflehnung. In einer Ermittlungsakte hieß es: »Der Angeklagte hat in Briefen nach Westdeutschland gegen die Arbeiter- und Bauernmacht und gegen die Sicherungsmaßnahmen an der Staatsgrenze gehetzt.«[471] Das Bezirksgericht Gera verhängte gegen diesen Angeklagten am 2. November 1961 eine Strafe von einem Jahr und drei Monaten Gefängnis.

Die unmittelbar nach dem 13. August 1961 beschlossene allgemeine Wehrpflicht in der DDR führte zu weiteren Protesten, von denen auf höchster Ebene der »Fall« der Oberschüler aus Anklam bekannt wurde. Die 12. Klasse der Geschwister-Scholl-Oberschule kam einen Tag nach dem Wehrpflichterlaß geschlossen in schwarzer Kleidung zum Unterricht und legte dem Lehrer feierlich ein schwarzes Band mit einem roten Bonbon auf das Pult. Zwei »Rädelsführer« wurden daraufhin sofort verhaftet, fast allen Schülern der Klasse der weitere Besuch der Oberschule untersagt und die Jugendlichen angewiesen, Arbeit in der Produktion aufzunehmen. Parteigruppen und staatliche Leitungen der Stadt berieten wochenlang hektisch über die »ernste Lage« und die Konsequenzen. Mehrere Funktionäre erhielten Parteistrafen wegen mangelnder ideologischer Wachsamkeit. Oberschüler sollten sich begeistert und freiwillig zum Dienst in der Nationalen Volksarmee melden und nicht mit dreistem Verhalten ihre »negative Kritik« an Armee und Partei demonstrieren.

Leipziger Oberschüler vergruben in ihrem Ferienlager Flaschen mit den Porträts von Ulbricht, dem lokalen Parteichef Paul Fröhlich und Mao Tse-tung. Sie hätten danach auf der Grabstelle einen zwei Meter großen Fahnenmast mit einer selbstgefertigten SS-Totenkopffahne aufgestellt, hieß es im Bericht an die Justizministerin. Interessant, daß die Jugendlichen bei ihrer Auflehnung gegen den DDR-Staat ausgerechnet die Symbole benutzten, mit denen sie am meisten Aufsehen und Ablehnung erregen konnten: »SS-Totenkopffahnen«. In anderen Schulen wurden Schüler verhaftet, weil sie gegen Ulbricht gehetzt und den Faschismus verherrlicht hätten.[472]

Am 25. August 1961 trat die »Verordnung über Aufenthaltsbeschränkung« in Kraft. Menschen konnten durch Gerichtsbeschluß in Arbeitslager eingewiesen werden. Die Dauer der Arbeitshaft war anfangs nicht einmal zeitlich begrenzt. Seit die DDR-Regierung mit ihren Bürgern quasi unter sich war, wollte »der saubere Staat fleißiger Bürger« sich nicht von »frei herumlaufenden Asozialen beschmutzen lassen«.[473] Wer die Normen von Fleiß und Ordnung nicht erfüllte, konnte ab jetzt zur Arbeit gezwungen werden. Er galt dann als »Arbeitsbummelant«. In großen Massenversammlungen, von denen die Presse ausführlich berichtete, wurden »arbeitsscheue Elemente« ihrem gerechten Aufenthalt zugeführt. »Wer nicht arbeitet, soll auch nicht essen!« hieß die oft wiederholte Parole gegen das »Bummelantentum«. Hilde Benjamin und anderen älteren Genossen mußte das Sprichwort eigentlich bekannt vorkommen. In der Nazi-Zeit waren »Asoziale« unter der gleichen Parole zur Zwangsarbeit und in Konzentrationslager eingewiesen worden.

Im Visier der staatlichen Beobachtung waren auch die bisherigen Grenzgänger, circa 57 000 Menschen, die oft jahrzehntelang in Westberlin ihren Arbeitsplatz gehabt hatten. Laut Anweisung des Politbüros sollten diese Menschen in volkseigenen Betrieben am Stadtrand als Hilfsarbeiter eingesetzt werden. Wer sich weigerte, den neuen Arbeitsplatz anzunehmen, konnte zu Arbeitslager verurteilt werden. Besonders betroffen waren die Schüler, Lehrlinge und Studenten, die bisher im Westen gelernt hatten. Für sie hieß es: Schluß mit Schule, Lehrstelle oder Studium. Bei Widerstand gegen die Arbeitsplatzzuweisung galt: »Diejenigen, die provokatorisch auftreten, werden in einem Arbeitslager erzogen.«[474]

Die Arbeitshaft blieb bis 1976 ein Mittel der DDR-Justiz, widerständige Menschen mit dem Makel »arbeitsscheu« zu belegen, einzuschüchtern und mit Freiheitsentzug in einem Arbeitslager abzustrafen. Um den Justizfunktionären die Scheu vor der neuen »Erziehungs«maßnahme zu nehmen, bekamen die Richter vom Ministerium per Rundschreiben knapp gehaltene Musterurteile zugeschickt, die sie nur noch abschreiben und mit dem Namen des Abzuurteilenden versehen mußten. Später wurde das Ministerium für Justiz beauftragt, Kriterien zur zeitlichen Begrenzung der Arbeitshaft zu erarbeiten.

Laut Stastik traf dieses Spezialmittel der Einschüchterung 1961 767 Personen, 1974 waren 12 147 Arbeitshäftlinge registriert.[475]

Nach dem Mauerbau entsann sich die DDR-Führung noch eines weiteren Terrormittels gegen die Bevölkerung: der Zwangsumsiedlung. Schon 1952 hatte es eine entsprechende Verordnung gegeben. Jetzt hieß es: »Feindliche Elemente, die eine Gefahr für die Sicherheit im Grenzgebiet bedeuten, z.B. ehemalige Ortsbauernführer, SS-Angehörige (wo kommen die eigentlich plötzlich her? – M.B.) u.a. sind in Anlehnung an die Verordnung des Ministerrates vom 26.5.1952 aus den Grenzkreisen auszusiedeln.«[476] Die Formulierung zeigte, wie sehr die Führung der DDR einem Schwarz-Weiß-Denken verhaftet war, in dem jeder, der nicht begeistert für die DDR war, notwendigerweise als ein Faschist galt. Ungefähr 3 300 Grenzkreisbewohner mußten – meist über Nacht – ihre Wohnungen verlassen und wurden weitab in der DDR-Provinz in Notwohnungen eingewiesen.[477]

Die gerade geleerten Haftanstalten füllten sich bis zum Jahresende 1961 wieder. Die Verhaftungswelle rollte. Die Zahl der Abgeurteilten stieg in der zweiten Jahreshälfte von 4 442 auf 18 297.[478] Vier Monate nach dem Mauerbau meldete schließlich einer Bedenken gegen die ausufernde Verhaftungspraxis an, von dem es niemand erwartet hatte: der Minister für Staatssicherheit, Erich Mielke.

»Es ist nicht möglich, die gegenwärtig hohe Zahl von Festnahmen länger beizubehalten. (...) Wir (die Staatssicherheit – M.B.) müssen dazu übergehen, durch neue Methoden in Zusammenarbeit mit der Partei und den gesellschaftlichen und staatlichen Einrichtungen die feindliche Tätigkeit zu unterbinden.«[479] Der alte Fuchs Mielke wußte, daß ein Zuviel an Repression – der 17. Juni vor acht Jahren hatte es drohend bewiesen – sich leicht in sein Gegenteil verkehren konnte. Es dauerte noch einige Monate und kostete noch einiges Hin und Her, bis Mielkes Erkenntnis vom Politbüro aufgenommen wurde. Mehrere Untersuchungsbrigaden, vom Ministerium der Justiz und dem ZK eingesetzt, kamen zu sehr unterschiedlichen Einschätzungen über die Arbeitsweise der Gerichte nach dem 13. August. Die Kommission des Zentralkomitees nahm sich zwei Monate Zeit, um zu der Aussage zu gelangen, die Anleitung durch das Ministerium für Justiz wäre »nicht immer hilfreich und umfassend gewesen« und teilweise »kleinlich und detaillistisch« gehandhabt worden. Die vorgeschlagenen Strafen wären oft zu hoch gewesen.

Schärfer konnte die Kritik an der Ministerin nicht ausfallen. Es braute sich gegen Hilde Benjamin auf ihrem ureigensten Gebiet der Anleitung und Kontrolle der Gerichte etwas zusammen. Im April 1962 billigte das Politbüro eine »Vorlage ... über die weitere Entwicklung der sozialistischen Rechtspflege«, an deren Ausarbeitung die Ministerin gar nicht mehr beteiligt worden war. Kern des neuen Beschlusses war die Aufforderung an die Richter, beim Erlaß von Haftbefehlen zurückhaltender zu sein, anstelle kurzfristiger Haftstrafen bedingte Verurteilungen mit öffentlichem Tadel anzuwenden, bei Strafgefangenen intensiver die bedingte Strafaussetzung zu prüfen. In Punkt 6 hieß es: »Ein wichtiges Prinzip der sozialistischen Gerichte ist das Prinzip der Unabhängigkeit der Richter und das Prinzip ihrer alleinigen Unterordnung unter die Gesetze.«[480]

Die Justizfunktionäre der DDR werden gestaunt haben. Zehn Jahre nachdem Hilde Benjamin im Gerichtsverfassungsgesetz der DDR die Parteilichkeit der Richter festgeschrieben und deren »Unabhängigkeit« zur Unkenntlichkeit verändert hatte, betonte das Politbüro nun plötzlich wieder das uralte »Prinzip der Unabhängigkeit«. Die Richter nahmen den radikalen Schwenk der Linie zur Kenntnis und warteten erst einmal ab, wie diese neueste Anweisung von oben gemeint war.

Hilde Benjamin begriff mit ihrem sicheren Instinkt für Machtkonstellationen, was der Erlaß für ihre Person bedeutete: Wesentliche Kompetenzen würden aus ihrem Ministerium ausgelagert, die Anleitung und Kontrolle der Rechtsprechung dem Obersten Gericht unterstellt werden. Das war, sie ahnte es, der erste Schritt zu ihrer endgültigen Entmachtung.

Und das ausgerechnet im Jahr ihres 60. Geburtstags. Das hatte so gut angefangen. Im Februar 1962 war Hilde Benjamin feierlich der »Vaterländische Verdienstorden in Gold« verliehen worden. Dieser Orden, in den Stufen Bronze, Silber und Gold, wurde für besondere Verdienste in Politik, Wissenschaft und Kultur verliehen und schloß die Gewährung eines »Ehrengeldes« ein. In Silber hatte sie den Orden bereits 1959 erhalten. Nun war die Auszeichnung in »Gold« dran. In der Zeitschrift *Neue Justiz*, sonst rein bleiwüstige Textbroschüre, war eigens für diesen Anlaß ein Kasten eingedruckt, der in Fettbuchstaben informierte: »Verleihung des Vaterländischen Verdienstordens. Der Vorsitzende des Staatsrats der DDR, Walter Ulbricht, verlieh am 14. Februar Dr. Hilde Benjamin, Minister der Justiz, anläßlich ihres 60. Geburtstages den Vaterländischen Verdienstorden in Gold. Sie erhielt diese hohe Auszeichnung für hervorragende Verdienste bei der Entwicklung der Rechtspflege und der Justizorgane zu wirksamen Instrumenten beim Aufbau des Sozialismus in der DDR.«[481] Selbstverständlich beglückwünschten die Redaktionsmitglieder der Zeitschrift die Genossin Minister Dr. Hilde Benjamin zu der Ehrung. Körbeweise kamen Glückwünsche aus der gesamten Republik, Pflichtschreiben die meisten, aber auch persönlichere Briefe, z.B. von der Brigade des HO-Kaufhauses in Brieselang, oder die Grüße der Parteigruppe aus dem Kreiskrankenhaus Georg Benjamin in Staaken bei Nauen, um dessen Probleme sie sich gelegentlich kümmerte.

Seltsames Zusammentreffen, aber gerade typisch für Hilde Benjamin: In der gleichen Ausgabe der Zeitschrift, in der die Verleihung des Ordens angezeigt wurde, war auch eine Rede von ihr abgedruckt, die so recht zu einem »Vaterländischen« Orden paßte:

Walter Ulbricht verleiht Hilde Benjamin den »Vaterländischen Verdienstorden in Gold«, 14. 2. 1962

die Begründung für das Militärstrafgesetzbuch und die Einrichtung der Militärgerichte in der DDR. In ihrer Rede hieß es, scheinbar unberührt von allen historischen Erfahrungen mit deutschen Militärgerichten: »Mit der Einführung der allgemeinen Wehrpflicht und dem Erlaß des Militärstrafgesetzes macht sich auch die Bildung von Militärgerichten notwendig. (...) Die Militärgerichte werden nur zuständig sein für echte, aus Strafgesetzen sich ergebende Straftaten, nicht aber für Disziplinarvergehen. (...) Zusammenfassend und abschließend wiederhole ich: Die Bestimmungen ... dienen dem Schutz der Kampfkraft der Nationalen Volksarmee und der anderen bewaffneten Organe, und sie dienen damit dem Frieden.«[482]

In den folgenden Monaten spürte Hilde Benjamin trotz ihres dienstlichen Eifers, daß sich etwas verändert hatte, hinter ihrem Rücken, unaufhaltsam, nicht greifbar, ohne ihr Zutun. Genosse Ziegler, inzwischen von der Strafversetzung aus Frankfurt (Oder) zurück und wieder Vizepräsident des Obersten Gerichts, war in den Staatsrat[483] geladen worden, um »über Erfahrungen bei der

307

Durchführung des Beschlusses zur Rechtspflege« zu berichten. Der Staatsrat war nach Piecks Tod von Ulbricht geschaffen worden als Machteinheit von Partei- und Staatsführung. In den Staatsrat gerufen zu werden galt als große Ehre für jeden Genossen. Warum war Ziegler geladen worden, warum nicht sie? Noch oblag schließlich ihr, also dem Ministerium, die Anleitung der Gerichte. Doch sie hatte keinerlei Möglichkeit, an Ulbrichts Festlegungen Kritik zu üben. Was der Chef bestimmte, wurde befolgt.

Am 26. Mai 1962 brachte das *Neue Deutschland* auf der ersten Seite das peinliche Dokument ihrer Degradierung, genannt: »Beschluß des Staatsrates der DDR zum Bericht des Obersten Gerichts über die Durchführung des Beschlusses über die weitere Entwicklung der Rechtspflege vom 24. Mai 1962«.[484] Ein Monstertitel, wie Ulbricht ihn schätzte, detailliert und unaussprechlich. Konkret war vorgesehen, die örtlichen Justizverwaltungsstellen aufzulösen und die Aufgaben, die bisher das Ministerium mit der Hilfe dieser Stellen bei der Anleitung und Kontrolle der Gerichte innehatte, dem Obersten Gericht zu übertragen.

Hilde Benjamin hatte seit den Vorgängen um den 17. Juni 1953 an einem festen Netz der Anleitung und Kontrolle der unteren Gerichte gearbeitet und zum Zweck der ständigen Verbindung zwischen Ministerium und Gerichten die Justizverwaltungsstellen eingerichtet, die Kontroll- und Instrukteursaufgaben gegenüber den Gerichten wahrnahmen. Mit dem Rechtspflegeerlaß sollte dieser für sie wichtige Faktor ihrer Arbeit zerstört, sollten die Kaderpolitik und die Anleitung der Gerichte auseinandergerissen werden. Durch diese Entscheidung war auch ihr persönlicher Stolz verletzt. Doch Ulbricht kümmerte sich um solche »persönlichen« Empfindlichkeiten nicht. Er wollte die Kompetenzänderung zugunsten des Obersten Gerichts, um das internationale Ansehen der DDR zu heben. International üblicher Standard war die Aufsicht der unteren Gerichte durch ein höheres Gericht, nicht durch eine Verwaltungsebene wie das Justizministerium. Auf einer Arbeitstagung des Justizministeriums half Hilde Benjamin sich mit Selbstironie über ihre Enttäuschung hinweg: »Genossen, ich weiß, es ist seit dem 24.5. (dem Tag des Staatsratsbeschlusses – M.B.) viel diskutiert worden und wird noch diskutiert, was ist mit dem Ministerium, hat es noch eine Existenzberechtigung? (...)

Da ausdrücklich festgestellt ist, daß das Ministerium auch wei-

Amtseinführung des neuen Generalstaatsanwalts Josef Streit (vorn rechts), neben ihm Hilde Benjamin, dahinter Klaus Sorgenicht und Heinrich Toeplitz, Januar 1962

ter bestimmte Aufgaben zu erfüllen hat, und feststeht, daß sich unser Staat den Luxus eines überflüssigen Organs nicht leistet, hat das Ministerium der Justiz im Rahmen einer sozialistischen Rechtsordnung die Aufgaben zu erfüllen wie in anderen Ländern.«[485]

Der Staat würde sich den Luxus eines überflüssigen Organs nicht leisten können. So versteckte Hilde Benjamin ihre verletzte Eitelkeit und verwies auf andere sozialistische Länder, bei denen das Justizministerium auch nicht mehr Kompetenzen hatte. Vor der Volkskammer verpackte Hilde Benjamin einige Monate später in geübter Selbstdisziplin ihre Ablehnung gegen den Erlaß in die Erklärung: »Ich denke, es ist richtig, wenn von neuen Aufgaben des Ministeriums gesprochen und nicht mit einem Minus oder Plus gegenüber dem bisherigen Aufgabenbereich des Ministeriums gerechnet wird.«[486]

Doch ihre Verletztheit war mit solchen Sätzen nicht aus der Welt zu schaffen. Wenige Monate vorher hatte Ulbricht bei der

Ordensverleihung ihre großen Verdienste beim Aufbau der Justizorgane gewürdigt, jetzt wurde ein Teil ihres Lebenswerks zerstört! Gern hätte sie dieses eine Mal opponiert, zumindest über
den Beschluß auf höchster Ebene diskutiert. Doch dafür gab es
keinen Ort in der Partei, wollte sie nicht als »Fraktionsmacher«
ihre Parteizugehörigkeit selbst in Frage stellen. Beim Grübeln
über das Ausmaß ihrer Zurücksetzung könnte sie erstmals geahnt
haben, was es bedeutete, die Parteispitze gegen sich zu haben. Sie
würde sich auf reduziertem Posten einrichten und ausloten müssen, welche Bedeutung ihrem Ministerium noch zukam. Sie durfte
jetzt keinen Fehler machen, mußte taktisch klug und mit Eifer die
von oben verordnete Richtung verfechten.

Hilde Benjamin orientierte sich zügig auf andere Aufgaben.
Schon lange arbeitete sie an zwei bedeutenden Gesetzgebungs-
werken: dem neuen Straf- und dem Familiengesetzbuch. Sie war
Vorsitzende der beiden Regierungskommissionen und verfügte
somit immer noch über großen Einfluß.

Gerade in diesen Wochen ergab sich für sie die glänzende Gelegenheit, sich im Zusammenhang mit den Vorbereitungen für das
neue Strafgesetzbuch als Theoretikerin der Rechtspflege in der
sozialistischen Menschengemeinschaft zu profilieren und dem
Dogmatismus den Kampf anzusagen.

Bei ihrem Kampf gegen den Dogmatismus entdeckte sie auch
einen Theoretiker, den sie bisher noch nie angegriffen hatte: den
früher so verehrten Andrej Wyschinski. Der einstige Chefankläger
ger Stalins, dessen »Gerichtsreden« sie zur Pflichtlektüre jedes
DDR-Juristen erklärt hatte, wurde urplötzlich von ihr falscher
Auffassungen überführt. Nun hieß es aus ihrer Feder, daß der
Kampf »gegen den Personenkult auch die Auseinandersetzung
mit den Theorien Wyschinskis notwendig macht«. Und ohne den
geringsten Verweis auf ihre früheren Ausführungen verordnete
sie: »Der Einfluß Wyschinskis in Wissenschaft und Praxis ist auf-
zudecken und zu überwinden.«[487]

In ihrem Hausblatt *Neue Justiz* schrieb Hilde Benjamin Ende
1962 weiter gegen Wyschinski: »Wer behauptet, es hätte von Anfang an sozialistisches Recht gegeben, geht von der falschen Theorie Wyschinskis aus, daß mit dem Aufbau des Sozialismus das
Recht automatisch sozialistisch wäre. (...) Das Recht ist nicht nur
ein Mittel zur Lösung von Konflikten, also Zwangsmittel. Diese

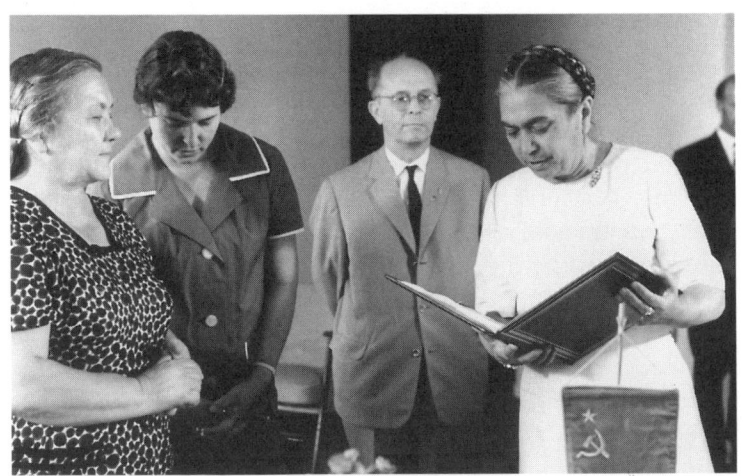

Anläßlich des Besuchs zum 70. Geburtstag von Walter Ulbricht erhält
Nina Chruschtschowa die Clara-Zetkin-Medaille; Hilde Benjamin
verliest die Ehrung, 4. 7. 1963

Hilde Benjamin empfängt in ihrem Arbeitszimmer eine Delegation der
Internationalen Juristenkonferenz, 8. 7. 1964

Auffassung ist ein Ausdruck des Dogmatismus, der offenbar auf die Definition Wyschinskis über das Wesen des Rechts zurückgeht. Unser Recht ist ein Recht der Freiheit«.[488]

Zahlreiche Justizfunktionäre der DDR werden gestaunt und sich bei ihrer monatlichen Pflichtlektüre der *Neuen Justiz* an Hilde Benjamins euphorischen Nachruf vor neun Jahren erinnert haben, als Wyschinski noch als großer Lehrer galt, als »einer ihrer klügsten, leidenschaftlichsten, erfahrensten Kämpfer für den Frieden«.[489]

Ohne Hinweis auf die alten Lobeshymnen wurde Wyschinski nun vom Sockel des großen Lehrers aller Juristen gestürzt. Das war die gleiche Methode der Auseinandersetzung mit der ungeliebten Vergangenheit, wie sie von Ulbricht nach dem XX. Parteitag praktiziert worden war. Damals hatte Ulbricht unverfroren erklärt, Stalin sei kein Klassiker des Marxismus-Leninismus. So setzten die oberen Funktionäre auf die Vergeßlichkeit und geistige Entmündigung der Untergebenen. Eigenständiges Denken der Justizkader, wie Hilde Benjamin es gern in ihren Reden forderte, konnte in den Wechselbädern richtiger Parteilinien nicht gedeihen. Anpassung blieb die einzige Überlebensstrategie für Funktionäre.

Im Dezember 1965 fand eine denkwürdige Parteiveranstaltung statt. Das 11. Plenum des ZK der SED. Erich Honecker erstattete den Bericht für das Politbüro. Mit scharfen Worten geißelte er die »schädlichen Tendenzen« in Filmen, Fernsehsendungen, Theater und Literatur. Honecker als zukünftiger Nachfolger Ulbrichts kritisierte namentlich den Liedermacher Wolf Biermann, den Schriftsteller Stefan Heym und den Wissenschaftler Professor Havemann. Honecker behauptete, in Biermanns Liedern zeige sich »schlecht getarnter spießbürgerlich-anarchistischer Sozialismus mit stark pornographischen Zügen«. Die Wortungetüme der Kritik endeten fast alle auf »-istisch«: Die »Machwerke« wären, so Honecker, »modernistisch, nihilistisch, skeptizistisch, liberalistisch und pornographisch«.[490] Letzeres galt als besonders verwerflich. Die gesamte Jahresproduktion der staatlichen Filmgesellschaft DEFA wurde verboten, von manchen Streifen restlos alle Kopien vernichtet. Eine Verbotswelle gegen angeblich westlich beeinflußte Bücher, Theaterstücke und Musikproduktionen lief an, Beatmusik und lange Haare wurden als Ausdrucksformen »westlicher Dekadenz« verteufelt. Damit die DDR der offiziell erwünschte »saubere Staat« würde, brauchte es wieder einmal eiserne Besen.

Hilde Benjamin hatte schon bei der Verfilmung der Erzählung »Der geteilte Himmel« große Bedenken gehabt. Zwar wird sie die junge Autorin Christa Wolf und ihr Buch geschätzt[491] und sich gefreut haben, daß die talentierte Frau nun als Kandidatin im Zentralkomitee saß. Doch die Art der Darstellung ging einfach zu weit. Jedenfalls für die breiten Volksmassen. Wenn das Kino so verständnisvoll mit einem Republikflüchtling umging, würde sich in Zukunft womöglich jeder Grenzverbrecher vor Gericht darauf berufen. Als Hilde Benjamin nun erneut von einem anstößigen Machwerk der DEFA hörte, verabredete sie mit Erich Mielke, dieses Mal besser aufzupassen. In der DDR erzählte man sich, Mielke und Benjamin hätten noch vor der Pressevorführung des Films »Das Kaninchen bin ich«[492] eine Kopie beschlagnahmen lassen, um die öffentliche Verbreitung des Streifens notfalls zu stoppen. Der Notfall trat ein. Das Urteil von Hilde Benjamin und Erich Mielke war eindeutig: »ein parteifeindliches Machwerk, ein staatsverleumderisches, republikfeindliches Hetzstück«.[493]

Die von Honecker beschworene »saubere Leinwand« und der geforderte »saubere Staat«, in dem es »unverrückbare Maßstäbe der Ethik und Moral, für Anstand und Sitte« gab, fanden Hilde Benjamins volle Zustimmung. Ihr privater Literaturgeschmack durfte bei solchen Entscheidungen keine Rolle spielen. Besser einen Film mehr unter Verschluß halten, als die Volksmassen verwirren und negative Tendenzen in der Republik fördern.

»Männer, die ein durchaus fortschrittliches Verhältnis zur Arbeit haben, die an sozialistischen Wettbewerben teilnehmen und gute Mitglieder sozialistischer Arbeitskollektive sind, führen sich in ihren vier Wänden häufig noch als Haustyrann auf, zu denen die Ausbeutergesellschaft den Mann entwickelt hat«, hatte Hilde Benjamin 1958 in der Frauenzeitschrift *Für Dich* formuliert. Offensichtlich, so erkannte die Ministerin, war das Bedürfnis der Männer, von der Partnerin bequem versorgt zu werden und sie weiter nach Kräften zu unterdrücken, mit der Entwicklung der sozialistischen Gesellschaft nicht ausgerottet.

Schon lange drängte Hilde Benjamin auf ein umfassendes Gesetzeswerk für die Ehen und Familien in der DDR, ein eigenständiges

Familiengesetzbuch. Es sollte nicht nur eine Paragraphengruppe unter vielen im Bürgerlichen Gesetzbuch (BGB) sein, sondern als erzieherisches Gesamtwerk Gesetzeskraft bekommen. 1954 hatte sie mit ihren Mitstreiterinnen einen ersten Anlauf zu einem Familiengesetzbuch unternommen, war aber an den Widerständen der Zeit gescheitert. Der öffentlich diskutierte Entwurf hatte keine Gesetzeskraft bekommen. Anderes galt damals als vordringlicher. Seit geraumer Zeit arbeitete Hilde Benjamin erneut an dem Entwurf für ein Familiengesetzbuch (FGB). 1965 wurde der Text für die öffentliche Debatte gedruckt und in Millionenauflage verteilt.

»Liebe Genossin Benjamin« oder »Sehr verehrte Frau Minister« oder »Hochverehrte Frau Dr. Benjamin« begannen die ordnerweise abgehefteten Briefe zum Entwurf des Familiengesetzbuchs. Tausende von Vorschlägen kamen im Ministerium an. Insgesamt wurden 23 737 registriert. Das Echo aus der Bevölkerung zum Thema war überwältigend. Im Ministerium ließ Hilde Benjamin alle Vorschläge, Einwände und Kritiken auf ein eigens dafür entwickeltes Lochkartensystem übertragen und in Arbeitsgruppen beraten. Schließlich wurden 230 Änderungswünsche aus der Bevölkerung im endgültigen Gesetzestext berücksichtigt. Es waren nicht nur redaktionelle Anmerkungen, wie viele Zeitungen im Westen vorurteilsvoll vermuteten.

Hilde Benjamin ließ sich täglich die neuesten Briefe vorlegen, las die Kommentare in den Zeitungen, nahm an Rundfunkdebatten teil, ermutigte und drängte Freunde und Kollegen aus Medizin, Kultur, Pädagogik und Justiz, die Sorgen der Menschen zu beachten, die Fragen zum Familiengesetzbuch ernst zu nehmen. Sie warnte ihre Mitstreiterinnen davor, »die Volksaussprache überwiegend eine Frauendiskussion«[494] werden zu lassen und ermutigte Männer aus ihrem Bekanntenkreis, sich in die Debatte einzumischen.

Ihre Mitarbeiter wunderten sich, wie aktiv und lebendig die Chefin im Frühjahr und Sommer 1965 wieder war, wie lebhaft sie an den Auseinandersetzungen teilnahm und keine Tabus gelten lassen wollte, ob es nun religiös motivierte Einwände zur Reform oder typisch männerbornierte Anfragen waren. In ihrer Ministerzeit kam es nur noch selten vor, daß die Anforderungen der Partei und die eigenen Zukunftsvisionen von einer sozialistischen Gesellschaft so unmittelbar identisch waren wie beim Familiengesetzbuch. Nirgendwo sonst in den letzten Jahren hatte sich ihr alter Traum – die gleichberechtigte Partnerschaft von Mann und Frau – so eng mit den aktuellen Anforderungen an ihre Arbeit verknüpft. Ihre lange gehegten Vorstellungen von einer Familie im Sozialismus würden Gesetzeskraft erlangen, das Familiengesetzbuch ein »Grundgesetz jeder Familie werden«. In diesen Monaten fühlte sie sich manchmal direkt in die Zeiten des Neuaufbaus nach dem Krieg zurückversetzt. Deshalb wurde sie auch nicht müde, ihren Mitarbeitern zu erläutern, daß bei dem neuen Gesetzeswerk die breite Zustimmung der Bevölkerung von größter Bedeutung, mit Rechthaberei und Einschüchterung anderer Meinungen aber nichts gewonnen wäre.

Die Lustlosigkeit und Gekränktheit, die seit dem Rechtspflegeerlaß ihren Arbeitsalltag gelähmt hatten, waren vergessen. Mit Elan zeigte sie den oberen Genossen, welche Bedeutung ihr Ministerium bis in den hintersten Winkel der Republik hatte.

Betriebskampfgruppen, Erzieherkollektive, Lehrerkollegien, Elternaktive, Altenclubs aus Kulturhäusern, Zirkel der Freien Deutschen Jugend, betriebliche Gewerkschaftsversammlungen, kirchliche Arbeitskreise und wissenschaftliche Kollektive befaßten sich in den folgenden Monaten mit dem Entwurf zum Familienrecht. Manche Briefe an die Ministerin erzählten ganze Lebensgeschichten, sprachen offen über die Probleme bei Scheidungen, die Alltagserfahrungen getrennter Ehen, z.B. bei Unterhaltszahlungen. Da hieß es unter anderem: »Ich bin seit fünf Jahren geschieden, habe meine Kinder nie wiedergesehen. Was bringt mir das neue Gesetzbuch?« oder: »Ich zahle für meine Kinder Unterhalt, obwohl meine Frau mehr verdient als ich. Ist das gerecht? Bleibt das auch nach dem neuen Gesetz so?« »Mein Mann ist mit einer jüngeren Kollegin abgehauen. Ich gönne ihm die Scheidung nicht. Muß ich jetzt zustimmen?«[495] Einige Männer meinten, gerade eine Frau auf dem Ministersessel müßte einsehen, daß Frauen in der DDR inzwischen genügend Rechte beanspruchten und die Männer schon Mühe hätten, sich überhaupt noch durchzusetzen. Solche »rückschrittlichen Auffassungen« behandelte Hilde Benjamin mit Nachsicht und Geduld, ohne die sonst übliche Schärfe, die normalerweise jede Abweichung als feindliche Äußerung verdammte.

In die Einleitung zum neuen Familiengesetzbuch hatte Hilde Benjamin geschrieben: »Die gesellschaftlichen Verhältnisse in der Deutschen Demokratischen Republik sind die feste Grundlage für die sozial gesicherte Existenz der Familie.«[496] Die Gleichberechtigung von Mann und Frau war die Grundlage der Beziehungen in Ehe und Familie. Von diesem grundlegenden Prinzip aus könnten alle anderen Bereiche geregelt werden: das Heiratsalter, einheitlich auf 18 Jahre festgelegt, die Scheidung und das Sorgerecht für die Kinder, die rechtliche Gleichstellung der außerehelichen Kinder, die Adoption und das Namensrecht.

Schon länger war in der DDR das »Schuldprinzip« bei Scheidungen abgeschafft worden. Als Grund für die Auflösung der Ehe reichte die Feststellung, die Ehe habe »ihren Sinn für die Eheleute, die Kinder und damit auch für die Gesellschaft absolut verloren«. In zahlreichen Briefen und Artikeln kam die Sorge zum Ausdruck, daß zu schnell und zu leicht geschieden würde und die Ehen nur noch »auf Zeit« funktionierten. Manche schlugen vor, das Heiratsalter, insbesondere für Männer, höher als 18 Jahre anzusetzen. Dagegen sprach vor allem die Wehrpflicht. Hilde Benjamin argumentierte, »daß einem jungen Menschen, dem mit der Wahlfähigkeit und der Wehrfähigkeit eine hohe staatsbürgerliche Verantwortung ... auferlegt ist, ... die rechtliche Möglichkeit der Verantwortung für eine Familiengründung nicht verweigert werden kann«.[497] Das Gesetz versprach im Gegenzug staatliche Hilfsmaßnahmen zur Stabilisierung junger Ehen, vor allem die Einrichtung von Ehe- und Familienberatungsstellen.

Das Problem der Doppelbelastung der Frau wurde kontrovers diskutiert. Offiziell galt die Erkenntnis, daß der Sozialismus die Frauen aus ihrer doppelten Abhängigkeit, den Fesseln des Kapitalismus und der Herrschaft des Mannes, befreit hätte. Bei Engels hatten sie gelernt: »Die der Zivilisation entsprechende und mit ihr definitiv zur Herrschaft kommende Familienform ist die Monogamie, die Herrschaft des Mannes über die Frau, und die Einzelfamilie als wirtschaftliche Einheit der Gesellschaft.«[498] Im Entwurf hieß es deshalb über die neuen Grundlagen der Ehe im Sozialismus, die Partner wären verpflichtet, »ihre Beziehungen zueinander so zu gestalten, daß beide das Recht auf Entfaltung ihrer Fähigkeiten zum eigenen und gesellschaftlichen Nutzen voll wahrnehmen können«. In Leserfragen und Beiträgen beklagten viele nun die ständige Überforderung der berufstätigen Frauen. Sie allein würden nach Feierabend alle Arbeit im Haushalt erledigen, die Männer abends zu ihren Terminen laufen und die Frauen mit der Arbeit allein lassen. Unter diesen Bedingungen bliebe den Frauen keine Zeit, selbst gesellschaftlich aktiv zu werden. Ein Vater von drei Kindern kam zu dem Schluß, ein großer Teil der Ehen ginge nur gut, weil die Frauen auf die völlige Gleichberechtigung verzichteten; er wüßte aus eigener Erfahrung, daß die Doppelbelastung bei mehreren Kindern unerträglich wäre, und fragte: »Müssen wirklich beide voll berufstätig sein?«[499]

Von den Verantwortlichen wurde ihm entgegengehalten, man dürfte nicht nur auf das Heute blicken. In Zukunft würden neue Methoden der Haushaltsführung entwickelt, bessere Maschinen die Hausarbeit erleichtern. Der technische Fortschritt diene dazu, dem Neuen in der Gesellschaft zum Durchbruch zu verhelfen. Die Betriebe sollten in Zukunft die Partei- und Gewerkschaftstermine so legen, daß Männer ihren Ehe- und Vaterpflichten nachkommen könnten. Auch müßte es nicht immer die Mutter sein, die sich im Fall der Krankheit der Kinder freistellen ließe. Das Gesetz ging davon aus, daß entweder Mutter oder Vater die Pflege übernähmen. Eine Neuerung, die im Westen noch lange Zeit zu den Forderungen der Frauenbewegung gehörte.

Eine Glosse im *Neuen Deutschland* nahm den mangelnden Einsatz der Väter für ihre Kinder aufs Korn und fragte ironisch: »Haben Männer keine Kinder? – Existiert der alte Adam noch?« Der Autor berichtete von Werkleitern großer Betriebe, die sich mit der Ausrede: »Wir haben doch nur 120 weibliche Beschäftigte« ihrer Verpflichtung für die Einrichtung eines Betriebskindergartens entziehen wollten. »Aber in diesem Betrieb arbeiten Hunderte Männer. Haben sie keine Familie, keine Frauen, die arbeiten oder berufstätig sein möchten, keine Kinder? Doch, doch, aber das zählt (noch) nicht überall.« Kritisiert wurde in den Spalten des Zentralorgans auch die Reklamewelt, in der Waschmaschinen und andere Haushaltsgeräte immer nur mit glücklichen Frauen gezeigt würden. »So schafft man auch Leitbilder, aber wofür? Der Mann hilft im Haushalt, bestenfalls. Von zu gleichen Teilen (wie im Gesetz festgeschrieben) kann noch längst nicht die Rede sein. Das mochte hingehen, solange Frauen nur einen Bruchteil der Beschäftigten ausmachten. Doch jetzt sind schon über 70% der Frauen berufstätig.«[500]

Überwiegend Zustimmung fand bei der Bevölkerung das neue Namensrecht, das den Ehepartnern die Wahl zwischen dem Namen von Mann oder Frau ermöglichte. Eine weitergehende Bestimmung aus dem Entwurf, daß wahlweise jeder Partner seinen eigenen Namen behalten und für die Kinder einer der beiden Namen festgelegt werden könnte, fand keine Zustimmung und wurde im endgültigen Gesetz wegen der heftigen Kritik aus der Bevölkerung zurückgezogen.

Die *Frankfurter Allgemeine Zeitung*, die die Debatte in der DDR mit mißtrauischem Interesse verfolgte, sah ein »Tohuwabohu der Namensgebung« in Deutschland anbrechen,[501] weil »Paul Schulze nicht mehr sicherstellen kann, daß sein Name in seinen männlichen Nachkommen erhalten bleibt«.[502] Solch patriarchalisch geprägte Sorge um den »Stammhalter« äußerten die DDR-Bürger nicht. Sie begrüßten die neue Wahlfreiheit, nur wollten sie weiter an einem einheitlichen Familiennamen, egal ob vom Mann oder der Frau, festhalten. Das Gesetz folgte diesem Wunsch und änderte den Entwurf zugunsten eines einheitlichen Familiennamens.

Zwischen April und Oktober 1965 regten die Zeitungen der DDR ständig Diskussionen zum Familiengesetzbuch an, beantworteten Leserpost und veröffentlichten nachahmenswerte Beispiele. Da hatten Standesbeamte in Karl-Marx-Stadt alle in den letzten sechs Wochen getrauten Paare eingeladen, um die Fragen der jungen Eheleute mit Experten besprechen zu können, Schöffen und Richter veranstalteten örtliche Aussprachen im kleinsten Rahmen, um den unterschiedlichen Interessen gerecht zu werden. Jede Gruppe, so hieß es, hätte andere Probleme. Ein christlicher junger Mann würde andere Fragen stellen als ein aktiver FDJler. Erstaunlich häufig kamen in dieser Debatte auch christliche Auffassungen zu Wort. Theologen durften ihre Bedenken gegen leichtfertige Ehescheidungen, ihre Auffassungen zu Familie und Berufstätigkeit der Frau darstellen. Die Initiatoren der öffentlichen Debatte wußten noch aus den ersten Gesprächen von 1954, daß die christlichen Vorstellungen zu den Grundfragen des Lebens in der Bevölkerung immer noch tief verankert waren. Damals hatte die Evangelische Landeskirche eine eigene Kampagne gegen den Entwurf gestartet und argumentiert, daß »die Lebensgemeinschaft, so wie Gott sie haben will«, nicht mit der vollen Berufstätigkeit der Frau zu vereinbaren sei und die Gefahr wachse, daß die Kindererziehung völlig an den Staat übergeht.[503] Den staatlichen Stellen lag 1965 viel daran, die Zustimmung der Kirchenvertreter zum Familiengesetzbuch zu bekommen.

Auch in den Leserbriefspalten der Zeitungen ging es in diesen Monaten fast ausschließlich um das Thema Familienrecht. »Ich bin geschieden, und meine Tochter lebt bei meiner Frau. Wie wird der Umgang mit meinem Kind künftig geregelt?« »Was ist mit dem Erziehungsziel sozialistische Persönlichkeit gemeint, und wie wird die Zusammenarbeit von Elternhaus und Schule geregelt?« »Was passiert, wenn ein Mädchen mit 16 schon schwanger wird? Darf sie dann vorzeitig heiraten?«[504]

Der Demokratische Frauenbund sah sich stolz als der eigentliche Initiator des Familiengesetzbuches und hielt den Entwurf für einen Sieg aller aktiven Frauen der DDR. Das spiegelte sich auch in der Zeitschrift *Für Dich*. 70% der Frauen wären inzwischen berufstätig. Die Frauen würden bewußt zum Nutzen ihrer eigenständigen Entwicklung gefördert und nicht, wie die Gegner gern unterstellten, wegen des Arbeitskräftemangels in der DDR. Die Funktionärinnen forderten gesonderte Förderprogramme und hoben das vorbildliche Verhalten Hilde Benjamins hervor, die die jungen Juristinnen bei ihrer beruflichen Entwicklung durch Beratung, Fortbildung sowie betriebliche Kindergärten immer unterstützt hatte.[505]

Ein intensives Leserbriefecho fand auch eine Sonderbeilage des *Neuen Deutschland* über die ethische Seite der Eheschließung und die rechtzeitige Sexualaufklärung.[506] Viele Leser antworteten dem Autor, Professor Winter von der Humboldt-Universität, zustimmend, bemängelten die späte sexuelle Aufklärung in der Schule und beklagten, daß Lehrer und Eltern oft zu feige wären, mit den Kindern angemessen zu sprechen, aber auch die staatliche Jugendorganisation FDJ in diesen wichtigen Fragen des Lebens versagt hätte.

Insgesamt war der Ton der Debatte ziemlich unverklemmt, ernsthaft und offen. Verglichen mit westdeutschen Blättern aus dieser Zeit erscheint die DDR-Gesellschaft damals etwas weniger prüde und verschämt mit dem Thema Sexualität umgegangen zu sein. Die hartnäckige Bremserfunktion der Kirchen, insbesondere der katholischen Bischöfe in Westdeutschland, fehlte im öffentlichen Meinungsspektrum der DDR.

Im Dezember 1965 trat Hilde Benjamin mit dem überarbeiteten Text des Familiengesetzbuches vor die Volkskammer. »Das Familiengesetzbuch ist ein Werk, das auf der Grundlage der schöpferischen Zusammenarbeit aller Kräfte unserer Gesellschaft zustande gekommen ist. Es ist ein Beweis für die Lebenskraft der sozialistischen Demokratie. Es ist auf seinem Gebiet nach Inhalt und Entstehung ein Vorbild für ganz Deutschland und beweist erneut, daß die DDR der westdeutschen Bundesrepublik um eine ganze Etappe voraus ist.«[507] Diese Behauptung war auch aus der Sicht vieler Frauen in Westdeutschland berechtigt, wurden dort erst mehr als zehn Jahre später das Scheidungs- und Namensrecht modernisiert. Die rechtliche Gleichstellung der außerehelichen mit den ehelichen Kindern ist bis heute nicht völlig durchgesetzt.

Wie es sich für eine Marxistin gehört, ging Hilde Benjamin auch auf die berühmten Darlegungen von Engels' »Der Ursprung der Familie, des Privateigentums und des Staates« ein und zitierte eine Schlußfolgerung von Engels, die Monogamie wäre »die erste Familienform, die nicht auf natürliche, sondern auf ökonomische Bedingungen begründet war, nämlich auf den Sieg des Privateigentums über das ursprünglich natürliche Gemeineigentum«.[508]

Im nachrevolutionären Rußland und Jahrzehnte später in der westeuropäischen Studentenbewegung hatten diese Erkenntnisse zu heftigen Debatten über völlig neue Beziehungen der Geschlechter nach der Abschaffung des Kapitalismus geführt. Die Ehe als staatlich sanktionierte Zweierbeziehung wurde dabei grundlegend in Frage gestellt, und neue Formen des Zusammenlebens in Wohngemeinschaften oder eheähnlichen Lebensgemeinschaften wurden als revolutionäre Alternative zur Ehe praktiziert.

Hilde Benjamin setzte sich mit diesen radikalen Positionen jedoch überhaupt nicht auseinander. Vor der Volkskammer sagte sie, es wäre der einhellige Wunsch der DDR-Bürger, die Ehe so dauerhaft wie möglich zu machen und den Bildungs- und Erziehungswert der Familie im Sozialismus immer besser zu entfalten. Alternative Lebensformen hatten in ihrer Rede keinen Platz. Auch in den veröffentlichten Leserbriefen und Artikeln kamen Wohngemeinschaften oder partnerschaftliches Zusammenleben ohne Trauschein nicht vor. Zum einen waren solche Überlegungen damals in der DDR eher selten, und zum anderen wurden Leserbriefe dieser Meinungsrichtung wohl auch nicht abgedruckt.

*Hilde Benjamin begründet das neue Familiengesetzbuch vor der
Volkskammer, 20.12.1965*

Hilde Benjamin blieb in ihrer Rede ganz im konservativen Rahmen, beschwor die »sozialistische Moral«, die Ehe und Familie bestimmen sollte, zitierte Honeckers Erklärung vom 11. ZK-Plenum zum »sauberen Staat DDR, in dem es unverrückbare Maßstäbe der Ethik und Moral, des Anstandes und der guten Sitten gibt«. So stießen die »neuen Möglichkeiten der Geschlechterbeziehungen im Sozialismus« letztendlich doch wieder an ihre spießbürgerliche Grenze.

Ein großer Fortschritt war die Rechtsauffassung von der Gleichstellung ehelicher und außerehelich geborener Kinder. Die überkommenen, ausgrenzenden Bestimmungen des alten (und im Westen noch gültigen) Bürgerlichen Gesetzbuches (BGB) waren damit endgültig abgeschafft. Der Begriff des »nichtehelichen« Kindes wurde folgerichtig aus dem DDR-Recht gestrichen. Das Gesetz sprach statt dessen von »Kindern, deren Eltern miteinander verheiratet sind und zusammenleben, und Kindern, deren Eltern niemals miteinander verheiratet waren oder deren Ehe geschieden wurde«.

Eine logisch denkbare Variation aber hätte geheißen: «Eltern, die niemals verheiratet waren und partnerschaftlich miteinander leben«. So weit wollte Hilde Benjamin nicht gehen. Zwei Interessen standen in Widerspruch zueinander: ihre Bestrebung, die alte Diffamierung der unehelichen Kinder aufzuheben, und das staatliche Interesse an festgefügten Familienverhältnissen. Die Ehe und Familie als »kleinste Zelle des Staates« galt und gilt in allen Staaten als Stabilitätsfaktor, seien sie nun sozialistisch oder kapitalistisch. Die Angst der Staatmacht vor ungeregelten und rechtlich nicht greifbaren Beziehungen der Partner, vor Instabilität und Anarchie in diesem sensiblen Bereich menschlichen Lebens diktierte auch Hilde Benjamins Ausführungen. Im Gegenzug versprach sie vor der Volkskammer, die flächendeckende Einrichtung von Ehe- und Familienberatungsstellen zu fördern. Doch die waren auch in der SED nicht unumstritten.

Sie setzte sich in diesem Zusammenhang auch scheinbar mit der westdeutschen Kritik auseinander, der Staat würde mit den Beratungsstellen ein Mittel in die Hand bekommen, sich in die Intimsphäre der Partner einzumischen. Benjamin dazu: »Das ist ein böswilliges Mißverstehen unseres Gesetzes! Gerade das Gegenteil ist richtig: Der Entwurf verzichtet bewußt auf Reglementierung und Administrieren. Nicht der Einmischung in die persönliche Sphäre der Familie wird das Wort geredet, sondern die Hilfe der staatlichen Organe und der Gesellschaft für die Familie gefordert.«

Die Heftigkeit, mit der Hilde Benjamin die Kritik abwehrte, muß als Indiz verstanden werden, daß es ihr nicht vor allem um die Widerlegung westlicher Auffassungen ging, sondern auch in der DDR viel Kritik an den Beratungsstellen geübt wurde. Hilde Benjamin ging im Grunde auf die Zweifel der Bevölkerung ein, als sie die »westliche Pressekritik« an den Beratungsstellen so vehement zurückwies.[509]

Wer in der Volkskammer durfte schon Westpresse lesen? Hilde Benjamin mußte, selbstverständlich rein dienstlich, die einschlägigen Zeitungen studieren. Was sie dort zum Familiengesetzbuch erfuhr, wird sie ausnahmsweise einmal erfreut haben. In der westlichen Öffentlichkeit fand das neue Familiengesetzbuch ein breites, interessiertes und freundlich bis kritisches, im Ganzen ungewöhnlich großes Echo. Je nach ideologischem Standort wurden die Veränderungen zustimmend oder ablehnend kommentiert. Eine Familienrechtszeitung würdigte ausführlich das Gesetzeswerk. Landgerichtsrätin Dr. Granzow beschrieb den Entwurf und die endgültige Fassung mit Sachkunde, stellte kenntnisreich die Rechtsprechung der DDR-Gerichte dar und würdigte die rechtlichen Veränderungen zugunsten der Scheidungserleichterung, der Rechte der Frauen und der unehelichen Kinder.[510] Frauenzeitschriften wie *Constanze* nahmen sich des Themas an und beklagten »die Sturheit« der westdeutschen Gesetzesmacher, die den Auftrag des Grundgesetzes, Gesetze auf der Grundlage der Gleichberechtigung neu zu konzipieren, bis Ende der sechziger Jahre immer noch nicht voll eingelöst hatten.[511] Zwar hatte der Bundestag 1956 das »Gleichberechtigungsgesetz«[512] beschlossen, das die Bestimmungen über das alleinige letzte Entscheidungsrecht des Mannes in der Ehe aufhob und die Güterfrage zugunsten der Frau neu regelte.[513] Aber erst 1977 wurde das Scheidungsrecht nach dem Schuldprinzip abgeschafft und das Namensrecht in mehreren Stufen zugunsten der Gleichbehandlung von Mann und Frau geändert. Auch die Rechte der außerehelichen Kinder[514] waren 1969 geringfügig aufgewertet worden. Fortan hießen die Kinder nicht mehr »uneheliche«, sondern »nichteheliche« Kinder und waren gesetzlich mit dem Vater verwandt, was einige erbrechtliche Verbesserungen brachte. Von rechtlicher Gleichstellung kann bis heute nicht gesprochen werden.

Die Reform des Bürgerlichen Gesetzbuchs zu Ehe- und Familienfragen im Westen war ein spätes Ergebnis vielfältiger Proteste der erstarkenden Frauenbewegung. Erstaunlicherweise waren die Vorstellungen über fortschrittliche Regelungen zugunsten von Frauen in beiden Systemen praktisch identisch, ob es um das Recht auf Berufstätigkeit und Kinderbetreuung, auf Pflege kranker Kinder durch Mutter oder Vater, um Erziehungsurlaub oder die Abschaffung des § 218 zum Schwangerschaftsabbruch ging.

Hilde Benjamin hatte sich schon in der Weimarer Republik für die Abschaffung dieses Paragraphen eingesetzt. In der Sowjetisch Besetzten Zone war 1947/48 die Schwangerschaftsunterbrechung aus »sozialer Indikation« eine Zeitlang erlaubt worden. Die Regelung hatte jedoch keinen Bestand. Gemäß dem sowjetischen Vorbild und aus Sorge um die sinkenden Geburtenzahlen wurde 1950 dann strikt jeder Schwangerschaftsabbruch – mit Ausnahme medizinischer Indikation – »im Interesse des Gesundheitsschutzes der Frau und der Förderung der Geburtenzunahme«[515] verboten. Stellungnahmen von Hilde Benjamin zu diesem Thema aus den folgenden Jahren gibt es nicht. Sie hatte 1947 erklärt, daß »man den Gegebenheiten der Stunde Rechnung tragen müsse«.[516] Das bedeutete für sie, sich den staatlichen Notwendigkeiten der Geburtensteigerung zu beugen. Viele Jahre hat Hilde Benjamin zu diesem brennenden Frauenproblem aus Staatsräson geschwiegen, obwohl im Demokratischen Frauenbund bekannt war, daß fast 60% der Abtreibungen wieder illegal durchgeführt wurden, was erhebliche gesundheitliche Probleme für die Frauen mit sich brachte.[517]

Deshalb erklärte das Ministerium für Gesundheit 1965, daß auch soziale Gründe zu einer Abtreibung führen könnten und 1967, als das neue Strafgesetzbuch unter Vorsitz von Hilde Benjamin erarbeitet wurde, kam scheinbar ganz nebenbei auch die Erlaubnis zur Schwangerschaftsunterbrechung in das neue Gesetz. Aus dem § 218 war der § 153 geworden. Abtreibung sollte nur noch bestraft werden, wenn sie entgegen den gesetzlichen Vorschriften durchgeführt worden war. Das Gesetz erlaubte nun ausdrücklich Abtreibungen aus medizinischen Gründen. Zwar wurde erst 1972 – nach Hilde Benjamins Zeit als Ministerin und wohl ohne ihren unmittelbaren Einfluß – in der DDR eine verbindliche Fristenlösung Gesetz, aber schon Jahre vorher war das Abtreibungsrecht so gelockert worden, daß eine Bestrafung nur Personen traf, die gewinnsüchtig oder grob fahrlässig handelten.

Das Gesetz über die Fristenlösung von 1972 gestattete dann die Schwangerschaftsunterbrechung auf Antrag der Frau bei »nicht gewünschter Schwangerschaft«. Der Antrag bedurfte keiner Begründung.

Der Eingriff durfte nur innerhalb der ersten zwölf Wochen der Schwangerschaft erfolgen, wurde in einer geburtshilflich-gynäkologischen Einrichtung durchgeführt und war sozialversicherungsrechtlich einer Erkrankung gleichgestellt. »Nur eine gewollte Mutterschaft, d.h. die bewußte Entscheidung zum Kind, begünstigt auch die Liebe zum Kind und erlaubt eine individuelle Familienplanung«, heißt es dazu im Rechtslexikon der DDR von 1988.[518] Dem hätte Hilde Benjamin sicher ohne Einschränkung zugestimmt.

Anläßlich der Geburt ihrer Enkeltochter 1964 soll Hilde Benjamin gesagt haben: » … auch ihre Frauengeneration wird noch viel Energie brauchen, um sich durchzusetzen«.[519] Das war sicher

Feierstunde zum Internationalen Frauentag mit Gästen aus dem Senegal, Zwickauer Steinkohlenwerk, 8.3.1967

eine richtige Überlegung, doch welche Ziele die nächste Frauengeneration ihrer Meinung nach anstreben sollte, blieb bei Hilde Benjamin völlig im dunkeln.

Christa Wolf formulierte in ihrem Vorwort zu Maxie Wanders Fraueninterviews einige Zukunftsthemen von Frauen nach der vollzogenen rechtlichen Gleichstellung in der DDR: »Erst wenn Mann und Frau sich nicht mehr um den Wochenlohn streiten, um das Geld für eine Schwangerschaftsunterbrechung, darum, ob die Frau arbeiten gehn darf und wer die Kinder dann versorgt, ... erst dann beginnt sie, belangvolle Erfahrungen zu machen. (...) Wir werden uns daran gewöhnen müssen, daß Frauen nicht mehr nur nach Gleichberechtigung, sondern nach neuen Lebensformen suchen. Vernunft, Sinnlichkeit, Glückssehnsucht setzen sie dem bloßen Nützlichkeitsdenken entgegen.«[520] Das waren fremde Worte und fremde Welten für Hilde Benjamin.

Das Jahr 1967 begann für Hilde Benjamin mit bedeutenden Feierstunden. Am 5. Februar wurde sie 65 Jahre alt. Das war einer der beliebten Anlässe, verdienten Genossen und Genossinnen für ihren unermüdlichen Einsatz staatlicherseits zu danken. Dieses Mal bekam Hilde Benjamin den Titel »Held der Arbeit«. Der Orden war mit einem Ehrengeld bis zu 10 000 Mark verbunden. Wieviel Hilde Benjamin bekam, wurde selbstverständlich nicht veröffentlicht. Das *Neue Deutschland* dokumentierte die Verleihung durch den Staatsratsvorsitzenden an hervorgehobener Stelle mit einem Foto.

Hatte Ulbricht an diesem Tag schon den Plan gehabt, Hilde Benjamin – die treue Mitstreiterin zahlloser Unterdrückungsmaßnahmen – nicht mehr für das Ministeramt zu nominieren? In seiner Rede waren weder Ablehnung noch Kritik enthalten. Und Hilde Benjamin soll laut Aussage ihres Sohnes zu diesem Zeitpunkt fest mit der erneuten Ernennung gerechnet und ihre Lebensplanung auf weitere Ministerjahre eingerichtet haben.[521]

In ihrem Haus am Majakowskiring feierte sie am 5. Februar im vertrauten Kreis von Freunden und Verwandten ihren Geburtstag. Im *Neuen Deutschland* las sie die Glückwünsche des Zentralkomitees:

»Mit Deinen reichen Erfahrungen als Repräsentant unserer sozialistischen Justizorgane trugst Du dazu bei, die freundschaftlichen Beziehungen zu den sozialistischen Bruderländern zu vertiefen … An Deinem heutigen Geburtstag wünschen wir Dir, liebe Genossin Hilde Benjamin, alles Gute und für Deine weitere verantwortungsvolle Tätigkeit beste Gesundheit und viel Schaffenskraft.«[522]

Wenige Tage später gab Hilde Benjamin einen Empfang im Gästehaus des Ministerrats, freute sich über die zahllosen Glückwünsche aus allen Teilen der Bevölkerung. Aus Kindergärten, für die sie die Patenschaft übernommen hatte, bekam sie selbstgemalte Bildchen, die Parteiorganisationen der Krankenhäuser, die den Namen ihres Mannes trugen, gratulierten, Betriebskollektive und Einrichtungen der Volkspolizei, die sie aus dienstlichen Belangen besucht hatte, schickten brave Glückwunschkarten. Bei solchen Anlässen genoß es Hilde Benjamin, anerkannt und bei Teilen der Bevölkerung sogar beliebt zu sein. Daß sie niemals ohne ihre Leibwächter ausging, weil die Angst in ihr lauerte, war nach eigener Überzeugung lediglich die Vorsicht vor Angriffen der Feinde des Sozialismus, die sie, wie konnte es anders sein, ablehnten und haßten. Zeit ihres Lebens hielt sie sich für eine von

Genossin Dr. Hilde Benjamin ist der erste weibliche Justizminister der Welt. Ihr Leben beweist, was in der sozialistischen Gesellschaft eine Frau erreichen kann

Hans Nathan ehrt Hilde Benjamin: Titelgeschichte der Frauenzeitschrift
»Für Dich« zum 65. Geburtstag, Februar 1967

dem »positiven« Teil der Bevölkerung geachtete und für eine durchaus beliebte Person.[523]

Bestärkt wurde sie in diesem Eindruck durch ihren alten Freund Hans Nathan, der ihr zum 65. Geburtstag einen geradezu euphorischen Artikel mit dem Titel »Eine außergewöhnliche Frau« widmete. In der *Für Dich* hieß es: »Genossin Hilde Benjamin ist der erste weibliche Justizminister der Welt. Ihr Leben beweist, was in der sozialistischen Gesellschaft eine Frau erreichen kann. (…) Eine wahrhaft außergewöhnliche Frau! Kämpferisch, prinzipientreu – und zugleich von warmer Menschlichkeit erfüllt; ein treuer und gütiger Freund ihrer Freunde – und zugleich ein unversöhnlicher Feind all derer, die unserer guten Sache schaden; durchdrungen von tiefem Pflicht- und Verantwortungsgefühl, das die Quelle ihrer riesigen fachlichen, politischen und gesellschaftlichen Arbeitsleistung ist – und zugleich allen schönen Künsten zugeneigt; sie malt, musiziert, ist eine ausgezeichnete Literaturkennerin; von durchdringender Intelligenz und Logik – und zugleich impulsiv. Wer sie nur am Richtertisch oder als Vorsitzende ihres Kollegiums kennengelernt hat, würde vermutlich seinen Augen nicht trauen, sähe er sie im Kreise ihrer Familie, … etwa wenn sie ihren Enkeln Puppenkleider schneidert oder mit ihnen spielt, oder wenn sie als geübte Gärtnerin ihren Garten bestellt. Wie in so vielem anderen ist sie Vorbild auch als Haupt einer glücklichen und tätigen Familie.«

Der Artikel, mit zahlreichen Bildern vor allem aus dem Privatleben Hilde Benjamins großzügig aufgemacht, endete mit den Worten: »Wir danken unserer Hilde Benjamin heute für ihre großen Leistungen, für ihren bedeutenden Beitrag zum Aufbau der neuen, schöneren Welt, dafür, daß sie gezeigt hat, was in der sozialistischen Gesellschaft eine Frau erreichen kann. Wir wünschen ihr noch viel Freude am Leben und in der Arbeit.«[524]

Hilde Benjamin – eine außergewöhnliche Frau? Die meisten Menschen werden diese Sätze kopfschüttelnd oder fassungslos gelesen haben.

Monika Maron, in der DDR aufgewachsen, setzt sich in ihrem Roman »Stille Zeile sechs« mit ihrem Stiefvater Karl Maron auseinander:

»Ich sagte, ein Kommunist sei jemand, der sich bei einem Kind, das ihm eine große Schüssel Zitronencreme schenkt, nicht bedankt, weil er gerade mit der Weltrevolution beschäftigt ist.«[525]

Hilde Benjamin gehörte zur gleichen Kommunistengeneration wie Karl Maron, saß mit ihm jahrelang im Ministerrat und im Zentralkomitee. Doch wahrscheinlich würde niemand, der Hilde

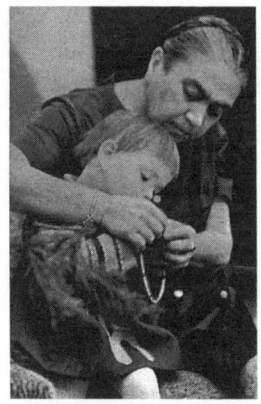

Familienfotos aus dem Geburtstagsbeitrag der »Für Dich«, 1967

Benjamin nahestand, etwas Ähnliches über sie gesagt haben. Hilde Benjamin hätte sich, anders als der Stiefvater Maron, ziemlich sicher die Zeit genommen, dem Kind für die Schüssel Zitronencreme zu danken. Sie hätte eben noch etwas länger in die Nacht hinein gearbeitet, um den Aufgaben der »Weltrevolution« gerecht zu werden. Aber sie hätte Zeit für das Kind gefunden.

Hilde Benjamin war, wie Karl Maron, eine gnadenlose Unterdrückerin aller vermeintlichen Feinde des Sozialismus.

Vielleicht aber ist in ihrer privaten Herzlichkeit und Menschlichkeit, die sie sich noch erhalten hatte, der winzige Unterschied aufgehoben, den es ausmacht, ob Männer oder Frauen im Dienste einer Ideologie Macht ausüben. Vielleicht. Und dann wäre es nicht nur absichtsvolle Lüge, was Hans Nathan über sie schrieb: »... ein treuer und gütiger Freund ihrer Freunde, ... im Kreise der Familie von warmer Menschlichkeit, ... mit den Enkeln Puppenkleider schneidernd«?

Noch einmal Monika Maron: »Wenn ein Zitronencremefresser Kommunist ist, bleibt für das Kind, bei dem er sich nicht bedankt, beides auf ewig miteinander verbunden. Und wer auf einen kommunistischen Mörder trifft, weiß für immer, daß der Kommunismus auch mörderisch ist.«[526]

329

Kaltgestellt
mit Ordensblech und Ehrentiteln

Professorin an der Akademie
für Staat und Recht
1967–1989

Hätten die DDR-Bürger westliche Zeitungen lesen dürfen, hätten sie schon zwei Tage früher gewußt, daß Hilde Benjamin nicht mehr Justizministerin war.

Seit der Volkskammerwahl am 2. Juli 1967 spekulierten die Westberliner Zeitungen über den Abgang Hilde Benjamins: »Die Rote Hilde ist weg.« »Ist die Rote Hilde ausgebootet?« »Verliert Hilde Benjamin ihren Posten?« »Ist Hilde Benjamin nicht mehr im Amt?«[527] Einen Tag später, noch vor dem *Neuen Deutschland*, meldeten die Blätter: »Die rote Hilde wurde verabschiedet«. *Die Welt* schrieb, daß Hilde Benjamin bei einem Internationalen Juristentreffen am 12. Juli ganz gegen ihre Gewohnheit nicht anwesend war; der stellvertretende Minister hätte die Begrüßungsrede gehalten. Als das Gerücht zur Gewißheit wurde, schrieben die westlichen Kommentatoren: »Vielleicht gilt sie, die der SED als weiblicher Robespierre so gnadenlos gedient hat, heute in Ostberlin als personelle Belastung? Oder sie hat sich im fanatischen Eifer aufgerieben?« Die *Frankfurter Allgemeine Zeitung* hatte schon direkt nach der Volkskammerwahl vermutet: »Kein Sitz mehr für Hilde Benjamin. Die treue Stalinistin wird entlassen«, und *Der Spiegel* meldete: »Das Kabinett wurde durch Pensionierung von Lothar Bolz, 63, Paul Scholz, 64, und Hilde Benjamin, 65, verjüngt und mit Fachleuten aufgefüllt ...« Walter Ulbricht, selbst 74 Jahre alt, bestimmte: »Der Ministerrat muß mit jüngeren Kräften seine prognostische Arbeit anpacken.«[528]

In der Kaderakte von Hilde Benjamin ist ein Beschlußauszug des Politbüros abgeheftet, den Hilde Benjamin wahrscheinlich nie zu Gesicht bekommen hat. »Vorschläge für die Zusammensetzung des Ministerrates vom 20.6.1967: Nachfolgende Mitglieder des Ministerrates werden von ihren Funktionen entbunden: ... Genn.

Dr. Hilde Benjamin, Minister für Justiz.«[529] Eine Erklärung ist nicht angefügt.

Das *Neue Deutschland* übernahm auf Seite eins am 14. Juli ohne Kommentar den Beschluß des Ministerrats aus den Agenturmeldungen.

Das Hausblatt des Ministeriums, die *Neue Justiz*, versorgte die Justizfunktionäre mit der Erklärung, daß »der Vorsitzende des neuen Ministerrats dem seit langem geäußerten Wunsch der Genossin Hilde Benjamin entsprochen hat, aus gesundheitlichen Gründen von der Funktion des Minsters für Justiz entbunden zu werden ... Bei einer Zusammenkunft aller Mitarbeiter des Ministeriums würdigten Willi Stoph und der Stellvertretende Minister Hans Ranke die unermüdliche, aufopferungsvolle Arbeit ...«[530]

Die »gesundheitlichen Gründe« und der »seit langem geäußerte Wunsch« von Hilde Benjamin nach Ablösung vom Ministeramt entsprachen nicht der Wahrheit. Es war eine durchsichtige, in allen Regierungen der Welt übliche Zwecklüge. Hilde Benjamin wurde im Gegenteil von ihrer Abberufung völlig überrascht und empfand die Art des Vorgehens als außerordentlich verletzend. Ordnungsgemäß hätte sie durch den Genossen Klaus Sorgenicht aus dem Sekretariat des Politbüros rechtzeitig, d.h. mehrere Wochen vor der Volkskammerwahl, vom Beschluß des Politbüros informiert werden müssen, sie nicht mehr für die Volkskammer aufzustellen und zur Ministerin zu ernennen. Das wäre bei einer so verdienten Parteigenossin »normal« gewesen. Doch wurde ihr die Regierungsbildung spät und nur vom Büro Stoph, also dem Ministerpräsidenten, mitgeteilt. So behandelte man üblicherweise die Blockparteipolitiker, nicht die eigenen Genossen. Vielleicht meinten die Parteioberen, mit einer ehemals »Bürgerlichen« könnte man so umgehen.

Hilde Benjamin erfuhr ihre eigene Absetzung durch die Hintertür. In Unkenntnis ihrer wirklichen Lage hatte sie noch ihre Kandidatur zur Volkskammerwahl vorbereitet und ihren persönlichen Referenten Schreier in ihren Wahlkreis Teltow geschickt, um die Termine für die Wahlveranstaltungen abzusprechen. Dort teilte man Schreier mit, Absprachen seien nicht mehr nötig. Hilde Benjamin kandidierte nicht mehr. Schreier fuhr zurück ins Ministerium und berichtete ihr. Sie blieb äußerlich gefaßt. Beiden, Schreier und Hilde Benjamin, war schlagartig klar, daß Hilde Benjamin nun nicht mehr länger Ministerin sein würde. Das Vorgehen war eine Mißachtung ihrer Person, wie sie schlimmer nicht hätte ausfallen können. Ministerpräsident Stoph kam einige Tage später zu Hilde Benjamin und entschuldigte sich für das Vorgehen. Genosse Ulbricht sprach überhaupt nicht mit ihr.[531]

Die überraschende Absetzung Hilde Benjamins führte in der Öffentlichkeit zu den verschiedensten Spekulationen. Steckten hinter dem Beschluß politische Gründe? Vielleicht tiefgreifende Differenzen zwischen Ulbricht und Benjamin? Wenn ja, welche? War ihr scharfer Kurs nicht mehr gefragt? War sie schwerkrank? Würde sie auch aus dem Zentralkomitee ausscheiden? Würde sie den Vorsitz in der Kommission zum neuen Strafgesetzbuch abgeben?

Michael Benjamin wies alle derartigen Überlegungen zurück. Nicht politische Widersprüche hätten zur Absetzung geführt. Auch Vermutungen, mit dem damaligen Regierungskurs gegen Israel[532] wäre sie nicht einverstanden gewesen, hielt er für abwegig. Die Politik des Antizionismus der DDR-Regierung hätte sie immer unterstützt. Antizionismus und Antisemitismus wären zwei völlig verschiedene Dinge, und in der DDR hätte es angeblich keine Rolle gespielt, ob einer Jude war oder nicht.[533] Von seiten seiner Mutter gab es, so Michael Benjamin, zur Regierungspolitik keine Differenzen. Die Absetzung erfolgte aus staatspolitischen Gründen des Proporzes. Es mußte eben ein Politiker der Liberalen Partei berücksichtigt werden, der auch Stellvertretender Ministerpräsident wurde. Das war alles. Man sollte den Vorgang nicht überbewerten. Er war nur persönlich bedeutsam, weil seine Mutter gern weiter Ministerin geblieben wäre und von dem Beschluß nicht gerade begeistert war. Sie war sogar tief gekränkt, daß Stoph zu spät und die Partei gar nicht mit ihr gesprochen hatte.[534] Aber sie behielt die Aufgabe, das Strafgesetzbuch zu Ende zu bearbeiten. Das gerade zeige, so Michael Benjamin, daß es keine politischen Differenzen gab.

Im Ministerium wurde sie in Anwesenheit von Ministerpräsident Stoph verabschiedet. Die Feierstunde soll ähnlich frostig und unpersönlich wie ihr Amtsantritt gewesen sein. Hilde Benjamin war fast auf den Tag genau 14 Jahre »Minister der Justiz« der DDR. Nun gab es nur noch eine weibliche Figur unter 37 Ministern: Margot Honecker. Vor der Volkskammer fand Stoph für Hilde Benjamin ganze 19 Worte des Dankes.[535]

Hilde Benjamin in ihrer Bibliothek in Berlin-Pankow, 1967

Welche Gründe die Absetzung wirklich hatte, kann zum jetzigen Zeitpunkt, ohne Einbeziehung von Unterlagen, die in Michael Benjamins Besitz und deshalb nicht zugänglich sind, nicht eindeutig geklärt werden. Schreier, der persönliche Referent, ergänzte, daß möglicherweise eine Affäre in Bulgarien der Auslöser für die Absetzung gewesen sein könnte. Hilde Benjamin hatte dort mit der Justizministerin eine Auseinandersetzung gehabt, »weshalb sich die bulgarische Ministerin auf offiziellem Wege über Hilde Benjamin beschwerte«.[536] Worum es bei diesem Streit der Justizministerinnen im einzelnen gegangen war, weiß man nicht, es soll ein persönlicher Streit gewesen sein. Die Beschwerde aus dem Ausland könnte ein letzter Anstoß für den erzwungenen Rücktritt gewesen sein.

Sicher ist, daß die Entmachtung Hilde Benjamins schon fünf Jahre vorher mit dem Rechtspflegeerlaß begann und Ulbricht keinen Bedarf mehr an ihrer Person hatte. Er plante zu diesem Zeitpunkt einen Umbau des gesamten Staatsapparats, bei dem nicht die alten, von Stalin geprägten Genossen, sondern junge, technisch und wissenschaftlich gut ausgebildete Kader eine Rolle spielen sollten.

Der Nachfolger, Dr. Kurt Wünsche, LDPD, war 38 Jahre alt und hatte als Fernstudent promoviert. Politische Beobachter der damaligen Zeit sagen, daß die Berufung Wünsches keine rechtspolitische Wende der DDR signalisierte – trotz der großen Unterschiede in der Persönlichkeit der beiden. Die Besetzung des Ministeriums mit einem Blockpolitiker zeigte eher »die Nachrangigkeit dieses Ministeriums seit dem Rechtspflegeerlaß aus dem Jahre 1963«.[537] Zudem hatte die SED mit dem ersten Stellvertreter des Ministers, Hans Ranke, weiterhin einen zuverlässigen Genossen an der Spitze des Hauses.

Mit der Absetzung vom Ministeramt hätte Hilde Benjamin sich eigentlich zur Ruhe setzen können. Sie war 65 Jahre alt und als Frau seit fünf Jahren, als Verfolgte des Nazi-Regimes sogar seit zehn Jahren rentenberechtigt. Eine Ministerrente bzw. Pension mit erhöhten Bezügen gab es nach Aussagen von Michael Benjamin damals nicht.[538] Auf jeden Fall stand ihr als Verfolgte des Nazi-Regimes eine Ehrenpension in Höhe von zuerst 800, dann 1 200 MDN zu.[539]

In der DDR hatte sich für Fälle abgesetzter Kader eine ganz eigene Praxis der Existenzsicherung herausgebildet. Man gab ihnen ein Amt. Je nach Einfluß und Fähigkeit konnte das ein Posten in einem Archiv, einer Bibliothek, einem Institut oder einer Akademie sein. Dabei war es unwichtig, ob die entsprechende Einrichtung eine Stelle frei hatte. Entscheidend war, daß ein Parteikader angemessen versorgt werden mußte. Auf diesem Wege wurde Dr. Hilde Benjamin »Professor für Rechtsgeschichte«. Der Rektor der Akademie für Staat und Recht »Walter Ulbricht« in Potsdam-Babelsberg, Reiner Arlt, erhielt eines Tages im Juli 1967 den Auftrag, die Genossin Benjamin zur angemessenen Versorgung zu übernehmen. Professor Arlt, ehemals politisches Ziehkind von Hilde Benjamin, konnte in einem vorgegebenen Rahmen Gehalt und Ausstattung des Arbeitsplatzes festlegen. Der Gehaltsspielraum lag zwischen 2 400 und 3 600 MDN. Selbstverständlich, so Arlt, bekam sie das höchstmögliche Gehalt und den besten Dienstwagen, einen Tatra mit Chauffeur.[540] An diese Edelkarosse mit zugezogenen Gardinen erinnerte sich noch 1995 ein Taxifahrer in Potsdam. Er meinte, jeder hätte gewußt, daß hinter den Gardinen die »rote Hilde« saß und nach Brieselang oder Pankow chauffiert wurde.

Hilde Benjamin wurde also Leiterin des Lehrstuhls für Geschichte der Rechtspflege und arbeitete bis zuletzt an der Erstellung einer dreibändigen Rechtsgeschichte. Im Gebäude der Generalstaatsanwaltschaft in Berlin-Mitte hatte sie ein eigenes Büro für ihren Lehrstuhl. Sie konnte sich einen eigenen Mitarbeiterstab zusammenstellen und alle Einrichtungen der Akademie für ihre Forschungsarbeit nutzen. »Nur Studenten durfte sie nicht unterrichten, das hätte man nicht zugelassen«,[541] berichtete Reiner Arlt. Er war überzeugt, daß er Hilde Benjamin bestmöglich versorgt und die Geschaßte nicht auch noch durch schlechte materielle Bedingungen gedemütigt hätte. Hilde Benjamin hat ihren Posten als »Professor« für Geschichte der Rechtspflege bis zu ihrem Tode innegehabt. Ihre Mitarbeiter waren hauptsächlich Frauen. Professor Arlt sagte, Hilde Benjamin hätte zu Frauen immer ein wesentlich herzlicheres Verhältnis gehabt, wäre ihnen generell freundlicher und interessierter als Männern begegnet.[542] Doch Arlt erntete für seinen großzügigen Umgang mit der Kollegin keinen Dank. Einige Jahre später traf er Hilde Benjamin auf einer Konferenz und grüßte sie freundlich. Da soll sie nur ärgerlich gesagt haben: »Wer bist du denn, Genosse, ich kenne dich nicht.« Zu diesem Zeitpunkt war Arlt selbst ein »Geschaßter«. Aus politischen Gründen war er von seinem Amt als Rektor abgelöst und »zur Bewährung« auf eine kleine Professur an der Akademie zurückversetzt worden.

Nachdem Hilde Benjamin die kränkenden Umstände ihrer Abberufung verarbeitet hatte, wurde ihr wahrscheinlich klar, daß sie beim Absturz vom Ministersessel sanft gelandet war. Zwar war sie nie, wie sie vielleicht einmal gehofft hatte, in die Höhe des Politbüros emporgestiegen. Dazu waren die proletarischen Kader der Führungsspitze der »Bürgerlichen« gegenüber immer zu mißtrauisch geblieben, aber sie war auch nicht so tief gefallen wie manch einer aus der obersten Etage der Macht. Nun war sie Professorin, bezog ein gutes Gehalt, zusätzlich die Ehrenpension, war nach wie vor Vorsitzende der Gesetzgebungskommission beim Staatsrat und blieb Mitglied des Zentralkomitees. Gerade daß sie auch nach ihrer Entlassung weiter die Ausarbeitung des Strafgesetzbuches leiten konnte, war ihr eine besondere Genugtuung. Dieser Umstand hat, so Michael Benjamin, ihr vor allem über die Kränkung der Absetzung hinweggeholfen.[543]

An Geld und ehrenvollen Aufgaben fehlte es also nicht. Und sie hatte Pläne. Vielleicht würde sie nach der Fertigstellung der Rechtsgeschichte Zeit finden, an die Sichtung der Hinterlassenschaft ihres Mannes zu gehen. Mit ihrem Sohn hatte sie schon über ihre Idee gesprochen, sich mit Georg Benjamins Werk intensiver zu beschäftigen. Doch Michael ermutigte seine Mutter nicht. Sollten doch andere über Georg Benjamin arbeiten. 1962 war schon eine Monographie über ihn vom Medizingeschichtlichen Institut erschienen. [544]

Gegen Michaels Rat hielt Hilde Benjamin jedoch an ihrem Plan fest, sich mit der Lebensgeschichte von Georg zu beschäftigen. Irgendwann, bald, würde sie mit der Sichtung der Papiere beginnen. Das unerwartete Ende ihrer Ministerzeit hatte sie gelehrt, daß selbst ihre Zeit irgendwann einmal abgelaufen sein würde und ihre Leistungsfähigkeit nicht unbegrenzt war.

Hilde Benjamin ging daran, ihren Alltag neu zu organisieren. Einige Änderungen ergaben sich aus dem Leben ohne Staatsamt. Sie war nun eine Privatperson und damit normale Mieterin der Wohnung am Majakowskiring, mußte Miete zahlen und die Haushälterin selbst finanzieren. Nur die Bewachung durch die Jungs von der Staatssicherheit blieb im »Staatsinteresse« erhalten. Schließlich war sie immer noch eine wichtige und deshalb gefährdete Person des öffentlichen Lebens der DDR.

Seit dem Mauerbau 1961 hatte sich die Lage in der DDR grundlegend verändert. Die Menschen hatten begonnen, sich dauerhaft in ihrem Land einzurichten und sich – vorerst – mit den Verhältnissen in der DDR abzufinden. Die materielle Lage verbesserte sich Stück für Stück. Individuelle Leistung und Mehrarbeit lohnten sich, die Freizeit wurde, ähnlich wie in den entwickelten Industrienationen des Westens, ein wichtiger Bereich des Alltagslebens der Bürger.[545] So war auch staatlicherseits kein unmittelbarer Bedarf mehr an einer Justiz der harten Faust. Die meisten Bürger versuchten, das Beste aus ihrer Lage zu machen. Schon der XXII. Parteitag der KPdSU im Oktober 1961, der eine neue Phase der Entstalinisierung mit Enthüllungen über das Terrorregime der Stalin-Ära einleitete, hatte unter DDR-Bürgern neue Hoffnungen geweckt.

Die staatliche Führung entwickelte ihrerseits subtilere Methoden der Überwachung und Kontrolle ihrer Bürger. Eine typische Parole dieser Jahre lautete: »Die Republik braucht alle – alle brauchen die Republik«.

Auch das neue Strafgesetzbuch der DDR trug dieser allgemeinen Stimmung in der DDR in großen Teilen Rechnung. Für die Bürger brachte es im Bereich der kleineren Delikte wichtige Erleichterungen. In Zukunft wurden eine Reihe Übertretungen nicht mehr mit Freiheitsentzug bestraft. Es gab Erziehungsmaßnahmen wie die Verpflichtung zur Entschuldigung bei der beleidigten Person bis hin zur direkten Wiedergutmachung des Schadens. Ähnliche Strafen hatte Hilde Benjamin in der ersten Nachkriegszeit begeistert erlebt, als die Gerichte zum Beispiel das »Reparieren des Gartenzauns« als Sühnemaßnahme aussprachen. An diese Erwartungen knüpfte sie an. Zusätzlich wurden die gesellschaftlichen Gerichte weiter ausgebaut, der öffentliche Tadel, die Verurteilung auf Bewährung und die Bewährung am Arbeitsplatz kamen als Strafmöglichkeiten hinzu. In ihrer Rede vor der Volkskammer erwähnte Hilde Benjamin als einen ihrer wichtigen Mitstreiter auch ihren Sohn Michael, inzwischen Professor. Er hatte an der theoretischen Fundierung der gesellschaftlichen Gerichtsbarkeit mitgewirkt und war maßgeblich an der Ausarbeitung des Strafgesetzbuches beteiligt.

Im Westen fanden 1968 vor allem die Veränderungen des Sexualstrafrechts im neuen Strafgesetzbuch der DDR große Beachtung. So schrieb der Bundesrichter Dr. Woesner in der führenden Rechtszeitschrift: »Das Sexualstrafrecht beschränkt sich besonders deutlich auf die Verfolgung sozial abträglichen Verhaltens und verzichtet auf engherziges Moralisieren und falsches Pathos. (…) Der Unzuchtbegriff, der in der Bundesrepublik der Durchsetzung veralteter moralischer Leitbilder diente, ist aufgegeben und durch das sachliche Merkmal ›sexuelle Handlung‹ ersetzt.«[546] Hinter dieser Würdigung verbirgt sich die Abschaffung des berüchtigten Paragraphen 175, der in der Bundesrepublik noch bis 1969 Homosexualität erwachsener Männer unter Strafe stellte und erst 1973 völlig abgeschafft wurde. Im Strafgesetzbuch der DDR war im neuen Paragraphen 151 festgelegt, daß lediglich homosexuelle Handlungen mit Kindern und Jugendlichen weiterhin strafbar waren. Kinder unter 14 Jahren beiderlei Geschlechts sollten vor sexuellen Angriffen geschützt werden, Jugendliche zwischen 14 und 16 Jahren gegen Mißbrauch durch Geschlechtsverkehr oder verkehrsähnliche Handlungen. Inkonsequenterweise blieb der gleichgeschlechtliche Verkehr mit Jungen zwischen 16 und 18 Jahren – im Gegensatz zu Mädchen – strafbar. Mit der Entscheidung der Strafrechtskommission der DDR, gleichgeschlechtliches sexuelles Verhalten Erwachsener nicht mehr zu bestrafen, folgte Hilde Benjamin bewußt nicht dem Vorbild der Sowjetunion. Dort war Homosexualität immer noch unter Strafe gestellt. In ihrer Rede vor der Volkskammer[547] streifte sie diese mutigen Veränderungen des Strafgesetzbuches deshalb auch nur beiläufig. Wahrscheinlich wollte sie den Gegensatz zu den sowjetischen Genossen nicht zu offensichtlich dokumentieren.

Hilde Benjamin hatte mit dem neuen Strafgesetzbuch alte Vorstellungen über Bord geworfen und entschlossen »progressive Lösungen« auf dem schmalen Steg zwischen »deutscher und sowjetischer Überlieferung« angepackt, wie der schon erwähnte westdeutsche Bundesrichter ihr verurteilslos zugestand.[548]

Doch solche Lockerungen gab es nicht für »die Feinde des Sozialismus«. Im Bereich der politischen Strafjustiz wurden die Bestimmungen sogar noch weiter verschärft. Die Todesstrafe, 1957 von Hilde Benjamin als weiterhin notwendig begründet, blieb die höchste Strafe. In den folgenden Jahren wurde von dieser »Notwendigkeit« auch nicht abgegangen, obwohl sie seit den siebziger Jahren nur noch selten vollstreckt wurde. Die Todesstrafe – nunmehr durch Erschießen, nicht mehr durch das Fallbeil – war in zwölf Verbrechensgruppen des politischen Strafrechts vorgesehen, darunter: Planung von Angriffskriegen, Verbrechen gegen die Menschlichkeit, Hochverrat, landesverräterischer Treuebruch, Terror und Sabotage. Nur ein Verbrechen im allgemeinen Strafrecht, der Mord, war mit der Höchststrafe bedroht. Erst 1988 wurde die Todesstrafe in der DDR endgültig abgeschafft.

Nach einem Jahr Kommissionsarbeit wurde das neue Strafgesetzbuch im Januar 1968 von der Volkskammer verabschiedet. Hilde Benjamin trug die Begründung zum Gesetzeswerk – inzwischen Gastrednerin der Volkskammer – vor. Ziel des Staates sei es nicht zu strafen, sondern Verbrechen zu verhindern. Die Entwicklung der Gesamtkriminalität zeige einen – wenn auch verlangsamten – Rückgang der Straftaten. Fast 60% aller Taten wären Eigentumsdelikte. Gewaltverbrechen dagegen seien leider nicht

Hilde Benjamin als Kommissionsvorsitzende für das Strafgesetzbuch: Pausengespräch in der Volkskammer mit Dr. Heinrich Toeplitz, Präsident des Obersten Gerichts, dazwischen Generalstaatsanwalt Dr. Josef Streit, 12. 1. 1968

wesentlich zurückgegangen. Sie drückte damit die ideologisch begründete Vorstellung aus, daß die Kriminalität im Sozialismus notwendigerweise zurückgehen müßte.

Mit großem Einsatz hatte Hilde Benjamin die Ausarbeitung des Gesetzeswerkes geleitet. Wer sie bei der Arbeit erlebte,[549] wußte, daß sie noch immer ein streitbarer Mensch war. Geistig völlig auf der Höhe, hörte sie den Ausführungen der Referenten konzentriert zu, griff blitzschnell ein, hatte die verschiedenen Fassungen der Paragraphen sofort parat, als hätte sie das gesamte alte und neue Strafgesetzbuch im Kopf. Der sehr breit zusammengesetzten Kommission gehörten insgesamt 65 Mitglieder an: Juristen, Ökonomen, Pädagogen, Psychologen, Vertreter der gesellschaftlichen Organe und etwa zur Hälfte Bürger, die von ihrer beruflichen und gesellschaftlichen Arbeit her menschliche und politische Erfahrung sowie Sachkunde mitbringen sollten. Schließlich beriet ein kleiner Kreis von zuverlässigen Juristen die Endfassung. Wenn die Sitzungen bis spät in die Nacht dauerten, soll die Chefin immer mal einen guten Wodka oder Kognak vorrätig gehabt haben, um die müde werdenden Genossen anzuspornen.

Der langwierige Beratungsprozeß außerhalb der Volkskammer galt in der DDR als Ausdruck der »lebendigen, sozialistischen Demokratie«[550] und hatte tatsächlich einige Momente direkter gesellschaftlicher Beteiligung. Es war für Hilde Benjamin eine letzte, große Führungsaufgabe, die verschiedensten Einzelinteressen der Ministerien, Parteigruppierungen, der Haupt-, Neben- und Unterzentren der Macht zufriedenzustellen. Die Abgeordneten der Volkskammer klatschten dem fertigen Produkt nur noch Beifall.

Die Präzisierung und Verschärfung der politischen Delikte im Strafgesetzbuch kam gerade rechtzeitig, um gegen eine neue »Bedrohung« der DDR vorzugehen. Es war das Jahr 1968. Im Nachbarland Tschechoslowakei hatte sich die Bewegung für einen »Sozialismus mit menschlichem Antlitz« entwickelt. Unter den still gewordenen Intellektuellen in Ostdeutschland gab es vielfältige Sympathien für den »Prager Frühling«. Besonders unter Oberschülern und Studenten hatten die Ideen des demokratischen Sozialismus erhebliche Anziehungskraft. Einige Betrachter des Zeitgeschehens registrierten 1988/89, daß die Jugendlichen, die 1968 vom Prager Frühling inspiriert waren, aber wegen der staatlichen Übermacht keine Chance gehabt hatten, ihren Protest zu entfalten, zwanzig Jahre später als Vierzigjährige auf der Straße waren. Welche politische Entwicklung sie in den zwanzig Jahren nach 1968 auch immer genommen haben mögen, ein vielleicht irrationaler Rest der Hoffnungen des »Prager Frühlings« wurde von vielen bis in die turbulenten Herbstmonate des Jahres 1989 hinein bewahrt.[551]

Hilde Benjamin hatte mit den Prager Ereignissen unmittelbar nichts zu tun. An Hoffnungen auf einen »Sozialismus mit menschlichem Antlitz« schien sie keinen Bedarf zu haben. Da stimmte sie sicher Ulbricht zu, der großspurig behauptet hatte, in der DDR existierte schon lange ein »menschlicher« Sozialismus, und es bedürfe dazu keiner Anleihen in Prag.

Eines Tages im Herbst 1968 könnte Hilde Benjamin jedoch von einem hohen Funktionär aus dem Umkreis des Politbüros aufgesucht und eingehend befragt worden sein, was sie von ihrem alten

Sozius, dem Genossen Götz Berger, hielte. Sie hatte Berger lange nicht gesehen. Er war inzwischen Rechtsanwalt, sie Professorin, persönlichen Kontakt gab es seit Jahren nicht mehr. Sie erfuhr nun im einzelnen, was im *Neuen Deutschland* nur als Kurzmeldung[552] zu lesen gewesen war.

Nach dem Einmarsch der Truppen des Warschauer Pakts in die ČSSR hatten Kinder prominenter DDR-Bürger, unter ihnen die Brüder Frank und Florian Havemann, selbstgefertigte Flugblätter in Hausbriefkästen geworfen und an Hauswände Parolen gegen den Einmarsch und für den »Prager Frühling« geschrieben. Die Jugendlichen waren in eine vorbereitete Falle der Stasi gelaufen und verhaftet worden. Diese Straftaten, selbstverständlich unter dem feindlichen Einfluß westlicher Propagandazentralen begangen, mußten hart bestraft werden. Rechtsanwalt Dr. Berger verteidigte im Prozeß die Havemann-Söhne. Anstatt, wie es für Rechtsanwälte üblich war, eng mit der Staatsanwaltschaft zusammenzuarbeiten, trat Berger entschieden für seine Mandanten ein und ließ die nötige Parteidisziplin gänzlich vermissen. Einem so erfahrenen Genossen hätte es gut angestanden, die verirrten jungen Leute hart anzupacken und auf den richtigen Weg zurückzuführen. Doch Berger plädierte vor Gericht wie ein bürgerlicher Advokat, ohne Einsicht in die politischen Notwendigkeiten. Hilde Benjamin war entsetzt über das Verhalten ihres alten Kampfgefährten, konnte aber keinerlei Einfluß auf ihn nehmen. Politische Vorhaltungen würde seine Parteigruppe im Anwaltskollegium ihm machen. Vorläufig blieb es bei einer ernsten Ermahnung. Die Partei und mit ihr Hilde Benjamin hofften – noch – auf Bergers Bereitschaft zur Einsicht.[553]

Doch Berger ging einen anderen Weg. 1976, nach der Ausbürgerung Wolf Biermanns, schrieb er einen ausführlichen Brief an das Zentralkomitee und begründete darin die juristische Unhaltbarkeit der Maßnahmen gegen Biermann. Berger versicherte dem ZK, daß er die DDR für stark genug hielte, die Lieder und Gedichte Biermanns zu ertragen, und »der Widerruf der Ausbürgerung von Wolf Biermann ... innerhalb und außerhalb der DDR als ein deutliches Zeichen der inneren Kraft und Festigkeit gewertet würde, das zur Mehrung des Ansehens der Republik und unserer Partei wesentlich beitragen würde«.[554] Berger gab sich mit diesem Brief und der Verteidigung von Robert Havemanns Söhnen als Anhänger der immer stärker werdenden sozialistisch geprägten Opposition in der DDR zu erkennen.

Da kannte das Politbüro gegen den alten Genossen nur noch eine Methode: hart zuschlagen. Götz Berger wurde mit Beschluß des Ministers für Justiz zum 1.12.1976 »als Rechtsanwalt wegen schwerwiegender Verstöße gegen anwaltliche Pflichten abberufen«. Berufsverbot. Das zweite in seinem Leben.

Von Hilde Benjamin kam kein Zeichen der Solidarität für ihren verfolgten Kollegen.

Mit der Fertigstellung des Strafgesetzbuchs war der Einfluß Hilde Benjamins auf die rechtliche Entwicklung der DDR endgültig beendet. Bei der Ausarbeitung der neuen Verfassung der DDR bekam sie keine vergleichbare Aufgabe mehr. Unwiderruflich war sie auf dem Altenteil gelandet. 1969 meldete die *Neue Justiz*, daß Frau Professor Dr. Hilde Benjamin begonnen hätte, die Erforschung der Geschichte der Rechtspflege als eine aktive Aufgabe wahrzunehmen. Ihr Hauptanliegen wäre, nunmehr aus der Geschichte zu lernen. Sie arbeitete an der »Geschichte der Rechtspflege der DDR«.

Auch ein anderer Genosse wurde wider Willen aufs Altenteil geschickt. Als sich am 3. Mai 1971 die Mitglieder des Zentralkomitees zu einer ihrer regelmäßigen Tagungen trafen, bat Ulbricht völlig überraschend für das Zentralkomitee und die Öffentlichkeit, ihn aus »Altersgründen« von der Funktion des Ersten Sekretärs zu entbinden. In der gleichen Sitzung wurde, was niemanden überraschte, Erich Honecker zum Nachfolger gewählt. Auch dieser »Bitte« stimmte das Plenum des Zentralkomitees zu. Der VIII. Parteitag der SED im Juni 1971 fand dann schon ohne Ulbricht statt. Honecker erwies sich nicht als dankbarer Thronerbe. Er veranlaßte in der folgenden Zeit die Säuberung aller Bücher und Veröffentlichungen von »Walter-Ulbricht«-Zitaten, ließ Namen an Fabriken, Instituten, öffentlichen Gebäuden und Plätzen streichen und bezeichnete den VIII. Parteitag als das eigentliche Gründungsdatum der DDR. Bis zu dessen Tod 1973 ließ er Ulbricht mit allen Mitteln spüren, daß er ein alter, überflüssiger Mensch geworden war.[555]

Ähnliches widerfuhr Hilde Benjamin von ihrem Nachfolger nicht. Auf Staatsebene ging man offensichtlich korrekter und höf-

*ZK-Abteilungsleiter Klaus Sorgenicht und Justizminister Wünsche
gratulieren zum 70. Geburtstag*

licher miteinander um. Justizminister Wünsche verlor öffentlich
nie ein böses Wort über Hilde Benjamin.

Frau Dr. Winter stand vor dem Bewacherhäuschen am Schlagbaum
zum »Städtchen«, zeigte ihren Ausweis, nannte ihr Anliegen: »Ich
bin bei Frau Professor Benjamin angemeldet.« »Einen Moment
bitte.« Der Uniformierte fragte über Funk, ob der Besuch am Majakowskiweg willkommen war. Frau Winter bekam den Passierschein und ging den kurzen Weg zum Haus von Hilde Benjamin.
    Im Bibliothekszimmer im Erdgeschoß saßen sie zusammen. Die
Hausherrin Hilde Benjamin und die Genossin Winter, Dozentin
am Institut für Medizingeschichte der Humboldt-Universität.
Der niedrige Tisch war meist über und über mit Papieren bedeckt,
auf dem Boden stapelten sich Stöße von Büchern, Broschüren und
alten Zeitungen. Wenn sie Tee trinken wollten, mußten immer
erst die Dokumente beiseite geräumt werden, um Platz für die Tas-
sen zu schaffen.
    Irina Winter war schon vor mehreren Jahren bei ihrer Arbeit zur
Gesundheitspolitik der KPD in der Weimarer Zeit auf den Namen
von Georg Benjamin gestoßen. Sie war von seinen Überlegungen

zur Volksmedizin fasziniert. Bis dahin hatte sie nur die Vorstellungen der Sowjetunion gekannt. Diese Ideen galten als vorbildlich und nachahmenswert in der DDR. Von deutschen Vorbildern war nie die Rede gewesen. Zu ihrem Erstaunen erfuhr Irina Winter aus der kommunistischen Presse der Weimarer Zeit, daß es eine lange Tradition der fortschrittlichen Gesundheitspolitik in Deutschland gab. Im Parteiarchiv traf Frau Winter auf freundliche Ablehnung. Vom Leiter wurde ihr bedeutet, sie sollte besser die Finger vom Thema lassen. Es gäbe an höherer Stelle kein Interesse an einer deutschen Tradition linker Gesundheitspolitik. Trotz dieser Bedenken arbeitete sie im Archiv zu Georg Benjamin und konnte ihre Ergebnisse auch veröffentlichen.[556]

Als Hilde Benjamin viele Jahre später daranging, die Papiere von Georg zu ordnen, entsann sie sich dieser Arbeit und nahm Kontakt zu der Wissenschaftlerin auf. Hilde Benjamin war begeistert, daß sich jemand so intensiv mit dem Werk ihres verstorbenen Mannes beschäftigt hatte. Aus der Zusammenarbeit entstand der Plan zu einer Biographie. Erst einmal wehrte sich Hilde Benjamin gegen die Idee, meinte, sie könnte das nicht, wäre keine Historikerin, fachlich nicht kompetent. Irina Winter bot ihr an, für sie in die Archive zu gehen, das Material herauszusuchen und mit ihr zu beraten. »So haben wir uns getroffen.«[557] Hilde Benjamin schrieb und forschte. Gemeinsam diskutierten sie mögliche Veränderungen. »Es war eine schöne Zusammenarbeit«, sagt Frau Winter. Wenn sie nicht einig waren, stritten sie heftig. Das konnte Hilde Benjamin immer noch hervorragend. Sie diskutierte mit Eifer und Ausdauer, war aber nie beleidigt, wenn man ihren Text kritisierte. »Ich war überrascht, wie bescheiden und zurückhaltend Hilde Benjamin war. Ich hatte anfangs Vorbehalte ihr gegenüber, gewiß. Ich kannte die Person aus der Presse. Hatte mir ein Bild gemacht. Ein negatives. Aber in der Zusammenarbeit dachte ich oft: das ist nicht die Frau aus den Zeitungen, bescheiden, sehr sachlich, auch bei Differenzen in der Einschätzung freundlich, ruhig und nüchtern. Sie konnte herzlich lachen, lustig sein, sie war eine ganz normale Person, hatte auch Humor. Gewöhnlich rief sie mich an, fragte: ›Hast du Zeit, lies mal durch, was ich geschrieben habe.‹ Dann arbeitete ich das durch, brachte neue Dokumente und meine Kritik. Ich sagte immer: ›Es ist dein Text, dein Buch, ich mache nur Vorschläge.‹ Sie war nicht arrogant, erweckte nie

Persönliche Geburtstagsglückwünsche von Erich Mielke, Minister für Staatssicherheit, 5. Februar 1972

den Eindruck, alles zu können ... Das Du kam von der gemeinsamen Parteimitgliedschaft. Unser Zusammensein beschränkte sich auf die Arbeit. Mein Tun war ihr wichtig.«[558]

Hilde Benjamin wohnte seit 1970 mit ihrem Sohn und seiner Familie in dem schönen, alten Haus am Majakowskiweg. Manchmal, so erzählte Frau Winter, kamen die Enkelkinder herein. »Das Verhältnis wirkte herzlich, nicht distanziert oder voll Hochachtung, eher ein bißchen von oben herab: ›Na Oma, was willst du denn?‹ Nur einmal machte Hilde Benjamin eine Bemerkung zu ihrem Sohn: ›Der Mischa hält nicht soviel davon, daß ich jetzt über Georg schreibe. Er nimmt das nicht so ernst.‹ Sonst gab es wenig Persönliches in den Gesprächen. Es war ein intensiver Arbeitskontakt.« Frau Winter beeindruckte auch, daß Hilde Benjamin so belesen war. Sie las Gedichte, machte sie auf besonders schöne Stellen aufmerksam. Hilde Benjamin war auch nicht ordentlich, wie man vermuten könnte. In der Bibliothek stapelte sich alles unter- und übereinander. Persönlich wirkte sie zurückhaltend, in ihrer Sprechweise und in der Art, wie sie sich kleidete. Äußerlich war sie absolut uneitel. Im Haus war alles praktisch und einfach eingerichtet.«

Irina Winter kam meist direkt von der Arbeit zu ihr. Manchmal ließ Hilde Benjamin sie auch mit dem Wagen abholen und fragte jedes Mal besorgt, ob sie etwas essen und lieber Kaffee trinken möchte, weil sie selbst doch immer Tee trank. Den Tee kochte der Fahrer. Zwischen ihm und Hilde Benjamin hätte ein sehr vertrautes Verhältnis bestanden. Sich selbst nahm sie nicht übermäßig wichtig, wie man das von einer so prominenten Frau denken könnte. Irina Winter beobachtete einmal, wie Hilde Benjamin bei der Grundsteinlegung für ein Krankenhaus, das den Namen Georg Benjamin tragen sollte, geduldig auf einem Bänkchen saß und alles über sich ergehen ließ. Es wäre deutlich geworden, daß es ihr unangenehm war, wenn soviel Zirkus um sie gemacht wurde.

In ihren Auffassungen war Hilde Benjamin jedoch bestimmt und unnachgiebig. Eine politische Kontroverse blieb Irina Winter besonders im Gedächtnis. Es ging um die Politik der KPD gegenüber dem Arbeiter-Samariter-Bund. Irina Winter hatte vorsichtig angefragt, ob die Kommunistische Partei sich nicht vielleicht etwas sektiererisch verhalten hätte, als sie im Arbeiter-Samariter-Bund Fraktionen aufbaute, um eine kommunistische Politik durchzudrücken. Aber Hilde Benjamin wehrte jede Kritik an der KPD-Politik entschieden ab. Kommunisten wie ihr Mann hätten um der Einheitsfront willen den Proletarischen Gesundheitsdienst aufgegeben und wären in den Samariter-Bund eingetreten. Der schädliche sozialdemokratische Einfluß hätte gebrochen werden müssen. Daß mit dieser Politik viel zerstört wurde und die Kommunisten oft mehr gegen die Sozialdemokraten als gegen die Nationalsozialisten gekämpft hatten, ließ Hilde Benjamin nicht gelten. Sie sah in der Politik der Thälmann-KPD keinerlei Sektierertum und dachte in diesen Fragen ganz dogmatisch. Eine andere Sicht der Dinge ließ sie nicht zu.

Als das Manuskript fertig war, mußte es – wie in der DDR üblich – beim Institut für Marxismus-Leninismus, einer Einrichtung des ZK der SED, eingereicht werden. In dieser Parteiinstitution wurde entschieden, ob alles »richtig« war, d.h. der Text so veröf-

Hilde Benjamin bei der Grundsteinlegung für das neue Gebäude der Medizinischen Faschschule »Dr. Georg Benjamin« in Berlin-Buch, 28.4.1977

fentlicht werden durfte. Hilde Benjamin bekam ein Gutachten mit »guten« Ratschlägen. Was im einzelnen aufgrund des Gutachtens verändert worden ist, konnte Frau Winter nicht sagen. Auf diese Phase der Arbeit hatte sie keinen Einfluß mehr. Hilde Benjamin fand das Vorgehen normal und gestand dem Institut zu, besser als sie beurteilen zu können, was eine politische Biographie ausmachte. Problemlos soll sie den Rat des Instituts akzeptiert haben. Daß das Gutachten eine Form der Zensur war, hätte Hilde Benjamin nicht gelten lassen. Sie dankte den Gutachtern in ihrem Vorwort brav für deren »interessierte Bereitschaft« an ihrem Werk.

Hilde Benjamins Werk erschien 1977 im Hirzel Verlag Leipzig unter dem Titel: »Georg Benjamin – eine Biographie«. Das Buch war über weite Strecken ein Text im üblichen Stil der Parteigeschichtsschreibung. In der Vorbemerkung hieß es: »Eine Biographie schreiben heißt Geschichte schreiben.« Hilde Benjamins Sprache war meist hölzern und bürokratisch, parteijuristisch eben, wie man es von ihr gewöhnt war. Doch gibt es einige Stellen, die die tiefe Trauer um ihre Lebensliebe ahnen lassen, Worte der Verehrung für den Mann, der ihr genommen wurde.

Da heißt unter anderem: »Seine Briefe waren niemals trostlos, nie mutlos – wenn auch die Ruhe, die sie ausstrahlen, der Reichtum an Gedanken und Gefühlen, das manchmal fast heitere, manchmal ironische Lächeln nie den bitter-düsteren Hintergrund vergessen lassen dürfen, vor dem sie geschrieben sind ... Ich schob einmal den Text des Liedes ›Ich liebe dich so wie du mich‹ zwischen die Zeilen, und er bedankte sich für das Beethoven-Lied, für Frühlingskätzchen ... und die schöne Landschaft von Caspar David Friedrich, die als Karte gesandt war.«[559] Seine Briefe, hieß es an anderer Stelle, sind »Briefe politischer Zuversicht und Weitsicht; ... voll der Zärtlichkeit des Vaters und kluger Pädagogik für den Sohn und vielleicht, ohne daß es in Worten kaum einmal Ausdruck findet, schöne und tiefe Liebesbriefe«.[560] Und über die Zeit 1934/35: »... es waren Jahre unseres immer festeren Zusammenwachsens, trotz des Schweigens, das Georgs Arbeit gebot, trotz des Schweigens über unsere Gefühle, das uns beiden eigen war«.[561] Und bewundernd schrieb sie über » ... die Ruhe, Güte und Verständnisbereitschaft meines Mannes, seinen Gleichmut und seine Feinfühligkeit«.[562]

Die Biographie entstand, so legt der Bericht von Irina Winter nahe, gegen den Willen oder zumindest nicht mit dem vollen Einverständnis von Michael Benjamin. Es ist leicht nachvollziehbar, warum der Sohn nicht begeistert war, daß dem so hochverehrten Vater erneut ein Denkmal gesetzt werden sollte. Viele Kinder berühmter, als »Märtyrer« gestorbener Väter oder Mütter hatten zeitlebens das Problem, die langen Schatten ihrer Eltern zu überspringen und eine eigene Identität aufzubauen. Michael Benjamin wollte das Kapitel Georg in seinem Leben wohl nicht erneut dominant werden lassen.

Eine andere Frage ist, warum es Hilde Benjamin mit über siebzig Jahren drängte, noch einmal an die Wunden der Vergangenheit zu rühren? Warum wollte sie sich erneut mit Georg befassen? Sicher zuerst, um Georg Benjamin damit ein Denkmal zu setzen. Vielleicht erhoffte sie sich auch, schreibend mehr Klarheit über seinen Einfluß auf ihr Leben zu gewinnen. Möglich ist aber auch, daß sie auf diesem Wege das von ihr allseits bekannte Bild der Härte und Strenge rechtfertigen und ihren Kritikern in und außerhalb der Partei unmißverständlich vorführen wollte: Seht, ich bin auch ein Opfer, die wahren Täter sind die anderen.

Enthüllung einer Gedenkbüste für Georg Benjamin im Feierabendheim Wildau anläßlich seines 25. Todestages

Das Graben in den alten Papieren aus der Zeit des National-sozialismus brachte – wohl eher zufällig – auch einen vergessenen literarischen Schatz ans Tageslicht: die Gedichte von Gertrud Kol-mar. Hilde Benjamin hatte der Cousine ihres Mannes einen letz-ten Freundschaftsdienst erwiesen und deren Gedichte und Texte vor der Gestapo in Sicherheit gebracht. Vom Keller in der Dünther-straße waren die gefährlichen Bündel in die Erde von Brieselang, später in die neuerbaute Laube, dann in die Keller der verschiedenen Wohnungen und schließlich in einen Stahlschrank gelangt. Mitte der siebziger Jahre gab es in der DDR einen kleinen Kreis von Menschen, die sich für die Lyrik Gertrud Kolmars interessierten. Einige Gedichte waren bereits 1968 und 1972 durch die Initiative von Hilde Benjamin und dem Germanisten Uwe Berger veröffentlicht worden.[563] Uwe Berger übernahm auch die Herausgabe des Lyrikbandes »Das Wort der Stummen«, und Hilde Benjamin schrieb zum Gedenken an ihre verlorene Cousine und Freundin ein Nachwort. Berger ließ sich später von der Situation der beiden so verschiedenen Frauen Hilde Benjamin und Gertrud Kolmar zu einer Erzählung anregen.[564] Dora alias Hilde versucht in diesem fiktiven Text, die jüdische Freundin Gertrud zur Flucht vor ihren Henkern zu überreden, doch Gertrud verweigert den Ausweg, erlebt als jüdische Zwangsarbeiterin noch eine letzte, intensive Liebe zu einem Leidensgenossen und geht, so Berger, gefaßt und als Stütze der anderen Verhafteten in den Tod.

Ihre Gedichte überlebten. »Es waren dreiundzwanzig Gedichte, nach den hinzugefügten Daten in der Zeit vom 18. August bis 25. Oktober 1933, also in knapp zehn Wochen entstanden ... Eine atemlose innere Not sprach aus den Versen, ein Entsetzen und Empören über die blutige Terrorherrschaft, die gerade erst begonnen hatte, und ein Mit-Erleiden, das in der Bereitschaft mündete, das eigene Leben dreinzugeben, und das Bewußtsein, daß sie ergriffen werden würde.«[565] Die einst versteckten Gedichte erschienen 1978 im Verlag Der Morgen.[566]

Wer sich über lange Zeit intensiv mit der Vergangenheit befaßt, den verfolgen die Schrecken des Terrors bis in die Träume hinein. Und vielleicht kamen bei Hilde Benjamin auch noch frischere Erinnerungen hinzu. Ob sie die zornigen, furchtsamen oder haßerfüllten Augen der Angeklagten aus Dessau, Bernburg oder dem Saal des Obersten Gerichts quälten?

Die Ärzte im Regierungskrankenhaus Friedrichsfelde rieten wegen anhaltender Schlafstörungen zu mehr Bewegung im Freien und leichten Schlaftabletten. Sie bescheinigten ihr ein stabiles Herz und eine dem Alter entsprechend gute Gesundheit. Das Rauchen hatte Hilde Benjamin Anfang der sechziger Jahre auf Rat der Ärzte von einem Tag auf den anderen aufgegeben.[567]

Gartenarbeit zur Entspannung: Hilde Benjamin auf ihrem Laubengrundstück in Brieselang

Doch die Furcht, die in ihr saß und ihre Gänge nach draußen ohne Bewacher schon lange unmöglich machte, wuchs in ihr weiter wie ein Krebsgeschwür. Auch kurz vor ihrem Tode, im Regierungskrankenhaus, soll sie von Angstvisionen gehetzt und getrieben worden sein.[568]

Mit der lebenslang eingeübten eisernen Disziplin versuchte Hilde Benjamin, die »Störung« in den Griff zu bekommen. Sie ging viel spazieren und arbeitete sich an den Wochenenden im Garten in Brieselang müde. Arbeit und noch mal Arbeit war für sie schon immer das beste Mittel gegen psychische Probleme gewesen. Und es gab immer noch viel für sie zu tun.

Von der »Geschichte der Rechtspflege« der DDR war der erste Band erschienen. Zwei weitere Bände waren in Arbeit. Sie hatte zu Karl Liebknecht gearbeitet und seinen Beitrag als Theoretiker besonders hervorgehoben. Im Vorwort zu einer entsprechenden Studie hieß es: »Vielleicht ist es für die jungen Juristen der DDR nicht ohne Bedeutung, zu wissen, daß Karl Liebknecht auch als Jurist nicht nur ein leidenschaftlicher Kämpfer, sondern auch ein Theoretiker war, der uns heute noch manches zu sagen hat.«[569] In

Zukunft wollte sie sich Liebknechts theoretischem Werk verstärkt widmen.

Seit dem 5. Februar 1977 war Hilde Benjamin stolze Trägerin des Karl-Marx-Ordens. Sie schätzte diese Ehrung. Es war der höchste Orden, den die Republik zu vergeben hatte. Im Statut zum Karl-Marx-Orden wurde sein Aussehen detailliert festgelegt: »Der Karl-Marx-Orden stellt einen fünfzackigen Stern in einem Kranz von Eichenlaub dar, welcher in der Mitte in einem Kreis das Porträt Karl Marx zeigt. Die Zacken sind in roter Farbe gehalten, die mit Gold eingefaßt sind. Ebenso ist der äußere Kreis und das Karl-Marx-Porträt in Gold gehalten. Der Orden trägt in seiner inneren Umrandung auf rotem Grund die Inschrift: Karl-Marx-Orden. (...) Der Orden wird durch den Präsidenten bzw. den Vorsitzenden des Staatsrats überreicht ... Der Orden ist an einem roten Band oder als Spange auf der linken Brustseite zu tragen.«[570] Die Verfasser des Ordenstatuts wollten offensichtlich nichts dem Zufall überlassen. (Karl Marx hätte seine Witze über diesen bürokratischen Aufwand gemacht!) Wie und wann Hilde Benjamin den Orden getragen hat, ist nicht verzeichnet. 1987 bekam sie zum zweiten Mal den Karl-Marx-Orden. Trug sie dann zwei nebeneinander? Und das Ehrengeld? Bekam sie es ab 1987 doppelt? Ihre Kaderakte macht darüber keine Angaben.

Seit den siebziger Jahren gab es in der DDR immer mehr Menschen, die die Ordnung der Dinge nicht für gut hielten. Sie trafen sich illegal, versuchten sich vor den Spitzeln der »Firma«[571] zu schützen. 1978 erschien zum Erstaunen der politischen Machthaber »Das Manifest der Opposition«. Hilde Benjamin las das Dokument in der Westpresse. Es war in die Bundesrepublik gelangt und dort über Rundfunk und Zeitungen veröffentlicht worden. »Wir stellen fest: keine herrschende Klasse Deutschlands hat jemals so schmarotzt und sich jemals so gegen das Volk gesichert wie jene zwei Dutzend Familien, die unser Land als einen Selbstbedienungsladen handhaben. Keine hat sich derart exzessiv goldene Ghettos in die Wälder bauen lassen, die festungsgleich bewacht sind. Keine hat sich derart schamlos in Sonderläden und durch Privatimporte aus dem Westen, durch Ordensblech, Prämien und Sonderkliniken, Renten und Geschenke so korrumpiert und bereichert wie diese Kaste.«[572]

*Zum 80. Geburtstag den »Stern der Völkerfreundschaft« in Gold;
Paul Verner, Mitglied des SED-Politbüros, überbringt die Glückwünsche
des Zentralkomitees, 5. 2. 1982*

Hilde Benjamin gehörte zu der Klasse, die von dem »Ordensblech« profitierte. Wenn sie das Manifest gelesen hat, wird sie
zornig über die Dummheit und Borniertheit gewisser Elemente,
die solche Hetztiraden verfassen, lamentiert haben. Hilde Benjamin gehörte zu den Privilegierten der DDR, aber, das soll zu ihrer
Ehre gesagt werden, nicht zu denen in der Machtelite, die sich
schamlos bereicherten und den Staat »wie einen Selbstbedienungsladen« handhabten. Sie war eine entschiedene Gegnerin solcher
Machenschaften und mit der jüngsten Entwicklung der DDR unter Honecker auch nicht immer zufrieden. Das bedeutete für sie
jedoch nicht, irgendeiner Opposition das Recht zuzugestehen, ein
Manifest zu verfassen und es auch noch beim »Klassenfeind« im
Westen zu veröffentlichen. Sie hätte argumentiert, daß in der DDR
genügend Möglichkeiten der sozialistischen Demokratie existierten, um Kritik vorzubringen, »positive« Kritik natürlich, partei-
intern am besten. Auf keinen Fall aber diese negative Bilanz, die
sich in völlig übertriebenen Begriffen von »herrschender Klasse,
die sich goldene Ghettos baut« erging. Michael Benjamin antwortete auf die Frage, ob seine Mutter Verständnis für die oppositionellen Bestrebungen gehabt hatte, sie hätte nicht unkritisch auf

Hilde Benjamin nimmt telefonisch die Glückwünsche zum
85. Geburtstag entgegen, 5. 2. 1987

die Entwicklung nach Ulbricht gesehen, aber »die DDR stand nicht zur Disposition. Das war ihr Lebenswerk.«[573]

Die DDR bedankte sich in den nächsten Jahren bei Hilde Benjamin noch ein paarmal mit Orden für ihren unermüdlichen Einsatz

Forschungen zur DDR-Gesellschaft

Hannes Bahrmann/Christoph Links

Chronik der Wende

Band 1:
Die DDR zwischen 7. Oktober
und 18. Dezember 1989
208 Seiten, 73 Fotos,
6. Auflage 1994

Jeder Band:
29,80 DM/sFr.; 218 öS

Band 2:
Stationen der Einheit –
Die letzten Monate der DDR
19. Dezember 1989 bis
3. Oktober 1990
Mit Orts-, Parteien- und Perso-
nenregister für Band 1 und 2
360 Seiten, 32 Fotos

an diesem »Lebenswerk«. Sie bekam den Dr. sc. jur. ehrenhalber verliehen von der Akademie für Staats- und Rechtswissenschaft in Babelsberg. Außerdem erhielt sie zu ihrem 80. Geburtstag den Orden »Stern der Völkerfreundschaft« in Gold. Eine sehr hohe Auszeichnung, eben viel »Ordensblech«. Zu den runden und Fünfer-Geburtstagen wurden jeweils große Empfänge für sie organisiert. Zu ihrem 85. Geburtstag gab es in Potsdam-Babelsberg eine Feier mit viel Prominenz aus Partei, Staat und Wissenschaft. Die Reden zu ihren Ehren wurden eigens in einer Festschrift unter dem Titel: »Ein Vorbild in der Einheit von Theorie und Praxis«[574] veröffentlicht. Mit etwas brüchiger Stimme, aber immer noch erstaunlich frisch und eloquent, trug Hilde Benjamin nach endlosen Reden ihren Dank vor: »Ich muß an Hans Sachs in Wagners ›Meistersinger‹ denken: ›Euch macht Ihr's leicht, mir macht Ihr's schwer.‹« Am Schluß hieß es: »… und ich wünsche mir sehr, noch ein Weilchen an dieser Arbeit für die Zukunft mitzuwirken. Vielen Dank, liebe Genossen!«[575]

Das Oberste Gericht der DDR ließ es sich 1988 nicht nehmen, Hilde Benjamin noch einmal als Ehrengast in seinen Räumen zu begrüßen. Wahrscheinlich diente ihr Empfang der Vorbereitung einer Broschüre zu Ehren des vierzigjährigen Bestehens des Obersten Gerichts. Es gibt einen Augenzeugenbericht vom damaligen Oberrichter Rudi Beckert: »Ich war aus Protokollgründen dabei. Anwesend waren der Präsident des Obersten Gerichts, die Vizepräsidenten und die Parteisekretärin, die Benjamin – mit ihren persönlichen Mitarbeitern. Und es wurde ihr dann berichtet, daß wir versuchten, mehr Strafen ohne Freiheitsentzug anzuwenden, also durch Überzeugung statt durch Zwang vor allem auf jüngere Menschen Einfluß zu nehmen. Und da zischte sie dann dazwischen (so klein wie sie war, kam sie kaum über den Tisch, klapperte förmlich, mußte ja gestützt werden, aber ihr Geist war unheimlich wach) – sie zischelte also: warum so milde?«[576]

Das Oberste Gericht hatte geplant, diesen denkwürdigen Besuch breit zu dokumentieren. Doch kam es nicht mehr zur Veröffentlichung. Die Herbstrevolution der Bürgerrechtsbewegung machte die Feierlichkeiten überflüssig. Das Oberste Gericht ereilte das Schicksal der gesamten DDR: die Auflösung.

Wahrscheinlich war der Besuch beim Obersten Gericht Hilde Benjamins letzter öffentlicher Auftritt. Inzwischen war sie 86

Jahre alt, konnte nur schlecht schlafen, hörte nachts Klassik auf Radio DDR 2, saß tagsüber einige Stunden am Schreibtisch, schrieb und korrigierte am letzten Band der Rechtsgeschichte, war, wie ihr Sohn sagte, für ihr Alter erstaunlich munter. Als sie sich im Frühjahr 1989 zu einer der üblichen Routineuntersuchungen im Regierungskrankenhaus aufhielt, brach sie sich ein Bein, mußte liegen und bekam eine Lungenentzündung. Sie starb am 18. April nach kurzer Krankheit.

Ein undramatischer Tod aus Altersschwäche nach einem Leben, das für viele Menschen mit traumatischen Erfahrungen und lebenslänglichen Verletzungen verbunden war. Der Spottname »rote« oder auch »blutige« Hilde drückte dieses Gefühl der Menschen aus.

Am 19. April stand auf der zweiten Seite des Zentralorgans der Nachruf mit einem Bild von Hilde Benjamin. »Wir werden unserer Genossin ein bleibendes Andenken bewahren.« Einige Tage später kam ein Bericht über das »letzte Geleit für Genossin Hilde Benjamin«. Auf dem Zentralfriedhof in Berlin-Friedrichsfelde wurde sie, wie bei der DDR-Prominenz üblich, mit allen Ehren beigesetzt. Egon Krenz und Dr. Klaus Sorgenicht hielten die üblichen Reden.

Einen Einblick in die Art der Feierlichkeit, wie sie die Elite der wenige Monate später untergehenden DDR bei solchen Anlässen pflegte, gab das *Neue Deutschland*:

»Unter den Klängen des Trauermarsches Unsterbliche Opfer bewegte sich der Trauerzug durch ein Ehrenspalier zum Pergolenweg, wo die Urne mit der Asche der teuren Toten in die Erde gesenkt wurde. Die Mitglieder der Partei- und Staatsführung verneigten sich vor dem Grab und kondolierten der Familie. Die Internationale beschloß die feierliche Beisetzung.«[577]

Hilde Benjamin war, als sie starb, keine sanft gewordene, weise Mutterfigur ihres Staates. Bis zuletzt trat sie für Härte gegen die »Feinde des Sozialismus« ein, wie der Besuch im Obersten Gericht deutlich macht. Ihre totale Verhärtung zu diesem Zeitpunkt weist große Ähnlichkeit mit dem Objekt ihres Handelns, der DDR selbst, auf. Wie Hilde Benjamin vereinigte auch die DDR äußerst ambivalente Elemente in sich. Sowenig wie Hilde Benjamin eine reine »Furie« war, war die DDR ausschließlich ein »terroristisches Unrechtsregime«. Ebenso wie Hilde Benjamin politi-

Offizielle Trauerfeier von SED-Zentralkomitee und DDR-Ministerrat für Hilde Benjamin anläßlich der Urnenbeisetzung in Berlin-Friedrichsfelde am 27. 4. 1989

sche Härte mit menschlicher Gutwilligkeit verband, vereinigte auch die DDR soziale Hilfsangebote und Maßnahmen für die Lohnabhängigen mit der Bedrohung jedes Menschen, der ein eigenständiges, kreatives Leben auf eigene Gefahr führen wollte. Wahrscheinlich hat die innere Reformunfähigkeit der DDR 1989 etwas zu tun mit der ideologischen Verbohrtheit ihrer altgewordenen Protagonisten.

Hilde Benjamins Biographie repräsentiert über ihre bloße Lebenszeit hinaus aber auch die Widersprüchlichkeit einer ganzen Epoche deutscher Geschichte. Ihr Wunsch nach mehr Gerechtigkeit in Staat und Gesellschaft konnte keinen Bestand haben, als die ideologischen Anforderungen sie zur Richterin über die vermeintlichen Feinde des Sozialismus machten. Ihr Ideal von einer friedlichen und menschlichen Zukunftsgesellschaft verkam in der kommunistischen Kaderpartei zur Dominanz der Ideologie und des politischen Machtkalküls. Ihre Starrheit und Unbelehrbarkeit entsprachen in der letzten Phase der Erstarrung des gesamten Systems.

Hilde Benjamin war ohne Zweifel eine Vorkämpferin für die Rechte der Frauen, setzte sich für die Berufstätigkeit und die rechtliche Gleichstellung der Frau in allen Bereichen der Gesellschaft ein. Und doch wurde ihr Umgang mit Macht kein Vorbild für Frauen in Ost und West, die selbst danach streben, in die männlich dominierten Bereiche der Gesellschaft einzudringen. Eher kann man sie als »negative Lehrmeisterin« ansehen, die vielen Frauen abstoßend deutlich machte, daß nicht die Hervorkehrung der männlichen Seiten einer Frau und die weibliche Selbstverleugnung im Bereich der Machtausübung erstrebenswert sind. Zur positiven Herausbildung des Typs einer Machtfrau war Hilde Benjamin aufgrund ihrer Leidenserfahrungen und ihrer ideologischen Verhaftung nicht in der Lage.

So ist es auch von mehr als symbolischer Bedeutung, daß ihr Leben im gleichen Jahr zu Ende ging, in dem auch die DDR sich in den selbstverschuldeten Untergang hineinmanövrierte.

Hilde Benjamin starb sechs Monate vor der Öffnung der Mauer und der endgültigen Bankrotterklärung der SED und ihrer Regierung. Ihr Sohn, befragt, wie sie mit diesem Ende ihres Lebenswerks umgegangen wäre, antwortete: »Es hätte sie umgebracht.«[578]

Anmerkungen

1 Geburtsurkunde der Stadt Bernburg
2 Gespräch mit Michael Benjamin am 6.3.1995
3 Informationen zu den Prozessen des Obersten Gerichts der DDR, in: Beckert; Originalakten u.a. eingesehen in der Gauck-Behörde, BStU Zentralarchiv und in: Prozesse vor dem Obersten Gericht, Band 1
4 Taufschein des Ev. Marine-Stations-Pfarramtes der Nordsee, in: Akten Justizministerium R 022/051331, Bl. 6, Anlage 3
5 Akten Justizministerium, Bl. 5, Anlage 1
6 Informationen zur Gruppe Steglitz der Wandervögel u.a. in: Kohlhagen, S. 134f.
7 Zit. in: Lexikon des XX. Jahrhunderts, S. 367
8 Brief Michael Benjamin vom 27.5.1995
9 Zit. in: Zum 85. Geburtstag, S. 9
10 Gespräch mit Dr. Kabisch über die Erinnerungen seiner Mutter am 19.9.1996; die Mutter hieß Margarete Damm und wurde Kinderärztin; Frau Dr. Kabisch-Damm praktizierte bis ins hohe Alter in ihrer Praxis in Berlin-Lichterfelde.
11 Zit. in: Zum 85. Geburtstag, S. 9
12 Brief Michael Benjamin vom 16.7.1995
13 Informationen von Barbara Smoltczyk, Tochter von Asta Hallbauer, geb. 1900. Asta Hallbauer lebt in München, studierte und promovierte in Chemie.
14 Rundfunkinterview mit H. Benjamin, o.D. (1965), BAP P-1-Va-6834, Bl. 59
15 Sprengel, S. 64f.
16 Zit. in: Feth, S. 23f.
17 Zit. in: Zum 85. Geburtstag, S. 9f.
18 Akten Justizministerium, Bl. 1
19 Ebenda, Bl. 2
20 Kaderakte, Lebenslauf 1945. Die Kaderakte jedes Parteimitglieds enthält die persönlich ausgefüllten Fragebögen und Lebensläufe, wichtige Entscheidungen der Partei über die Person, das Mitgliedsbuch mit den Beitragsmarken und die jeweiligen Parteiausweise, u.a. über die ZK-Mitgliedschaft, aber auch Beurteilungen der Parteiebenen und andere Hinweise zur Person. Die Kaderakten sind im Bestand der Stiftung Archiv der Parteien und Massenorganisationen der DDR (SAPMO) gelagert und dürfen nur mit persönlicher Genehmigung des Besitzers bzw. seiner Erben eingesehen werden. Michael Benjamin gab mir die Erlaubnis zur Einsicht.
21 Akten Justizministerium, Bl. 1
22 Benjamin 1, S. 176
23 Ebenda, S. 189
24 Ebenda, S. 176
25 Ebenda, S. 175
26 Zit. in: ebenda
27 Ebenda
28 Nachruf der »Großen Freimaurerloge«
29 Akten Justizministerium, Bl. 17
30 Kolmar 2, S. 245
31 Internationale Presse-Korrespondenz 4/1925

32 Benjamin 4, S. 90
33 Knobloch, S. 49f.
34 Vorwärts, 27.9.1930
35 Vossische Zeitung, 27.9.1930
36 Rote Fahne, 26.9.1930
37 Vossische Zeitung, 27.9.1930
38 Völkischer Beobachter, 30.9.1930
39 Benjamin 1, S. 187
40 Wahlaufruf »An Alle«, o.D. (1930), SAPMO-BA, Nachlaß Zetkin, NL 5/104
41 Gespräch mit Dr. Berger am 21.5.1995
42 Weiß, S. 3
43 Weiß, in: Für Dich, Juni 1982
44 Akten Justizministerium, Bl. 13
45 Zit. in: Kammergericht Berlin, Statistik: Berufe, S. 89
46 Sprengel, S. 130
47 Gespräch mit Dr. Berger am 21.5.1995
48 Benjamin 1, S. 185
49 Ebenda, S. 177
50 Ebenda, S. 181
51 Ebenda, S. 182
52 Ebenda, S. 183
53 Ebenda, S. 184
54 Ebenda
55 Sprengel, S. 131f.
56 H. Benjamin, in: Der Rote Betriebsrat, Juli 1932, S. 106f.
57 Benjamin 1, S. 198
58 Ebenda, S. 192
59 Winter, S. 19
60 Benjamin 1, siehe Anm. S. 189. Die Übernahme der Kosten erfolgte aufgrund des Arbeitsgerichtsgesetzes von 1926.
61 Ebenda, S. 178
62 Ebenda, S. 182
63 W. Benjamin, Moskauer Tagebuch, S. 24
64 Fuld, S. 77
65 W. Benjamin, Ges. Schriften, Bd. 4, S. 70–79
66 Brief H. Benjamin, zit. in: Fuld, S. 227
67 Ebenda, S. 227f.
68 Michael Benjamin hält Devisengründe für maßgeblich. Die Rechte waren beim Suhrkamp Verlag und konnten nur gegen Devisen von der DDR gekauft werden. Gespräch am 6.3.1995
69 Vgl. Fuld, S. 227
70 Tel. Mitteilungen der Hochschule für Leistungssport Köln, 24.6.1995
71 Kramish, S. 168f.
72 Michael Benjamin, Manuskript, S. 2
73 Kolmar 1, S. 92
74 Benjamin 1, S. 190
75 Flechtheim, S. 212
76 Gespräch mit Dr. Berger am 21.5.1995
77 Benjamin 1, S. 210

78 Ebenda, S. 209
79 Akten Justizministerium, Bl. 12
80 Ebenda, Bl. 11
81 Ebenda, Bl. 6
82 Ebenda, Bl. 7
83 Ebenda, Bl. 13f.
84 Ebenda, Bl. 10
85 Benjamin 1, S. 210
86 Ebenda, S. 211
87 Ebenda, S. 212
88 Ebenda, S. 213
89 Ebenda, S. 217
90 Ebenda, S. 220
91 Ebenda, S. 218f.
92 Kramish, S. 213
93 Ebenda, S. 222
94 Ebenda, S. 223
95 Scheer, S. 229ff.
96 Benjamin 1, S. 231
97 Ebenda, S. 237
98 Ebenda, S. 223
99 Ebenda, S. 228
100 Ebenda, S. 232
101 Ebenda
102 Ebenda, S. 235
103 Ebenda, S. 238
104 Ebenda, S. 235
105 Michael Benjamin schenkte mir den Band mit den Briefen und Anmerkungen,
    die seine Mutter abgeschrieben, in kleiner Auflage im Spirit-Carbon-Verfahren
    hergestellt und gebunden hat. Es gibt zwei Teile, die gesondert numeriert sind.
    Zitiert im folgenden als: Briefe bzw. Tagebuch.
106 Benjamin 1, S. 254
107 Ebenda, S. 243
108 Ebenda, S. 237
109 Ebenda, S. 243
110 Walk, S. 67
111 Broszat, S. 92f.
112 Der Sohn Werner Wüste drehte 1990 einen Film über Georg Benjamin, der am
    25.4.1995 in Berlin-Pankow in der Reihe »Mein Vater, meine Mutter« gezeigt
    wurde.
113 Briefe, S. 14
114 Ebenda, S. 30
115 Tagebuch, S. 14
116 Ebenda, S. 22
117 Ebenda, S. 22f.
118 Briefe, S. 24
119 Kaderakte, Lebenslauf 1954.
120 Die schriftliche Anfrage bei der Russischen Botschaft in Bonn über die Tätigkeit
    von Hilde Benjamin wurde telefonisch am 27.9.1996 von einem Botschafts-

sekretär damit beantwortet, daß die Akten zu diesen Vorgängen noch nicht geöffnet seien.

121 Gesetz zur Führung eines Arbeitsbuchs, RGBl. 1, S. 234
122 Benjamin 1, S. 252
123 Ebenda
124 Ebenda, S. 254
125 Ebenda, S. 255
126 Ebenda, S. 246
127 Ebenda, S. 261
128 Tagebuch, S. 16
129 Ebenda, S. 17ff.
130 Ebenda, S. 19
131 Ebenda, S. 20
132 Ebenda
133 Ebenda, S. 39
134 Eichmann-Leutenegger, S. 66–89
135 Kolmar 1, S. 49
136 Tagebuch, S. 47f.
137 Ebenda, S. 272
138 Ebenda
139 Ebenda, S. 267
140 Ebenda
141 Tagebuch, S. 26ff.
142 Ebenda, S. 28
143 Briefe, S. 58, 60
144 Tagebuch, S. 31–35
145 Ebenda, S. 36
146 Die Trommel, 11.1.1962
147 Briefe, S. 58
148 Benjamin 1, S. 275
149 Ebenda
150 Ebenda, S. 274
151 Ebenda, S. 179
152 Ebenda, S. 280
153 Ebenda
154 Ebenda, S. 282. Der Satz ist im Original unterstrichen.
155 Ebenda
156 Michael Benjamin, Manuskript, S. 3
157 Benjamin 1, S. 290
158 Kramish, S. 282f.
159 Benjamin 1, S. 291
160 Ebenda, S. 292
161 Tagebuch, S. 5
162 Scheer, S. 249f.
163 Kolmar 1, S. 48
164 Eichmann-Leutenegger, S. 170ff.; Woltmann, Anhang
165 Kolmar 1, S. 49
166 Brief Michael Benjamin vom 1.11.1995
167 Kaderakte, Lebenslauf 1951

168 Ebenda
169 Walk, S. 116
170 Gespräch mit Michael Benjamin am 6.3.1995
171 Ebenda
172 Brief Michael Benjamin vom 1.11.1995
173 Ebenda
174 Benjamin 2, S. 103
175 Ebenda
176 Informationen u.a. in: Borkowski 1, S. 136ff.
177 Benjamin 2, S. 103
178 Ebenda
179 Ebenda
180 Ebenda
181 Ebenda
182 Zit. in: Feth, S. 49
183 Scholz, S. 7
184 Die Vorgänge werden berichtet u.a. in: Stern 1, S. 106f.; Podewin, S. 167f.;
    Leonhard, S. 412f.
185 Ulbricht im Mai 1945, zit. in: Stern 1, S. 108; Leonhard, S. 440
186 Stern 1, S. 108
187 Benjamin 2, S. 105
188 Ebenda
189 Ebenda, S. 109
190 Ebenda, S. 107
191 Vorwärts, 30.6.1945
192 Leonhard, S. 462
193 Ebenda, S. 427
194 Sander/Johr, S. 54f.
195 Ebenda, S. 58
196 Thietz, S. 25
197 Zit. in: ebenda, S. 34
198 Ebenda, S. 40f.
199 Ebenda, S. 49
200 Benjamin 1, S. 188f.
201 Benjamin 2, S. 107f.
202 Beckert nennt als Beispiel den Oberrichter Dr. Kurt Cohn, bis 1971 am Obersten
    Gericht. Er galt als Aushängeschild für das westliche Ausland. In: Brief Beckert
    vom 25.11.1996
203 Benjamin 2, S. 108
204 Gespräch mit Dr. Berger am 21.5.1995
205 Brief Michael Benjamin vom 10.5.1995
206 Gespräch mit Michael Benjamin am 18.9.1995
207 Siehe Kapitel 4 zur Flucht des Bruders aus der DDR, Anm. 228
208 Kronburger, S. 5
209 Brief Michael Benjamin vom 16.7.1995
210 Vollnhals, S. 43
211 Werkentin, Manuskript, S. 6
212 Benjamin 2, S. 118
213 Werkentin, Manuskript, S. 2

214 Gespräch mit Michael Benjamin am 16.12.1996

215 Benjamin 3/1, S. 91

216 Gespräch mit Reiner Arlt am 26.4.1995

217 Recht, Justiz, Polizei, S. 39

218 Benjamin 2, S. 119

219 Benjamin 3/1, S. 96

220 Ebenda, S. 97

221 Im Namen des Volkes, Katalog, S. 29

222 Benjamin 3/1 S. 103

223 Wyschinski, Gerichtsreden, S. 78

224 Benjamin 3/1, S. 104

225 Ebenda, S. 111

226 Ebenda, S. 122

227 Kaderakte, Wahlbroschüre

228 Zit. in: Leonhard, S. 558
    SPD: 48,7%, CDU: 22,1%, SED: 19,8%, LDPD: 9,4%

229 Ebenda

230 Ebenda, S. 561

231 Neues Deutschland, 22.10.1946

232 Benjamin 2, S. 112

233 Die erste Ausgabe des DEFA-Augenzeugen erschien am 19.2.1946, die offi-
    zielle Gründung der DEFA erfolgte erst am 17.5.1946; Mitteilung des Bundes-
    archivs, Abt. Film, 15.5.1996

234 Yorck von Wartenburg, S. 47

235 »Privilegierte Mischehe« nannten die Nazis eine Ehe eines arischen Deutschen
    mit einer Jüdin. Dagegen war die Ehe eines »Juden« mit einer »Arierin« eine
    »nichtprivilegierte« Mischehe.

236 Weiß, S. 94f.

237 Ebenda, S. 36

238 Ebenda, S. 37

239 Kuhn, S. 74

240 Gespräch mit Dr. Berger am 21.5.1995

241 Ebenda

242 Benjamin, zit. in: Thietz, S. 49

243 Gespräch mit Michael Benjamin am 6.3.1995

244 Brief Michael Benjamin vom 16.7.1995

245 Kaderakte, Lebenslauf 1949; Landeseinwohnermeldeamt/Melderegister vom
    18.9.1996

246 Ebenda

247 Feth, S. 58, zitiert ein Interview mit M. Benjamin am 26.5.1994.

248 Brief Michael Benjamin vom 16.7.1995

249 Kaderakte, Lebenslauf 1951

250 Harpprecht, S. 1740

251 Kogon, Der SS-Staat, erschien bereits 1946.

252 Zit. in: Harpprecht, S. 1758

253 Neues Deutschland, 17.1.1950

254 Eisert, S. 25

255 Zit. in: ebenda, S. 83

256 Im Namen des Volkes, Katalog, S. 61

257 Werkentin 1995, S. 187
258 Ebenda, S. 170
259 Benjamin 3/1, S. 289
260 Zit. nach: Feth, S. 121
261 Recht, Justiz, Polizei, S. 858
262 Die Welt, 15.6.1963
263 Harpprecht, S. 1884
264 Gespräch mit Michael Benjamin am 6.3.1995
265 Präsident wurde Kurt Schumann.
266 Im Namen des Volkes, S. 73ff.
267 Neues Deutschland, 15.12.1949; 2.1.1950; 3.2.1950
268 Zit. in: Beckert, S. 76
269 Ebenda
270 Ebenda, S. 78
271 Wyschinski, S. 345
272 Politbürositzung vom 18.4.1950, SAPMO-BA IV, 2/2/84
273 Unrecht als System, S. 143
274 Neue Justiz 1950, S. 149
275 Ebenda, S. 147
276 Arendt, S. 233
277 Beckert, S. 223–226
278 »Der Artikel sechs:
   1) Alle Bürger sind vor dem Gesetz gleichberechtigt.
   2) Boykotthetze gegen demokratische Einrichtungen und Organisationen,
      Mordhetze gegen demokratische Politiker, Bekundung von Glaubens-, Ras-
      sen-, Völkerhaß, militärische Propaganda sowie Kriegshetze und alle sonsti-
      gen Handlungen, die sich gegen die Gleichberechtigung richten, sind Ver-
      brechen im Sinne des Strafgesetzbuches. Ausübung demokratischer Rechte
      im Sinne der Verfassung ist keine Boykotthetze.
   3) Wer wegen Begehung dieser Verbrechen bestraft ist, kann weder im öffent-
      lichen Dienst noch in leitenden Stellen im wirtschaftlichen und kulturellen
      Leben tätig sein. Er verliert das Recht zu wählen und gewählt zu werden.«
279 Beckert, S. 224
280 Ebenda, S. 225
281 Ebenda
282 Stern 1, S. 234
283 Informationen u.a. in: Schenk, S. 56–60
284 Neues Deutschland, 23.7.1950
285 Eine der populären Bezeichnungen für das Ministerium für Staatssicherheit
286 Beckert, S. 227
287 In: Prozesse vor dem Obersten Gericht, 1950, S. 44
288 Weiß, S. 49
289 Stern, 20/1952, S. 56
290 Der Spiegel, 26/1950, S. 5
291 Telegraf, 16.12.1950
292 Porträts aus der Sowjetzone (14), BA Berlin
293 Neue Justiz, 1951, S. 155
294 Ebenda, S. 156
295 Neue Justiz, 1957, S. 674

296 Ebenda, S. 673
297 Nomenklaturkader ist ein Begriff der sowjetischen Staats- und Parteibürokratie. Er wurde von der DDR übernommen und besagt, daß der oder diejenige in ihrem Werdegang direkt vom Politbüro beobachtet wird und nur diese Institution über den weiteren Lebensweg entscheidet. Siehe u.a. in: Schenk, S. 167f.
298 Gespräch mit Reiner Arlt am 22.4.1995
299 Ebenda
300 Dokument der Ehrendoktorwürde, abgedruckt im vorliegenden Band
301 ADN, 25.2.1952
302 Ebenda
303 Sitzung des Politbüros vom 29.1.1952, SAPMO-BA IV 2/2/189
304 Benjamin 1, S. 189
305 Die Darstellung stützt sich auf Graul, Die Farce.
306 Ebenda, S. 76
307 Ebenda, S. 251
308 Kaderakte, Gespräch April 1951
309 In der SED wurden damals besonders jene Mitglieder überprüft, die aus dem westlichen Exil und der amerikanischen Gefangenschaft gekommen waren, da vermutet wurde, daß unter ihnen Spitzel eingeschleust worden wären. Siehe dazu auch: Stern 2, S. 111f.
310 Kaderakte, Gespräch 1951
311 Politbürositzung vom 5.3.1952, SAPMO-BA J IV 1/3/46
312 Vgl. Der Spiegel, 22/1952, S. 67ff.
313 Die Welt, 18.8.1952; im Spiegel, 27/1958, S. 35, korrigiert veröffentlicht
314 Unrecht als System, S. 45
315 Mitter/Wolle, S. 240
316 Prozesse vor dem Obersten Gericht, Bd. 1, S. 65
317 Ebenda, S. 75
318 Deutsches Rundfunkarchiv Berlin, Dok. 23
319 Furian, S. 14
320 Bericht von Barfus, zit. in: Feth, S. 113
321 Tägliche Rundschau, 24. Mai 1952, zit. in: Beckert, S. 248
322 Unrecht als System, Dok. 145
323 Dokumente 1954, S. 466
324 Neue Justiz, 1952, S. 349
325 Ebenda, S. 213f.
326 Ebenda, S. 215
327 Neues Deutschland, 15.5.1952
328 Benjamin 4, S. 99–104
329 Das Gerichtsverfassungsgesetz der DDR 1952
330 In der späteren Neufassung des Gesetzes von 1959 wurde eine periodische Wahl der Richter aller Ebenen durch die Kreis- und Bezirksvertretung festgelegt.
331 Neues Deutschland, 12.11.1954
332 Wyschinski, S. 178f.
333 Neues Deutschland, 12.11.1954
334 Im Namen des Volkes, Katalog, S. 211
335 Gespräch mit Dr. Berger am 21.5.1995
336 Der Spiegel, 9/1952, S. 27

337 Gesellschaft für Sport und Technik (GST), gegründet August 1952, Organisation zur vormilitärischen Ausbildung von Jugendlichen beiderlei Geschlechts

338 Neues Deutschland, 10.3.1953

339 Ausführlich dazu siehe: Kowalczuk (u.a.): Der Tag X, S. 35f.

340 Beschluß des 13. ZK-Plenums vom 13./14. Mai 1953, zit. in: Beier, S. 91

341 Podewin, S. 245

342 Neues Deutschland, 11.6.1953

343 HO = Handelsorganisation, Staatliches Einzelhandelsunternehmen, 1948 gegründet zur Bekämpfung des Schwarzmarktes; nach Gründung der DDR flächendeckend weitergeführt und ausgebaut

344 Beier, S. 331

345 Ebenda

346 Ebenda, S. 336

347 Ebenda, S. 337

348 Ebenda, S. 343

349 Der Tag X, S. 10

350 Zit in: Der Spiegel 9/1990, S. 140f.

351 Beschluß des Politbüros der SED vom 18.6.1953, zit. in: Werkentin 1995, S. 122

352 Ebenda, S. 123

353 Brecht, Gedichte 3, S. 1009f.

354 Brief H. Benjamin an den DFD, BAP P-1-S-1053

355 Ebenda, Bl. 171

356 Neues Deutschland, 18.6.1953

357 Werkentin 1995, S. 160

358 Ausführlich zu Erna Dorn: Ebert/Eschebach; Werkentin 1995, S. 198ff.

359 Benjamin an ZK, 25.6.1953, BAP P-1-S-1053, Bl. 548

360 Oberstes Gericht, Berufungsverhandlung (Az:1b Ust 273/53) in der Strafsache Dorn, 27.6.1953

361 Aktenvermerk, Halle, 1.8.1953, zit. in: Werkentin 1995, S. 213

362 Hermlin, S. 330f.

363 Hilde Neumann, Kommunistin seit 1936, Präsidentin des Landgerichts Berlin und Magistratsdirektorin ab 1950, galt als wichtige Kampfgefährtin Hilde Benjamins; Dr. Hildegard Heinze, Hauptabteilungsleiterin im Ministerium der Justiz, war u.a. Vertreterin des MfJ bei den Waldheim-Prozessen.

364 Gespräch mit Dr. Berger am 21.5.1995

365 Werkentin 1995, S. 143

366 Neues Deutschland, 30.6.1953

367 Ebenda, 2.7.1953

368 Focus, 24/1993

369 Stulz-Herrnstadt, S. 147

370 Zit. in: Werkentin 1995, S. 147, Anm. 110

371 Werkentin 1995, S. 150

372 Benjamin 3/2, S. 150

373 Mitter, in: Der Tag X, S. 75

374 Zit. in: Werkentin 1995, S. 148

375 Der Spiegel, 30/1953, S. 6

376 Der Spiegel, 31/1953, S. 7

377 Der Spiegel, 8/1954, S. 29

378 Fricke, in: Rheinischer Merkur, 24.7.1953
379 Neue Justiz, 1953, S. 476
380 Ebenda, S. 477
381 Ebenda, S. 478
382 Werkentin 1995, S. 148
383 Feth, S. 130
384 Grotewohl, Otto: Ministerpräsident (ab 1960 schwer krank); Willi Stoph: Stellvertreter des Ministerpräsidenten; weitere Minister u.a.: Karl Maron: Minister des Innern; Dr. Lothar Bolz: Minister für Auswärtige Angelegenheiten; Johannes R. Becher: Minister für Kultur
385 Rheinischer Merkur, 7.8.1953
386 Benjamin 6, S. 2–32
387 Ebenda, S. 4
388 Ebenda, S. 9
389 Ebenda, S. 11
390 Ebenda, S. 14
391 Informationen in: Feth, S. 131, und Gespräch mit Rudi Beckert am 17.9.1996
392 Gespräch mit Rudi Beckert am 17.9.1996 (Forschungsarbeit zu Fechner)
393 BAP, PI-SE-1057
394 Zit. in: Feth, S. 133, Anm. 475
395 Ebenda, S. 134
396 Für Dich, Juni 1982
397 Zit. in: Feth, S. 133
398 Gespräch mit Rudi Beckert am 17.9.1996
399 Kaderakte, Bericht 1954
400 Kaderakte, Bericht an das ZK, März 1954
401 Kaderakte, Lebenslauf 1954
402 Werkentin 1995, S. 328–335; siehe auch: Kirchheimer, S. 386f.
403 Neues Deutschland, 15.3.1956
404 Neues Deutschland, 22.3.1956
405 Podewin, S. 284
406 Schenk, in: FAZ, 24.2.1996
407 Bericht der ZK-Sitzung, SAPMO-BA IV 2/1/156, Bl. 27–32
408 SAPMO-BA IV 2/1/156, Bl. 59f.
409 Zit. in: Mitter/Wolle, S. 268
410 Der Prozeß gegen Walter Janka, S. 82f.
411 Details zu Politbürositzungen in: Uschner, S. 79
412 Janka, Schwierigkeiten mit der Wahrheit, Reinbek 1989
413 Ebenda, S. 84f.
414 Ebenda, S. 87
415 Seghers, Der gerechte Richter
416 Janka, Schwierigkeiten, S. 91
417 Zit. in: Wassermann, in: NJW 45/1995, S. 296
418 Gleichlautend in den Erinnerungen von Janka und Loest
419 Gespräch mit Dr. Berger am 21.5.1995
420 Ein Jurist mit aufrechtem Gang, S. 34
421 Zit. in: ebenda, S. 56f.
422 Loest, S. 235
423 Dokumente 1958, S. 107f.; auch in: FAZ, 15.1.1958

424 U.a. Borkowskis Ehefrau Heidi, die 1971 wegen Mitwisserschaft verhaftet und verurteilt wurde; siehe: Borkowski 2, S. 178
425 Benjamin 1, S. 242
426 Benjamin 3/2, S. 67
427 Der Spiegel, 7/1959, S. 29
428 Staat und Recht, Festschrift, 1957, S. 211
429 Der Spiegel, 7/1959, S. 29
430 Neue Justiz, 1958, S. 366
431 Der Spiegel, 28/1958, S. 9
432 Kaderakte, Fragebogen 1960
433 Die DDR in Zahlen, Tab. 44
434 Gespräch mit Michael Benjamin am 18.9.1995
435 Den blau ausgelegten Swimmingpool entdeckte ich bei der Besichtigung des Grundstücks am hinteren Zaun. Michael Benjamin bestätigte mir daraufhin die Existenz des Pools, die er vorher verschwiegen hatte.
436 Der Spiegel, 9/1959, S. 12
437 Gespräch mit Michael Benjamin am 6.3.1995
438 Benjamin 5
439 Liebknecht, S. 134
440 Werkentin 1995, S. 338
441 Benjamin an Mielke, 23.11.1957, SAPMO-BA IV 2/13/413
442 Werkentin 1995, S. 336ff.
443 Kaderakte, Reisegenehmigung des Politbüros
444 Archiv Mauthausen, Fundstelle »Nationalitätenliste« verstorbener Häftlinge
445 Borkowski 2, S. 100
446 Zit. in: Die Welt, 30.4.1960
447 Zit. in: Beckert, S. 70
448 Details u.a. in: Werkentin 1995, S. 215ff.
449 Werkentin, Manuskript, S. 4
450 »Justiz mit braunen Flecken« war ein fester Begriff der DDR-Propaganda.
451 Werkentin, Manuskript, S. 14
452 Gespräch mit Michael Benjamin am 18.9.1995
453 Neues Deutschland, 15.8.1961
454 Programmatische Erklärung des Vorsitzenden des Staatsrates der Deutschen Demokratischen Republik, in: Schriftenreihe des Staatsrates der DDR, 2/1960, S. 33ff.
455
Flüchtlinge	1. Halbjahr 1960	1. Halbjahr 1961
Gesamt:	78 238	91 254
davon		
Arbeiter	21 992	27 026
Angestellte	10 050	13 164
Intelligenz	798	1 301
Jugendliche		
15–18	7 208	7 664
19–25	18 309	23 587

Quelle: BAP, Do 1/11/107, Bl. 38f.
456 Mitter/Wolle, S. 321
457 Ebenda, S. 325f.
458 Podewin, S. 349

459 Stern 1, S. 205
460 Neues Deutschland, 14.8.1961, S. 1
461 Stern 1, S. 213
462 Siehe auch: ebenda
463 Der Spiegel, 38/1960, S. 42
464 Gespräch mit Michael Benjamin am 6.3.1995
465 Sächsische Zeitung, 21.8.1961
466 Werkentin 1995, S. 254
467 SAPMO-BA IV 2/5/14
468 Junge Welt, 21.10.1961
469 Werkentin 1995, S. 256
470 Neue Justiz, 1961, S. 677
471 Werkentin 1995, S. 261
472 Berichte in: Werkentin 1995, S. 250f.; Mitter/Wolle, S. 357f.
473 Neues Deutschland, 26.9.1961
474 Ebenda, 2.11.1961
475 Diagramm in: Werkentin 1995, S. 408. Zu Arbeitslagern in der DDR ist noch
   wenig geforscht worden; vgl.: Werkentin 1995, S. 265f.; ebenfalls: Fricke, Rechtsprechung, und Goetz, Jagd
476 Zit. in: Werkentin 1995, S. 267
477 Zu Zwangsumsiedlungen u.a. vgl.: Werkentin 1995, S. 266ff.; Bennewitz/Potratz,
   S. 100ff.
478 Werkentin 1995, S. 275
479 Zit. in: Mitter/Wolle, S. 360
480 Zit. in: Werkentin 1995, S. 273
481 Neue Justiz, 1962, S. 110
482 Ebenda
483 Der Staatsrat war ab 1960 das höchste Gremium der Republik, ein Organ, das
   Repräsentation und Machtbefugnisse in sich vereinigte. Ulbricht war bis 1971
   Vorsitzender des Staatsrats.
484 Neues Deutschland, 26.5.1962
485 BAP, P-1-VA-8134
486 Zit. in: Neue Justiz, 1963, S. 294
487 Neue Justiz, 1962, S. 203
488 Ebenda, S. 760
489 Neues Deutschland, 17.11.1954
490 Zum 11. Plenum siehe: Mitter/Wolle, S. 376; Staritz, S. 254
491 Gespräch mit Michael Benjamin am 16.12.1996
492 Film von Kurt Maetzig nach dem Roman von Manfred Bieler, der in der DDR
   keine Druckerlaubnis bekam. Kurt Maetzig übte im Neuen Deutschland für
   seinen Film Selbstkritik. »Das Kaninchen bin ich« (DDR 1964) konnte erst
   nach der Wende öffentlich gezeigt werden.
493 Zit. in: Borkowski 2, S. 166
494 Neue Justiz, 1965, S. 230
495 Akten Justizministerium der DDR, Ordner Briefe zum FGB, DP1, Bl. 15, 18, 22
496 Neues Deutschland, 16.5.1965
497 Neue Justiz, 1966, S. 4
498 Engels, S. 301
499 Neues Deutschland, 4.6.1965

500 Neues Deutschland, 2.7.1965

501 Inzwischen gilt in ganz Deutschland diese Regelung, ohne daß chaotische Zustände ausgebrochen wären.

502 FAZ, »Ulbricht stellt die Ehe unter Aufsicht«, 3.7.1965

503 Material zur Debatte 1954, in: SAPMO-BA J IV 2/2A/387

504 Siehe: Neues Deutschland, Mai bis Oktober 1965; ebenso: Sächsische Zeitung; Berliner Zeitung u.a.

505 Für Dich, Juni 1965

506 Neues Deutschland, Sonderbeilage, September 1965

507 Neue Justiz, 1966, S. 3

508 Neue Justiz, 1965, S. 227

509 Ebenda, S. 315ff., siehe auch: »Beschluß des Plenums des Obersten Gerichts«, 15.4.1965, in: ebenda, S.309ff.

510 Ganzow 1, S. 465–470; Ganzow 2

511 Constanze, »Scheidung auf sozialistisch«, 3/1966

512 Das »Gleichberechtigungsgesetz« trat am 18.6.1957 in Kraft.

513 Nach verschiedenen Entscheidungen des Bundesverfassungsgerichts hatte der Bundestag 1956 den Auftrag des Grundgesetzes erfüllt und die meisten der dem Gleichberechtigungsgrundsatz entgegenstehenden Regelungen des BGB geändert.

514 In: BGBl. I, verabschiedet 19.8.1969, in Kraft 1.7.1970

515 §11 des Gesetzes über die Unterbrechung der Schwangerschaft vom 27.9.1950

516 Thietz, S. 34

517 Ebenda, S. 20f.

518 Rechtslexikon, S. 321

519 Steglitz – Frauen setzen Zeichen, S. 14

520 Wander, S. 14f.

521 Gespräch mit Michael Benjamin am 18.9.1995

522 Neues Deutschland, 5.2.1967

523 Michael Benjamin betonte diese Einschätzung in zahlreichen Gesprächen.

524 Für Dich, Februar 1967

525 Maron, S. 159

526 Ebenda, S. 161

527 Die Morgenpost, 12.7.1967; BZ, 12.7.1967; Der Abend, 12.7.1967

528 Der Spiegel, 31/1967, S. 52; Die Welt, 12./13./14.7.1967; BZ, 13.7.1967; Der Abend, 12.7.1967; FAZ, 12.7./14.7.1967

529 Kaderakte Benjamin, Beschluß des Politbüros

530 Neue Justiz, 1967, S. 457

531 Gespräch mit Michael Benjamin am 18.9.1995, bestätigt und ergänzt durch: Feth, S. 224

532 Im Juni 1967 war der Sechstagekrieg, und die antizionistische Propaganda der DDR überschlug sich. Deshalb gab es Vermutungen, daß Hilde Benjamin wegen der jüdischen Tradition ihres Mannes innerlich in Opposition zu den DDR-Parolen gegen Israel stand. Siehe auch: Nave-Herz, S. 111

533 Das Gegenteil beweist unter vielen anderen Veröffentlichungen der Sammelband biographischer Zeugnisse von Ostberliner Juden: »Zwischen Thora und Trabant« von Vincent von Wroblewsky, Berlin 1993.

534 Gespräch mit Michael Benjamin am 6.3.1995

535 Der Spiegel, 25/1967, S. 52

536 Feth, S. 225

537 Werkentin 1995, S. 281

538 Gespräch mit Michael Benjamin am 18.9.1995

539 Verordnung über die Gewährung einer Ehrenpension für Opfer und Verfolgte des Naziregimes von 1950 mit Ergänzungsverordnungen über die Höhe der Leistung; tel. Auskunft VVN, Herr Eiserbeck, am 5.3.1997

540 Gespräch mit Reiner Arlt am 26.4.1995

541 Ebenda

542 Siehe auch: Feth, Anm. 790

543 Gespräch mit Michael Benjamin am 18.9.1995

544 Winter, Georg Benjamin

545 Weber, S. 58

546 Woesner, Horst: »Das neue Strafrecht der DDR«, in: NJW 7/1969, S. 257ff.

547 Neue Justiz, 1966, S. 1f.

548 Woesner, S. 259

549 Gespräch mit Michael Benjamin am 18.9.1995

550 Neue Justiz, 1967, S. 98; westliche Kommentare in: Maurach: Das neue Strafgesetzbuch der DDR, in: NJW, 20/1968, S. 913ff.; ders., in: ebenda, 23/1968, S. 1068ff.

551 Mitter/Wolle, S. 370

552 Neues Deutschland, 27.10.1968

553 Gespräch mit Dr. Berger am 21.5.1995

554 Ein Jurist ..., S. 45

555 Informationen bei Stern 1 und Podewin

556 Winter, Georg Benjamin

557 Gespräch mit Dr. Irina Winter am 7.3.1995. Frau Dr. Winter war einverstanden, daß das Gespräch auf Tonband aufgezeichnet wurde. Deshalb sind die Zitate teilweise wörtlich übernommen.

558 Ebenda

559 Benjamin 1, S. 256f.

560 Ebenda, S. 254

561 Ebenda, S. 232

562 Ebenda, S. 228f.

563 Kolmar, Die Kerze von Arras, und in: Sinn und Form, 2/1972

564 Berger, Flammen

565 Ebenda, S. 95

566 Kolmar, Gedichte. Von sechs der 22 Gedichte aus diesem Nachlaß existierten Abschriften bei Gertrud Kolmars Schwester Hilde Wenzel. Diese erschienen bereits 1955 in einer frühen Gesamtausgabe (Das lyrische Werk, Lambert Schneider, Heidelberg 1955), und 1960 legte der Kösel Verlag eine Werkausgabe von Gertrud Kolmar vor, in der diese sechs Gedichte ebenfalls enthalten sind.

567 Gespräch mit Michael Benjamin am 16.12.1996

568 Es handelt sich bei dieser Vermutung um Hinweise von Mitgliedern des Pflegepersonals des ehemaligen Regierungskrankenhauses, die nicht genannt werden wollen.

569 Benjamin 5, S. 56

570 Beschluß des Staatsrates, in: Dokumente 16/53, ergänzt 1962

571 Populärer Begriff für das Ministerium für Staatssicherheit, auch »Firma Horch und Guck« genannt.

572 Zit. nach Geppert, Störmanöver S. 161ff.

573 Gespräch mit Michael Benjamin am 6.3.1995
574 Zum 85. Geburtstag von Hilde Benjamin
575 Ebenda, S. 67f.
576 Furian, S. 14
577 Neues Deutschland, 28.4.1989, S. 3
578 Gespräch mit Michael Benjamin am 6.3.1995

Bildnachweis

Archiv der Autorin: S. 17, 45, 55, 63,
Archiv des Verlages: S. 41, 237, 279, 309, 327, 329
Archiv für Kunst und Geschichte: S. 321, 333, 343, 349
Associated Press: S. 211, 287
Bundesarchiv Koblenz: S. 165, 166, 187, 205, 251, 255, 275, 277, 285, 307, 311, 325, 339, 353, 357
Deutsches Historisches Museum: S. 149
Privatarchiv Barbara Smoltczyk: S. 22, 23
Privatarchiv Michael Benjamin: S. 2, 37, 75, 93, 113, 119, 159, 183, 191, 247, 290, 301, 345, 351, 354

Mein besonderer Dank geht an Michael Benjamin, der mir die Fotos und Dokumente aus seinem Privatarchiv uneigennützig überlassen hat.

Quellenverzeichnis

Verwendete Literatur:

Arendt, Hannah: Elemente und Ursprünge totalitärer Herrschaft. München/Zürich 1986

Badstübner, Rolf; Thomas, Siegfried: Die Spaltung Deutschlands, 1945–1949. Berlin 1966

Beckert, Rudi: Die erste und letzte Instanz. Schau- und Geheimprozesse vor dem Obersten Gericht der DDR. Goldbach 1995

Beier, Gerhard: Wir wollen freie Menschen sein. Der 17. Juni 1953: Die Bauleute gingen voran, Hrsg.: Bruno Köbele, Industriegewerkschaft Bau-Steine-Erden. Frankfurt a.M. 1993

Benjamin, Hilde: Georg Benjamin. Eine Biographie. Leipzig 1977 [Benjamin 1]

dies.: Von nun an muß die Justiz dem Volke dienen, in: Wir sind die Kraft. Der Weg zur DDR, hrsg. vom Institut für Marxismus-Leninismus beim ZK der SED. Berlin 1959, S. 103–131 [Benjamin 2]

Zur Geschichte der Rechtspflege der DDR I, 1945–1949, hrsg. von einem Autorenkollektiv unter Leitung von Hilde Benjamin. Berlin 1976 [Benjamin 3/1]

Zur Geschichte der Rechtspflege der DDR II, 1949–1961, hrsg. von einem Autorenkollektiv unter Leitung von Hilde Benjamin. Berlin 1980 [Benjamin 3/2]

Zur Geschichte der Rechtspflege der DDR III, 1961–1971, hrsg. von einem Autorenkollektiv unter Leitung von Hilde Benjamin. Berlin 1986 [Benjamin 3/3]

Benjamin, Hilde: Aus Reden und Aufsätzen. Berlin 1982 [Benjamin 4]

dies.: Karl Liebknecht zum Wesen und zu Erscheinungen der Klassenjustiz, hrsg. vom Lehrstuhl Geschichte der Rechtspflege. Potsdam-Babelsberg 1976 (Aktuelle Beiträge der Staats- und Rechtswissenschaft, H. 145) [Benjamin 5]

dies.: Die Hauptaufgaben der Justiz bei der Durchführung des Neuen Kurses, überarb. u. erg. Stenogramm einer Rede, gehalten vor Funktionären der Justiz am 29. August 1953. Berlin 1953 [Benjamin 6]

Benjamin, Walter: Moskauer Tagebuch. Frankfurt a.M. 1978

Benjamin, Walter: Gesammelte Schriften. Frankfurt a.M.1991

Bennewitz, Inge; Potratz, Rainer: Zwangsaussiedlungen an der innerdeutschen Grenze. Berlin 1997

Berger, Uwe: Flammen. Berlin 1988

Borkowski, Dieter: Erich Honecker. Statthalter Moskaus oder deutscher Patriot? Berlin 1987 [Borkowski 1]

ders.: In der Heimat, da gibt's ein Wiedersehen. Frankfurt a.M. 1984 [Borkowski 2]

Braun, Lily: Memoiren einer Sozialistin. Bonn 1985

Brecht, Bertolt: Ges. Werke, Bd. X, Frankfurt a.M. 1967

Broszat, Martin; Frei, Norbert (Hrsg.): Das Dritte Reich im Überblick – Chronik Ereignisse Zusammenhänge. München 1989

Buber-Neumann, Margarete: Als Gefangene bei Stalin und Hitler. Eine Welt im Dunkel. Frankfurt a.M./Berlin 1993

Crüger, Herbert: Verschwiegene Zeiten. Vom geheimen Apparat der KPD ins Gefängnis der Staatssicherheit. Berlin 1990

DDR – Wer war wer – Ein biographisches Lexikon. Berlin 1992

Die DDR in Zahlen. München 1987

Die DDR vor dem Mauerbau. Dokumente zur Geschichte des anderen deutschen Staates, 1949–1961. München 1963

Die DDR vor dem Mauerbau. Dokumente. München 1993

Dokumente der SED, Bd. IV. Berlin 1954 [Dokumente 1954]

Dokumente der SED, Bd. VI. Berlin 1956 [Dokumente 1956]

Dokumente der SED, Bd. VII. Berlin 1958 [Dokumente 1958]

Dokumente der SED, Bd. IX. Berlin 1965 [Dokumente 1965]

Dokumente des Staatsrates der DDR. Berlin 1962

Dokumente zur Entwicklung der Verfassung. Verfassung der Deutschen Demokratischen Republik vom 7. Oktober 1949 und 1968. Berlin 1972

Ebert, Jens; Eschebach, Insa: »Die Kommandeuse«. Erna Dorn zwischen Nationalsozialismus und Kaltem Krieg. Berlin 1994

Ehe und Familie. Gesetzliche Bestimmungen, Hrsg.: Staatsverlag der DDR. Berlin 1980

Eichmann-Leutenegger, Beatrice: Gertrud Kolmar. Leben und Werk in Text und Bildern. Frankfurt a.M. 1993

Eisert, Wolfgang: Die Waldheimer Prozesse. Der stalinistische Terror. Ein dunkles Kapitel der DDR-Justiz. Esslingen/München 1993

Engels, Friedrich: Der Ursprung der Familie, des Privateigentums und des Staates, in: Marx/Engels, Ausgew. Werke, Bd. II, Berlin 1950, S. 159–304

Ewers, Hans Heinz: Horst Wessel. Ein deutsches Schicksal. Berlin 1933

Feth, Andrea: Hilde Benjamin – Eine Biographie. Berlin 1997 (Schriftenreihe Justizforschung und Rechtssoziologie, Bd. 1)

Finn, Gerhard (unter Mitarbeit von K. W. Fricke): Politischer Strafvollzug. Köln 1981

Flechtheim, Ossip K.: Die KPD in der Weimarer Republik. Frankfurt a.M. 1968

Fricke, Karl Wilhelm: Akten-Einsicht. Rekonstruktion einer politischen Verfolgung. Berlin 1995

ders. Rechtsprechung neuer Art nach dem 13. August, in: SBZ-Archiv 1961, S. 313f.

ders.: Zur Geschichte der politischen Verfolgung 1945–1968. Köln 1979

ders.: Zwanzig Jahre Oberstes Gericht der DDR, in: Deutschland Archiv 12/1969, S. 1254ff.

Fuld, Werner: Walter Benjamin. Eine Biographie. Reinbek 1990

Furian, Gilbert: Der Richter und sein Lenker. Politische Justiz in der DDR. Berichte und Dokumente. Berlin 1992

Ganzow, Charlotte: Der Entwurf des Familiengesetzbuches der »DDR« vom April 1965, in: Zeitschrift für das gesamte Familienrecht, 10/1965, S. 465–470 [Ganzow 1]

dies.: Das neue Familiengesetzbuch der »DDR«, in: Zeitschrift für das gesamte Familienrecht, 5/1966, S. 217–220 [Ganzow 2]

Geppert, Dominik: Störmanöver. Das »Manifest der Opposition« und die Schließung des Ost-Berliner »Spiegel«-Büros im Januar 1978. Berlin 1996

Geschichte der KPdSU (Bolschewiki). Kurzer Lehrgang. Reprint Stuttgart 1974

Goetz, Julius: Jagd auf Grenzgänger, in: SBZ-Archiv 1961, S. 234ff.

Graul, Elisabeth: Die Farce. Autobiographischer Roman. Magdeburg 1991

Harpprecht, Klaus: Thomas Mann. Eine Biographie. Reinbek 1995

Hermlin, Stefan: Die Kommandeuse, in: Erzählende Prosa. Berlin 1990, S. 330f.

Hornstein von, Erika: Staatsfeinde. Sieben Prozesse in der DDR. Berlin/Frankfurt a.M. 1990

Im Namen des Volkes? Über die Justiz im Staat der SED. Ausstellung des Bundesministeriums der Justiz, Wissenschaftlicher Begleitband, Dokumentenband, Katalog. Leipzig 1994

Janka, Walter: … bis zur Verhaftung. Berlin 1993

ders.: Schwierigkeiten mit der Wahrheit. Essay. Reinbek 1989

Ein Jurist mit aufrechtem Gang. Götz Berger zum 90. Geburtstag, 26. Januar 1995. Hrsg.: Helle Panke. Berlin 1995

Just, Gustav: Zeuge in eigener Sache. Frankfurt a.M. 1990

Kalter Krieg und antikommunistischer Widerstand. Die KgU 1948–1959. Berlin 1965

Kirchheimer, Otto: Politische Justiz. Neuwied/Berlin 1981

Kleine Berlin-Geschichte, Hrsg. Landeszentrale für politische Bildungsarbeit. Berlin 1988

Knobloch, Heinz: Der arme Epstein. Wie der Tod zu Horst Wessel kam. Berlin 1993

Kogon, Eugen: Der SS-Staat. Frankfurt a.M. 1946

Kohlhagen, Norgard: Für Mädchen verboten. Reinbek 1986

Kolmar, Gertrud: Das Wort der Stummen. Berlin 1978 [Kolmar 1]

dies.: Briefe. München 1967 [Kolmar 2]

dies.: Die Kerze von Arras. Berlin und Weimar 1968

Kowalczuk, Ilko-Sascha; Mitter, Armin; Wolle, Stefan (Hrsg.): Der Tag X. – 17. Juni 1953. Berlin 1995 [Der Tag X]

Kramish, Arnold: Der Greif. Paul Rosbaud – der Mann, der Hitlers Atompläne scheitern ließ. München 1987

Kronburger, Götz: »Zeitzeichen«: Erstes Nachkriegskonzert der Berliner Philharmoniker, 26.5.1945. Manuskript WDR, Köln 1995

Kuhn, Annette (Hrsg.): Geschichte der Frauen, Bd. 3. Bonn 1989

Lazar, Imre: Der Fall Horst Wessel. Stuttgart/Zürich 1980

Leonhard, Wolfgang: Die Revolution entläßt ihre Kinder. München 1990

Lexikon des XX. Jahrhunderts. Dortmund 1992

Liebknecht, Karl: Gedanken und Tat. Schriften, Reden, Briefe zur Theorie und Praxis. Berlin 1976

Loest, Erich: Durch die Erde ein Riß. Hamburg 1981

Marbacher Archiv (Hrsg.): Walter Benjamin, 1892–1940, bearb. von Rolf Tiedemann, Christoph Gödde und Henri Lonitz. Stuttgart 1990

Maron, Monika: Stille Zeile sechs. Frankfurt a.M. 1993

Mauthausen, 8.8.1938–5.5.1945, Hrsg.: Österreichische Lagergemeinschaft Mauthausen. Wien o.J.

Mitter, Armin; Wolle, Stefan: Untergang auf Raten. Unbekannte Kapitel der DDR-Geschichte. München 1993

Mythos Antifaschismus. Ein Traditionskabinett wird kommentiert, Hrsg.: Kulturamt Prenzlauer Berg. Berlin 1992

Nave-Herz, Rosemarie: Die Geschichte der Frauenbewegung in Deutschland, Hrsg.: Bundeszentrale für politische Bildung. Bonn 1993

Pätzold, Kurt: Rassenwahn – Judenverfolgung. Berlin 1975

Podewin, Norbert: Walter Ulbricht. Eine neue Biographie. Berlin 1995

Der politische Witz in der DDR. München 1983

Der Prozeß gegen Walter Janka. Eine Dokumentation. Reinbek 1990

Prozesse vor dem Obersten Gericht der Deutschen Demokratischen Republik, Hrsg.: Deutscher Zentralverlag. Berlin 1953, 1954, 1956, 1960

Recht, Justiz, Polizei. IV. Enquete-Kommission »Aufarbeitung von Geschichte und

Folgen der SED-Diktatur in Deutschland«, Hrsg.: Deutscher Bundestag. Frankfurt a.M. 1995

Rechtslexikon, Hrsg.: Staatsverlag der DDR. Berlin 1988

Sander, Helke; Johr, Barbara (Hrsg.): Be-freier und Befreite. Krieg, Vergewaltigung, Kinder. München 1992

SBZ von A–Z. Ein Taschen- und Nachschlagewerk über die Sowjetische Besatzungszone, Hrsg.: Bundesministerium für gesamtdeutsche Fragen. Bonn 1963

Scheer, Regina: Ahawah. Das vergessene Haus. Berlin 1993

Schenk, Fritz: Im Vorzimmer der Diktatur. Köln 1962

Scholz, Friedrich: Berlin und seine Justiz. Die Geschichte des Kammergerichtsbezirks, 1945–1980. Berlin 1982

Seghers, Anna: Der gerechte Richter. Eine Novelle. Berlin 1990

Spittmann, Ilse; Fricke, Karl Wilhelm (Hrsg.): Der 17. Juni 1953. Arbeiteraufstand in der DDR. Köln 1982

Sprengel, Rita: Der rote Faden. Lebenserinnerungen. Berlin 1994

Staritz, Wolfgang: Geschichte der DDR. Berlin 1990

Steglitz – Frauen setzen Zeichen, Hrsg.: Frauenbeauftragte Bezirksamt Steglitz. Berlin 1993

Stern, Carola: Ulbricht. Eine Politische Biographie. Köln/Berlin 1964 [Stern 1]

dies.: Porträt einer bolschewistischen Partei. Köln 1957 [Stern 2]

Stulz-Herrnstadt, Nadja (Hrsg.): Das Herrnstadt-Dokument. Das Politbüro der SED und die Geschichte des 17. Juni 1953. Reinbek 1990

Thietz, Kirsten (Hrsg.): Ende der Selbstverständlichkeit? Die Abschaffung des § 218 in der DDR. Dokumente. Berlin 1992

Unrecht als System. Dokumente, Bd. 1948–1952, Hrsg.: Bundesministerium für gesamtdeutsche Fragen. Bonn 1953

Uschner, Manfred: Die zweite Etage. Berlin 1995

Vollnhals, Clemens (Hrsg.): Entnazifizierung – Politische Säuberung und Rehabilitierung in den vier Besatzungszonen 1945 bis 1949. München 1991

Ein Vorbild der Einheit von Theorie und Praxis. Zum 85. Geburtstag von Hilde Benjamin, Hrsg.: Akademie für Staats- und Rechtswissenschaft der DDR, Red. Rolf Steding. Potsdam 1987 [Zum 85. Geburtstag]

Walk, Josef (Hrsg.): Das Sonderrecht für die Juden im NS-Staat. Heidelberg/Karlsruhe 1981

Wander, Maxi: Guten Morgen, Du Schöne. Darmstadt/Neuwied 1978

Weber, Hermann: Die DDR 1945–1990. München 1993

Weiß, Gittel: Ein Lebensbericht. Miniaturen zur Geschichte der Denkmalspflege Berlins, Hrsg.: Kulturbund der DDR. Berlin 1982

Werkentin, Falco: Politische Strafjustiz in der Ära Ulbricht. Berlin 1995 (Forschungen zur DDR-Geschichte, Bd. 1) [Werkentin 1995]

ders.: Zwischen Tauwetter und Nachtfrost, 1955–1957. DDR-Justizfunktionäre auf Glatteis, in: DA 3/1993, S. 346ff.

ders.: Ernst Melsheimer. Richter und Ankläger in vier politischen Systemen. Manuskript NDR 3, 1993 [Werkentin, Manuskript]

Winter, Irina: Georg Benjamin. Arzt und Kommunist. Berlin 1962

Woesner, Horst: Das neue Strafrecht der DDR. Besonderer Teil, in: NJW 7/1969, S. 257–261

Woltman, Johanna: Gertrud Kolmar. Leben und Werk. Göttingen 1995

Wroblewsky, Vincent von: Zwischen Thora und Trabant. Berlin 1993

Wyschinski, Andrej J.: Gerichtsreden. Berlin 1951
Yorck von Wartenburg, Marion: Die Stärke der Stille, aufgez. von Claudia Schmöl-
ders. Köln 1984

Unveröffentlichte Dokumente und Materialien:
Georg Benjamin für seinen Sohn. Briefe aus dem faschistischen Zuchthaus,
1936–1942 mit Tagebuch-Anmerkungen von Hilde Benjamin
Kaderakte Hilde Benjamin, in: Stiftung Archiv der Parteien und Massenorganisationen der DDR

Benutzte Archive:
Bundesarchiv Koblenz, Akten Justizministerium
Bundesarchiv, Abteilung Filmarchiv
Bundesarchiv, Außenstelle Potsdam (BAP), Bestand Ministerium der Justiz (P1), Ver-
waltungsarchiv (VA), Sicherungserschließung (SE)
Deutsches Rundfunkarchiv
Stiftung Archiv der Parteien und Massenorganisationen der DDR im Bundesarchiv,
früheres Zentrales Parteiarchiv, zitiert als SAPMO-BA
Der Bundesbeauftragte für die Stasi-Unterlagen, zitiert als BSTU

Gesprächspartner:
Professor Dr. Reiner Arlt
Rudi Beckert
Professor Dr. Michael Benjamin
Dr. Götz Berger
Dr. Eva und Dieter Kabisch
Barbara Smoltczyk
Dr. Irina Winter

Danksagung

Mein Dank an alle, die mir bei diesem Buch auf vielfältige Weise geholfen haben:
Reiner Arlt, Rudi Beckert, Michael Benjamin, Götz Berger, Hugo, Oliver und Chri-
stina Brentzel, Sabine Deitmer, Manfred Dunkhorst, Roswitha Iasevoli, Eva und
Dieter Kabisch, Heidi und Jochen Kasbohm, Christa Manteufel-Links, Barbara
Smoltczyk, Christoph M. Stegers, Antonia Vollmer, Ulla Wendler-Boeck, Ellen Wid-
maier, Irina Winter und an alle hilfsbereiten Archivarinnen und Archivare, ohne die
ich im Dschungel der Akten und Materialien leicht untergegangen wäre.

Lebensdaten Hilde Benjamin

1902	Helene Marie Hildegard, geboren 5.2.1902 in Bernburg/Saale; Vater: Walther Moritz Lange, geboren 1874 in Wilhelmshaven, kaufmännischer Angestellter, gestorben 1949; Mutter: Adele Elsbeth Minette Julie, geborene Böhme, geboren 1873, gestorben 1951; Religion: evangelisch; Taufe: 6. April
1904	Umzug nach Berlin-Steglitz, Ahornstraße
1906	Bruder Heinz geboren, gestorben 1965
1908	Schwester Ruth geboren, gestorben 1991; Beginn der Schulzeit
1912	Auguste-Viktoria-Lyzeum Berlin-Steglitz
1914	Umzug in die Düntherstraße 7 in Steglitz
1916	Erste Kontakte mit der Wandervogel-Bewegung
1918	Übergang zur Studienanstalt des Real-Gymnasiums
1921– 24	Abitur in Steglitz, Jura-Studium in Berlin, Heidelberg und Hamburg; Ferienarbeit in Fabriken
1924	Eintritt in den Sozialistischen Studentenbund; Referendar-Examen mit »ausreichend« bestanden
1924/25	Mitglied der SPD
1926	Heirat mit Dr. Georg Benjamin; Wohnung in Wedding; Referendarzeit beim Kammergericht Berlin
1927	Eintritt in die KPD
1928	Assessorexamen mit »vollbefriedigend« abgelegt
1929	Rechtsanwaltskanzlei in Wedding; Sozius Dr. Götz Berger
1930	Referendarin Rita Sprengel übernimmt Vertretungen
1931	Umzug in die Badstraße mit Wohnung und Kanzlei; Gittel Weiß als Sekretärin; Geburt des ersten Sohnes, Tod eine Woche nach der Geburt
1932	27.12. Geburt des Sohnes Michael
1933	12.4. Georg wird in »Schutzhaft« genommen; 6.5. Berufsverbot für Anwaltstätigkeit; 24.12. Georg aus Schutzhaft entlassen; getrennte Wohnungen in Schöneberg und in Steglitz
1934	Tätigkeit in Sowjetischer Handelsvertretung; gemeinsame Wohnung in Berlin-Pankow; Michael im Wochenkinderheim Edith Fürst
1935	gemeinsamer Urlaub an der Ostsee; illegale Tätigkeit von Georg
1936	14.5. Verhaftung von Georg; 16.5. erster Brief aus der U-Haft; Oktober: Gerichtsverhandlung endet mit Urteil: 6 Jahre Zuchthaus; Überführung ins Zuchthaus Brandenburg-Görden; bis 30.9. Arbeit in sowjetischer Handelsvertretung als Justitiarin; Buchhalterin und Kontoristin bei jüdischer Firma Florell; Wohnung in Steglitz; Dezember: die Schwester Georgs, Dora Benjamin, emigriert nach Paris
1937	Januar: Erster Besuch im Zuchthaus Brandenburg
1938	Georg im Außenarbeitslager; November: erneut Einzelhaft
1939	31.3. Ende der Arbeit bei Konfektionsfirma; Arbeitsbuch wird geschlossen; Schulbeginn für Michael
1940	Georg in Gemeinschaftszelle und Außenarbeitslager; September: Freitod von Walter Benjamin (bis Kriegsende nicht bekannt)
1941	Georg in Außenarbeitslager und Zuchthaus-Schneiderei

1942	Mai: Ende der Zuchthaushaft von Georg, Besuch mit Michael im Zuchthaus; Überführung Georgs ins Gestapo-Gefängnis Prinz-Albrecht-Straße; Juli bis August Arbeitslager Wuhlheide; 26.8. Ermordung von Georg Benjamin im KZ Mauthausen
1943	Kauf des Grundstücks in Brieselang; Sommer wegen Bombengefahr im Zelt in Brieselang, Aufbau einer Laube; Schuljahr 1942/43 Verbot der Oberschule für »Halbjuden«; Privatschule für Michael
1944	Kinderlandverschickung für »Halbjuden« verboten; Hilde Benjamin gibt Michael Hausunterricht
1945	22. April: Kriegsende im Keller Düntherstraße 7; Mai: Umzug in eigene Wohnung Schloßstraße 24; Staatsanwältin in Steglitz, Verdienst: 500 RM; Wiedereintritt in die KPD; 26. Mai: erstes Konzert der Philharmonie im Titania-Palast; Michael besucht das Heese-Gymnasium
1946–49	Mitglied des Kreisvorstandes der SED und der Kreiskontrolle in Steglitz; Schulungsbeauftragte im Kreis- und Wohngebiet Steglitz; Vortragender Rat in der Kaderabteilung der Deutschen Justizverwaltung; Eltern Lange treten in die SED ein
1947	Leiterin der Personalabteilung der Deutschen Zentralverwaltung für Justiz, Gehalt 950 RM; Leitung der Ausbildung für Laienrichter; Mitbegründerin des Demokratischen Frauenbundes (DFD); Besuch der Gesamtdeutschen Justizkonferenz in Frankfurt/Main
1948	Abitur Michael, politische Arbeit in der FDJ
1949	Vater Lange stirbt; August: Umzug in Prenzlauer Allee 172; Dezember: Vizepräsidentin des Obersten Gerichts der DDR, Gehalt: 1 670 M; ständige Bewacher und Dienstwagen zugeteilt
1950	April: DCGG-Prozeß in Dessau; Oktober: Prozeß gegen Zeugen Jehovas; Dezember: Solvay-Prozeß in Bernburg; westliche Presse spricht von »roter Hilde« oder »weiblichem Freisler«
1951	Michael geht für 5 Jahre zum Jura-Studium nach Leningrad
1952	Februar: Ehrendoktor (Dr. jur.h.c.) an Humboldt-Universität Berlin; Prozeß gegen »Bund Deutscher Jugend«; 23.–25. Mai: Prozeß gegen Burianek u.a., erstes Todesurteil; August: Prozeß gegen »Kampfgruppe gegen Unmenschlichkeit«, Kaiser u.a., endet mit Todesurteil; in der westlichen Presse wird sie als »Bluthilde« oder »rote Guillotine« bezeichnet; Reise in die Sowjetunion; Leiterin der Kommission zum Gerichtsverfassungsgesetz, Jugendgerichtsgesetz und der Strafprozeßordnung; 5.11. Umzug nach Berlin-Pankow, Majakowskiring 59
1953–67	nach Sturz Fechners Ministerin für Justiz, Amtssitz: Clara-Zetkin-Straße, Verdienst: 2 300 MDN
1954–89	Mitglied des Zentralkomitees der SED
1955	Clara-Zetkin-Medaille; Vaterländischer Verdienstorden (VVO) in Silber
1957	Heirat von Michael Benjamin; Juli: Anwesenheit beim Janka-Prozeß
1958	Medaille »Kämpfer gegen den Faschismus«
1959	Vaterländischer Verdienstorden in Silber, Verdienstmedaille der DDR
1960	Orden »Banner der Arbeit«; 13.4. Enkel Georg geboren; Besuch zum 15. Jahrestag der Befreiung des KZ in Mauthausen; Anwesenheit bei Prozeß gegen (West-)Minister Oberländer
1962	Vaterländischer Verdienstorden in Gold; Rechtspflegeerlaß des Staatsrates

1963	erneut Kandidatin für die Volkskammerwahl
1964	Verdienstmedaille der DDR; 11.5. Enkelin Simone geboren
1965	Diskussion und Verabschiedung des Familiengesetzbuches
1967	Orden »Held der Arbeit« zum 65. Geburtstag; Juli: Entlassung aus Ministeramt; Professor an der Akademie für Staat und Recht in Potsdam-Babelsberg; Tatra mit Chauffeur, Verdienst: 3 600 MDN; Vorsitzende der Kommission zum neuen Strafgesetzbuch
1970	Umzug zum Majakowskiweg 18/20
1972	Gratulationscour aus Anlaß des 70. Geburtstages im Gästehaus des Ministerrats, Sorgenicht überbringt die Grußadresse des ZK; Ehrenspange zum Vaterländischen Verdienstorden in Gold
1975/76	Zusammenarbeit mit Dr. Irina Winter an der Biographie über Georg Benjamin; Arbeit an der Geschichte der Rechtspflege Band 1
1976/77	»Georg Benjamin. Eine Biographie« erscheint beim Hirzel-Verlag Karl-Marx-Orden; Akademie Potsdam-Babelsberg verleiht ehrenhalber den akademischen Grad Dr. sc. jur.
1978	Veröffentlichung der Gedichte von Gertrud Kolmar: »Das Wort der Stummen« im Verlag Der Morgen mit »Erinnerungen« von Hilde Benjamin
1979	Verdienter Jurist der DDR
1982	Gratulation zum 80. Geburtstag; »Stern der Völkerfreundschaft« verliehen
1986	erneut ins Zentralkomitee der SED gewählt
1987	Geburtstagsempfang zum 85. Geburtstag; Festschrift für Hilde Benjamin; zum zweiten Mal Karl-Marx-Orden verliehen
1988	Besuch beim Obersten Gericht der DDR
1989	am 18. April stirbt Hilde Benjamin

Kurzbiographien zeitgeschichtlicher Personen

Aufgenommen wurden 30 Personen, die für Hilde Benjamins Lebensgeschichte von Bedeutung waren.

Arlt, Reiner (1928–1997)

Jurist. Geboren in Duisburg als Sohn eines Maschinensetzers; 1945 Mitglied der KPD, 1946 der SED; 1946–49 Studium der Rechtswissenschaften an der Humboldt-Universität Berlin, 1949 wiss. Aspirant Universität Leipzig; 1951 Dozent in Halle-Wittenberg, 1952 Dr. jur., 1952–56 Aspirant für Kolchos- und Bodenrecht in Leningrad; 1956 Abteilungsleiter am Deutschen Institut für Rechtswissenschaft, seit 1960 ordentlicher Professor an der Deutschen Akademie für Staats- und Rechtswissenschaften in Potsdam-Babelsberg (DASR); 1958–62 Chefredakteur der Zeitschrift Staat und Recht; 1959 Prorektor, 1966–72 Rektor der DASR; anschließend Leiter des Lehrstuhls Agrarrecht (zuletzt Hochschule für Recht und Verwaltung); 1963–71 Mitglied der Volkskammer; nach Tätigkeit 1989 juristischer Gutachter.

Beckert, Rudi (geb. 1932)

Richter. Geboren in Leipzig; Jurastudium, 1956 Diplom; Richter in Thüringen und Sachsen, 1959 Direktor eines Kreisgerichts, 1963 Kreisgericht Frankfurt (Oder), 1966 Senatsvorsitzender am Bezirksgericht Frankfurt (Oder); 1971 Richter am Obersten Gericht der DDR, vorwiegend Strafrecht, Entschädigungsverfahren bei unschuldig verbüßter U-Haft; 1979 im Obersten Gericht zuständig für Information, Bibliothek, Archiv, Öffentlichkeitsarbeit; ab 1986 Leiter der Abteilung im Rang eines Oberrichters; Mitglied der SED von 1959–89; nach der Wende Rehabilitierungsverfahren politisch Verurteilter; arbeitslos, seit 1997 Rentner; publizistisch tätig, u.a. »Die erste und letzte Instanz. Schau- und Geheimprozesse vor dem Obersten Gericht der DDR«, Goldbach 1995.

Benjamin, Dora (1901–1946)

Psychologin und Nationalökonomin. Geboren in Berlin, Schwester von Walter und Georg Benjamin; Studium der Nationalökonomie und Psychologie in Berlin, Jena und Greifswald; Freundschaft mit Hilde Lange; Dissertation über »Die soziale Lage der Berliner Konfektions- und Heimarbeiterinnen«; wissenschaftliche Arbeiten zur Sozialfürsorge und Psychologie; 1936 Emigration nach Paris, Internierung in Frankreich; 1939 Flucht nach Zürich. Sie starb 1946 an den Folgen der Lagerhaft.

Benjamin, Michael (geb. 1932)

Jurist und Politiker. Geboren in Berlin als Sohn von Hilde, geb. Lange, und Dr. Georg Benjamin; 1948 Abitur, Studium der Mathematik; 1950–56 Jurastudium an der Humboldt-Universität und an der Universität Leningrad; 1956/57 Staatsanwalt in Merseburg; seit 1957 wissenschaftliche Arbeit als Aspirant, Oberassistent und Hochschullehrer an der Deutschen Akademie für Staats- und Rechtswissenschaften Potsdam-Babelsberg (zuletzt Hochschule für Recht und Verwaltung); 1960 Promotion, 1966 Habilitation; seit 1967 Professur an der DASR und in Moskau; 1990 Abwicklung, seit 1991 arbeitslos; 1995 vorzeitige Berentung; weitere wissenschaftliche

Arbeit als Privatgelehrter; Mitglied der SED seit 1949, dann der PDS; aktiv in der »Kommunistischen Plattform« der PDS, Mitglied des Parteirates; verschiedene Publikationen zu Staats- und Verwaltungsrecht und Politik.

Benjamin, Walter (1892–1940)

Schriftsteller und Philosoph. Geboren in Berlin, Vater: Emil Benjamin, Mutter: geborene Schönflies; Studium der Philosophie in Freiburg, Berlin, München, Bern; Dissertation über den »Begriff der Kunstkritik in der deutschen Romantik«; Kunstkritiker und Essayist; lebte als freier Schriftsteller in Berlin und Paris; 1927–33 Sendungen für den Rundfunk; 1933 Emigration und Ausbürgerung; freier Mitarbeiter der »Zeitschrift für Sozialforschung« der Frankfurter Schule, Arbeiten zum Geschichtsbegriff; unvollendet blieb »Das Passagen-Werk«; 1940 Freitod in der Nähe der französisch-spanischen Grenze in Port Bou; seine Theorien erlangten in den sechziger Jahren große Bedeutung für die Studentenbewegung; in der DDR erschien nur eine Auswahl seiner Schriften.

Berger, Götz (1905–1996)

Rechtsanwalt. Geboren in Berlin, Vater Studienrat. Jurastudium in Berlin und Freiburg; 1929 Dr. jur. in Freiburg; Referendartätigkeit in Berlin, ab 1931 Rechtsanwalt in Berlin-Wedding, Sozius von Hilde Benjamin; seit 1923 KPD-Mitglied; 1933 Berufsverbot, Emigration nach Paris; 1936–39 Mitglied der Internationalen Brigaden in Spanien; 1939–43 Internierung in verschiedenen französischen Lagern; Befreiung durch die britische Armee und kurzzeitig Angehöriger der britischen Armee; Dezember 1943 bis April 1946 Emigration nach Turkmenistan; nach Rückkehr Mitglied der SED, im Parteivorstand Abteilung Justiz tätig; 1950 Dozent und Prodekan an der Verwaltungsakademie in Forst Zinna; Vorlesungen an der Humboldt-Universität Berlin; 1951–57 Oberrichter in Berlin; 1952 wegen Westemigration kurze Zeit beurlaubt; 1957 Sekretär des Verbandes Demokratischer Juristen; ab 1958 Rechtsanwalt im Rechtsanwaltskollegium Groß-Berlin; 1.12.1976 im Zusammenhang mit der Biermann/Havemann-Affäre vom Anwaltskollegium ausgeschlossen und in den Ruhestand versetzt; Urteil 1989 rückwirkend aufgehoben; Götz Berger starb nach einer Zeugenaussage beim Wiederaufnahmeprozeß zu Robert Havemann im Gerichtssaal an einem Herzanfall.

Fechner, Max (1892–1973)

Justizminister. Geboren in Berlin, Vater Maurer. Volksschule, Ausbildung zum Werkzeugmacher; 1908 Sozialistische Arbeiterjugend (SAJ), 1910 Deutscher Metallarbeiterverband, 1910 SPD, 1917–22 USPD, 1920-22 Mitarbeiter im USPD-Zentralkomitee (ZK); 1921 bis 1925 Bezirksverordneter in Berlin-Neukölln; ab 1922 wieder SPD, Mitarbeiter im Parteivorstand und 1924–33 Leiter seiner kommunalpolitischen Zentralstelle sowie verantwortlicher Redakteur der kommunalpolitischen Zeitung »Die Gemeinde«; 1924–33 Mitglied des Preußischen Landtags; 1933 Mitglied des illegalen Ausschusses der SPD, 1933/34 und 1944/45 inhaftiert.
Juni 1945 Mitglied des Zentralausschusses und einer der drei Vorsitzenden der SPD; April 1946–Juli 1953 Mitglied des Parteivorstands bzw. des ZK der SED und bis Januar 1949 stellvertretender Vorsitzender und Mitglied des Zentralsekretariats des Parteivorstands; 1948/49 Mitglied des Präsidiums des Deutschen Volksrats, 1949/50 Abgeordneter der Provisorischen Volkskammer; ab Oktober 1948 Präsident der Deutschen Zentralverwaltung für Justiz (Nachfolger von Eugen Schiffer), Oktober

1949–Juli 1953 Minister für Justiz; nach dem 17. Juni 1953 als angeblicher »Feind des Staates und der Partei« seines Amtes enthoben, aus der SED ausgeschlossen, verhaftet und abgeurteilt; 1956 aus der Haft entlassen, 1958 Wiederherstellung der Parteimitgliedschaft; 1967 Vaterländischer Verdienstorden in Gold.

Fürst, Edith (1905–1992)

Kinderheimleiterin. Geboren in Königsberg, Vater Kaufmann; jüdische Tradition; lernte Fürsorgerin und Säuglingsschwester; in Berlin verschiedene Privatstellen zur Säuglingspflege; Sommer 1932 Gründung eines Privatkinderheims in Niederschönhausen; 1938 zwangsweise Auflösung des Kinderheims; Säuglingsschwester bei der Jüdischen Gemeinde in der Auguststraße, Berlin; 1941 Ehe mit Emanuel Bruck (im Zuchthaus geschlossen); Ende August 1941 Tod von Emanuel Bruck im KZ Dachau; Oktober 1942 nach Deportationsbefehl untergetaucht; Hilfe von Hilde Benjamin, Pfarrer Poelchau u.a.; November 1944 Verhaftung und Deportation ins KZ Ravensbrück; nach Kriegsende erneut Arbeit als Kindergärtnerin; verheiratete Holzapfel.

Graul, Elisabeth (geb. 1928)

Klavierlehrerin. Geboren in Erfurt; studierte Musik in Erfurt, Weimar und Westberlin; 1950 schloß sie sich einer Widerstandsgruppe an, 1951 verhaftet; vor dem Obersten Gericht zu 15 Jahren Zuchthaus verurteilt, davon zehn Jahre in Hoheneck u.a. Zuchthäusern; nach Strafentlassung, Umzug nach Magdeburg, Puppentheater, später Musikschule; 1991 Aufhebung des Urteils des Obersten Gerichts und Rehabilitierung; heute Musiklehrerin im Fach Klavier.

Honecker, Erich (1912–1994)

SED-Politiker, Staatsratsvorsitzender. Geboren in Neunkirchen (Saargebiet), Vater Bergarbeiter; Volksschule; 1926–28 Landarbeiter; 1926 Kommunistischer Jugendverband Deutschlands (KJVD); 1928/29 Dachdeckerlehre; 1929 KPD; ab 1930 hauptamtlich im KJVD, 1929 Mitglied und 1931 Politischer Leiter der Bezirksleitung des KJVD im Saargebiet; 1930/31 Internationale Leninschule in Moskau; 1933–35 antifaschistische Tätigkeit u.a. als Leiter des KJVD im Ruhrgebiet, in Hessen, Baden-Württemberg und der Pfalz, 1935 in Berlin; 1935 verhaftet und 1937 zu zehn Jahren Zuchthaus verurteilt, 1937–45 Zuchthaus Brandenburg-Görden.
Mai 1945–46 Jugendsekretär des ZK der KPD, 1945/46 Vorsitzender des Zentralen Antifaschistischen Jugendausschusses, 1946 Mitbegründer und bis 27.5.1955 Vorsitzender der FDJ, 1949–55 Mitglied des Exekutivkomitees des Weltbundes der demokratischen Jugend (WBDJ); seit 1946 Mitglied des Parteivorstandes bzw. ZK der SED, 1950 Kandidat, 1958 Mitglied des Politbüros, 1958 Sekretär des ZK, 3.5.1971 Erster Sekretär des ZK der SED (Nachfolger von Walter Ulbricht), seit 1976 Generalsekretär; 1948/1949 Mitglied des Präsidiums des Deutschen Volksrats, 1949–89 Abgeordneter der Provisorischen Volkskammer bzw. Volkskammer; 1955 Vaterländischer Verdienstorden in Gold; 1960–71 Sekretär, 1971 Vorsitzender des Nationalen Verteidigungsrats; 1969 und 1977 Karl-Marx-Orden; 1971–76 Mitglied, 29.10.1976 Vorsitzender des Staatsrats (Nachfolger von Willi Stoph).
18.10.1989 von allen Ämtern zurückgetreten; am 8.11.1989 leitete der Generalstaatsanwalt ein Ermittlungsverfahren wegen Amtsmißbrauch und Korruption ein; 3.12.1989 Ausschluß aus der SED; danach Mitglied der wiedergegründeten KPD; 29./30.1 1990 in U-Haft, wegen Haftunfähigkeit entlassen; anschließend Aufenthalt in kirchlichen Einrichtungen in Lobetal; ab 3.4.1990 im Spital der Westgruppe der

Sowjetarmee in Beelitz; 30.11.1990 Haftbefehl gegen ihn erlassen; 13.3.1991 Zuflucht nach Moskau, ab 11.12.1991 dort in der chilenischen Botschaft; 29.7.1991 Rückführung nach Berlin; bis 13.1.1993 U-Haft in Berlin-Moabit; angeklagt vor der 27. Großen Strafkammer des Berliner Landgerichts; 13.1.1993 nach Aufhebung des Haftbefehls nach Santiago de Chile, dort verstorben.

Janka, Walter (1914–1994)
Verlagsleiter. Geboren in Chemnitz, Vater Werkzeugmacher; Schriftsetzerlehre; 1932 KPD; 1933 Leiter des Kommunistischen Jugendverbands Deutschlands (KJVD) im Erzgebirge; 1933–35 Haft im Zuchthaus Brandenburg und KZ Sachsenburg; 1935 Ausweisung in die ČSR; 1936–39 Freiwilliger im Spanischen Bürgerkrieg, zuletzt Major und Bataillonskommandeur der spanischen Volksarmee; 1939–41 Internierung in Frankreich, Flucht aus dem Lager Les Milles; 1941–47 Mexiko, Mitbegründer der Bewegung »Freies Deutschland«, Leiter des Verlags El libro libre, zuletzt auch der KPD-Exil-Gruppe.
1947 Rückkehr nach Deutschland, persönlicher Mitarbeiter Paul Merkers beim Parteivorstand der SED; 1948–50 Vorstandsvorsitzender der DEFA; 1950–52 Stellvertretender Leiter, 1952–54 de facto, 1954–56 de jure Leiter des Aufbau-Verlags Berlin; 6.12.1956 Verhaftung, 26.7.1957 Verurteilung zu fünf Jahren Zuchthaus wegen Bildung einer »konterrevolutionären Gruppe«; 1957–60 Zuchthaus Bautzen, zeitweise verschärfte Einzelhaft, schwere Erkrankung; durch anhaltende internationale Proteste, u. a. von Halldor Laxness, Lion Feuchtwanger, Leonhard Frank und der Familie Thomas Manns, entlassen; 1960–62 arbeitslos; 1962–72 Dramaturg bei der DEFA; danach Rentner; trotz Wiederherstellung der Parteimitgliedschaft und der Verleihung des Vaterländischen Verdienstordens in Gold am 1.5.1989 unversöhnlicher Gegner der SED-Parteiführung; im Oktober 1989 führte die Veröffentlichung eines Auszugs aus seinen Memoiren und vor allem die medienwirksame Lesung im Deutschen Theater Berlin zu einer Welle der Empörung gegen die Unrechtspraktiken der SED.
5.1.1990 Aufhebung des Urteils von 1957; 1990 Mitglied des Rats der Alten beim Parteivorstand der PDS, später aus der PDS ausgetreten.

Kolmar, Gertrud (1894–1943)
Dichterin. Geboren in Berlin als Gertrud Chodziesner, Vater Rechtsanwalt Ludwig Chodziesner, Mutter: Elise, geborene Hirschfeld; Eltern aus jüdischer Tradition; gemeinsame Großmutter Hedwig Schoenflies-Hirschfeld mit Walter, Georg und Dora Benjamin; Abitur und Lehrerinnenseminar, Sprachlehrerdiplom für Englisch und Französisch; im 1. Weltkrieg Briefzensorin im Kriegsgefangenenlager; 1917 erster Gedichtband unter Pseudonym »Kolmar«; 1923 Umzug nach Finkenkrug; Betreuung behinderter Kinder; verschiedene Stellungen als Erzieherin, u.a. in Paris; ab 1928 ständig im elterlichen Hause; 1927/28 geschriebener und 1934 veröffentlicher Gedichtzyklus »Preußische Wappen«; 1930/31 Roman »Eine jüdische Mutter«, erscheint erst 1965; 1933 »Das Wort der Stummen«; 1938 Gedichtband »Die Frau und die Tiere«, wird nach Novemberpogrom verboten; Zwangsverkauf des Hauses Finkenkrug; Umzug in ein Judenhaus in Berlin; 1939/40 Erzählung »Susanna«, erscheint erstmals 1959; Juli 1941 Zwangsarbeit in Fabriken in Lichtenberg und Schöneberg; September 1942 Deportation des Vaters nach Theresienstadt; Februar 1943 während der »Fabrikaktion« verhaftet und deportiert; Tod in Auschwitz.

Lange, Ruth (1908–1994)
Sportlerin. Geboren in Berlin; jüngste Schwester von Hilde Benjamin; 1925–30 Studium an der deutschen Hochschule für Leibesübungen, Abschluß als Diplom-Turn- und -Sportlehrerin; 1927 Deutsche Meisterin im Kugelstoßen; freiberufliche Sportlehrerin; enge Bindung an Paul Rosbaud; nach 1933 Unterstützung der illegalen Tätigkeit Rosbauds; Arbeitsdienstverpflichtung im Krieg; Unterstützung für Schwager und Schwester gegen die Nazis; nach 1945 Arbeit als Physiotherapeutin; häufige Krankheiten; 1949 weitgehender Abbruch der Kontakte zu Schwester und Neffen.

Maron, Karl (1903–1975)
Innenminister. Geboren in Berlin, Vater Kutscher; Volksschule, Ausbildung und Arbeit als Maschinenschlosser bis 1929, dann arbeitslos; seit 1919 Arbeitersportler, 1932/33 Vorsitzender des Arbeitersportvereins »Fichte« in Berlin; 1926 KPD; 1933 illegale Arbeit, 1934 Emigration nach Dänemark, 1935 in die UdSSR; 1934–36 Vertreter des deutschen Arbeitersports bei der Roten Sport-Internationale; 1936–43 Redakteur in der Presseabteilung des Exekutivkomitees der Kommunistischen Internationale (EKKI); 1943–45 stellvertretender Chefredakteur der Zeitung »Freies Deutschland« und Mitarbeiter beim »Deutschen Volkssender«, Verfasser wöchentlicher Frontberichte.
April 1945 Rückkehr nach Deutschland als Mitglied der Initiativgruppe des ZK der KPD für Berlin (Leiter Walter Ulbricht); 1945/46 Erster Stellvertreter des Berliner Oberbürgermeisters, Leiter der Personalabteilung, 1946 kurzzeitig KPD-Bezirksleitung; 1946 bis 1949 Stadtverordneter (Sekretär der SED-Fraktion) und Stadtrat für Wirtschaft; 1949/50 stellvertretender Chefredakteur des »Neuen Deutschland«; ab 1.9.1950 Chef der Deutschen Volkspolizei (DVP) (Nachfolger von Kurt Fischer), Stellvertreter des Ministers des Innern, Generalinspekteur; ab 1954 Mitglied des ZK der SED; 1955–63 Minister des Innern (Nachfolger von Willi Stoph); 1958–67 Abgeordneter der Volkskammer, August 1961 Mitglied des Stabs des Nationalen Verteidigungsrats der DDR zur Schließung der Staatsgrenze in Berlin, Generaloberst; 1963 Karl-Marx-Orden; 1964–74 Leiter des Instituts für Meinungsforschung beim ZK der SED.

Melsheimer, Ernst (1897–1960)
Generalstaatsanwalt. Geboren in Neunkirchen (Saar), Vater Direktor des Stumm-Konzerns; Realgymnasium; Jura-Studium in Marburg und Bonn, 1918 1. jur. Staatsexamen und Dr. jur.; 1922 Assessor; 1924 Landgerichtsrat in Berlin; 1928–32 SPD und Reichsbanner; Oberjustizrat im preußischen Justizministerium; Sommer 1933 Versetzung an den Ersten Zivilsenat des Kammergerichts, Landgerichtsdirektor; seit 1.7.1937 Rechtsberater der NS-Volkswohlfahrt, Mitglied des NS-Rechtswahrerbundes; 1940 Kammergerichtsrat in Berlin. 1945/46 KPD/SED; 1945 Staatsanwalt in Berlin-Friedenau und Berlin-Mitte; 1946–49 Vizepräsident der Deutschen Zentralverwaltung für Justiz; 7.12.1949 bis zu seinem Tod Generalstaatsanwalt der DDR, führte zusammen mit Hilde Benjamin eine Reihe politischer Prozesse, u. a. gegen Leo Herwegen, Leonhard Moog, Wolfgang Harich, Walter Janka; 1952 Mitglied des Juristischen Arbeitskreises der Deutschen Akademie der Wissenschaften zu Berlin (DAW).

Mielke, Erich (geb. 1907)

Minister für Staatssicherheit. Geboren in Berlin, Vater Holzarbeiter; Besuch der 43. Gemeindeschule, anschließend Köllnisches Gymnasium bis 1924 in Berlin; 1921 Kommunistische Jugend Deutschlands (KJD), später Roter Frontkämpferbund (RFB); 1924–27 Ausbildung und Tätigkeit als Speditionskaufmann; 1927 KPD; 1927–31 bei der Firma Autofabag, Entlassung; 1928–31 Lokalreporter der »Roten Fahne« und Mitglied des Parteiselbstschutzes; 1930 vier Tage U-Haft wegen Teilnahme an einer verbotenen Demonstration; 1931 tätig im Arbeitsamt Kreuzberg; 1931 Flucht in die UdSSR (nach der Ermordung von zwei Polizisten auf dem Berliner Bülowplatz), dort Besuch der militär-politischen Schule; 1932–34 Besuch der Lenin-Schule; Juni 1934 vom Schwurgericht I beim Landgericht Berlin des Mordes beschuldigt und in Abwesenheit zum Tode verurteilt; 1934/35 Ausbildung zum militär-politischen Lektor der Lenin-Schule, anschließend bis 1936 dort im Beruf tätig; Sept. 1936–39 Spanienkämpfer (Deckname »Fritz Leissner«), Soldat im Stab der 14. Internationalen Brigade, zum Kapitän befördert, Chef der Operationsabteilung der Brigade; danach Ausbildungsoffizier der 11. Internationalen Brigade in Albacete, dort Adjutant; März 1939–Mai 1940 in Belgien, Mitarbeiter bei der »Neuen Rheinischen Zeitung«, ab 1940 bei Informationsblättern für die belgische Emigration; Mai 1940–April 1941 in Frankreich interniert; danach bis Dezember 1943 in Südfrankreich tätig u.a. als Holzfäller; legalisierte sich als Lette mit dem Namen »Richard Hebel«; Dezember 1943 verhaftet; Januar–Dezember 1944 Mitarbeiter der Organisation Todt; Januar–Mai 1945 Aufenthalt in der französischen und amerikanischen Zone. Juni 1945 Rückkehr nach Berlin; 1945/46 KPD/SED; Inspektionsleiter bei der Volkspolizei; 1945/46 Abteilungsleiter Polizei und Justiz beim ZK der KPD; Juli 1946–Oktober 1949 Vizepräsident der Deutschen Verwaltung des Innern; 1949/50 Leiter der Hauptverwaltung zum Schutz der Volkswirtschaft, Generalinspekteur; 1950–89 Mitglied des ZK der SED; 1950–53 Staatssekretär im MfS; 1953–55 stellvertretender Staatssekretär, 1955–57 stellvertretender Minister für Staatssicherheit, seit November 1957 Minister für Staatssicherheit (Nachfolger von Ernst Wollweber); 1953–89 Erster Vorsitzender der Sportvereinigung Dynamo; 1958–89 Abgeordneter der Volkskammer; 1971 Kandidat, ab 1976 Mitglied des Politbüros des ZK der SED; 1973 Lenin-Orden; 1975 und 1982 »Held der DDR«; 1980 Armeegeneral; 7.11.1989 Rücktritt als Minister mit der Regierung Stoph, 17.11.1989 Aufhebung des Abgeordnetenmandats, Ausschluß aus ZK und SED, ab 7.12.1989 U-Haft (mit kurzzeitiger Unterbrechung März 1990), 26.10.1993 Verurteilung zu sechs Jahren Gefängnis wegen der Polizistenmorde am Bülowplatz 1931.

Nathan, Hans (1900–1971)

Professor für Rechtswissenschaften. Geboren in Görlitz als Sohn eines jüdischen Rechtsanwalts; 1919–22 Studium der Rechtswissenschaft an den Universitäten Berlin, Marburg, München und Breslau; promovierte 1922 und übernahm die väterliche Praxis; 1933 wegen jüdischer Herkunft Emigration nach Prag, Mitherausgeber der »Weltbühne«; 1939 nach Großbritannien, Angestellter der Stadtverwaltung Manchester; vor 1933 Mitglied der Deutschen Staatspartei, trat in Manchester der KPD bei, wurde 1946 Mitglied der SED; nach Rückkehr 1946 Vortragender Rat der Deutschen Zentralverwaltung für Justiz; 1949–52 Abteilungsleiter im Ministerium für Justiz, Lehrauftrag an der Humboldt-Universität Berlin; 1952/53 Chefredakteur der Zeitschrift »Neue Justiz«; Professor für Gerichtsverfassungs- und Zivilprozeßrecht; von 1954 bis zur Emeritierung 1969 Direktor des Instituts für Zivilrecht und Dekan der Juristischen Fakultät der HU Berlin.

Neumann, Hilde (1905–1959)
Juristin. Geboren in Berlin, Tochter des Rechtsanwalts und SPD-Reichstagsabgeordneten Dr. Kurt Rosenfeld, der u. a. Rosa Luxenburg verteidigte; bis 1933 Mitglied der SPD, Rechtsanwältin der Roten Hilfe, ab 1933 Tätigkeit für kommunistische Organisationen in der französischen Emigration, 1935 Studium in der Sowjetunion, 1936 Eintritt in die KPD, Emigration nach Mexiko; 1947 Rückkehr nach Deutschland, Mitarbeiterin im zentralen Parteiapparat der SED, 1949 Präsidentin des Landgerichts Berlin, 1950 Magistratsdirektorin für Justiz, 1953–58 Chefredakteurin der Zeitschrift »Neue Justiz«, 1958 bis zum Tode hauptamtliche Sekretärin der Vereinigung Demokratischer Juristen der DDR.

Rosbaud, Paul (1882–1963)
Naturwissenschaftler, Atomspion gegen Hitler. Geboren in Graz; Studium der Chemie in Darmstadt, 1926 Promotion an der Technischen Universität Berlin; Redakteur im Wissenschaftsverlag Springer; Kontakte zu den bekanntesten Naturwissenschaftlern Europas; Beziehung mit Ruth Lange; ab 1933 illegale Tätigkeit und Spionage der Atomforschung für England; Unterstützung der Familie Benjamin während der Nazi-Zeit; nach 1945 meist Aufenthalt in London; gründete die Pergamon-Press und Beratungsbüros für wissenschaftliche Verlage; Abbruch der Beziehung zu Ruth Lange.

Schirdewan, Karl (geb. 1907)
SED-Politiker. Geboren in Stettin, aufgewachsen bei Pflegeeltern und im Waisenhaus; 1914 Adoption durch die Breslauer Familie Schirdewan; katholische Mittelschule; Lehre in einer Getreidehandlung in Breslau, danach Laufbursche, später Bürogehilfe; 1923 Kommunistischer Jugendverband Deutschlands (KJVD), 1925 KPD; 1925–27 Funktionär, 1927/28 Sekretär, ab 1928 Mitglied des ZK des KJVD und Vorsitzender im Bezirk Schlesien; bis 1930 Transportarbeiter; 1931/32 Leiter des Verlages »Junge Garde«; 1932 Vorsitzender des KJVD in Ostpreußen; ab 1933 illegale Tätigkeit in Sachsen und Norddeutschland; 19.2.1934 als Mitglied der Inlandsleitung der KPD in Hamburg verhaftet; 10.5.1934 wegen Vorbereitung zum Hochverrat zu drei Jahren Zuchthaus (Coswig) verurteilt, anschließend Häftling in den KZ Sachsenhausen und Flossenbürg (Oberpfalz); 23.4.1945 auf dem Todesmarsch durch amerikanische Panzertruppen befreit.
Juni 1945 Wiederaufbau der KPD in Nordbayern; ab August 1945/47 Mitarbeiter des ZK der KPD bzw. Parteivorstands der SED; schwere Erkrankung; 1947 Westkommission beim Parteivorstand; ab März 1952 Erster Sekretär der SED-Landesleitung Sachsen bzw. ab Oktober der SED-Bezirksleitung Leipzig; Januar 1953 Mitarbeiter des ZK der SED, verantwortlich für Aufbau und Kontrolle der Abteilung Leitende Organe der Partei und der Massenorganisationen, ab Juli 1953 Mitglied von ZK und Politbüro sowie Sekretär des ZK; 1952–58 Abgeordneter der Volkskammer; Februar 1958 wegen »Fraktionstätigkeit« aus dem ZK ausgeschlossen und mit »strenger Rüge« bestraft; danach Leiter der Staatlichen Archivverwaltung in Potsdam; 1965 Rentner;
20.1.1990 von der Zentralen Schiedskommission der SED/PDS rehabilitiert, Mitglied des Rats der Alten beim PDS-Parteivorstand.

Schumann, Kurt (1908–1989)

Präsident des Obersten Gerichts. Geboren in Eisenach, Vater Postbeamter; Oberrealschule in Neustadt (Orla), Abitur; 1927–31 Studium der Rechtswissenschaft an den Universitäten Jena und Göttingen; 1931 erstes jur. Staatsexamen und Eintritt in den thüringischen Justizdienst; 1935 zweites jur. Staatsexamen und Eintritt in den Heeresjustizdienst; 1.5.1937 NSDAP; 1942 Kriegseinsatz als Kriegsgerichtsrat, bei Stalingrad in sowjetischer Gefangenschaft; Mitbegründer des Bundes Deutscher Offiziere. September 1948 Rückkehr nach Deutschland; Mitbegründer der NDPD, am Aufbau ihres Kreisverbands Altenburg beteiligt, 1950 Mitglied des Hauptausschusses, 1963 der Parteikontrollkommission der NDPD; 1948 Landgerichtsrat in Altenburg, dann Landgerichtsdirektor und Präsident des Landgerichts Altenburg; 1949 Vorsitzender der Großen Strafkammer am Landgericht Erfurt; Dezember 1949 bis April 1960 Präsident des Obersten Gerichts; Dr. jur. h.c. der Martin-Luther Universität Halle; 1960–63 Professor für Zivilrecht und Zivilprozeßrecht an der Deutschen Akademie für Staats- und Rechtswissenschaften in Potsdam-Babelsberg, anschließend Professor mit Lehrstuhl für Zivilrecht an der Humboldt-Universität Berlin, 1973 emeritiert; 1962 Mitglied des Zentralvorstands des Verbands Demokratischer Juristen; Mitglied der Kommission zur Ausarbeitung des Zivilgesetzbuchs von 1975.

Selbert, Elisabeth (1896–1986)

Juristin. Geboren in Kassel; Vater Vollzugsbeamter; Höhere Handelsschule; Auslandskorrespondentin im 1. Weltkrieg; 1920 Heirat mit dem Buchdrucker Adam Selbert, SPD-Mitglied; 1918 trat sie ebenfalls in die SPD ein; schloß sich Phillip Scheidemann an, begleitete ihn auf Wahlreisen, hielt Reden zum Frauenwahlrecht; zwei Söhne geboren; 1926 externes Abitur, Jura-Studium in Marburg und Göttingen, 1929 Referendarexamen; 1930 Doktorprüfung; 1934 Assessorexamen, Zulassung zum Anwaltsberuf trotz Zulassungsverbots für Frauen; Ehemann z.T. in Gestapohaft und Berufsverbot; nach 1945 Rehabilitierung des Ehemanns; 1946 Wahl in die verfassungsgebende Hessische Landesversammlung und in den Landtag; eine der vier »Mütter des Grundgesetzes«; 1948 Mitglied des Parlamentarischen Rates; weiter Anwalts- und Notartätigkeit bis 1982, erst im 87. Lebensjahr beendete sie ihre Tätigkeit; ständige publizistische Aktivitäten, Reden, Reisen.

Sorgenicht, Klaus (geb. 1923)

SED-Funktionär. Geboren in Wuppertal, Vater Musiker; Volksschule und Handelsberufsschule; Ausbildung und Tätigkeit als kaufmännischer Angestellter; Soldat, 1944 sowjetische Gefangenschaft, Mitarbeiter im Nationalkomitee »Freies Deutschland«; 1945 Rückkehr nach Deutschland, KPD; 1945/46 Bürgermeister bzw. Oberbürgermeister in Güstrow; 1946–49 Landrat in Güstrow, 1949–51 Leiter der Abteilung Staatliche Verwaltung, 1950 Leiter der Abteilung Personalangelegenheiten im Ministerium für Innere Verwaltung des Landes Mecklenburg; 1951/52 Hauptabteilungsleiter im Ministerium des Innern der DDR, 1952–54 Hauptabteilungsleiter in der Koordinierungs- und Kontrollstelle für die Arbeit der Verwaltungsorgane der DDR; 1954–89 Leiter der Abteilung Staats- und Rechtsfragen des ZK der SED; 1955–59 Fernstudium an der Deutschen Akademie für Staats- und Rechtswissenschaften in Potsdam-Babelsberg, Dipl.-Staatswissenschaftler; 1958 bis März 1990 Mitglied der Volkskammer, 1963–67 Mitglied des Verfassungs- und Rechtsausschusses, 1967–69 in dessen Ältestenrat und Fraktionsvorstand; 1963–Januar 1990 Mitglied des Staatsrats; 1968 Promotion zum Dr. rer. pol.; 1983 Karl-Marx-Orden; 1990 Ruhestand.

Sprengel, Rita (1907–1993)
Juristin. Geboren in Tilsit, Vater Jurist; 1920 zum Regierungspräsidenten im Bezirk Königsberg ernannt; später Rechtsanwalt; während der Oberschulzeit Mitglied der Sozialistischen Arbeiterjugend, später Sozialistische Studentengruppe; ab 1926 Jurastudium in Königsberg und Heidelberg; 1928 Eintritt in die KPD; 1930 Referendarexamen; Umzug nach Berlin; Heirat mit Horst Sprengel; 1931 Referendarin beim Kammergericht und Vertretungen in der Rechtsanwaltskanzlei von Hilde Benjamin; 1933 Berufsverbot wegen kommunistischer Betätigung; Sommer 1933 mit Ehemann wegen illegaler Betätigung verhaftet; 1941 erneut verhaftet, u.a. im KZ Ravensbrück inhaftiert; nach der Befreiung aus dem KZ Rückkehr nach Berlin; Arbeit bei der Sowjetischen Militäradministration (SMAD) und im Berliner Magistrat; Spezialisierung auf Arbeitsrecht, Dozentin für Arbeitsökonomie an der Humboldt-Universität Berlin; 1949 Promotion; 1950 aus der SED ausgeschlossen; Aufnahme von zwei Pflegekindern; Arbeit als Dozentin in Berlin und Dresden; 1956 Wiederaufnahme in die SED; 1971 Doktor der Wissenschaft verliehen; verschiedene Veröffentlichungen zur Arbeitsökonomie. Ihre Lebenserinnerungen erschienen kurz nach ihrem Tod.

Stoph, Willi (geb. 1914)
Vorsitzender des Ministerrats und des Staatsrats. Geboren in Berlin, Vater Arbeiter; Volksschule; 1928–31 Ausbildung zum Maurer, nach einem Fernstudium als Bautechniker tätig; 1928 Kommunistischer Jugendverband Deutschlands, hier verschiedene Funktionen, 1931 KPD; ab 1933 antifaschistische Tätigkeit, 1935–37 Militärdienst im Artillerieregiment 59 in Brandenburg/Havel, zuletzt Oberkanonier; 1940 bis zur Verwundung 1942 Kriegsdienst, zuletzt Stabsgefreiter.
1945–47 Leiter der Abteilung Baustoffindustrie und Bauwirtschaft, 1947/48 Leiter der Hauptabteilung Grundstoffindustrie der Deutschen Zentralverwaltung der Industrie; 1948–50 Leiter der Abteilung Wirtschaftspolitik beim Parteivorstand der SED, 1950–89 Mitglied und 1950–53 Sekretär des ZK; 1953–89 Mitglied des Politbüros; 1950–89 Abgeordneter der Volkskammer, 1950–52 Vorsitzender ihres Wirtschaftsausschusses; 1952–55 Minister des Innern; 1954–62 stellvertretender Vorsitzender des Ministerrats, 1956–60 Minister für Nationale Verteidigung, einer der Stellvertreter des Oberkommandierenden der Vereinten Streitkräfte der Teilnehmerstaaten des Warschauer Vertrags, 1956–59 Generaloberst, dann Armeegeneral; 1962–64 Erster stellvertretender Vorsitzender und 1964–73 Vorsitzender des Ministerrats (Nachfolger von Otto Grotewohl); 1963/64 Mitglied, 1964–73 und 1976 bis 1989 stellvertretender Vorsitzender, 1973–76 Vorsitzender des Staatsrats (Nachfolger von Walter Ulbricht); 1969 Karl-Marx-Orden; 1976–89 Vorsitzender des Ministerrats (Nachfolger von Horst Sindermann); 1984 Lenin-Orden.
7.11.1989 Rücktritt mit seiner Regierung, 17.11.1989 als Mitglied des Staatsrats abberufen und aus der Volkskammer ausgeschieden, 3.12.1989 Parteiausschluß durch das ZK der SED, 8.12.1989 Einleitung eines Ermittlungsverfahrens durch den Generalstaatsanwalt und Festnahme unter dem Verdacht, durch Amtsmißbrauch und Korruption die Volkswirtschaft geschädigt und sich persönlich bereichert zu haben; Februar 1990 aus gesundheitlichen Gründen entlassen. Im Mai 1991 festgenommen im Rahmen der Ermittlungen zu Schüssen an der Mauer; August 1992 zunächst Haftverschonung aus gesundheitlichen Gründen, November 1992 Eröffnung des Verfahrens, dann vorläufige, im Juli 1993 endgültige Einstellung des Verfahrens.

Ulbricht, Walter (1893–1973)

SED-Politiker, Staatsratsvorsitzender. Geboren in Leipzig, Vater Schneider; Volksschule, 1907–11, Ausbildung zum Tischler; 1908 Sozialistische Arbeiterjugend, 1912 SPD; 1915–18 Kriegsdienst, November 1918 Mitglied des Soldatenrats des 19. Armeekorps; Januar 1919 Mitbegründer der KPD in Leipzig, Mitglied der Bezirksleitung Mitteldeutschland, 1920/21 der Bezirksleitung Westsachsen, anschließend bis 1923 Politischer Leiter der Bezirksleitung Groß-Thüringen, seit 1923 Mitglied der Zentrale bzw. des ZK der KPD; 1925 Mitarbeiter des Exekutivkomitees der Kommunistischen Internationale (EKKI) in Moskau; 1926–29 Abgeordneter des sächsischen Landtags, ab 1928 Mitglied des Deutschen Reichstags; 1927 Kandidat, 1929–46 Mitglied des Politbüros des ZK der KPD, 1928–43 Kandidat des EKKI, 1929–33 Politischer Leiter der KPD-Bezirks-Organisation Berlin-Brandenburg-Lausitz-Grenzmark, 1932–46 Mitglied des Sekretariats des ZK; 1933 wegen illegaler Tätigkeit verfolgt, Emigration; 1933–35 Mitglied der Auslandsvertretung der KPD in Paris, 1935–38 Leiter der Operativen Leitung bzw. des Sekretariats des ZK in Prag bzw. Paris; Teilnahme am VII. Weltkongreß der Kommunistischen Internationale, 1938–43 Vertreter des ZK der KPD beim EKKI in Moskau; 1943–45 Mitglied des Nationalkomitees »Freies Deutschland« und Leiter operativer Abteilungen; Mitarbeit an programmatischen Dokumenten.

30.4.1945 Rückkehr nach Deutschland als Leiter der KPD-Gruppe für Berlin; 1945/46 Mitglied des ZK und des Sekretariats der KPD; 1946–73 Mitglied des Parteivorstands bzw. ZK der SED, 1946–50 des Zentralsekretariats des Parteivorstands, 1946–50 stellvertretender Vorsitzender der SED, 1949–73 Mitglied des Politbüros des Parteivorstands bzw. ZK; 1946–51 Abgeordneter des Landtags von Sachsen-Anhalt; 1946/47 Mitglied des Rechts- und Verfassungsausschusses, 1948/49 Mitglied des Präsidiums des Deutschen Volksrats, ab 1949 der Provisorischen Volkskammer bzw. der Volkskammer, 1949–55 Stellvertreter, 1955–60 Erster Stellvertreter des Vorsitzender des Ministerrats; 1950–53 Generalsekretär, 1953–71 Erster Sekretär des ZK, ab 3.5.1971 Vorsitzender der SED; 1960–71 Vorsitzender des Nationalen Verteidigungsrats, 1960–73 Vorsitzender des Staatsrats; während der X. Weltfestspiele der Jugend und Studenten verstorben.

Weiß, Gittel (1903–1992)

Sekretärin von Hilde Benjamin. Geboren als Gisela Schreiber in Oleszyce, Tochter galizischer Juden; zog 1908 ins »Scheunenviertel« Berlins, lernte Stenotypistin; 1931 Mitglied der KPD; 1932 Sekretärin im Anwaltsbüro Hilde Benjamins; 1933 Heirat mit Kurt Weiß, ebenfalls KPD, nicht aus jüdischer Tradition; überlebte bis 1945 in »privilegierter Mischehe«; 1949–77 Sekretärin bei Hilde Benjamin; schrieb 1982 ihre Lebenserinnerungen »Ein Lebensbericht«.

Wollweber, Ernst (1898–1967)

Minister für Staatssicherheit. Geboren in Hannoversch-Münden, Vater Tischler; Volksschule, Schiffsjunge, Matrose, 1916–18 Kaiserliche Marine (U-Bootabteilung), 1918 aktiv am Matrosenaufstand beteiligt, Vorsitzender des Soldatenrats beim U-Boot-Kreuzerverband und Mitglied des Obersten Soldatenrats in Kiel, 1919 KPD, 1920/21 Teilnahme an den bewaffneten Kämpfen in Mitteldeutschland, 1921 Politischer Sekretär des KPD-Bezirks Hessen-Waldeck, Mitglied des Zentralausschusses der KPD, 1922 Reichsparteischule der KPD, 1923 Leiter von Militärorganisationen der KPD in Hessen-Waldeck, dann in Thüringen, 1924 in Schlesien; 1924–26 Hochverratsprozeß und Gefängnis; 1928–32 Abgeordneter des Preußischen Landtags, 1929/30 auch des Provinziallandtags Niederschlesien, November 1932–März 1933 des Deutschen Reichstags; 1932 Reichsleiter des Einheitsverbands der Seeleute, Hafenarbeiter und Binnenschiffer in Hamburg; 1932 Leiter der Organisations-Abteilung des ZK der KPD, Mitglied des Sekretariats des Exekutivkomitees der Internationale der Seeleute und Hafenarbeiter (ISH), 1933 Sekretär der ISH in Kopenhagen, 1934 Leiter des Internationalen Seemannsklubs in Leningrad; ab 1936 Aufbau eines illegalen Apparats zur weltweiten Schiffssabotage gegen die sogenannten faschistischen Staaten; organisierte im Spanischen Bürgerkrieg auch Waffenlieferungen für die republikanische Regierung (»Wollweber«-Organisation, eigentlich Organisation »Bernhard«), antifaschistischer Widerstandskampf (Sabotage) vor allem in Skandinavien; Mai 1940 in Schweden verhaftet, sechs Monate Strafarbeit, um der Auslieferung nach Deutschland zu entgehen, anschließend zu drei Jahren Haft verurteilt; nach Erhalt der sowjetischen Staatsbürgerschaft im November 1944 in die UdSSR ausgereist; Kuraufenthalt in Kislowodsk; 1945 in Moskau.

März 1946 Rückkehr in die SBZ, Mai 1946 SED, Stellvertreter bzw. ab 1947 Leiter der Generaldirektion für Schiffahrt; 1950–53 Staatssekretär im Ministerium für Verkehrswesen; ab Juli 1953 Staatssekretär bzw. Minister für Staatssicherheit (Nachfolger des gestürzten Wilhelm Zaisser); 1954–58 Mitglied des ZK der SED und Abgeordneter der Volkskammer, geriet in der Einschätzung der Entwicklung in Polen 1956 bzw. der Maßnahmen der DDR-Sicherheitskräfte im Herbst 1956 gegen oppositionelle Gruppen in Widerspruch zu Walter Ulbricht und Erich Honecker, 1957 krankheitshalber und »auf eigenen Wunsch« pensioniert, Mitglied der Kommission für gesamtdeutsche Fragen beim Bundesvorstand des FDGB, Januar 1958 Untersuchungsverfahren gegen Wollweber eingeleitet, Februar wegen »Fraktionstätigkeit« zusammen mit Karl Schirdewan aus dem ZK der SED ausgeschlossen, strenge Parteirüge, mußte sein Volkskammermandat zurückgeben; Rentner; trotz Krankheit Weiterarbeit an seinen Memoiren; in Berlin gestorben.

Wünsche, Kurt (geb. 1929)

LDPD-Politiker, Justizminister. Geboren in Obernigk (Kreis Trebnitz, Schlesien), Vater Chemiker; Volksschule und Oberschule, 1948 Abitur; 1946 LDPD, FDJ, 1948–50 Geschäftsführer einer Stadtgruppe des LDPD-Kreisverbands Dresden, Abteilungsleiter im Kreisverband, 1950/51 Abteilungsleiter beim Landesvorstand Sachsen, 1951–54 Hauptabteilungsleiter für Organisation beim Parteivorstand; 1953/54 im Zusammenhang mit dem 17. Juni 1953 als Agent verdächtigt, zeitweise vom MfS inhaftiert; ab 1954 Mitglied des Parteivorstands der LDPD, 1954–72 dort Mitglied im Politischen Ausschuß, 1954–66 Sekretär bzw. stellvertretender Generalsekretär, 1967–72 stellvertretender Vorsitzender der LDPD; 1954–59 Fernstudium und 1964 Promotion an der Deutschen Akademie für Staats- und Rechtswissenschaften zum Dr. jur., Dissertation zusammen mit Manfred Gerlach über die Rolle der LDPD im Parteiensystem der DDR; 1954–76 Abgeordneter der Volkskammer, 1965–72 stellvertretender Vorsitzender des Ministerrats, 1967 Minister für Justiz (Nachfolger von Hilde Benjamin), 1972 als Minister zurückgetreten aufgrund von Konflikten zu Fragen des Rechtswesens und der Verstaatlichung privater und halbstaatlicher Betriebe, anschließend ordentlicher Professor für Gerichtsverfassungsrecht an der Humboldt-Universität Berlin, 1982 Habilitation; seit April 1987 erneut Mitglied des Politischen Ausschusses des Zentralvorstands der LDPD; 11.1.1990 wiederum Minister für Justiz (Nachfolger von Hans-Joachim Heusinger), Februar 1990 stellvertretender Vorsitzender der LDPD, März Bund Freier Demokraten, Juli 1990 ausgetreten; 15.8.1990 als Minister zurückgetreten.

Ziegler, Walter (1912–1977)

Vizepräsident des Obersten Gerichts. Geboren in Berlin, Vater Sattler; Oberschule; 1931 KPD; ab 1932 Jurastudium an der Universität Berlin; Kriegsdienst, Oberleutnant in einer Pioniereinheit.
1945 Richter, später Amtsgerichtsdirektor am Amtsgericht Bitterfeld; 1946 SED; 1949 Präsident des Landgerichts Halle (Saale); 1950–53 Richter bzw. Oberrichter am Obersten Gericht der DDR, ab 1953 Vizepräsident und Vorsitzender des 1. Strafsenats, 1958 wegen angeblicher liberalistischer Tendenzen nicht zur Wiederwahl nominiert; 1953–58 und ab 1962 Mitglied des Verfassungsausschusses der Volkskammer; 1958–62 Richter bzw. Direktor des Bezirksgerichts Frankfurt (Oder), 1962 Wiederwahl zum Vizepräsidenten des Obersten Gerichts; Mitarbeit am Rechtspflegeerlaß des Staatsrats und 1963 am Gerichtsverfassungsgesetz.

Personenregister

Hilde Benjamin, geb. Lange, wurde nicht in das Register aufgenommen. Kursive Seitenangaben beziehen sich auf Abbildungen, halbfette Angaben auf Kurzbiographien im Anhang.